DICIONÁRIO LOCKE

JOHN W. YOLTON

DICIONÁRIO LOCKE

Tradução:
ÁLVARO CABRAL

Consultoria:
RENATO LESSA
Professor e diretor executivo do Iuperj
Professor-titular de ciência política da UFF

Jorge Zahar Editor
Rio de Janeiro

Título original: *A Locke Dictionary*

Tradução autorizada da primeira edição inglesa,
publicada em 1993 por Blackwell Publishers,
de Oxford, Inglaterra

Jorge Zahar Editor Ltda.
rua México 31 sobreloja
20031-144 Rio de Janeiro, RJ
tel.: (021) 240-0226 / fax: (021) 262-5123

Capa: Gustavo Meyer

CIP-Brasil. Catalogação-na-Fonte
Sindicato Nacional dos Editores de Livros, RJ

Yolton, John W.
Y54d Dicionário Locke / John W. Yolton; tradução Álvaro Cabral. — Rio de Janeiro: Jorge Zahar Ed., 1996
— (Dicionário de filósofos)

Tradução de: A Locke Dictionary
Inclui bibliografia
ISBN 85-7110-361-5

1. Locke, John, 1632-1704 — Dicionários. 2. Filosofia inglesa. — Obras anteriores a 1800 — Dicionários. I. Título. II. Série.

CDD 192.03
96-0864. CDU 1(420) (038)

Sumário

Epígrafe

Um bom retrato de Locke exigiria um fundo elaborado. Sua figura não se presta a ser vista como uma estátua erigida no vazio: a pose não pareceria suficientemente majestosa para o bronze ou mármore. Ele deve, antes, ser pintado à maneira dos mestres holandeses, num interior ensolarado, escrupulosamente suprido com todos os implementos do conforto doméstico e da investigação filosófica: a Bíblia Sagrada imponentemente aberta diante de si e, a seu lado, essa outra revelação — o globo terrestre. Sua mão poderia estar apontando um microscópio com o propósito de examinar a constituição interna de um escaravelho; mas, por ora, seu olhar seria surpreendido vagando através da janela aberta a fim de admirar as bênçãos da parcimônia e da liberdade manifestas nas pessoas tão honrada e meritoriamente atarefadas na praça do mercado, iludidas à luz de diversas noções monásticas que poderiam ainda perturbar suas pobres cabeças. Daí, seus pensamentos ampliados passariam facilmente para os sólidos navios construídos no rio mais além, intrepidamente enfunando as velas para as Índias, ou para a selvática América. Sim, ele também tinha viajado, e não apenas em pensamento. Sabia quantas estranhas nações e falsas religiões se alojavam nesta terra redonda, ela própria não mais do que um minúsculo ponto no universo. Havia poucos autores engenhosos que ele não tivesse lido e estudado atentamente, ou instrumentos filosóficos que, tanto quanto possível, não tivesse examinado e testado; e nenhum homem podia entender e apreciar melhor do que ele as recentes descobertas do "incomparável sr. Newton". Não obstante, uma certa inquietação naquele corpo franzino, um certo jeito de carregar o cenho naquele rosto aquilino, sugeriam que em meio à sua austera eloqüência os pensamentos do filósofo poderiam, por vezes, imobilizar-se. Com efeito, a cena visível não esgotou a complexidade do seu problema: pois havia também aquilo a que chamou "cena de idéias", imaterial e particular, mas freqüentemente mais apinhada e mais premente do que a cena pública.

GEORGE SANTAYANA
Some Turns of Thought in Modern Philosophy

Prefácio à edição brasileira

Os escritos de John Locke tiveram ampla circulação entre o público leitor na Inglaterra e na Europa quase desde a época de sua publicação no final do século XVII. Esse é especialmente o caso do *Ensaio acerca do entendimento humano,* mas também de vários de seus outros livros. O século XVIII testemunhou a tradução de seus escritos para o latim, holandês, francês, alemão e seleções em russo. A propagação de idéias foi, é claro, ajudada por revistas em língua alemã e francesa. As doutrinas de Locke sobre conhecimento, realidade e princípios morais geraram controvérsia, assim como alguns de seus escritos sobre religião. Ele era partidário de mudança e reforma tanto em política quanto na natureza do conhecimento humano. Também propôs algumas noções radicais a respeito da educação. A tradução para línguas européias ajudou a difundir sua reputação e, em alguns casos, o que pessoas orientadas pela tradição consideraram ser doutrinas perniciosas.

Não houve tradução publicada de qualquer dos escritos de Locke em português antes do século XIX, mas seu *Ensaio* esteve envolvido num interessante episódio em Portugal em meados do século XVIII. Esse incidente confere algum interesse histórico a uma edição em língua portuguesa do meu *Dicionário Locke.* Houve uma tradução portuguesa de um resumo do *Ensaio* de Locke, mas a Régia Comissão de Censura, em Portugal, considerou a obra imprópria para publicação. De fato, ela foi colocada no *Index* em 1768. As acusações eram que as doutrinas contidas no livro tendiam a apoiar o ateísmo e o materialismo, acusações que não constituíam novidade para a herança de Locke. Houve outras acusações análogas feitas em Portugal antes que a Comissão de Censura agisse. Suspeito de que existe um bom projeto de pesquisa para quem quiser explorar os detalhes desses episódios no Portugal setecentista. Para uma breve indicação de alguns desses episódios, ver "Locke's Suggestion of Thinking Matter and Some 18th-Century Portuguese Reactions", por John W. e Jean S. Yolton, *Journal of the History of Ideas* (abr.-jun. 1984). Um relato muito mais completo por Joaquim de Carvalho pode ser encontrado no *Boletim da Biblioteca da Universidade de Coimbra* (V.XX, 1951, p.1-212). Carvalho publica pela primeira vez aquela tradução portuguesa do século XVIII de um resumo do *Ensaio.*

A história completa da receptividade da filosofia de Locke na Europa ainda está por escrever. A influência de alguns de seus pontos de vista sociais e políticos na América do Norte foi documentada. Tenho ciência de que no México há um interesse ativo em Locke, mas ignoro que interesse possa existir em outros países das Américas Central e do Sul.

Onde quer que exista este interesse, Locke não deve ser identificado somente como o autor do importante e influente *Ensaio acerca do entendimento humano*. Seus *Dois tratados sobre o governo* (que foram traduzidos para o português em 1833) foram igualmente influentes. *Alguns pensamentos referentes à educação* e *Racionalidade do cristianismo*, além de outras obras menores, tornaram-se também partes importantes do cânone lockiano. O meu *Dicionário Locke* tenta apresentar e explicar conceitos e doutrinas que figuram em todos os seus escritos.

Saúdo com prazer a iniciativa de Jorge Zahar de publicar uma edição em português do meu *Dicionário*. Estou confiante em que ele ajudará os leitores, no Brasil e em Portugal, a entender o alcance dos escritos de Locke e a explorar em detalhe seu pensamento e sua influência.

JOHN W. YOLTON
Piscataway, New Jersey
Fevereiro de 1994

Introdução

Um método eficaz para se usar na descoberta e no entendimento do que um autor diz e quer significar consiste em registrar e descrever o uso que ele faz daquelas palavras que parecem importantes ou centrais em seus escritos. A importância pode, por vezes, ser determinada pela freqüência do uso, pelos capítulos e livros dedicados a um certo termo, por palavras aproveitadas por adversários ao criticar esse autor. É necessário prestar atenção ao modo como um autor utiliza termos e conceitos tradicionais: aceita ele as doutrinas usualmente associadas a esses termos, ou ataca e substitui esses conceitos? As palavras empregadas são, é claro, a expressão de doutrinas, pelo que um dicionário do uso terminológico constitui um instrumento útil para a revelação das doutrinas de um escritor.

Tal dicionário é especialmente apropriado quando se lê um autor como John Locke, cujos escritos abrangem grande variedade de tópicos e contêm alguma apresentação sistemática de pontos de vista. Descrever o uso que ele faz de um termo ao longo de vários livros pode ser salutar para corrigir aquelas interpretações de um crítico que se limite a examinar apenas uma ou duas de suas obras. O desenvolvimento de uma sensibilidade para o modo pelo qual um autor usa as palavras pode ser também proveitoso na medida em que nos impede de supor que essas palavras têm no seu pensamento o mesmo significado que têm em nossa filosofia. Os filósofos nem sempre foram bons ouvintes das vozes de seus contemporâneos e predecessores; são freqüentemente propensos a descobrir, nos escritos de filósofos anteriores, doutrinas e significados com que trabalham e a que dão valor, em vez de empreender um exame sério desses autores precedentes a fim de determinar o que eles realmente disseram. O próprio Locke era sensível a esses perigos de uma interpretação errônea; tanto no *Ensaio acerca do entendimento humano* quanto num ensaio sobre como ler as Epístolas de São Paulo, ele esboçou algumas regras muito específicas e práticas para a compreensão de um texto escrito num passado remoto e numa difícil língua estrangeira. Mas as mesmas regras para indicar o verdadeiro uso de termos utilizados por um autor, colocando-os em seu contexto verbal e histórico, aplicam-se à leitura de qualquer texto, mesmo um, como no caso de vários livros de Locke, escrito em nosso próprio idioma. O uso seiscentista ou setecentista de um termo pode ter um sentido muito diferente do nosso uso desse mesmo termo.

Este *Dicionário Locke* apresenta o emprego de termos usados por Locke, desde "abstração" até "virtude", citando passagens explícitas em que essas palavras ocorrem, e permitindo que seu uso nos informe sobre as doutrinas, teoria, conceitos e opiniões que essas palavras transmitem. Com apenas uma exceção ("empirismo"), todas as entradas de verbetes são termos empregados por Locke. Por vezes, a apresentação do uso de um determinado termo foi ocasião para examinar algum tópico geral; por exemplo, religião, ciência, governo. Sempre que possível, é dada alguma indicação de doutrinas de autores antecedentes. Em alguns casos, faz-se menção da influência ou destino, em autores subseqüentes, de alguma doutrina encontrada em obras de Locke. As referências à literatura secundária são citadas, às vezes, no final de um verbete; uma lista mais extensa de fontes secundárias pode ser encontrada na bibliografia.

O leitor deste dicionário não tardará em descobrir que muitas das questões centrais do pensamento de Locke estão agrupadas em certo número de termos e conceitos. Por exemplo, sua explicação de virtude está relacionada com seu exame de moralidade, bem e mal, felicidade, pecado; sua explicação de essências está vinculada às de substância e da hipótese corpuscular; lógica, inferência, demonstração, dedução e prova compreendem outro grupo de termos reveladores do pensamento de Locke. Os verbetes baseiam-se na maioria dos seus escritos, alguns dos quais ele não publicou, e uns poucos em sua correspondência. Assim, este dicionário tem o propósito de ajudar a pessoa interessada em quase qualquer tópico tratado por Locke, sejam aquelas doutrinas centrais tão debatidas em sua análise do conhecimento e da realidade, ou a sua teoria de governo, seu compromisso com a tolerância religiosa, suas mais amplas concepções religiosas, seu estudo sobre educação, seus panfletos sobre dinheiro, suas observações a respeito das mulheres. Há também pequenos verbetes sobre os livros que ele publicou (e muitos ele deixou inéditos), com uma idéia geral sobre seu conteúdo, origens e diferentes edições. Uma descrição mais completa pode ser encontrada na parte A da bibliografia, que contém mais duas partes: uma sobre as obras de autores do século XVII e outros anteriores ao século XIX; a outra, sobre alguma literatura secundária abordando todos os escritos de Locke, assim como sua vida.

Há, pois, uma abundância de informação neste *Dicionário Locke*, em sua grande maioria proveniente diretamente do que o próprio Locke escreveu, seja parafraseado, seja em suas próprias palavras. Quando diferentes interpretações são oferecidas sobre algum tópico, elas são acompanhadas de notas, mas procurei não impor minha leitura a seus textos. Locke fala por si mesmo através desses verbetes. O dicionário não é, evidentemente, um substituto dos próprios escritos de Locke, mas pode ser útil como ponto de partida. O leitor interessado num tópico específico pode começar por ler os verbetes pertinentes e passar depois ao texto integral de Locke. Uma pessoa com um interesse geral, ou que tenha apenas curiosidade a respeito de Locke, pode considerar valiosa uma simples leitura aleatória, detendo-se aqui e ali onde seu interesse for mais estimulado. Há cerca de 130 verbetes. Pode haver outros que alguns leitores achem que deveriam ter sido incluídos. Tive de ser bastante seletivo, equilibrando o propósito de ser abrangente na cobertura de todo o corpus lockiano contra a óbvia importância e centralidade de algumas de suas doutrinas em obras tais como o *Ensaio acerca do entendimento humano* ou *Dois tratados sobre o governo*. Minha esperança é que aqueles que consultarem este dicionário passem a apreciar a profundidade e a extensão dos interesses e envolvimentos de Locke nas questões intelectuais, religiosas e sociais do seu tempo.

O que podemos ficar sabendo sobre um homem através da leitura de seus livros? Na maioria dos casos, podemos descobrir as crenças, teorias e atitudes de um autor a respeito dos assuntos sobre os quais escreve. Alguns escritores não são tão fáceis de decifrar quanto outros. David Hume tende a examinar sistemas prévios de filosofia, nem sempre revelando seus próprios pontos de vista (por exemplo, como no Livro I do *Tratado da natureza humana*). No caso de Locke, a escrita é muito mais sóbria e linear, embora as doutrinas que ele oferece ou ataque sejam, com freqüência, muito complexas e obscuras. Podemos descobrir os interesses pessoais de Locke examinando os livros que publicou: interesses na educação de crianças, na defesa de um simples e racional cristianismo; interesses em ciência e medicina. Suas outras preocupações são reveladas em outras fontes: seus diários e cadernos de notas, sua correspondência com grande variedade de pessoas, sua biblioteca. As mais antigas biografias, da autoria de King e Fox Bourne, e a mais recente, de Cranston (ver a bibliografia), contêm numerosos detalhes sobre sua vida e pensamento. Estudos especializados mais recentes, como *Revolutionary Politics* (1986), de Richard Ashcraft, adicionaram nova informação — no caso de Ashcraft, sobre a estada de Locke na Holanda. Outros estudiosos estão trabalhando para inserir detalhes de seus primeiros anos, de sua juventude. Os oito volumes da correspondência também são uma rica fonte de informação sobre as atitudes de Locke e seu lugar na cena intelectual do século XVII.

Os 72 anos de vida de Locke (1632-1704) foram marcados por muita agitação social na Inglaterra e por vários eventos políticos dramáticos: uma guerra civil entre o parlamento e o rei Carlos I, que terminou com o julgamento e execução do monarca; um outro rei, Jaime II, deposto e substituído por um monarca estrangeiro. O pai de Locke foi, por pouco tempo, soldado na guerra civil; o próprio Locke esteve implicado, através de suas relações com o conde de Shaftesbury, em conspirações contra Carlos II; e, quando Locke regressou da Holanda após a deposição de Jaime II, embarcou num dos navios da frota que levou a esposa de Guilherme III, Mary, para a Inglaterra. Locke exerceu numerosos cargos governamentais, recusou outros, e foi um confidente e talvez um conselheiro de Shaftesbury enquanto este esteve ativo na política durante o reinado de Carlos II.

Profundamente versado em filosofia, religião e ciência, Locke reuniu uma vasta biblioteca sobre esses e outros assuntos. Estudou medicina em Oxford, contraiu amizades com muitos médicos eminentes (Thomas Sydenham é o mais famoso) e com o principal químico da época, Robert Boyle. Também conheceu Newton e outros homens importantes na Royal Society. Locke desenvolveu outras amizades com cientistas, teólogos e homens de letras durante suas numerosas visitas à França e sua longa estada na Holanda. Ele próprio, um assíduo viajante, leu e colecionou livros de viagens, usando algumas informações, neles colhidas, em suas próprias obras. Foi educado em duas das mais prestigiosas instituições da Inglaterra, a Westminster School e a Christ Church na Universidade de Oxford. Exerceu numerosas funções na Christ Church até sua expulsão por ordem de Carlos II em 1684.

Não foi sempre residente na Christ Church, nem mesmo durante seus anos como membro. Seu encontro com Anthony Ashley Cooper, o futuro conde de Shaftesbury, levou-o a ingressar na casa Shaftesbury como secretário e assistente do conde, assim como seu conselheiro médico. Sua amizade com Shaftesbury o pôs em contato com as questões políticas do país, já que o conde desempenhava papel proeminente no parlamento, papel que acabou colocando-o (e por implicação, Locke) em perigo. As discussões com Shaftesbury aguçaram o interesse de Locke pela natureza e estrutura do governo. Talvez o tenha levado mais tarde a oferecer sugestões para aliviar uma crise no sistema monetário.

A par do seu envolvimento em questões práticas, Locke manteve seus interesses em assuntos mais intelectuais e mais teóricos. Enquanto esteve na Christ Church, deu aulas sobre filosofia moral e escreveu numerosos ensaios sobre o papel legítimo do governo na vida dos cidadãos. Não publicou nenhum desses primeiros escritos sobre moralidade, direito e política, mas eles serviram de base a partir da qual desenvolveu suas concepções mais maduras, concepções essas que nem sempre eram idênticas às iniciais. Suas vastas leituras e extensos apontamentos, assim como as discussões com amigos, acrescentaram informação, idéias e estímulo para suas publicações a partir de 1689 em diante. Estava perto dos sessenta anos quando vieram a lume seus primeiros livros, mas vários deles vinham sendo elaborados e desenvolvidos ao longo dos anos, mesmo enquanto esteve na Holanda tentando ser o mais discreto possível. O resultado foi uma série de livros publicados num período de tempo relativamente curto: 1689-95. Os anos que restaram até sua morte em 1704 foram dedicados à revisão de seus livros para novas edições, respostas a algumas críticas, e a redação de sua última obra, os comentários e notas sobre as Epístolas de São Paulo.

A rica e variada vida de Locke não pode, é claro, ser apreendida em tão breve sinopse, mas pode proporcionar ao leitor uma apreciação de Locke como um homem de amplos interesses, grande energia e fonte de algumas das maiores contribuições intelectuais para a filosofia, a teoria política e a educação. Uma breve lista de algumas das datas mais significativas de sua vida também pode ajudar:

1632 Nasce em 29 de agosto (em Wrington, Somerset)
1646 É admitido na Westminster School
1652 Obtém uma bolsa de estudos na Christ Church, Oxford
1656 Conclui o bacharelado em humanidades (BA)
1658 Obtém o mestrado em humanidades (MA)
1664 É nomeado censor de filosofia moral na Christ Church
1667 Ingressa na casa de Shaftesbury em Londres
1668 É eleito *Fellow* da Royal Society
1671 Escreve o primeiro esboço do *Ensaio*
1673 Serve como secretário do Conselho de Comércio até o final de 1674
1675 Obtém o grau de bacharel em Medicina (MB)
1683 Chega à Holanda, onde permanece até 1689
1696 É nomeado um dos comissários da Comissão para o Comércio e Plantações
1704 Falece em 28 de outubro

Sistema de citações

AP	*Alguns pensamentos referentes à educação* (*Some Thoughts concerning Education,* org. J. e J. Yolton, 1989. As referências são aos números das seções).
Conduta	*Conduta do entendimento* (*The Conduct of the Understanding,* seguido por número de seção; em *Works,* 1823).
Corr.	*Correspondência de John Locke* (*The Correspondence of John Locke,* org. E.S. de Beer, Clarendon Press 8 vols., 1976-89. Citada por número da carta, seguido dos números de volume e página).
DF	*John Locke: Dois tratados sobre governo* (*John Locke: Two Tracts on Government,* org. Philip Abrams, 1967).
DT	*Dois tratados sobre o governo* (*Two Treatises of Government.* As citações são dadas como *T1* ou *T2* e um número de seção: por exemplo, *T2* §10, significa que a seção pertence ao segundo tratado sobre o governo [civil]).
Ensaio	*Ensaio acerca do entendimento humano* (*An Essay concerning Human Understanding.* A localização da referência e as citações são dadas em algarismos arábicos; por exemplo, 4.3.6 = Livro 4, capítulo 3, seção 6. Exceto para a primeira ocorrência num verbete, somente os algarismos serão dados; por exemplo, 2.8.8.).
Ensaios	*Ensaios sobre a lei da natureza* (*Essays on the Law of Nature.* As referências de página são à edição desta obra por W. von Leyden).
Obras	*The Works of John Locke,* A New Edition Corrected, 10 volumes, 1823.
Parafr.	*Uma paráfrase e notas sobre as Epístolas de São Paulo* (*A Paraphrase and Notes upon the Epistles of St. Paul,* org. A. Wainwright (1987), 2 vols. A paginação é contínua desde o começo do 1º volume até ao final do 2º volume, de modo que só são indicados os números de página.
Racion.	*Racionalidade do cristianismo* (*The Reasonableness of Christianity.* As referências de página são a *Works,* edição de 1823, volume vii).

A

abstração Uma das muitas atividades (operações) da mente, por meio da qual se faz com que determinadas idéias representem todos os objetos da mesma espécie. Fazer com que idéias sejam representativas de uma classe requer que a mente considere suas idéias como aparências inteiramente separadas de outras existências e "das circunstâncias da existência real, tais como tempo, espaço ou quaisquer outras *idéias* concomitantes" (*Ensaio*, 2.11.9; cf. 3.3.6). Locke designa as idéias, consideradas dessa maneira abstrata, como "aparências vazias", uma expressão que indica a sua separação de relações particulares, assim como ignora questões sobre "como, de onde e com que outras" essas aparências são apreendidas pela mente (ver também 2.12.1). Em abstração, a mente considera "uma idéia sob não outra existência, exceto a que tem no entendimento" (4.9.1). Considerar as idéias desse modo é, como os cartesianos disseram, tratá-las como modos da mente. Assim consideradas, as idéias tornam-se "os padrões para organizar as existências reais em classes" (2.11.9). Esses padrões são idéias gerais.

Algumas considerações sobre as conseqüências da redução de juros (Some Considerations of the Consequences of the Lowering of Interest) Este título continua *"e da valorização da moeda"* (*"and raising the Value of Money"*). O estudo foi publicado em 1692, seguido de diversos outros textos sobre o mesmo tópico em 1695-6. Uma coletânea desses escritos foi publicada em 1696 sob o título geral de *Several Papers Relating to Money, Interest and Trade etc.* Houve segunda e terceira edições desses estudos, que foram escritos com a intenção de influenciar membros do governo numa época em que a questão da redução das taxas de juros e da desvalorização do dinheiro eram tópicos urgentes. A importância desse aspecto do pensamento de Locke foi reconhecida em seu próprio tempo, mas só recentemente recebeu atenção séria por parte dos estudiosos da matéria. A edição em dois volumes de Patrick Hyde Kelly (*Locke on Money*, 1991) oferece o texto integral dos folhetos e conta com uma extensa introdução e comentário sobre os antecedentes e composição dos mesmos.

Alguns pensamentos referentes à educação (Some Thoughts Concerning Education) Esta obra teve sua origem nas extensas cartas que Locke escreveu enquanto estava vivendo na Holanda, e foram endereçadas a seus amigos na Inglaterra, sr. e sra. Edward Clarke. Estes haviam solicitado o conselho de Locke sobre como criar o jovem filho do casal. Seriam recomendações sobre a criação e educação do filho para tornar-se um cavalheiro. Houve quatro edições oficiais durante a vida de Locke, mas cinco, de fato, uma vez que houve duas diferentes edições de aspecto semelhante, impressas em 1693 (com apenas pequenas variantes entre elas). A quinta foi realmente publicada em 1705, um ano após a morte de Locke. Uma terceira edição veio a lume em 1695, uma quarta em 1699. As cartas originais aumentaram em número, algumas edições foram feitas antes de sua publicação como livro, e mudanças foram introduzidas nas edições subseqüentes às duas de 1693.

Essa obra atraiu a atenção de muitos amigos de Locke, sobretudo daqueles que tinham filhos pequenos. Há algumas referências a meninas aqui e ali, mas o livro foi principalmente escrito com o propósito de aconselhar os pais a respeito da criação de um filho varão. A obra assumiu um lugar importante na história do pensamento educacional, apesar do seu enfoque bastante limitado: a produção de um jovem cavalheiro. Há, de fato, muitos conselhos judiciosos e bem fundamentados sobre a criação de filhos e algumas observações perspicazes sobre a natureza, motivos, desejos e atividades das crianças. Em seu âmbito mais amplo, trata-se de uma obra que reflete a constante preocupação de Locke com o desenvolvimento do caráter moral. Tem um certo número de seções sobre a saúde do corpo, mas o bem-estar da pessoa moral foi, talvez, seu interesse dominante nessa obra. Trata da natureza de um currículo, discorre sobre o valor de viajar para a formação intelectual de um jovem, alinha uma série de sugestões originais para a aprendizagem de línguas estrangeiras e recomenda que se observe as crianças brincando como forma de estudar-lhes o caráter. Acredita que as crianças nascem com certos traços de caráter, alguns dos quais podem ser alterados, ao passo que outros devem ser trabalhados e seu aperfeiçoamento estimulado.

Pode-se afirmar sem receio que a noção de educação foi central no pensamento de Locke sobre pessoas e sobre a sociedade: a transmissão dos valores de uma sociedade alicerça-se na criação e educação das crianças. O processo de aculturação tem lugar no seio da família. A orientação que o preceptor e os pais são enfaticamente recomendados a dar à criança em processo de crescimento, a fim de ajudá-la a adquirir conhecimentos, equipara-se às sugestões de uma psicologia genética no *Ensaio*. A orientação paterna desempenha também um papel importante em *Dois tratados*. *Alguns pensamentos* faz parte de um corpo de literatura educacional no século XVII, mas Locke sistematizou e tornou mais legível o que tinha sido tentado em estudos anteriores.

Para a edição corrente, com detalhes sobre a composição dessa obra e extensas notas textuais, ver a edição Clarendon com introdução, notas e comentário crítico de John W. e Jean S. Yolton, Oxford, 1989.

alma É indiscutível a crença de Locke na imortalidade. Ele aceitou o ensinamento bíblico de que os mortos se levantarão, mas discordou dos que afirmaram a ressurreição do *mesmo* corpo. Parece ter aceito a fala de São Paulo a respeito de corpos celestiais, espirituais (*ver* RESSURREIÇÃO). Seriam esses corpos espirituais dotados de almas? Locke nunca fala diretamente sobre essa questão. É a PESSOA a quem Deus julgará no dia do Juízo Final, a pessoa moral caracterizada por Locke em termos de identidade de consciência e de aceitação da responsabilidade pelas ações feitas nesta vida. Há frases dispersas aqui e ali em que Locke alude à alma como se aceitasse efetivamente sua existência e sua imortalidade. Observando que os homens têm diferentes pontos de vista sobre o que é certo e bom (alguns homens duvidam até da existência de Deus e da imortalidade da alma), Locke afirma: "Mesmo que Deus e a imortalidade da alma não sejam proposições morais e leis da natureza, devem ser, não obstante, pressupostos se quisermos que exista o direito natural" (*Ensaios*, p.173). Na *Carta acerca da tolerância*, insiste em que o magistrado civil não deve preocupar-se com a salvação da alma, mesmo quando os homens descuram disso (em *Obras*, vi, 23, 28). Próximo do final do *Ensaio*, ele fala da "felicidade ou desdita eternas", sugerindo a necessidade de todo o homem "pensar em sua alma e informar-se em matérias de religião" (4.20.3). Encontramos o mesmo tema em 2.21.60, em que Locke se refere à "felicidade sem fim ou ao intenso tormento doravante de uma alma imortal".

Quando nos voltamos para os conceitos e doutrinas do *Ensaio*, encontramos referências à mente que excedem largamente o número das referências à alma. A "Carta ao Leitor" diz que o entendimento é "*a faculdade mais nobre da alma*" e 1.2.24 refere-se às faculdades de raciocínio da alma. Também usa uma linguagem cartesiana e cristã ao dizer que o homem é uma criatura constituída de alma e corpo (1.4.4). Outra passagem tem a alma refletindo sobre suas idéias, mas essa mesma passagem fala das ações da mente (2.1.4). Uma passagem em 2.10.7 menciona "o Olho da Alma", mas é da mente que aí se trata. Ambos os termos figuram em 2.21.6, em que Locke fala da mente enquanto discorre sobre as faculdades, advertindo para que não sejam confundidas com "certos seres reais na alma". A própria alma é descrita numa passagem como "um ser real" (2.23.19) e uma outra seção confere à alma o poder de "*excitação do movimento pelo pensamento*" (2.23.28). Em alguns lugares, encontramos Locke usando "espírito" em vez de "alma". Por exemplo: "Mas até que ponto é insignificante a posição que os espíritos que habitam os nossos corpos ocupam entre aquelas várias e possivelmente inúmeras espécies de mais nobres seres" é algo que se situa para além da nossa capacidade de apreensão (4.3.17). A maioria das outras referências à alma nessa obra ocorre quando ele discute doutrinas ou afirmações específicas a que se opõe: a afirmação de princípios inatos na mente; a afirmação cartesiana de que o pensamento é a essência da alma e de que, portanto, a alma sempre pensa; a afirmação de que a identidade pessoal requer identidade com a alma; a sugestão de Locke de que Deus poderia adicionar pensamento a algum pedaço organizado de matéria; e a questão sobre espécies naturais suscitada pela existência de criaturas defeituosas, idiotas e monstros.

A rejeição de idéias e princípios inatos no enunciado inicial de sua tese emprega a linguagem usada pelos inatistas quando falam dos princípios que a alma recebe em seu "ser primordial; e [os] transporta consigo ao mundo" (1.2.1). Mas Locke, mesmo aí, parafraseia essa noção quando afirma ser dito que tais supostos princípios "estão como que estampados na mente do homem". Daí em diante, até o final de sua polêmica, "mente" é o termo usado, com exceção de uma ou duas referências breves à "alma" (por exemplo, 1.2.14, 15). Temos ainda o fato de a questão ser mais dirigida ao assentimento dado por homens ou crianças às proposições do que a discussões em torno da localização desses supostos princípios inatos.

A longa seqüência de seções atacando a noção cartesiana de que a alma sempre pensa (a implicação de que o pensamento que se expressa é a essência da alma) contém freqüentes referências à alma, incluindo diversos comentários que soam como se Locke não aceitasse a existência de uma alma. Ele diz em 2.1.10 que possui "uma dessas almas apáticas, que nem sempre tem percepção de si mesma ao contemplar idéias". Perto do final dessa seção, diz ele: "Não digo que não existe alma no homem porque ele não a sente [ou seja, não sente que esteja pensando] em seu sono." Na seção seguinte, admite "que a alma de um homem desperto jamais está vazia de pensamento, porque esta é a condição de estar acordado" (2.1.11). Mas, em sua grande maioria, essas seções (2.1.9-19) usam o termo "alma" para formular a alegação e as alegações contrárias de Locke de que a alma sempre pensa. Se podemos concluir desses usos da palavra "alma" que Locke aceitou que possuímos uma alma, é um tanto duvidoso. Há um comentário *en passant* que sugere que ele ou não falou ou (a interpretação mais provável) considerou não ser necessário falar da alma: "Também ficaria feliz em aprender desses homens, que tão confiantemente se manifestam, que a alma humana ou, o que resulta no mesmo, o homem sempre pensa; como foi que chegaram a esse conhecimento" (2.1.18).

Uma de suas objeções à tese de que a alma sempre pensa é que, como não temos consciência de que ela esteja sempre pensando, o pensamento pode ser dissociado do homem: "Deve, porém, o homem desperto considerar se dormir sem sonhar afeta ou não o homem em sua totalidade, tanto na mente quanto no corpo" (2.1.11). A desconexão de pensar e de estar consciente de que estamos pensando leva a alguns daqueles casos desconcertantes que Locke apresenta em seu estudo da identidade pessoal. Por exemplo: "Se é possível, quando o corpo dorme, que a alma tenha pensamento, alegria e preocupações, prazer e sofrimento, embora o homem não seja consciente e nem participe nisso. Certamente, Sócrates dormindo e Sócrates acordado não são a mesma pessoa, pois sua alma quando dorme e Sócrates, o homem, consistindo de corpo e alma, quando está acordado, são duas pessoas" (ibid.). Ele elabora as seqüências na seção seguinte: "Suponhamos que a alma de *Castor*, enquanto está adormecido, é retirada de seu corpo, o que não é uma suposição impossível para os homens de que estou aqui tratando, os quais tão liberalmente concedem vida, sem uma alma pensante, a todos os outros animais" (2.1.12). No capítulo sobre identidade pessoal, esses casos enigmáticos são repetidos e ampliados. No final dessa discussão, Locke diz que imaginamos comumente que "a alma de um homem é uma substância imaterial, independente da matéria"; mas, dada a nossa ignorância sobre as operações do pensamento e da memória, ou sua ligação com a fisiologia do corpo, "não é nenhum absurdo supor que a mesma alma pode, em diferentes momentos, estar unida a diferentes corpos, e com eles compor, para esse tempo, um homem" (2.27.27).

A referência à relação entre o pensar (ou aquela "coisa pensante que está em nós e que consideramos como os nossos eus") e o mecanismo do corpo ("um certo sistema de fugazes espíritos animais") é refeita mais tarde, quando Locke formula sua sugestão a respeito de Deus ser capaz de adicionar o poder do pensamento a certos sistemas de matéria. Nessa extensa seção (4.3.6), afirma não pretender, com essa sugestão, "diminuir de algum modo a crença da imaterialidade da alma", mas garante-nos, não obstante, que "todos os importantes objetivos da moral e da religião estão suficientemente assegurados sem provas filosóficas da imaterialidade da alma". Sublinha o mesmo ponto quando responde ao bispo de Worcester (*Mr. Locke's Second Reply*, em *Works,* iv.476). Foi essa asserção, a par da sugestão acerca da matéria pensante, que levou muitos dos seus leitores a concluírem que ele se inclinava para o materialismo ou que tinha sérias dúvidas quanto à existência da alma. Não parece que o caso seja uma coisa ou outra. O conceito da alma não era, simplesmente, um de que necessitasse em sua análise dos tópicos em seu *Ensaio*. Tampouco desempenhou qualquer papel significativo em seus escritos sobre religião.

Aquele lugar final no *Ensaio* em que Locke usa a palavra "alma" está naquelas passagens em que suscita questões acerca de espécies naturais. Apresenta aí exemplos de homens disformes, a respeito de quem foram expressadas dúvidas quanto à sua humanidade. Também usou exemplos de criaturas defeituosas e descreveu nascimentos monstruosos como prova evidente contra as espécies naturais fixadas pela natureza. A questão sobre o Abade de St. Martin, que "*tinha tão pouco da figura de um homem que mais parecia um monstro*", era esta: "Possuía ele uma alma racional?" (3.6.26). A questão é suscitada de novo em 4.4.15, onde Locke parece criticar aqueles que colocam a decisão mais na base de uma "certa figura superficial" do que em uma alma: "Isso é atribuir mais ao exterior do que ao interior das coisas; colocar a excelência de um homem mais na forma externa de seu corpo do que nas perfeições internas de sua alma." Outros adotam o critério de humanidade para criaturas disformes, considerando-as "a conseqüência de pais racionais" e concluindo que tais seres devem, "portanto, ter uma alma racional" (4.4.16). Nessas passagens, Locke está principalmente suscitando questões de critérios e argumentando que gêneros e espécies são de nossa própria criação (*ver* TIPOS, GERAIS DE GÊNERO).

analogia Havia uma tradição anterior a Locke de usar analogias como um modo de ajudar o homem a entender coisas divinas. Depois de Locke, vários autores voltaram a debruçar-se, também, sobre esse tema. Curiosamente, Locke refere-se ao raciocínio por analogia mais em contextos naturais do que sobrenaturais. A analogia não é um conceito importante para ele, mas recebe algumas referências, inclusive uma relativa a experimentos científicos: "A analogia é de grande utilidade para a mente, em muitos casos, especialmente na filosofia natural; e a parte dela que consiste principalmente em felizes e bem-sucedidos experimentos. Mas, neste caso, devemos ter o cuidado de permanecer dentro dos limites em que a analogia se baseia" (*Conduta*, §40). Ele dá um exemplo, nessa seção, do uso do "óleo ácido de vitríolo" e "o espírito nítrico ou vinagre". O *Ensaio* 2.15.11 levanta a questão sobre se os anjos ou outros espíritos têm qualquer analogia com nossa experiência. A analogia ajuda-nos a formar juízos ou conjeturas onde o conhecimento não alcança (4.8.9). Que efeitos as qualidades e poderes dos objetos terão só pode ser determinado por experiência ou "por analogia [podemos] conjeturar que efeitos, com base em outras experiências, corpos semelhantes têm probabilidades de produzir" (4.3.29). Uma passagem anterior já abordara esse mesmo ponto: as operações da natureza nos são, em sua maior parte, desconhecidas. Em particular, ultrapassa nossos conhecimentos sobre quais são as causas de efeitos observados: "A analogia nestas situações é o único auxílio que temos, e é tão-somente disto que extraímos todos os fundamentos da probabilidade" (4.16.12). Ele passa então, nessa seção, a dar uma variedade de exemplos em que a analogia é útil, incluindo o nosso juízo acerca da cadeia do ser que se estende tanto para cima quanto para baixo. Refere-se aí à "regra de analogia" e a "um raciocínio cauteloso por analogia".

Em sua descrição da natureza da mente e seu funcionamento, Locke emprega numerosas analogias. São recursos explanatórios que o ajudam, em lugar de um vocabulário psicológico, na articulação de processos cognitivos (*ver* SEMELHANÇA; *ver também* TABULA RASA).

Depois de Locke, um autor que se inspirou nele, mas também apontou defeitos em algumas de suas doutrinas, Peter Browne, incluiu uma breve discussão da analogia em *The Procedure, Extent, and Limits of Human Understanding* (1728), e depois apresentou um tratamento mais extenso da analogia em *Things Divine and Supernatural Conceived by Analogy with Things Natural and Human* (1733). Um escritor mais famoso a respeito desse tópico foi Joseph Butler (*The Analogy of Religion Natural and Revealed*, 1736).

animais *ver* BESTAS.

aparência Esta é uma palavra de maior importância mais por seu uso no século XVIII (especialmente em Kant) do que no caso de Locke (ou Hobbes, que também usou o vocábulo). Não obstante, o emprego por Locke de "aparência" e "aparecer" tem um interesse próprio em relação com seu modo de falar sobre idéias. Há dois usos principais da palavra no *Ensaio* de Locke, um para o modo como objetos se apresentam e outro para idéias. Ele fala sobre "a forma e aparência exterior de um homem" ao discutir a questão sobre se forma e figura são necessárias para a imortalidade (4.4.15). Refere-se aí às partes e figura visíveis de um homem. O uso mais curioso é em ligação com objetos físicos. Por exemplo, observa que pode mudar a aparência do papel diante dele ao nele escrever (4.11.7). O fato de que as letras que lança no papel aí permanecem faz parte de sua argumentação contra o ceticismo. A partir da suposição de que nossos sentidos poderiam ser alterados e "tornar-se muito mais vivos e penetrantes", Locke conclui que "a aparência e o esquema exterior das coisas teriam uma face muito diferente" (2.23.12). Ao tratar da duração, ele refere-se a um homem observando "a revolução de dias e noites" e concluindo que "a extensão de sua duração é, em aparência, regular e constante" (2.14.5). Ao apresentar o PROBLEMA DE MOLINEUX, fala da experiência que temos de "que espécie de aparência os corpos convexos costumam produzir em nós" e dos juízos que alteram as aparências (2.9.8).

Em sua análise do tempo, fala das idéias que aparecem "uma após outra em nossas mentes" e da distância "entre quaisquer partes dessa sucessão ou entre o aparecimento de duas idéias quaisquer em nossas mentes" (2.14.3). O aparecimento de idéias em sucessão ora é mais rápido, ora mais lento, mas em seu todo mais ou menos constante (2.14.4). Ele levanta a questão de que as idéias na mente podem ser causadas por movimento, mas, seja qual for a causa, as idéias que temos "não incluem a idéia de movimento em sua aparência" (2.14.16). É o sucessivo aparecimento de idéias na mente que nos proporciona a noção de duração. Locke sugere que "qualquer aparência periódica constante, ou alteração de idéias em espaços aparentemente eqüidistantes de duração" constitui um modo tão válido de distinguir intervalos de tempo quanto as revoluções do sol (2.14.19).

A menção de idéias como aparências está disseminada por todo o *Ensaio*. Na "Carta ao Leitor", fala de uma simples idéia como "*aquela simples aparência, que a mente possui em sua vista, ou percebe em si mesma, quando se diz que a idéia está nela*" (cf. 1.4.20). Também fala das idéias de frieza e dureza, de cheiros, cores e sabores como sendo "*uma aparência ou concepção uniforme na mente*" (2.2.1). O termo "concepção" é uma advertência de que, quando aplicados a idéias, "aparecer" e "aparência" não contêm um significado visual. Boa parte da descrição de Locke de idéias e operações da mente é feita na linguagem da visão: era uma analogia confortável, especialmente na ausência de qualquer vocabulário psicológico estável. Ele caracteriza a memória, algumas vezes, como "o aparecimento dessas imagens adormecidas da vontade", descrevendo "a busca pela mente de alguma idéia escondida convergindo para ela como se fosse o olho da alma", ou como, outras vezes, antigas idéias que foram "despertadas e lançadas de suas celas escuras para a luz do dia por paixões turbulentas e tempestuosas" (2.10.7). Idéias particulares "recebidas de objetos particulares" são transformadas em gerais, "obtendo-se isso mediante a observação de que tais aparências surgem à mente inteiramente separadas de outras existências e das circunstâncias da existência real, tais como tempo, espaço ou quaisquer outras idéias concomitantes" (2.11.9). Essa mesma passagem refere-se a tais idéias gerais construídas por abstração como sendo "precisamente aparências vazias da mente". Dá um exemplo de cor: "Assim, a mesma cor no giz ou na neve, cor que foi apreendida ontem, pela mente, no leite, e levando apenas essa aparência em conta, o nosso entendimento a transforma no representativo de toda a espécie" (ibid.). Cores específicas, como branco e vermelho, podem ser colocadas sob o título de "cor", mas elas próprias nada têm em comum que possa ser destacado "para fazê-las concordar em uma aparência comum" (3.4.16). Idéias simples, por exemplo, de uma cor particular, podem ser consideradas verdadeiras: "sua verdade não consiste em outra coisa senão em tais aparências, conforme são produzidas em nós, e que devem condizer com aqueles poderes que Deus colocou em objetos externos" (2.32.14). É, sugere Locke, a textura de uma violeta que, "por uma operação regular e constante", produz a idéia de azul. Esteja essa cor "na" violeta ou seja ela apenas uma marca por meio da qual distinguimos violetas de outras flores, é à aparência que chamamos "azul" (ibid.).

arquétipo Locke usa esta antiga palavra para caracterizar a relação entre idéias e seus referentes. Ao contrastar idéias reais e fantásticas, diz que as reais têm um "fundamento na natureza" ou uma "concordância com o ser e existência real das coisas, ou com seus arquétipos" (*Ensaio*, 2.20.1). Do mesmo modo, é dito que idéias adequadas, em contraste com inadequadas, "representam perfeitamente seus arquétipos, dos quais a mente supõe que elas foram extraídas" (2.31.1). As idéias adequadas também representam e referem-se a seus arquétipos. Idéias de substâncias são imperfeitas e inadequadas como cópias de seus originais ou arquétipos por causa do ceticismo de Locke a respeito do nosso conhecimento da essência real da substância (2.31.6; cf. 4.4.11). Idéias complexas de modos e relações *são*, elas próprias, originais e arquétipos de ações e relações, um uso desse termo que reflete, em parte, o conceito técnico de Locke de *modos mistos* (2.31.14). De fato, todas as idéias complexas, excetuando as de substâncias, são "*arquétipos* feitos pelas nossas mentes, não designadas para serem cópias de algo, nem referidas à existência de qualquer coisa, como para os seus originais" (4.4.5). As verdades matemáticas e geométricas são um outro exemplo de arquétipos: as propriedades de figuras geométricas aplicam-se a objetos reais existentes, porque essas figuras são os arquétipos para objetos. As coisas a que essas propriedades se aplicam devem condizer com esses arquétipos na mente do matemático. Muito embora essas figuras tenham uma "*Existência Ideal*" na mente, ele sabe que elas também são verdadeiras em relação a objetos reais, porque o ideal é o original, para o real (4.4.6).

assentimento A definição de "assentimento" é "a admissão ou recebimento de qualquer proposição por verdade, com base em argumentos ou provas que são descobertas para nos persuadir a recebê-la como verdade, sem um conhecimento seguro do que é" (*Ensaio*,

4.15.3). Ao enunciar o propósito do seu *Ensaio*, Locke incluiu, após a investigação da "origem, certeza e extensão do *conhecimento humano*", as "bases e graus de *crença, opinião e assentimento*" (1.1.2). Outrossim, o *Ensaio* propôs-se "examinar por quais medidas devemos regular nosso assentimento e moderar nossas persuasões a respeito das coisas de que não temos conhecimento certo" (1.1.3). A referência a medidas diz respeito à sua discussão, nos últimos capítulos dessa obra, da probabilidade, incluindo o testemunho histórico e até a revelação. As diferentes "medidas" justificam diferentes *graus* de assentimento. Nesses capítulos, "assentimento" significa, por vezes, "aceitar como verdadeiro", como quando um matemático afirma que os três ângulos de um triângulo são iguais a dois ângulos retos. Nesse caso, a causa de assentimento é a "veracidade de quem fala" (4.15.1). Numerosas proposições com base nas quais raciocinamos e agimos não são conhecidas como verdadeiras (não temos "conhecimento indubitável de sua verdade"), mas assentimos a elas tão resolutamente "como se estivessem demonstradas de forma infalível" (4.15.2). Mas existem graus de assentimento provenientes de exemplos tais como os de "plena segurança e confiança, até os de (em escala decrescente) conjetura, dúvida e desconfiança". A minha experiência passada, o que aprendi, é um fator naquilo que me persuade de algum relato ou informação, por exemplo, de homens caminhando sobre água gelada (4.16.5).

Locke reconhece que o nosso assentimento nem sempre deriva da visão efetiva das razões que outrora nos persuadiram: as nossas memórias não retêm ou não têm fácil acesso a essas razões (4.16.1). Somos freqüentemente persuadidos: "de inúmeras opiniões, a respeito das quais as provas não estão realmente" em nossos pensamentos. Podemos até ser incapazes de recordar as provas ou razões (4.16.2). Ao procurar convencer alguém de nossas opiniões, devemos conceder a essa pessoa tempo para que examine os fundamentos ou razões, antes de esperar que ela dê seu assentimento, sobretudo se estiver em causa a renúncia a uma doutrina ou crença que antes era firmemente sustentada (4.16.4). As proposições prováveis que requerem o nosso assentimento são de dois tipos: as que dizem respeito a questões de fato ou à observação, e passíveis de testemunho humano, e as que se situam para além da "descoberta dos nossos sentidos [e] não são capazes de nenhum testemunho semelhante" (4.16.5). Locke dedica várias seções às diferentes espécies de testemunho sobre questões de fato e aos graus pertinentes de assentimento justificados em sua discussão da probabilidade (4.16.6-11). A discussão dessas matérias, que se situam além de nossa observação e testemunho, cobre uma variedade de tópicos, incluindo milagres e questões de fé (4.16-12-14).

Uma outra área onde o assentimento (algumas vezes ele escreve "consentimento") desempenha um importante papel é na polêmica de Locke contra idéias e princípios inatos. Ele discute extensamente o argumento favorável a princípios inatos, sustentado em um apelo ao consentimento universal. Esse argumento foi usado para apoiar princípios tanto lógicos quanto epistêmicos e morais. Locke rejeita a tese e a argumentação, baseando-se na inexistência de princípios universalmente aceitos ou conhecidos por todas as pessoas (crianças incluídas), e no fato de que aqueles princípios que gozam de amplo reconhecimento são o resultado de aprendizagem. Em algumas passagens, o assentimento está vinculado, em geral, à faculdade da razão que nos faz assentir a certas verdades (1.2.8). A principal afirmação de Locke acerca do nosso assentimento a verdades é que não se trata de uma função da razão (embora essa faculdade desempenhe um importante papel), nem de alguma suposta "inscrição inata" (impressão natural), mas do próprio entendimento e das faculdades envolvidas na experiência e observação (1.2.11; cf. 1.2.5). Em *Conduta*, Locke insiste conosco para que regulemos o nosso assentimento a afirmações e doutrinas "pela evidência que as coisas comportem em si mesmas" (§33; cf. §34). Em 1.2.16, numa passagem com certas ressonâncias cartesianas, "assentir a" é equiparado a "perceber", como em perceber (isto é, entender) a verdade: "A verdade disso aparece-lhe [à criança] assim que ela acomodou em sua mente as claras e distintas *Idéias* que esses nomes representam." Exemplos de assentimento resultante do claro entendimento das idéias contidas em algumas proposições são: "Que Um e Dois são iguais a Três, que Dois e Dois são iguais a Quatro", ou "Que dois Corpos não podem estar no mesmo lugar ao mesmo tempo", ou "Que Branco não é Preto" (1.2.18). O assentimento a tais proposições é dado pelo entendimento (1.2.20; 2.11.1).

O assentimento a proposições morais é mais complexo; requer raciocínio e discussão, não apenas idéias claras e distintas (1.3.1; 1.3.4). Locke também distingue entre assentir a uma verdade e assentir a um comando ou uma ordem (1.3.12). É cuidadoso em distinguir assentimentos a proposições especulativas e proposições práticas, quer sejam verdades ou ordens. O assentimento às últimas deve refletir-se em ação. Para a sugestão de que "aqueles que vivem de fraude e rapina têm princípios inatos de confiança e justiça que eles admitem e a que dão assentimento" (1.3.2), Locke usa um conceito de assentimento *tácito*, o qual desempenha um importante papel em seu *Dois tratados*. A essa sugestão de "Que o assentimento tácito de suas mentes concorda com o que sua prática contradiz", Locke, talvez antecipando-se a uma questão suscitada mais tarde contra o conceito de "consentimento" tácito em *Dois tratados*, explica que as ações dos homens são "as melhores intérpretes de seus pensamentos" (1.3.3; cf. 1.3.22). Os princípios práticos não terminam somente em contemplação: eles "devem produzir concordância de ação, não apenas assentimento especulativo à sua verdade". É duvidoso que se possa afirmar que uma pessoa dá seu assentimento à lei da contradição e não reflete esse assentimento (seja tácito, seja expresso) em ação, mas ainda é mais duvidoso, porque mais difícil, pensar em choques entre pensamento e ação nesse caso de princípios lógicos.

Um dos mais importantes aspectos da discussão de Locke sobre assentimento é a sua análise do assentimento errôneo, pelo qual as pessoas tão freqüentemente "dão seu assentimento contrário à probabilidade" (4.20.1). Esse capítulo do *Ensaio* contém alguns exemplos fascinantes e também revela um sutil entendimento da natureza humana. Locke está, com freqüência, mais brilhante do que nunca quando discute defeitos e erros na aquisição de conhecimentos ou na formação de crenças: o mau uso de palavras, a associação errônea e forçada de idéias, a aceitação de proposições contra a preponderância de evidências. Verdade e felicidade eram dois fortes objetivos para ele, o erro e o infortúnio males a ser evitados. Nesse capítulo, ele enumera quatro razões ou explicações pelas quais as pessoas dão seu assentimento a proposições contrárias à possibilidade de serem verdadeiras, contrárias à sua probabilidade.

A primeira é a falta de oportunidade para "efetuar experimentos e observações" que fornecessem provas ou evidências para algumas proposições (4.20.2). A "maioria da humanidade, que abandonou o esforço e se submeteu à necessidade de sua pobre condição", encontra-se nessa situação (ibid.). O quadro que Locke pinta do estado em que se encontram os trabalhadores é provavelmente exato: eles consomem todo o seu tempo e esforço "para acalmar o resmungo de suas barrigas ou o choro de seus filhos". Locke não parece estar criticando ou defendendo o infortúnio dos trabalhadores quando prossegue dizendo: "Não é de esperar que um homem que labuta toda a sua vida em árduas condições deva ser mais informado acerca da variedade de coisas feitas no mundo do que um cavalo de carga, que, guiado constantemente para cá e para lá numa estreita linha e numa estrada suja, apenas para o mercado, seja especialista na geografia da região" (ibid.). Essa condição é o resultado de "o natural e inalterável estado de coisas neste mundo". Não obstante — e neste ponto é a voz severa de Locke que se ouve —, se o trabalhador desejasse realmente adquirir alguns conhecimentos, sobretudo em matéria de religião, ele poderia encontrar tempo para dar atenção a esses interesses, em vez de "coisas de inferior interesse" (4.20.3).

Locke é mais crítico a respeito daquelas sociedades onde homens de grandes fortunas possuem recursos para cercar-se de livros e dispõem de tempo para buscar a verdade e a opinião bem fundamentada, mas são impedidos de realizar essa livre investigação. Ele refere-se a sociedades "onde se tem o cuidado de propagar a verdade sem conhecimento; onde os homens são forçados, para não correr riscos, a ser da religião do país; e devem, portanto, engolir opiniões, como pessoas tolas engolem pílulas de curandeiros, sem saber do que elas são feitas, ou de que modo agirão no organismo, e não têm outra coisa a fazer senão acreditar que elas trarão a cura" (4.20.4).

As condições de trabalho e as condições sociais militam contra a livre investigação e levam à formação do assentimento sem provas. Uma segunda causa do assentimento errôneo é a falta de habilidade no uso e avaliação de provas. Há pessoas "que não podem conduzir uma série de conseqüências em suas cabeças, nem avaliar exatamente o predomínio de provas contrárias e testemunhos, dando para cada circunstância seu devido reconhecimento" (4.20.5). Locke reconhece as diferentes aptidões que temos; há uma diferença "entre os homens em seus entendimentos, apreensões e raciocínios". Em alguns casos, a diferença é tão grande que Locke faz a desassombrada asserção de que "pode-se, sem ocasionar injúria à humanidade, afirmar que há uma maior distância entre alguns homens e outros a esse respeito do que entre alguns homens e algumas bestas" (ibid.).

Uma terceira razão para o assentimento de pessoas contra a evidência ou probabilidade de alguma proposição é que elas não querem provas para corroborar suas crenças (4.20.6). Esse tipo de pessoas dispõe de suficientes fortunas e tempo livre que as habilitam a buscar provas, mas "a ávida perseguição de prazer, ou a lida constante dos negócios", absorve todo o seu tempo e interesse. Ademais, "a preguiça e a apatia, em geral, ou uma particular aversão pelos livros, o estudo e a meditação", afastam-nas totalmente de quaisquer pensamentos sérios. Locke mostra certo desdém por esse gênero de pessoas: elas "sentir-se-iam infelizes e miseráveis se tivessem que usar roupas grosseiras, ou um casaco remendado, e não obstante toleram, contentes, que suas mentes se apresentem externamente num libré multicor de remendos grosseiros e trapos emprestados, ao sabor do acaso ou de seu rústico alfaiate (quero dizer, a opinião geral daqueles com quem tem conversado) para vesti-los" (4.20.6).

A quarta e última razão para o assentimento errôneo, para a aceitação do erro, diz respeito à medida errônea de probabilidade, mesmo quando são colocadas claramente diante de provas evidentes (4.20.7). Há quatro causas para essa espécie de assentimento errôneo: a assunção de proposições incertas e não-evidentes como *princípios* para o pensamento e a ação; a cega aceitação de algumas hipóteses recebidas; permitir que uma paixão ou inclinação predominante turve a nossa mente; ou confiar numa autoridade não-testada. As seções 7 a 10 mencionam tais princípios: os que se afirmam como inatos, os que o costume e a educação instilaram nas mentes infantis, e os que se reclamam de doutrinas infalíveis, como a transubstanciação (*ver* PROBABILIDADE).

A seção 11 ilustra a cega recepção de alguma hipótese, opinião ou ponto de vista inflexível. Locke recorre ao mundo acadêmico para seu exemplo de assentimento não examinado: "Não fosse isso uma coisa insuportável para o sábio professor, e seu rosto ficaria vermelho de vergonha ao ter sua autoridade de quarenta anos arduamente erguida sobre sólidos alicerces gregos e latinos, com não pouco dispêndio de tempo e de velas, e confirmada pela tradição geral e reverendas barbas, derrubada num instante por um romancista principiante?" (4.20.11) Pode tal homem considerar a possibilidade de que "o que ensinou aos seus estudantes há trinta anos era tudo erro e engano — e que lhes vendeu palavras difíceis e ignorância a um preço muito caro"?

O resto de *Ensaio* 4.20 (§§13-18) contém algumas observações igualmente perspicazes e exemplos esclarecedores da influência da paixão e da autoridade sobre o assentimento.

associação de idéias Em *Conduta do entendimento*, Locke refere-se ao capítulo adicionado à quarta edição do *Ensaio* (1700), sobre a associação de idéias. Diz ele que nesse capítulo (2.33) fez uma descrição do fenômeno (diz que o tratou "historicamente"), mas não ofereceu remédios para isso (*Conduta*, §41). Chama-lhe "uma doença da mente tão difícil de ser curada quanto qualquer outra, sendo muito custoso convencer qualquer pessoa de que as coisas não são, naturalmente não são, como lhe parecem constantemente ser" (ibid.). Fala das "conexões antinaturais" que, por costume, tornam-se "tão naturais, para a mente, quanto o sol e a luz, o fogo e o calor andarem juntos, assim parecendo trazer consigo uma evidência tão natural quanto as próprias verdades auto-evidentes".

O modo de impedir essa doença é cuidar de que, nos primeiros anos da infância, "idéias que não têm coesão natural não venham a unir-se em suas cabeças" (p.277). Cumpre ter o cuidado de evitar que a criança junte quaisquer duas idéias "a qualquer outra, ou mais forte combinação, do que a que lhe foi dada por sua própria natureza e correspondência" (ibid.). *Alguns pensamentos* recomenda com insistência aos pais que não permitam que "quaisquer terríveis apreensões lhes sejam induzidas nem que temíveis objetos os surpreendam" (§115). O resultado é que tal experiência "com freqüência destroça e desordena de tal forma os espíritos que estes nunca mais se recuperam; durante toda a sua vida, desde a primeira sugestão ou o surgimento de qualquer idéia assustadora, permanecem fragmentados e confusos; o corpo fica enfraquecido e a mente perturbada, e o próprio homem sente-se incapaz de qualquer ação composta ou racional". A criança também deve ser encorajada a fazer freqüente exame das idéias que estão associadas em sua mente, a fim de determinar se essa associação de idéias resulta "da visível concordância que está nas próprias idéias, ou do habitual e predominante costume da mente de juntá-las em pensamento" (*Conduta*, §41). Hábito e costume tornam difícil evitar tais associações antinaturais; a confusão de duas diferentes idéias ligadas na mente por uma conexão habitual tende a unificar essas duas idéias, convertendo-as numa só. Assim, nossas cabeças são recheadas com "falsas percepções" e nosso raciocínio é marcado por falsas conseqüências (ibid.).

Tais associações de idéias refletem-se freqüentemente em nossas ações e argumentos. Por exemplo: a "Obstinação de um homem digno, que não cede perante a evidência da razão, embora esta se apresente diante dele tão clara quanto a luz do dia" (*Ensaio*, 2.33.2). A educação pode ser uma das causas dessa doença, mas imputá-la a essa fonte não nos propicia um entendimento claro do modo como ela surge (3.33.3). Ele refere-se a essa doença como uma espécie de loucura, pedindo desculpas por usar termo tão desagradável quanto "loucura", uma vez que a doença pode aparecer em mentes muito racionais. Não é uma loucura em oposição à razão; "é difícil encontrar um homem que esteja completamente livre dela" (2.33.4). Tampouco é o resultado de "o poder de uma paixão desordenada".

Antes de acrescentar esse capítulo ao *Ensaio*, Locke havia dito que os loucos "não parecem ter perdido a faculdade de raciocínio, mas, tendo conjugado erroneamente algumas *idéias*, confundem-nas com verdades" (2.11.13). A causa da doença que ele descreve sob o nome de "associação de idéias" é semelhante àquela que apontamos em homens mais reconhecivelmente loucos. Os loucos a que Locke se refere são os que, por exemplo, pensam ser reis ou acreditam ser feitos de vidro (2.11.13). Esses homens ainda usam a razão ao aduzir as conclusões corretas do que acreditam ser: esperam ser tratados como reis ou tomam precauções para que seus corpos não quebrem. Esses homens não abandonaram a razão; eles "juntam idéias errôneas e por isso fazem proposições erradas, mas argumentam e raciocinam corretamente a partir delas" (ibid.). Também existem graus de loucura: a desordem de idéias é mais pronunciada em alguns casos. Os casos de loucura citados por Locke nesse capítulo mais antigo são mais extremos do que a loucura que descreve no capítulo adicionado; a primeira afeta apenas alguns homens, mas a outra é "uma mancha que... infecta universalmente a espécie humana" (2.33.4); daí a importância de apresentar essa espécie de loucura sob seu nome apropriado, a fim de que a prevenção e a cura possam ser encontradas.

Algumas idéias têm "uma correspondência e conexão natural entre si" (2.33.5). Locke não fornece quaisquer exemplos de conexões naturais neste ponto, mas em sua sugestão para uma moralidade demonstrativa e em sua descrição de DEMONSTRAÇÃO, de um modo geral, apresenta alguns exemplos de conexões conceptuais de idéias — exemplos de uma idéia que, por sua própria natureza, está naturalmente ligada a outras (*ver* LÓGICA). Há uma outra espécie de "conexão de *idéias* inteiramente resultante do acaso ou costume" (ibid.). Essas idéias ficam tão solidamente ligadas entre si que se torna difícil separá-las: "assim que uma se apresenta, em qualquer momento, ao entendimento, logo a sua associada aparece com ela; e se são mais de duas as idéias assim unidas, todo o grupo se mostra sempre inseparavelmente unido" (2.33.5).

Para quem tenha conhecimento do *Tratado da natureza humana*, de Hume, as seções seguintes, nesse capítulo do *Ensaio* de Locke, soarão muito familiares. O costume, escreve Locke, "estabelece hábitos de pensar no entendimento, assim como de determinação na vontade e de movimento no corpo" (2.33.6). As várias "simpatias e antipatias observáveis em homens, as quais funcionam tão poderosamente e produzem efeitos tão regulares como se fossem naturais", são tidas por naturais quando, de fato, são o resultado de uma conexão puramente acidental de duas idéias (2.33.7). Algumas antipatias (não menciona nenhuma) são naturais e "dependem de nossa constituição original, e são inatas em nós", mas a maior parte de nossas simpatias e aversões é resultado da associação de hábitos e acasos. Inúmeras associações acidentais começam na infância; daí a importância de que aqueles que têm filhos ou são responsáveis pela educação de crianças tratem de "evitar a conexão indevida de *idéias* na mente dos jovens" (2.33.8). Por exemplo, "as idéias de duendes e diabretes têm tanto a ver com a escuridão quanto com a luz; entretanto, permita-se que uma criada néscia as inculque com freqüência na mente de uma criança e que se desenvolvam juntas, e possivelmente ela nunca mais será capaz de separá-las enquanto viver; mas a escuridão provocará sempre essas idéias assustadoras, e tão estreitamente associadas uma à outra que se tornará impossível pensar em escuridão sem pensar em duendes" (2.33.10).

Vários outros exemplos são mencionados ou discutidos: aversão a uma pessoa, provocada por se pensar freqüentemente no dano que essa pessoa nos causou, resultando daí que dificilmente se consegue separar o sofrimento da idéia dessa pessoa (2.33.11); ou a associação de dor e doença com um determinado quarto onde um amigo morreu, o que pode ter como resultado que evitemos entrar de novo nesse quarto (2.33.12). Um outro exemplo: um homem curado de loucura "por uma operação muito cruel e agressiva"; embora o homem se mostrasse muito grato por ter sido curado, não conseguia dissociar o sofrimento a que fora submetido da pessoa que realizara a operação salvadora, mas dolorosa. Sempre que reencontrava esse homem, ou via uma imagem dele, "isso trazia-lhe de volta a idéia do que sofrera em suas mãos" (2.33.14). Ainda outro exemplo, talvez de maior importância para Locke, é o da criança que tem aversão por um determinado livro (ou a livros em geral), por causa da associação desse livro à dor que sofria ao ser tantas vezes corrigido de modo implacável por seu professor (2.33.15). Talvez o mais intrigante exemplo seja o do cavalheiro que aprendera a dançar numa sala onde vira um velho baú arrumado a um canto. "A idéia dessa peça de mobiliário doméstico associara-se de tal modo aos passos e rodopios de todas as suas danças que, embora nessa sala ele pudesse dançar primorosamente, isso só acontecia, porém, quando o baú lá estava; nem era capaz de dançar em qualquer outro lugar a menos que esse baú, ou algum outro, estivesse presente e na devida posição na sala" (2.33.16).

Um exemplo de particular significação para as doutrinas filosóficas de Locke, e para a controvérsia em que se envolveu pouco depois da publicação do *Ensaio* em 1690, é o da associação da idéia de ser e matéria, essa associação estabelecida pela educação ou pelo pensamento sobre tais conceitos (2.33.17). Semelhante associação pode impedir a nossa formação da idéia da existência de "espíritos separados", isto é, de anjos, ou até (parece ser essa a implicação) de eventos tanto físicos como mentais. Seus exemplos de associações errôneas, antinaturais e perigosas de idéias também incluem uma das doutrinas da igreja: "Vamos supor que a *idéia* de infalibilidade está inseparavelmente vinculada a qualquer pessoa, e que essas duas, constantemente unidas, possuem a mente; e, então, um corpo em dois lugares ao mesmo tempo será irrestritamente aceito como se fosse uma verdade por uma fé implícita, sempre que a imaginada pessoa infalível dita e ordena o assentimento sem investigação" (2.33.17). Uma rejeição mais direta dessa doutrina encontra-se antes num registro do diário em 1676. A transubstanciação não devia ser uma questão de fé, mas de filosofia: "Uma coisa é exercermos nossos sentidos e conhecimentos, e não a nossa fé, e de um modo tão claro que não haja lugar para dúvidas. Pois não sendo a realidade e a essência do pão, quanto a nós, outra coisa senão um agrupamento de muitas idéias simples que nos fazem conhecê-lo, distingui-lo da carne e chamar-lhe pão é tão impossível para um homem — quando se depara com essa idéia complexa: conhecê-la como carne ou recebê-la como tal — quanto acreditar que seja ele próprio uma forma de pão" (*Ensaios*, p.278; uma versão ligeiramente diferente desse comentário aparece em *Ensaio*, 4.20.10). É "por costume e pelo terrível nome de heresia" que os homens podem, "amedrontados, esquivar-se a encarar suas próprias idéias"; de que se trata de pão, e não de carne (*Ensaios*, p.278). Algumas diferenças filosóficas também são atribuídas a "combinações errôneas e antinaturais de *idéias*" (2.33.18). Surge uma "oposição irreconciliável entre diferentes seitas de filosofia e religião" por causa do fracasso do indivíduo em ser suficientemente crítico daquelas doutrinas que são aceitas como verdadeiras.

Um bom resumo da descrição de Locke dessa doença da livre associação de idéias segue-se a esse último exemplo: "Assim, concluiremos que o que cativa suas razões e leva homens sinceros a desviar-se às cegas do senso comum ocorre quando examinam aquilo de que estão falando: algumas idéias independentes, sem aliança entre si, são, por educação, costume e o constante estrépito de sua repetição, conjugadas de tal forma em suas mentes que sempre se apresentam aí unidas e deixam de poder ser separadas em seus pensamentos, como se não fossem mais do que uma só *idéia*" (2.33.18). Esses resultados do costume e da associação é que formam a base para dar um sentido aparente ao jargão ou elaborar demonstrações de absurdos e tolices (ibid.).

Implícito nas advertências de Locke sobre más associações de idéias, especialmente o aviso a pais e preceptores para que evitem tais vínculos entre certas experiências e idéias ou crenças específicas, está o reconhecimento das condições positivas, formativas do caráter, para a criação dos filhos. *Alguns pensamentos* está repleto de conselhos acerca dos métodos para estimular o desejo de aprender, conselhos sobre a importância do reforço de bons hábitos e bons exemplos. Mas Locke não desenvolve, como Hume fez mais tarde, uma psicologia que coloque a associação de idéias no centro da análise do conhecimento e da crença. Ao examinar o lado sombrio da associação, ao caracterizá-la como uma doença, uma forma de loucura, Locke pode ter sido responsável pela subseqüente atenção dada à associação. Locke acreditava ter sido o primeiro a salientar esse aspecto do modo como funciona a mente. Escrevendo a William Molyneux em 26 de abril de 1695, falou do seu plano de adicionar um capítulo ao *Ensaio* sobre esse tópico, referindo-se a ele como "Conexão de Idéias" e comentando que "até onde sei não foi até agora considerado por ninguém e exerce, creio eu, uma influência muito maior sobre nossas mentes do que usualmente se tem observado" (*Corr*. 1887; v.353).

A maioria dos comentadores contesta a reivindicação de Locke de ter sido ele o primeiro a assinalar esse fenômeno, sublinhando que autores anteriores já haviam reconhecido alguns dos processos pelos quais pensamentos se relacionam com outros pensamentos. Hobbes, por exemplo, falou do "discurso mental" ou "discurso da mente", designando com isso a seqüência ou "cadeia de pensamentos" que cruza a mente (*Leviatã*, parte I, cap.III). "Quando um homem pensa sobre qualquer coisa, seja ela qual for, seu pensamento seguinte, com freqüência, não é tão fortuito quanto parece ser. Nem todo o pensamento se segue indiferentemente a todo e qualquer pensamento" (ibid.). Hobbes passa então a mostrar como um pensamento leva a outro, e esse outro, por sua vez, leva a um terceiro ou mais pensamentos. Sua descrição da sucessão de pensamentos encadeados é breve e falta-lhe a característica que chamou a atenção de Locke: a fixação em duas idéias associadas que eram incapazes de separar-se. A cadeia ou conexão de idéias era, para Locke, muito mais específica do que para o discurso mental de Hobbes. David Hartley, que escreveu extensamente sobre a associação de idéias, está provavelmente certo ao dizer que "a palavra *Associação*, na acepção particular que aqui é fixada, foi posta em uso pela primeira vez pelo sr. Locke" (*Observations on Man*, 1749, parte II, §II, p.65). A acepção a que Hartley se refere é "a influência da associação sobre nossas idéias, opiniões e afeições". Diz ele que essa influência é tão grande e óbvia que "dificilmente escaparia à atenção de qualquer autor que tenha tratado" dessas características. Hartley não menciona qualquer desses autores nessa passagem, dizendo apenas que "tudo o que foi exposto pelos antigos e modernos a respeito da força do hábito, costume, exemplo, educação, autoridade, preconceito de grupo, a maneira de aprender as artes manuais e liberais etc., tem essa doutrina como seu fundamento" (ibid.). O exame de Hartley desse fenômeno está mais interessado nos correlatos fisiológicos das associações mentais do que nos fenômenos psicológicos. Ele combina sua famosa doutrina da vibração de partículas nervosas com a doutrina da associação de idéias (em algumas passagens, ele parece tentado a identificá-las).

No início de sua discussão de vibrações e associações, Hartley refere-se "ao que o sr. Locke e outras engenhosas pessoas depois dele expuseram a respeito da influência da *associação* sobre nossas opiniões e emoções" (ibid., p.5). Uma dessas engenhosas pessoas foi John Gay, que, numa "Dissertação preliminar sobre os princípios fundamentais da Virtude ou Moralidade", escreveu acerca dos processos pelos quais o prazer é freqüentemente associado a certas experiências, levando alguns homens, por exemplo, a identificar o dinheiro com felicidade (na tradução de Edmund Law de *De origine mali*, de William King, 1731; o livro de King foi publicado em 1702). Ele fornece outros exemplos, alguns dos quais envolvem o que chama de "objetos impróprios", mas nenhum de seus exemplos tem a mesma qualidade obsessiva dos citados por Locke. Essa espécie de exemplos tampouco é encontrada na meticulosa análise de Hume da associação de idéias no seu *Tratado* (1739-40) O capítulo adicionado, de Locke, foi resumido com exatidão por Chambers em sua *Cyclopaedia* (1728). Mais tarde, ainda nesse século, Joseph Priestley concordou com Hartley em que Locke foi o primeiro a assinalar o que Priestley chama "a associação mecânica de idéias", citando apenas a passagem 2.33.6 do *Ensaio* de Locke sobre a fisiologia, não a psicologia da associação (*Hartley's Theory of the Human Mind*, 1775, Introductory Essay II, p.xii-xiii).

ateísmo A atitude de Locke em relação ao ateísmo (a negação da existência de Deus) foi severa e intolerante: os ateus não podem ser tolerados de maneira alguma. Uma razão fundamental para essa atitude é que "promessas, pactos, compromissos e juramentos, que são os vínculos da sociedade humana, podem não significar uma obrigação para um ateu" (*Cartas acerca da tolerância*, em *Obras*, vi.47). Ao responder à acusação de John Edward de que ele, Locke, deu em seus escritos ocasião para o ateísmo, Locke qualificou o ateísmo como crime, chegando ao ponto de sugerir que os ateus eram loucos e deviam ser "excluídos de qualquer sociedade equilibrada e civil" (*A Vindication of the Reasonableness of Christianity*, em *Works*, vii.161). Ateísmo, ou emprestar apoio ao ateísmo, foi uma acusação feita a Locke por outros autores, acusação baseada em numerosas doutrinas do *Ensaio*, entre as quais se destacou a rejeição de idéias inatas. Assim, não surpreende que, em sua resposta a Edwards, Locke observe, um tanto irritado, que o ateísmo "devia ser cautelosamente imputado a qualquer um por deduções e conseqüências que ele próprio não apresenta ou, pelo menos, não decorrem manifesta e inevitavelmente de suas afirmações" (ibid.; observação análoga figura em *Dois tratados*, 1, §154).

Locke reconheceu que a recente literatura de viagens revelou a existência de nações inteiras que não possuem uma idéia de Deus (*Ensaio*, 1.4.8). Também admitiu que "as queixas de ateísmo, endereçadas desde o púlpito, não eram destituídas de razão" (ibid.). Sugere até que pode haver alguns ateus na população de seu próprio tempo, pessoas que ocultam seu ateísmo por "medo da Espada do Magistrado ou da censura do vizinho". Seria interessante conhecer quem eram os "desprezíveis libertinos" que "timidamente" admitem ser ateus.

No capítulo do *Ensaio* sobre o nosso conhecimento da existência de Deus, Locke expressa a opinião de que a questão de saber se a idéia de Deus prova ou não prova a sua existência não é a melhor maneira de silenciar os ateus (4.6.7). Num dos primeiros registros do seu diário, ele ofereceu uma sugestão para silenciar ateus ou para convencê-los de que estão errados. Suponha-se, escreveu ele em 1676, que a "probabilidade esteja no lado ateu". Se eles estivessem certos em dizer que não existe Deus, lhes restaria apenas aniquilação ou insensibilidade eterna; isso é o melhor que eles podem esperar. Os que acreditam que Deus existe têm a possibilidade de uma perpétua felicidade. Se acontecesse de estarem errados a respeito da existência de Deus, a aniquilação seria o pior que lhes poderia acontecer. Mas se o ateu estiver errado, enfrentará com toda a certeza o infinito sofrimento. Esse conjunto de considerações poderia silenciar o ateu. (*Ver* R.I. Aaron e J. Gibb, *An Early Draft of Locke's Essay*, Oxford, Clarendon Press, 1936, onde esse e alguns outros registros do diário estão publicados, p.82; esse registro do diário está reproduzido no *Ensaio*, 2.21.70.)

Locke sabia que seus contemporâneos viam o ateísmo ligado ao epicurismo em razão do que era percebido como a profunda confiança dos ateus no atomismo como causa e explicação de todos os acontecimentos. Ralph Cudworth escreveu extensamente a respeito dos antigos atomistas e epicuristas apenas por essa razão: mostrar suas vinculações com o ateísmo (*The True Intellectual System*, 1678). Outro platônico de Cambridge, Henry More, também escreveu contra o ateísmo em *An Antidote Against Atheisme* (1653). Cudworth e More eram autores sérios, mas houve outros autores, como John Edwards ou William Carroll, que lançaram a torto e a direito a acusação de ateísmo contra qualquer doutrina ou sugestão que lhes parecesse "heterodoxa".

axiomas *ver* MÁXIMAS.

B

bem e mal A declaração taxativa de Locke, no *Ensaio* 2.20.2, de que "As coisas, portanto, são boas ou más somente em referência a prazer ou dor" confere algum crédito à afirmação de que ele aceitou algum tipo de hedonismo, ou de que há uma tendência hedonista em seu conceito de bem e mal. Ele prossegue, nessa mesma passagem, dizendo: "Chamamos *Bem* ao que *é suscetível de causar ou aumentar o Prazer, ou diminuir a Dor em nós*; ou então de *nos fazer obter ou preservar a posse de qualquer outro Bem, ou a ausência de qualquer Mal.*" Locke dá uma definição correspondentemente similar de mal em termos de dor. Até mesmo a felicidade é caracterizada como prazer: "em sua plenitude, [felicidade] é o máximo prazer de que somos capazes, e infelicidade a máxima dor" (2.21.42). Bem e mal ocorrem gradualmente, de modo que um mal menor pode ser às vezes preferível a um bem menor. A reafirmação, por outras palavras, em 2.28.5, da definição acima, corrobora o fato de que, para Locke, bem e mal, na realidade, "não são outra coisa senão prazer e dor, ou aquilo que nos ocasiona ou nos leva a obter prazer ou dor". Mas essa mesma seção passa depois a descrever o bem e o mal *morais*, vinculando-os à "vontade e poder do Legislador", querendo claramente significar Deus. Seus mais antigos *Dois tratados* sublinham o mesmo ponto: "Onde não houver lei, não haverá bem ou mal moral" (p.124), e as "ações morais subtendem uma lei como padrão de bem e mal" (p.221). Ambas as passagens se referem à lei divina. Prazer e dor tornam-se os prêmios e castigos que nos são dados no dia do Juízo (cf. 2.28.6; *ver também* LEI).

Ao escrever sobre a lei da natureza, Locke diz que "a natureza do bem e do mal é certa e eterna" (*Ensaios*, p.121). Sem a lei natural "não haveria virtude nem vício, nem prêmio para a bondade ou punição para o mal" (ibid., p.119). Em *Alguns pensamentos*, Locke afirma que "Bem e Mal, *Prêmio* e *Punição*, constituem os únicos motivos para uma criatura racional" (§54). A questão importante para Locke é esta: "Serão os homens motivados pelo bem presente ou pelo bem futuro?" Acredita ele que nem sempre julgamos o bem e o mal em termos de prazer e dor; por vezes, coisas que "*acarretam em sua esteira Prazer e Dor*" também são julgadas boas ou más (*Ensaios*, 2.21.61). Seremos suficientemente perspicazes para governar nossas vidas neste mundo com a atenção voltada para o que, depois dele, suscitará prazer ou sofrimento no outro mundo? Na primeira edição do *Ensaio*, Locke disse que o maior bem determina a vontade, mas na segunda edição declara que mudou um pouco de opinião: o maior bem só determinará a vontade se nosso desejo, aumentando proporcionalmente ao maior bem, nos deixar inquietos, fazendo com que queiramos esse bem

(2.21.35; *ver* INQUIETAÇÃO). Dá vários exemplos de pessoas que se contentam com bens menores. Também insere a injunção bíblica "até que *sinta fome e sede de integridade moral*". O maior bem visível nem sempre aumenta nossos desejos em proporção. O bem ausente nem sempre faz parte de nossa felicidade presente. Locke mostra-se um tanto cético a respeito da nossa capacidade de fixarmos nossos pensamentos no futuro estado eterno. A maioria das pessoas "não pode negar a possibilidade de que exista um estado de eternas e duradouras alegrias depois desta vida, superando em muito todo o bem que se possa encontrar aqui" (2.21.44). Nessa passagem, ele continua exaltando as alegrias do céu e do nosso futuro estado, mas lamentando que muitas pessoas "não sejam instigadas por esse maior bem evidente, nem suas *vontades* decididas a empreender qualquer ação ou iniciativa para sua obtenção". Ao mesmo tempo, Locke acredita que os homens podem ser induzidos a preferir as alegrias da vida eterna, se for possível fazê-los ver "que a Virtude e a Religião são necessárias à felicidade [deles]" (2.21.60). A maneira de levar um homem a perceber onde está sua felicidade, diz-nos Locke, é "deixá-lo examinar o futuro estado de bem-aventurança ou infortúnio, e aí encontrar Deus, o íntegro Juiz, pronto para *dar a cada homem o que ele merece de acordo com seus feitos*" durante sua vida neste mundo (ibid.).

bestas Com a sugestão de que os animais diferem dos homens por não terem uma alma racional ou uma linguagem, Descartes deflagrou um debate que se prolongou até boa parte do século XVIII. Argumentou Descartes que o movimento dos animais é inteiramente controlado pelo mecanismo de seus corpos. De fato, ele até identificou muitos dos movimentos do corpo humano como regidos pela fisiologia. Além da ofensa à atitude normal em relação às criaturas de Deus, a afirmação de Descartes, que foi interpretada como afirmação de que os animais eram máquinas, suscitou questões teológicas para os que eram propensos a aceitar que os animais têm alma, embora não fossem, talvez, almas racionais. A questão era esta: se os animais realmente pensam e raciocinam, e têm idéias (como alguns autores, incluindo Locke, acreditavam), também terão almas que são imortais? O assunto das almas animais gerou um grande número de folhetos e opúsculos nos séculos XVII e XVIII.

Locke não dedica nenhum capítulo a esse tópico, mas há numerosas passagens que revelam sua reação ao debate. Ao descrever em linhas gerais a *cadeia do ser* — uma cadeia na qual não há falhas nem lacunas —, Locke observou que entre alguns homens e alguns animais existem grandes diferenças, mas, "se compararmos o entendimento e as aptidões de alguns homens e de algumas bestas, encontraremos tão pouca diferença que será difícil dizer que a do homem é mais clara ou maior" (*Ensaio*, 4.16.12). Ao mesmo tempo, quando critica certas práticas e cerimônias religiosas, por serem incompatíveis com a razão, Locke lamenta: "Assim sendo, com efeito, a religião, que mais deveria nos distinguir das bestas, e deveria mais particularmente nos elevar, como criaturas racionais, acima dos brutos, consiste nisso, ou seja, os homens freqüentemente, através dela, parecem mais irracionais e mais insensíveis do que as próprias bestas" (4.18.11). Sem quaisquer limites nitidamente discerníveis entre animais e homens (3.6.27), não causa surpresa que algumas de nossas funções mentais sejam compartilhadas com alguns animais.

As bestas (Locke referia-se usualmente aos animais como *brutes*) "têm provavelmente muitas idéias bastante distintas", mas são incapazes de comparar idéias que "ultrapassem certas circunstâncias sensíveis inerentes aos próprios objetos" (2.11.5). O mesmo ocorre quanto ao número e amplitude de idéias, em que "as bestas ficam muito aquém do homem" (2.11.7). Ele reafirma aqui que um animal adquire, de fato, idéias e "retém numerosas combinações de *idéias* simples como, possivelmente, a configuração, o cheiro e a voz do seu dono, o que compõe a *idéia* complexa que um cão tem dele". O cão é incapaz de reunir essas idéias e formar com elas uma idéia complexa. Não obstante, Locke fala das idéias que os cães têm, *dirigindo-as* "no conhecimento de muitas coisas". A diferença mais importante entre homem e bestas é que "o poder de *abstração* é totalmente inexistente" nas bestas (2.11.10). O processo de abstração, mais tarde negado por Berkeley, é o que para Locke "estabelece uma perfeita distinção entre homem e bestas" (ibid.). Ele não quer negar a razão a animais, desejando apenas afirmar que o raciocínio deles é feito com idéias *particulares* não gerais (2.11.11). A memória que Locke atribui a alguns animais envolve igualmente idéias particulares. Um exemplo de memória em animais envolve pássaros que podem aprender melodias. O esforço que ele pensa ser observável no pássaro, que tenta "alcançar as notas certas", elimina para Locke todas as dúvidas de que "eles têm percepção e retêm idéias em suas memórias, usando-as para formar padrões" (2.10.10).

É um dado interessante que, em 2.11.11, Locke se refere àqueles que dizem que os animais são "meras máquinas" e aqui, em 2.10.10, admite a possibilidade de que o movimento dos pássaros seja unicamente uma função de mecanismo.

> Pois embora eu admita que o som pode causar mecanicamente um certo movimento nos espíritos animais, nos cérebros desses pássaros, enquanto a melodia está sendo realmente tocada; e esse movimento pode ter continuidade nos músculos das asas, e assim o pássaro ser mecanicamente afugentado por certos ruídos, porque isso pode ser favorável à preservação do pássaro: entretanto, isso não pode ser admitido como razão que explique por que, enquanto a melodia estava sendo tocada, e muito menos depois que ela cessou, o movimento nos órgãos vocais do pássaro teria uma causa mecânica em conformidade com as notas de um som estranho, cuja imitação não pode ter a menor utilidade para a preservação da ave.

Da máquina do corpo, mesmo de seres humanos, foi freqüentemente dito que está dotada de funcionamento autônomo, o que movimenta os membros; mas poucos aceitaram o mecanismo como única forma em que o corpo e os membros podem ser movimentados. O mesmo ocorre no caso do pássaro de Locke: é mecânico e possui raciocínio, reage a estímulos físicos e funciona com conteúdos ideacionais. Numa passagem ulterior, a identidade de um animal é localizada na organização de partes que sustentam uma vida comum, sendo essa vida comparada ao funcionamento de um relógio. A diferença entre o animal e o relógio é "a capacidade da organização e o movimento em que consiste a vida"; em animais "começam juntos, sendo a origem do movimento dentro do indivíduo" (2.27.5). Num relógio, o movimento é imposto de fora.

Os animais aparecem no *Ensaio* de Locke para ilustrar vários pontos: em torno da idéia de classificação ou a respeito de características de espécies, por exemplo. Há os estranhos casuares do St. James' Park (2.25.8): Locke desafia aqueles que acreditam em essências reais a determinarem os limites da espécie a que esse animal pertence sem usar as qualidades observadas (3.6.9). É pela enumeração das qualidades observadas que podemos chegar a anexar um nome a esse tipo de animal (3.6.3; cf. 3.11.21). Há também o papagaio falante, usado por Locke para sublinhar que, mesmo que tivesse ocorrido a conversa daquele papagaio brasileiro relatada por Sir William Temple, nem por isso deixaríamos de dizer que era um papagaio, não um homem (2.27.8). Papagaios são citados em outras passagens para enfatizar que a mera repetição de palavras, como fazem as crianças quando começam a aprender a falar, não é realmente falar (3.1.1; 3.2.7).

Locke também tinha um interesse não-teórico em animais, talvez até um interesse moral. Ele pune as crianças que são cruéis com os animais. Diz-nos que "observou freqüentemente em crianças que, quando possuem qualquer pobre criatura, são muito capazes de maltratá-la. Atormentam-nas muitas vezes, e tratam cruelmente os filhotes de pássaros, as borboletas e outros pobres animais que caiam em suas mãos, e fazem isso com uma espécie de prazer aparente" (*AP*, §116). Recomenda com insistência às mães, que permitem que suas filhas tenham animais de estimação, como cachorrinhos, esquilos, pássaros etc., que se assegurem de que as crianças "cuidem bem deles, não deixem que lhes falte nada, nem que os animais sejam alvo de maus-tratos" (ibid.). O principal interesse de Locke nessas observações sobre os cuidados com animais é o efeito que terá sobre o caráter das crianças a conduta cruel para com os animais; mas há também uma sugestão de preocupação secundária com os próprios animais. Numa seção antecedente dessa mesma obra, em que Locke comenta a respeito da dificuldade em extirpar maus hábitos adquiridos por crianças, ele refere-se a cães e cavalos, "ou quaisquer outras criaturas" que, uma vez que lhes tenham sido ensinadas algumas artimanhas, têm seu processo de reeducação muito dificultado. Um comentário seu revela um ponto de vista a respeito tanto de crianças quanto de animais: "nenhuma dessas criaturas tem metade da obstinação e do orgulho ou metade do desejo de serem senhoras de si mesmas e dos outros quanto o Homem" (§35). Há outros aspectos em que Locke acha os animais melhores do que os homens. Um aspecto óbvio liga-se a seus órgãos sensoriais: "o porco e o macaco, e muitos dos quadrúpedes, superam largamente os homens na acuidade dos sentidos" (*Ensaios*, p.147). Apoiando-se em livros de viagens e em relatos de sociedades em que as crianças eram desprotegidas e as pessoas idosas mortas, Locke é levado a comentar que os homens "suplantam as bestas em selvageria" (ibid., p.173). Ele refere-se em *Dois tratados* a sociedades que vendem crianças, caracterizando essa prática como o "mais bárbaro assassinato de que a natureza humana é capaz"; os "covis de leões e as tocas de lobos não conhecem tamanha crueldade quanto essa" (*T*1, §56). Acreditou Locke que a natureza ensina a todos os seres uma regra geral de "autopreservação e de preservação de sua prole". Estarrece-o que alguns homens violem a natureza e conduzam-se de modos nunca vistos entre animais. Assegura que os animais "caçarão, vigiarão, lutarão e quase morrerão de fome a fim de assegurar a preservação de seus filhotes, nunca se afastando deles, nunca os abandonando até que eles estejam aptos a cuidar de si mesmos" (ibid.). A razão coloca os homens quase "iguais a anjos", mas, quando a razão é abandonada, "os homens descem ao nível de bestas" (*T*1, §58). Outra regra natural a que os homens nem sempre obedecem é inabalavelmente obedecida pelos animais: "naqueles animais vivíparos que se alimentam de grama, a *conjunção entre macho e fêmea* não dura mais do que o próprio ato de copulação, porque a teta da mãe é suficiente" para cuidar dos filhotes sem qualquer ajuda do macho. Mas em outros animais, como, por exemplo, as bestas predadoras ou as aves, o macho fica e ajuda a criar os filhotes (*T*2, §79).

Os animais são abordados por Locke de um modo menos louvável quando descreve o homem que transgride a lei da natureza matando outros. O homicida abandonou a razão e declarou guerra a toda a humanidade. Portanto, ele "pode ser destruído como um leão ou um tigre, uma dessas feras selvagens, de quem os homens não podem esperar companhia nem segurança" (*T*2, §11). Um ato de agressão, mesmo de um ladrão, pode levar a desígnios que afetam a vida de outrem, colocando o agressor e aqueles a quem ataca em estado de guerra: "E um homem poderá destruir quem o guerreia, ou descobrir um inimigo de sua existência e matá-lo pela mesma razão com que poderá matar um lobo ou um leão, visto que tais homens não estão ligados pela Lei Comum da Razão" (*T*2, §16). Há também certo número de passagens em que Locke compara as pessoas que vivem sob o domínio de um governante injusto a rebanhos de animais mantidos para uso e prazer do homem (*T*2, §§163, 172, 181). Sua dúvida (ou realismo) acerca do altruísmo da natureza humana expressa-se numa outra passagem em que animais são usados a título ilustrativo. Observa ele que, mesmo numa monarquia absoluta, "Os súditos têm recurso à lei e juízes decidem quaisquer controvérsias e restringem qualquer violência que possa ocorrer entre os próprios súditos" (*T*2, §93). Mas questiona se isso "decorre de um verdadeiro amor da humanidade e da sociedade", ou decorre de uma preocupação com "Poder, Lucro ou Grandeza" por parte dos que governam. Do mesmo modo, quem possui animais "que labutam apenas para o prazer e proveito do dono" evita que eles se firam ou se destruam mutuamente, mas não por qualquer preocupação real com os animais (*T*2, §93). Pode haver aí um tom de censura, embora possa estar somente endereçada ao governante injusto, não ao que conserva animais em seu poder.

Que o homem tem o direito de usar animais, sempre que surja a necessidade de assegurar a preservação do homem, nunca esteve em dúvida por parte de Locke. Era o ensinamento da Bíblia (Gênese 1:29-30; ver *T*1, §§25, 26, 39, 40). Simultaneamente com a Terra, os animais são dados por Deus para toda a humanidade (*T*2, §27).

Bíblia Locke era um ávido colecionador e um assíduo estudioso da Bíblia. Em sua biblioteca, havia 28 exemplares da obra, impressões dos séculos XVI e XVII, em grego, latim, hebraico, inglês e um em holandês. Do Novo Testamento, tinha duas dúzias de exemplares, também em várias línguas: grego, latim, siríaco, francês, italiano e espanhol. Também possuía numerosos índices e certo número e interpretações da Bíblia. Seu livro *Racionalidade do cristianismo* tinha como subtítulo: "Conforme exposto nas Escrituras". Suas *Paráfrases das Epístolas de São Paulo* constituem sua própria análise desses fundamentais escritos cristãos. Insistiu para que todos lessem e estudassem as Escrituras: "Se a leitura e o estudo da Escritura fossem solicitados com mais premência do que são, e os homens fossem claramente remetidos à Bíblia para se encontrarem com sua religião; e não a Bíblia posta em suas mãos somente para que descobrissem opiniões exclusivas de sua seita ou grupo, a cristandade teria mais cristãos, e aqueles que são cristãos o seriam mais conscientes e justos do que são agora: (*A Second Vindication of the Reasonableness*, em *Works*, vii.294). Não só as Escrituras são fonte de religião, mas contêm também uma moralidade: são um dos melhores "Discursos de Moralidade" (*AP*, §185). O estudo da moralidade tem alta prioridade na lista de leituras de Locke para cavalheiros: "A moralidade do Evangelho" excede largamente a de antigos e modernos livros. Para dar a um homem pleno "conhecimento da verdadeira moralidade, não o remeteria para nenhum outro livro além do Novo Testamento" ("Mr. Locke's Extempore Advice", reimpresso em *Alguns pensamentos*, org. Yolton e Yolton, 1989, p.321).

Locke era muito escrupuloso a respeito do modo como as crianças devem ser expostas à Bíblia. Era importante que elas a lessem, mas a prática usual, que Locke caracterizou como "a leitura promíscua da Bíblia do começo ao fim, por capítulos, na ordem em que se encontram", não tem nenhuma vantagem, "seja para o aperfeiçoamento de sua leitura, seja para inculcar os princípios de sua religião" (*AP*, §158; cf. §190). Muitas partes da Bíblia são demasiado difíceis para que uma criança as entenda. Por exemplo: "a Lei de Moisés, o *Cântico dos cânticos* de Salomão, as Profecias no Velho Testamento, as Epístolas e o *Apocalipse* no Novo Testamento" (*AP*, §158). Os princípios de religião devem ser extraídos da Bíblia "e inspirados nas palavras da Escritura", mas somente na medida em que são "adequados à capacidade de uma criança". Locke faz uma distinção entre as partes da Bíblia que podiam ser usadas para ajudar crianças a aprender a ler e as que são adequadas para a instrução religiosa e moral. Para leitura, são convenientes "a história de José e seus irmãos, de Davi e Golias, de Davi e Jônatas" (*AP*, §159). Para a instrução e as regras morais, a Regra de Outro e outras disseminadas ao longo da Bíblia são recomendadas.

Para Locke, era importante que as crianças aprendessem suas regras morais nas palavras das Escrituras, não nas de alguma versão secundária escrita por homens "imbuídos de sistemas e analogias" (*AP*, §159). As crianças aprenderão o catecismo dando suas respostas às perguntas nas exatas palavras da Escritura. Uma possível leitura secundária poderia ser "uma boa História da Bíblia" para jovens, mas não havia nenhuma que merecesse a recomendação de Locke (*AP*, §190). Também seria útil que se fizesse "um breve e claro resumo" da Bíblia, "contendo os principais e os mais importantes capítulos, para que as crianças se familiarizem com eles assim que possam ler" (§191).

A ênfase de Locke para que as crianças leiam partes da própria Bíblia, não algum relato em segunda mão do que ela diz, reflete sua antipatia em relação aos sistemas de teologia e às interpretações da Bíblia que formulam afirmações doutrinárias que Locke não pôde encontrar em sua Bíblia. O primeiro dos seus *Dois tratados sobre o governo* ocupou-se principalmente em provar a Sir Robert Filmer [autor do livro *Patriarca* (1680)] que suas teses a favor do governo patriarcal e da autoridade exclusiva do pai, em família, em nenhuma parte da Bíblia eram encontradas ou sustentadas. A polêmica de Locke com o Bispo Stillingfleet sobre certas doutrinas no *Ensaio* concentrou-se em tentar convencer o bispo de que o que este afirmava estar na Bíblia não estava lá: por exemplo, a doutrina da Trindade ou a ressurreição do mesmo corpo. Sobre a Trindade: "Eminência, a minha Bíblia está mais uma vez com falhas, pois não me lembro de ter lido nela, alguma vez, nem uma nem outra dessas proposições, nessas precisas palavras: 'Há três pessoas numa só natureza, ou há duas naturezas e uma só pessoas'. Quando Vossa Eminência mostrar-me uma Bíblia em que elas estão registradas, considerá-las-ei um bom exemplo de proposições que me são oferecidas à margem das Escrituras" (*Second Reply to the Bishop of Worcester*, em *Works,* iv. 343). Sobre a ressurreição do mesmo corpo: "Reconheço que a ressurreição dos mortos é um artigo da fé cristã; mas que a ressurreição do mesmo corpo, na acepção do mesmo corpo que Vossa Eminência lhe atribui, é um artigo da fé cristã que, confesso, eu ainda não conhecia" (ibid., p.303). Prossegue dizendo que não consegue encontrar no Novo Testamento qualquer referência ao mesmo corpo. Locke insistiu em que nada em seu *Ensaio* é incompatível com a Bíblia ou por ela rejeitado. Termina o pós-escrito à sua primeira resposta ao ataque do bispo com esta eloqüente declaração:

> A sagrada escritura é para mim, e sempre será, o guia constante do meu assentimento, e sempre lhe prestarei ouvidos, porquanto contém a verdade infalível em relação a coisas do mais alto interesse. E desejo que pudesse dizer que não existem mistérios nela; reconheço que existem para mim, e temo que venham a existir sempre, mas, quando quero a evidência das coisas, ainda existe campo suficiente para alicerçar minha crença, porque Deus assim o disse: e condenarei e renunciarei a qualquer opinião minha, assim que me for mostrado que ela é contrária a qualquer revelação na sagrada escritura. Mas devo confessar a Vossa Eminência que não vejo qualquer contrariedade dessa natureza em qualquer ponto do meu Ensaio acerca do entendimento humano. (*A Letter to the Right Reverend Edward, Lord Bishop of Worcester*, em *Works,* iv. 96.)

O bispo considerou perturbador o uso dado por Locke ao termo "idéia", não entendendo realmente que ele o usou com freqüência como sinônimo de "pensamento". Locke tinha opiniões sólidas sobre como ler e entender um texto. Insistia em que o primeiro passo na leitura de qualquer livro, inclusive a Bíblia, é "conseguir para mim, da melhor maneira que puder, a significação exata das palavras" (*Second Reply*, iv.341). Ao lidar com um texto como o da Bíblia é ainda mais importante "entender as palavras e frases da linguagem que leio, isto é, formar as idéias que elas representam". Além disso, "se existe qualquer palavra ou expressão, que parece, nesse autor, ou no lugar desse autor, ter um significado específico, isto é, representar uma idéia que é diferente daquela que o uso comum dessa linguagem lhe deu, também me esforço para formar essa idéia em minha mente, comparando esse autor consigo mesmo e observando o desígnio de seu discurso, de modo que, até onde posso, por um esforço sincero, eu tenha as mesmas idéias, em todo o lugar em que leio as palavras, que o autor tinha quando as escreveu" (ibid., p.341-2). Locke também comenta a respeito de algumas das dificuldades na leitura de um texto, especialmente numa língua estrangeira, no livro III do seu *Ensaio*, o qual foi dedicado à natureza e uso de palavras ou linguagem em geral. As palavras, em qualquer língua, dependem em grande medida "dos pensamentos, noções e *idéias* daquele que os usa", de modo que até homens da mesma língua e do mesmo país podem desentender-se (*Ensaio*, 3.9.22). Ele cita autores gregos em particular nessa passagem, sugerindo que "em quase todos eles" encontraremos, com efeito, "uma linguagem distinta, embora utilizando as mesmas palavras". Quando tentamos entender autores de uma época e linguagem diferentes da nossa, precisamos lembrar-nos de que esse autores, muito provavelmente, tinham "diferentes noções, temperamentos, costumes, ornamentos e figuras de estilo etc., cada um dos quais influenciou o significado de suas palavras" (ibid.). Alguns significados de palavras podem ter-se perdido e ser desconhecidos; outras palavras requerem constante referência ao modo como o autor as usa e devemos colocá-las no contexto desse uso.

Locke aplica, então, essas observações gerais às interpretações do Antigo e Novo Testamento, queixando-se de que "o volume de intérpretes e comentadores" desses livros ilustra as dificuldades que ele acabara de mencionar (3.9.23). Ele admite que, "embora tudo o que se diz no texto [da Escritura] seja infalivelmente verdadeiro, o leitor, no entanto, não tem outra alternativa senão a de ser muito falível no entendimento do mesmo". Sua mais detalhada e sistemática discussão desses pontos hermenêuticos encontra-se nas *Paráfrases das Epístolas de São Paulo*. O prefácio dessa obra, que leva o título de "Um ensaio para o entendimento das Epístolas de São Paulo, mediante consulta ao próprio São Paulo", é um ensaio sobre o uso e abuso da Bíblia, com particular atenção a São Paulo. É uma obra que pode ser lida hoje com proveito, com quase qualquer texto em mente. Alguns dos pontos e recomendações, e até advertências, que ele formula são os seguintes:

1. Os correspondentes de Paulo teriam estado familiarizados com os assuntos sobre os quais ele escreveu; estariam aptos a conhecer facilmente suas intenções. Tão distanciados no tempo como nós estamos, "não dispomos de informação sobre a ocasião em que ele escreveu; temos pouco ou nenhum conhecimento da disposição e circunstâncias daqueles a quem escreveu" (*Paráfrases,* p.103).
2. A língua era o grego, agora uma língua morta, mas a de "um povo muito sagaz, espirituoso e volátil, ávido de novidades, e abundante em variedade de noções e seitas, a que aplicavam os termos de sua língua comum com grande liberdade e variedade" (ibid.). Além disso, embora os termos sejam gregos, "pode-se dizer verdadeiramente que o idioma e a construção das frases são hebraicos ou siríacos" (p.104).
3. São Paulo tem um estilo particular de escrever e muitos pensamentos e doutrinas novos; sua mente está repleta de uma "multidão de pensamentos, todos eles procurando expressar-se". Por isso, o ritmo de sua escrita e de suas idéias implícitas acarreta a dificuldade de entendimento (ibid.).
4. O fato de as Epístolas serem divididas em versículos e capítulos pode nos desorientar, assim como permitir que diferentes seitas extraiam e retirem do seu contexto passagens que sirvam de apoio às suas próprias doutrinas e interpretações (p.105). As cartas eram discursos contínuos, como também uma grande parte da Bíblia, especialmente o Novo Testamento (p.106). Um dos alvos favoritos dos ataques de Locke — as diferentes seitas e intérpretes dos Evangelhos, que buscam na Bíblia respaldo para suas crenças, não o que realmente está dito nela — recebe aqui sua dose de crítica (p.106-7).
5. Muitos intérpretes da Bíblia fazem isso através de suas próprias doutrinas filosóficas. É um erro "tratar de interpretar" as palavras das Escrituras "mediante noções de nossa filosofia e das doutrinas dos homens ensinadas nas Escolas. Isso é explicar a intenção dos Apóstolos pelo que eles nunca pensaram enquanto estavam escrevendo, o que não é o modo apropriado para descobrir o sentido do que disseram, mas de expressar apenas o nosso próprio" (p.114).

Locke passa, então, em seu comentário, a praticar o que estabeleceu nesse ensaio prefatório.

C

cadeia do ser A noção de graus de realidade ou de uma escala do ser remonta, pelo menos, a Platão. Pode ser acompanhada através dos séculos, tendo adotado várias formas no decorrer de sua história. (Ver A.O. Lovejoy, *The Great Chain of Being*, Harvard University Press, 1936.) Os contemporâneos de Locke referem-se freqüentemente à cadeia, entre eles Thomas Browne, William Petty, Sir Matthew Hale, o Bispo John Wilkins e Robert Boyle (Locke tinha as obras de todos eles em sua biblioteca). Do fato de que "em todo o mundo corpóreo e visível não vemos brechas ou intervalos", Locke sentiu-se confiante para aduzir "que deve haver mais espécies de criaturas inteligentes do que há das sensíveis e materiais abaixo de nós" (*Ensaio*, 3.6.12). Em *Racion.*, Locke fala de "infinitos números e graus de espíritos" para além de nós (em *Works*, vii. 134; cf. *Ensaio*, 4.3.27). O *Ensaio* é menos expansivo, dizendo apenas que existem, pelo menos, *vários* graus de anjos (2.10.9). Os detalhes da escala descendente não são totalmente preenchidos, mas presume-se que alcancem as partículas insensíveis da matéria (2.8.13; *ver* ESPÍRITOS).

Os exemplos que ele oferece como prova evidente da ausência de lacunas ou soluções de continuidade no universo visível são a combinação de relatos de observações, mitologia e algumas asserções algo extravagantes e não corroboradas: peixes que têm asas e voam, aves que vivem na água, focas que vivem em terra e na água, toninhas que "têm sangue quente e entranhas de um porco", e o que "é confiantemente descrito a respeito das sereias e marinheiros" (3.6.12). Também se refere a algumas bestas (não nomeadas) "que parecem ter tanto conhecimento e razão quanto alguns que são chamados homens". Em outro trecho, Locke afirma ter assistido ao parto de uma gata e de uma rata (3.6.23). Outras referências a nascimentos humanos monstruosos (um tema que fascinava Locke) eram vistas provavelmente como uma corroboração de sua aceitação da cadeia do ser (3.3.17; 3.6.22, 27). Afirmou até que "os reinos animal e vegetal estão de tal modo aproximados que, se apanhamos o grau mais inferior de um e o mais superior de outro, haverá insuficiente percepção de qualquer grande diferença entre eles" (3.6.12).

A adesão à cadeia de ser, sobretudo a alguns dos exemplos relatados da ausência de qualquer fronteira fixa entre espécies biológicas, colide com os fatos biológicos conhecidos de hoje. Locke tem pouco a dizer sobre biologia. A cadeia do ser parece incompatível com a noção de espécies naturais. Locke é firme em sua asserção de que os gêneros ou classes que usamos são de feitura humana, como a sua ontologia particularista subentende. Dependendo de como interpretamos a sua discussão de essências reais, essa ontologia pode ver-se aí em sérios apuros, a menos que se possa mostrar que o texto rejeita de modo inequívoco a velha doutrina de espécies fixas na natureza.

***Cartas* acerca da tolerância** A tolerância foi um tópico que interessou Locke durante toda a sua vida: tolerância pelos governos de práticas e crenças religiosas, tolerância entre seitas religiosas para diferenças de crenças e diferentes interpretações das Escrituras. De fato, Locke tinha dificuldade em tolerar a intolerância, sobretudo no caso daqueles prelados cristãos e dignitários eclesiásticos que tentavam impor doutrinas e dogmas que não se encontravam na Bíblia. Opunha-se vigorosamente ao uso da força como um meio de trazer as pessoas para a "verdadeira religião". A verdadeira religião, insiste ele no começo do primeiro dos quatro textos que escreveu sobre tolerância, "não é instituída a fim de se erigir uma pompa exterior, nem para se obter domínio eclesiástico, nem para se exercer a força compulsória; mas para reger as vidas dos homens de acordo com as regras da virtude e da piedade" (*A Letter concerning Toleration*, 1689, em *Works*, vi. 6; tradução do original latino, *Epistola de tolerantia*).

O assunto da tolerância religiosa foi muito discutido e debatido nas décadas de 1680 e 1690, sobretudo na Holanda. Locke viveu ali cinco anos, entre 1683 e 1688, a maior parte desse tempo disfarçado e escondido, em conseqüência de uma atividade que o rei inglês acreditou ser subversiva, durante o período em que Locke foi secretário de Shaftesbury. Parece que até foi suspeito de ajudar grupos dissidentes na Holanda, antes de Guilherme e Mary tomarem posse do trono inglês. Perseguição política, não religiosa, era o que Locke temia para si. A Holanda tinha sido muito antes o cenário de choques e perseguições de natureza religiosa. Quem escrevesse sobre tolerância religiosa nesse país na segunda metade do século XVII estaria agindo na contracorrente desse *background* histórico. Na década de 1680, a Holanda era, de fato, um refúgio para muitos que fugiam à intolerância religiosa em outros países. Era também o lar de um grupo de teólogos que enfatizavam, como Locke iria fazer depois, crenças simples, não dogmáticas: a religião e a Igreja de Cristo eram por eles invocadas para caracterizar sua interpretação. Eram conhecidos como os arminianos. (Para uma clara e sucinta descrição desse *background*, ver a Nota de E.S. de Beer, *Corr*. ii. 648-51.)

Enquanto viveu na Holanda, Locke fez grande número de amigos íntimos; um deles, em particular, o famoso teólogo Philip Limborch, esteve envolvido de perto na primeira publicação de Locke sobre o tópico da tolerância. Escrita provavelmente em 1685-6, a *Epistola de tolerantia* de Locke foi publicada em Gouda em 1689, com a ajuda de Limborch. Nenhum nome de autor apareceu em parte alguma do folheto, mas a página de rosto apresentava uma longa série de letras que eram o código para "Limborch", a quem a obra foi dedicada, e para "Locke", o autor. Somente Locke e Limborch sabiam o que essas letras representavam. Passaram-se muitos anos antes da autoria de Locke ser descoberta; mesmo então ele recusou-se a admitir que era o autor, o que só veio a ocorrer alguns meses antes de sua morte, em 1704. Estranhamente, ele e Limborch, mesmo em sua correspondência após o regresso de Locke à Inglaterra, mantiveram a simulação de que não sabiam quem era o autor. Há, pelo menos, dez cartas entre eles, em 1689, nas quais Limborch noticia a publicação da *Epistola*, Locke expressa interesse em ter um exemplar, Limborch envia-lhe vários exemplares, encadernados e não encadernados, informa-o sobre traduções francesas e holandesas em curso ou já programadas, e detalha o vivo interesse e especulação na

Holanda sobre o autor e possíveis candidatos (*ver Corr.*, 1131, 1134, 1146, 1158, 1172, 1178, 1182, 1184, 1187; iii passim; para uma descrição detalhada desse fenômeno e as várias edições da *Epistola*, ver a edição de Raymond Klibansky e a tradução de J.W. Gough, *Epistola de tolerantia*, Oxford, 1968).

A "tradução" de Gough segue quase à risca a tradução original feita por William Popple. O interesse na tolerância é evidenciado pelo fato de que a primeira edição da tradução de Popple, em 1689, foi seguida logo em 1690 por uma segunda. O século XVIII viu numerosas traduções para o francês e o holandês, e uma segunda edição da latina em 1705. Jonas Proast atacou a *Epistola* em 1690, em seu *The Argument of the "Letter concerning Toleration" Briefly Consider'd and Answer'd*. Locke respondeu a Proast no mesmo ano, com sua *Second Letter concerning Toleration*, à qual Proast replicou em 1691. A *Third Letter for Toleration* (1692), de Locke, foi ainda uma outra resposta. Locke escreveu até uma quarta resposta, que só foi publicada após sua morte, em *Posthumous Works* (1706). A persistência com que Locke atacou os argumentos de Proast a favor do uso da força, a força do governo, a fim de trazer as pessoas para a "verdadeira religião", testemunha os fortes sentimentos que ele nutria acerca do assunto. A *Terceira carta* é a mais extensa das quatro; ela e a *Segunda carta* são assinadas no final por "Philanthropos", uma proteção adicional para a sua identidade. Essas respostas são escritas como se fossem da autoria de terceiros e dirigidas ao autor das *Cartas* e a Proast.

Em algumas de suas cartas particulares para Limborch (por exemplo, nº1120), Locke informa a respeito de projetos de lei sobre tolerância submetidos ao parlamento inglês. Depois da promulgação do *Toleration Act*, em maio de 1689, Locke escreveu a Limborch: "Sem dúvida, já tereis ouvido antes de receber esta que a Tolerância foi agora, finalmente, estabelecida por lei em nosso país. Não, talvez, tão ampla em seu âmbito quanto poderia ser desejado por vós e todos aqueles que, como vós, são verdadeiros cristãos e imunes à ambição ou inveja. De todo o modo, já é alguma coisa ter progredido até esse ponto" (*Corr.* 1147; iii 633, tradução de De Beer do original latino). A polêmica anônima com Proast reflete a sua preocupação pelo fato de o *Toleration Act* não ter ido suficientemente longe. Suas quatro *Cartas* dão os detalhes e a argumentação lógica em prol de uma proteção mais forte à tolerância e de uma tolerância mais ampla. A segunda e a terceira de suas cartas estão metodicamente escritas, algo repetitivas (como tais polêmicas costumam ser) e não muito estimulantes. É a primeira *Carta*, a *Epistola*, a mais interessante, a mais valiosa para uma declaração ressoante da necessidade de tolerância e dos males da intolerância.

A *Epistola* começa com um "apelo à consciência dos que perseguem, atormentam, destroem e matam outros homens em nome da religião, se o fazem ou não por amizade e bondade" (em *Works*, vi.6). Locke poderia acreditar que o fazem por bondade se visse esses mesmos "fanáticos" castigarem de modo semelhante "seus amigos e familiares, que claramente pecaram contra preceitos do Evangelho" (ibid.). Mas tem grande dificuldade em acreditar que eles assim procedam "por caridade, como pretendem, e zelo pelas almas humanas, pois os despojam de suas propriedades, mutilam seus corpos, os torturam em prisões infectas e acabam, enfim, por matá-los para convertê-los em crentes e obterem sua salvação" (ibid., p.6-7). Forçar os homens "a ferro e fogo a professar certas doutrinas, e a obedecer a certas formas de culto exterior, mas sem levar em consideração seus costumes" é apenas um pretexto para tentar induzir as pessoas a aderir a um determinado grupo ou assembléia (p.8). Um perigo é que sob a aparência de zelo com o bem público e o respeito às leis, sejam usadas a perseguição e a crueldade "nada cristãs". O pretexto de religião não é melhor justificação para tais ações, as quais podem estar apenas ocultando "libertinagem e licenciosidade". É importante ser claro a respeito das fronteiras entre religião e governo civil; a separação da igreja e do estado deve ser respeitada. O estado nada tem a ver com a salvação de almas, da mesma forma que nenhuma seita religiosa tem o direito de forçar outras a submeterem-se às suas crenças e práticas. Qualquer sociedade espontânea (que é no que consiste uma igreja ou seita) tem o "direito fundamental e imutável" de expulsar "qualquer de seus membros que transgrida as regras de sua instituição; mas não pode, pela adesão de quaisquer novos membros, adquirir qualquer direito de jurisdição sobre aqueles que não se lhe incorporam" (ibid., p.18).

A jurisdição do governo civil, do magistrado, é exercida sobre coisas exteriores, como propriedade e bens civis dos membros da sociedade, não sobre as crenças de foro íntimo de cada um. O magistrado civil não tem o poder de "impor por lei, seja na sua própria igreja e muito menos numa outra, o uso de quaisquer ritos ou cerimônias de culto a Deus" (p.29). Para Locke, há uma dupla razão para essa proscrição. Uma é que a igreja é uma sociedade livre; a outra e mais fundamental razão é que "seja o que for que é praticado no culto a Deus, só é justificável na medida em que os que o praticam crêem ser isso aceitável para Ele". A religião é uma questão de "persuasão íntima da mente" (p.11). Uma declaração mais conhecida desse princípio ocorre numa passagem ulterior: "Posso enriquecer por uma profissão na qual não sinto a menor satisfação; posso ser curado de alguma doença por remédios em que não tenho a menor fé; mas não posso ser salvo por uma religião em que não confio e por um culto que abomino" (p.28). Em seguida, Locke passa a distinguir a forma exterior e as regras de culto das doutrinas e artigos de fé, rebatendo os argumentos que defendem o direito do magistrado civil de ditar ou controlar umas e outras. Entre as doutrinas e artigos de fé, algumas são de natureza prática, outras especulativas (p.39). "O magistrado não deve proibir a pregação ou a profissão de quaisquer opiniões especulativas em qualquer igreja, porque não têm relação alguma com os direitos civis dos súditos" (p.40). Por exemplo: "Se um católico romano crê realmente ser o corpo de Cristo aquilo a que um outro homem chama pão, ele não está prejudicando com isso o seu vizinho." Ou "se um pagão duvida de ambos os Testamentos, isso não justifica, em absoluto, sua punição como cidadão pernicioso". O papel do governo é a proteção da propriedade de cada pessoa contra sua violação por outrem; essa é a razão pela qual as pessoas se juntam numa sociedade civil.

Apesar de ampla, a tolerância de Locke não abrangia aqueles que negam a existência de Deus. Ele parece ter razões morais práticas para negar tolerância aos ateus: "As promessas, os pactos e os juramentos, que são os vínculos da sociedade humana, para um ateu não podem ter segurança ou santidade, pois a supressão de Deus, ainda que apenas em pensamento, dissolve tudo. Além disso, uma pessoa que abala e destrói por seu ateísmo toda a religião não pode, baseado na religião, reivindicar para si mesma o privilégio de tolerância" (p.47).

cartas para Stillingfleet Locke escreveu três respostas a Edward Stillingfleet, Bispo de Worcester, das quais somente a primeira apresenta a palavra "carta" em seu título. Todas as três foram escritas à maneira em voga na época, como cartas abertas endereçadas publicamente ao seu destinatário. Stillingfleet incluiu em seu *Discourse in Vindication of the Doctrine of the Trinity* (1697) um capítulo de ataque ao livro de John Toland, *Christianity Not Mysterious* (1696). O livro de Toland usou muitos termos lockianos e foi considerado herético em relação às doutrinas teológicas dominantes e aceitas pela grande maioria dos eclesiásticos e teólogos. Stillingfleet associou o *Ensaio* de Locke às opiniões de Toland e juntou Locke e Tolland na designação de "os novos homens de idéias". Locke não podia ignorar um ataque desfechado por importante figura da igreja. Sua primeira resposta foi *A Letter to the Right Reverend Edward Ld. Bishop of Worcester, concerning Some Passages Relating to Mr. Locke's Essay of Human Understanding: In a Late Discourse of his Lordship, in Vindication of the Trinity* (1697). Locke queixou-se de que fora injusta e inadequadamente levado a uma controvérsia sobre a Trindade, quando o seu *Ensaio* nada diz a respeito dessa doutrina teológica. Mas Stillingfleet viu em muitas das doutrinas do *Ensaio* ameaças às noções metafísicas que considerou fundamentais para numerosas doutrinas teológicas, quando não a rejeição das mesmas. O que Locke disse a respeito da nossa idéia de substância e essência pareceu, no entender do bispo, lançar dúvidas sobre a realidade da substância. Locke protestou que escreveu apenas sobre a *idéia* que temos de substância. O bispo pensou que Locke fizera todo o conhecimento depender de idéias claras e distintas, que na concepção de Locke o conhecimento estava restrito às idéias, que não podíamos saber se existe ou não um mundo externo; e o conceito especial da pessoa, de Locke, permaneceu um mistério para o bispo. Em sua *Carta*, Locke tentou responder e esclarecer todas as acusações e problemas que Stillingfleet encontrou no seu *Ensaio*, insistindo o tempo todo em que escreveu essa obra "sem qualquer intenção de controvérsia entre trinitários e unitários" (em *Works*, iv. 68).

O bispo respondeu à *Carta* de Locke no mesmo ano, repisando as mesmas teclas do ataque anterior. Locke respondeu-lhe com *Mr. Locke's Reply to the Right Reverend the Lord Bishop of Worcester's Answer to His Letter* (1697), a que o bispo reagiu escrevendo outra resposta, *The Bishop of Worcester's Answer to Mr. Locke's Second Letter* (1698). Nessa resposta, o bispo queixou-se de que Locke era prolixo demais, escrevia demais ao debater as questões. Talvez intencionalmente, Locke escreveu uma carta com o dobro da extensão da segunda: *Mr. Locke's Reply to the Right Reverend the Lord Bishop of Worcester's Answer to His Second Letter* (1699). O longo subtítulo dessa terceira resposta fornece uma indicação dos tópicos cobertos por toda a controvérsia: "Em que se examina, além de outros assuntos acessórios, o que Sua Eminência disse a respeito da certeza pela razão, certeza por idéias e certeza pela fé; da ressurreição do mesmo corpo; da imaterialidade da alma; da inconsistência das noções do sr. Locke em relação aos artigos da fé cristã e sua tendência para o ceticismo." Locke não fez menção aí da doutrina da Trindade, sobre a qual Stillingfleet se empenhara em forçar Locke a dizer se a aceitava ou não. À altura de sua terceira resposta, Locke já estava ficando irritado e impaciente; sua linguagem é mais sarcástica e mordaz. Perto do final dessa longa resposta, após tentar, também, através das respostas anteriores mostrar ao bispo que o que ele afirmava ter encontrado no *Ensaio* de Locke não estava lá, Locke comenta: "Eminência, as palavras que destacou do meu livro são com tanta freqüência diferentes daquelas que leio nos lugares a que Vossa Eminência se refere, que sou levado por vezes a pensar que obteve algum estranho exemplar do mesmo, do qual nada sei, dado que só raramente condiz com o meu" (em *Works*, iv. 406-7). A última página dessa terceira resposta e o comentário final de Locke são ainda mais satíricos: "Antes de concluir, é justo que eu reconheça a gratidão de que vos sou devedor por vós terdes tido o trabalho de ler o meu *Ensaio*, sobre o qual concluo que não poderia ter sido mais eficazmente recomendado ao mundo do que pela vossa maneira de escrever contra ele. E uma vez que a penetrante visão da Vossa Eminência, tão cuidadosamente empregada em suas correções, não encontrou, como humildemente concebo, defeitos nele que os grandes e diligentes esforços de Vossa Eminência desse modo não tivessem realmente eliminado, creio poder presumir que a obra transite ainda melhor no mundo" (ibid., p.498).

causa O termo "causa" está estreitamente associado aos termos "produto" e "poder" no *Ensaio* de Locke. Ele escreve como se realmente observássemos uma qualidade ou uma substância começando a existir, e recebendo sua existência "da devida aplicação e operação de algum outro ser" (2.26.1). Ao observarmos que o calor derrete constantemente a cera ou que o fogo reduz a madeira a cinzas, adquirimos a idéia de causa e efeito. Como ocorre com tanta freqüência nessa obra, Locke desliga do falar de *idéias* que são causadas para uma mudança de *qualidades*, que é causada em substâncias. O significado de "causa" é simplesmente aquilo "que faz com que outra coisa, seja idéia simples, substância ou modo, comece a ser" (2.26.2). Ao invés do mais cauteloso Hume no século seguinte, Locke atribuiu causas reais a idéias, substâncias e modos, não apenas seqüências constantes, uniformes. Identificou numerosas espécies diferentes de ação causal: *criação* ("quando uma nova partícula de matéria começa a existir *in rerum natura*, ou seja, aquela que antes não existia"; *geração*, quando partículas existentes são reagrupadas para formar um novo indivíduo ("este homem, este ovo, esta rosa, ou esta cereja"); *fabricação*, quando algum processo externo produz "uma separação sensível, ou justaposição de partes discerníveis"; ou *alteração de* algumas das qualidades de algum objeto (2.26.2).

Locke fala de poderes em objetos produzindo ou causando idéias ou sensações em nós; isso é o que torna a idéia real e adequada (2.30.2, 2.31.2). Ele admite que não conhecemos a natureza precisa das causas de nossas sensações ou idéias (por exemplo, o número ou grau de partículas), mas aceita a hipótese corpuscular sobre a estrutura da matéria como a melhor explicação da causa de nossas idéias e da causa de mudanças em outros corpos (4.2.11). Não hesita em afirmar que as idéias têm causas físicas, mas, como a grande maioria dos escritores, reconhece sua ignorância quanto aos detalhes da relação causal entre matéria e mente, entre partículas e sensações (ver 4.11.2). Em algumas passagens, alude às *aparências* como sendo causadas por objetos (2.9.8). Em sua discussão de substâncias e suas qualidades, sublinha enfaticamente ser desconhecida (2.23.6-9) a causa das qualidades coexistentes (a causa de sua união), mas trabalha sempre com o princípio de que as idéias, sensações ou aparências que experimentamos têm causas, poderes, nos objetos que respondem por elas. Suas declarações mais cautelosas admitem que vemos ou experimentamos vários efeitos, mas não conhecemos suas causas; é por isso que aceita a teoria corpuscular somente como provável. As causas, rigorosamente falando, não estão "ao alcance da observação meticulosa dos sentidos humanos" (4.16.12), não podem ser examinadas pelos nossos sentidos. Não obstante, oferece-nos alguns exemplos interessantes, provavelmente baseados em autores como Boyle ou Hooke, da presumível natureza dos corpúsculos da matéria e do modo como agem para produzir os fenômenos que observamos (4.16.12). O capítulo sobre qualidades primárias e secundárias tem muitos outros exemplos; são identificadas, inclusive, algumas causas fisiológicas (2.8).

Embora Hume também reconhecesse uma estrutura fisiológica subjacente para nossos pensamentos, sentimentos, sensações e paixões, oferecendo até algumas explicações fisiológicas para os eventos mentais, e embora faça certo número de referências (especialmente em sua *Investigação sobre o entendimento humano*) às "origens e princípios fundamentais" na natureza, argumentou que não podemos observar a eficácia, a conexão necessária ou os poderes de natureza causal. Nossa idéia de causa, para Hume, tem sua origem em sentimentos e crenças acerca do ser tanto futuro quanto passado. Esses sentimentos e crenças surgem quando vivenciamos as uniformidades de eventos. Locke era mais crédulo e mais incisivo a respeito da existência de poderes causais em ação no mundo, mas admite que não podemos observar esses poderes.

ceticismo Locke não tinha muita paciência com os céticos, com aqueles que "descrêem de tudo, porque não podemos certamente conhecer todas as coisas" (*Ensaio*, 1.1.5). Ele caracteriza o descrente como sendo semelhante a um homem "que não usasse as pernas, mas permanecesse parado e quieto até perecer, porque não tinha asas para voar" (ibid.). *Somos* limitados no que podemos saber, mas podemos conhecer algumas coisas, adquirir até algumas certezas. Locke recomenda um exame de nossas faculdades e aptidões, dos nossos poderes cognitivos, como prelúdio à identificação dos limites do conhecimento humano. Se "permitirmos que nossos pensamentos se soltem no vasto oceano do *Ser*, como se toda a imensidão sem limites fosse uma possessão natural e indubitável do nosso entendimento, onde nada estivesse imune às suas decisões", acabaremos perdendo o pé e tornar-nos-emos seres desnorteados, confusos e inseguros (1.1.7). As indagações surgirão então, as disputas multiplicar-se-ão, nenhuma resolução clara será tomada; estaremos então confinados a um "perfeito ceticismo".

Uma certeza que todos podemos ter é a de "que temos em nós algo que pensa; nossas próprias dúvidas a respeito do que é isso confirmam a certeza de seu ser" (4.3.6). É vão e irracional ser cético a respeito dessa verdade, porque não sabemos (ao contrário de Descartes) "de que tipo é esse ser" (ibid.). O mais importante e, para Locke, o mais ameaçador ceticismo diz respeito às nossas afirmações sobre a existência de um mundo externo. O ceticismo é, neste ponto, uma ameaça por causa da definição de Locke de CONHECIMENTO em termos da relação de idéias. Como ele reconheceu, em sua definição, todo o nosso conhecimento consiste "na percepção que a mente tem de suas próprias idéias" (4.2.1). O grau supremo de certeza reside no que Locke chama de "conhecimento intuitivo". Exemplos de conhecimento intuitivo, imediato, não-inferencial, são "que branco não é preto, que um círculo não é um triângulo, que três é mais do que dois" (ibid.). Nesses exemplos, "a mente tem a percepção à primeira vista das idéias a um tempo, por intuição pura e simples, sem a intervenção de qualquer outra idéia". Compara esse tipo de conhecimento certo com a percepção da luz pelo olho: o conhecimento intuitivo é como a luz brilhante do sol. Se alguém busca uma certeza maior do que essa, "do que saber que qualquer idéia em sua mente é tal qual ele a percebe ser", esse indivíduo mostra que possui "a mentalidade de um cético" (ibid.).

E quanto a outras idéias, àquelas que comumente acreditamos serem causadas por objetos físicos, externos, e a eles referentes? Esta é a interrogação suscitada pelo cético. Locke formula o problema da seguinte maneira: "Não pode haver nada mais certo do que a idéia que recebemos em nossas mentes de um objeto externo, sendo este conhecimento intuitivo. Mas, se há algo mais do que simplesmente essa idéia em nossas mentes, se podemos deste modo inferir certamente a existência de algo fora de nós, que corresponde a essa idéia, supõe-se ser por este meio que alguns homens pensam que deve ser posta a interrogação; porque os homens podem ter essas idéias em suas mentes quando tais coisas não existem, nem tais objetos impressionam os seus sentidos" (4.2.14). A resposta inicial de Locke a esse problema é recorrer às diferenças de experiência, entre ver o sol de dia e pensar sobre o sol durante a noite, ou provar absinto ou cheirar uma rosa, e pensar sobre esse gosto ou esse aroma. A nítida diferença em tais experiências devia, acreditava Locke, responder ao cético. Quando o cético recorre à experiência onírica como forma de sugerir que podemos ter todas as idéias que temos sem qualquer mundo exterior, atira ao cético esta resposta: "Ele pode ter a amabilidade de sonhar que lhe dei esta resposta: 1. Que não tem muita importância se eu elimino suas dúvidas ou não: se tudo é sonho, raciocínio e argumentos são inúteis, verdade e conhecimento nada significam; 2. Que acredito que ele admitirá uma diferença muito manifesta entre sonhar que está ardendo em chamas, e estar realmente no fogo" (ibid.). Se o cético ainda persiste em sugerir que tudo pode ser um sonho. Locke remete-o para a dor que sentimos quando realmente nos queimamos, em contraste com o sonhar que estamos nos queimando. Se uma pessoa duvida de que vê um fogo, pode tentar senti-lo pondo sua mão nele, e ser assim convencida da real existência do fogo (4.11.7). Depois de dar alguns exemplos de modificação da aparência do papel onde escreve e da influência que assim exerce sobre as reações de outras pessoas ao que foi escrito, Locke retorna à hipótese onírica do cético. "Mas, se depois de tudo isso, alguém for ainda tão cético que desconfie dos seus próprios sentidos, e afirme que tudo o que vemos e ouvimos, sentimos e provamos, pensamos e fazemos, durante toda a nossa existência, nada mais é do que uma série de ilusórias aparências de um longo sonho, do qual a realidade está inteiramente ausente; e, portanto, ponha em dúvida a existência de todas as coisas, ou o nosso conhecimento de qualquer coisa, cumpre-me desejar-lhe que considere que, se tudo é um sonho, então sonhe que me fez a pergunta e, sendo assim, não tem muita importância que um homem acordado lhe responda" (4.11.8).

Locke estava convencido de que "ninguém pode, na verdade, ser tão cético ao ponto de duvidar da existência daquelas coisas que vê e sente" (4.11.3). Não se impressionou com os problemas teóricos formulados pelos céticos; não encontrou dificuldades práticas em descobrir que somos afetados pelo mundo físico. Como outros em sua época também fizeram, ele distingue algumas de nossas experiências sensoriais que nos fornecem informação específica sobre a natureza de objetos (as qualidades primárias), e aceitou a teoria corpuscular sobre a natureza da matéria. Não pensa que sejamos capazes de descobrir a natureza plena da matéria, mas seus amigos da Royal Society estavam ampliando cada vez mais as fronteiras nesta ou naquela área do saber. Além disso, era da opinião de que Deus nos concedeu nossas faculdades para vivermos neste mudo e fazer aquelas descobertas importantes para nosso bem-estar. Não há nos escritos de Locke um estudo em que procure reconstituir como logramos ter uma crença no mundo externo, à semelhança do que

Descartes fez na sexta Meditação. Locke tampouco examina as várias tentativas feitas por Malebranche e Arnauld (como Hume faria mais tarde no *Tratado*) para defender o realismo na esfera das idéias. Entendeu por que alguns poderiam encontrar um problema com a sua definição de conhecimento em função de idéias, mas acreditou que a recepção de idéias sensoriais constituía base suficiente para aceitar o realismo. O ceticismo em relação aos sentidos não era, simplesmente, um problema para ele.

ciência Eis uma palavra que tem um significado e um referente, para nós, algo diferente daqueles que tinha nos séculos XVII e XVIII. Usamo-la para designar disciplinas tais como a física, a astronomia, a biologia, assim como as ciências sociais, quais sejam a antropologia, a sociologia ou a psicologia. Para Locke e seus contemporâneos, ciência tinha um significado mais geral. Locke enumera como ciências a teologia, a ética, o direito e a política (*Ensaio*, 2.22.12), a aritmética, a geografia, a cronologia, a história, a geometria (*AP*, §178) e até a contabilidade (*AP*, §210). O capítulo final do *Ensaio* oferece uma tríplice classificação ou divisão das ciências. A primeira é a *filosofia natural*, que é descrita como "o conhecimento das coisas, como elas são em seus próprios seres, suas constituições, propriedades e modos de funcionar" (4.21.2). A matéria e o espírito estavam incluídos nas "coisas" estudadas pela filosofia natural. O objetivo dessa ciência "é simplesmente a verdade especulativa e seja o que for que pode oferecer à mente do homem", incluindo de novo tais verdades o próprio Deus, o homem, anjos, espíritos e corpos, ou "quaisquer de suas disposições mentais, como número e figura". As outras duas ciências nessa divisão de todas as ciências são a *ética* e a *lógica* (ou, como Locke prefere, a *doutrina dos sinais*).

Francis Bacon, entre os autores modernos, foi o primeiro a devotar atenção a uma classificação e análise de diferentes ciências, diferentes corpos de conhecimento. Na segunda década do século XVIII, Ephraim Chambers ofereceu no prefácio de sua *Cyclopaedia: or An Universal Dictionary of Arts and Sciences* (1728) uma extensa análise das muitas e diferentes disciplinas e atividades que levam ao conhecimento. O mapa usado nesse prefácio repete Bacon, mas também é mais específico e sistemático. Chambers define ciência, em seu prefácio, como um sistema de proposições "concernentes a algum silogismo, ordenada e engenhosamente estabelecidas em palavras" (p.viii). O verbete sobre "ciência" é ligeiramente diferente: "um claro e seguro conhecimento de qualquer coisa, fundado em princípios evidentes por si mesmos ou demonstrações", ou um "sistema formalizado de qualquer ramo do conhecimento". A divisão de Locke das ciências é reproduzida nesse verbete. O frontispício da *Cyclopaedia* de Chambers fala de ciência humana e divina. No capítulo de conhecimento "natural e científico", o mapa distingue o conhecimento sensível do racional, incluindo o primeiro a meteorologia, a hidrologia, a mineralogia, a fisiologia e a zoologia. Estas áreas consistiriam na "percepção de fenômenos, ou objetos externos". A categoria de conhecimento racional inclui física, filosofia natural e metafísica. Estas ciências racionais tratariam da "percepção dos caracteres ou hábitos intrínsecos de objetos sensíveis". Muitas outras ciências ou corpos de conhecimento são enumerados no título "artificial e técnico" do mapa de Chambers. São descritos em notas.

O termo "filosofia natural" usado por Locke e Chambers é o que mais se aproxima do que normalmente concebemos como ciência, exceto no que se refere ao comentário de Locke acerca do tratamento das verdades especulativas. A definição de Chambers desse termo deixa de fora a palavra "especulativa": "aquela ciência que estuda o poder da natureza, as propriedades de corpos naturais e sua ação recíproca." Chambers diz que essa descrição também se ajusta ao que foi denominado "física", mas distingue a física como filosofia natural da física experimental. A primeira é "a doutrina dos corpos naturais, seus fenômenos, causas e efeitos, suas várias paixões, movimentos e operações" (verbete de "física"). Para Chambers, a física experimental averigua as razões e naturezas das coisas por experimento. O uso por Locke da frase "filosofia natural" reflete essa dupla referência das atividades racionais e experimentais. A maioria dos comentários de Locke diz respeito às dificuldades na filosofia natural especulativa ou racional, dificuldades que tolhem o caminho para se alcançar a certeza. Ele comenta em *Alguns pensamentos* que o mundo está repleto de sistemas racionais de filosofia natural, nenhum dos quais contém verdade e certeza apropriadas para ensinar a um jovem. Ainda assim, um cavalheiro deve estar familiarizado com alguns sistemas, deve aprender suas hipóteses e entender sua linguagem. O estudante não deve esperar obter conhecimento "científico" desses sistemas, embora Locke acredite que os modernos defensores da hipótese corpuscular falam de um modo mais inteligível do que outros. Boyle também é citado (*AP*, §93). Nessa mesma obra, Locke refere-se às "abstrusas especulações da filosofia natural e da metafísica"; as cabeças das crianças estão cheias de idéias confusas oriundas desses sistemas (*AP*, §94). Mesmo os sistemas da física são alvo de críticas, excetuando-se o de Newton, que é elogiado por sua combinação de matemática e trivialidades (*AP*, §194). No *Ensaio*, insiste com seus leitores para que não tomem sistemas duvidosos por ciências completas, nem confundam "noções ininteligíveis com demonstrações científicas" (4.12.12). O mau uso de palavras, termos obscuros e seu mau emprego caracterizam a maioria dos sistemas de filosofia natural (3.11.5; 3.10.2).

A referência a "demonstrações científicas" não é, como poderíamos pensar, a trabalho empírico ou experimental. Tem o significado de uma demonstração sobre o que leva à certeza, não às conclusões prováveis que hoje associamos à ciência. Do mesmo modo, quando diz a respeito da filosofia natural, como ciência especulativa, que ela nunca virá a ser uma ciência, o termo "ciência" significa "ciência demonstrativa", como a geometria (*AP*, §190). Em outras passagens, Locke sugere que alguns homens podem ser capazes de fazer melhores conjeturas sobre a natureza dos corpos e suas propriedades desconhecidas, mas tais conjeturas serão apenas juízos e opiniões, não conhecimento certo (4.12.10). Nesta passagem, repete em seguida que a "filosofia natural é incapaz de converter-se numa ciência." Uma vez mais o termo "ciência" tem o sentido de alcançar a certeza acerca da natureza dos corpos através da descoberta de sua estrutura interna: tal descoberta nos daria um entendimento e um conhecimento do poder dos corpos e seus efeitos, mesmo antes da experiência. Em 4.3.26, afirma sobre a filosofia experimental que ela não produzirá um "*conhecimento científico*"; tal conhecimento está fora do nosso alcance no que se refere ao mundo físico. A razão dada para essa incapacidade é que "nos faltam idéias adequadas e perfeitas dos próprios corpos que se encontram mais próximos de nós." As nossas classificações de espécies de objetos por meio de propriedades observáveis são "muito imperfeitas e incompletas"; não produzirão conhecimento científico, ou seja, uma vez mais, certeza demonstrativa. O que seria necessário para tal conhecimento da natureza seria dispor de uma descrição rigorosa da estrutura corpuscular da matéria em determinados objetos (ibid.). Se possuíssemos semelhante *insight* da estrutura interior, estaríamos aptos a derivar os efeitos de objetos a partir desse conhecimento; teríamos um conhecimento dedutivo das necessárias conexões na natureza (*ver* CONEXÃO [NECESSÁRIA]).

Dadas as limitações do conhecimento humano quando tratam do mundo físico, devemos adquirir todo o conhecimento que pudermos a partir da experiência e da experimentação (4.12.12). A nossa ciência da natureza deve basear-se na experiência e observação, na descoberta de qualidades coexistentes (4.3.9). Nessas injunções sobre metodologia para a ciência, Locke estava refletindo os princípios da Royal Society, o método praticado por aqueles grandes homens mencionados na "Carta ao leitor" do seu *Ensaio*: Boyle, Sydenham, Huygenius e Newton. Esses homens empregaram algumas hipóteses, mas essas hipóteses tinham que explicar fenômenos observados e eram aceitos como prováveis. Locke era cauteloso a respeito de HIPÓTESES, mas aceitou como a mais inteligível a hipótese corpuscular sobre a estrutura da matéria. Ele usa até essa hipótese numa explicação dos motivos pelos quais a mesma água pode causar a sensação de quente numa mão e de frio na outra (2.8.21). Não obstante, Locke e os cientistas da Royal Society estavam atarefados tentando substituir a filosofia natural racional encontrada em sistemas de ciência por uma ciência empírica baseada em cuidadosa observação e experimentação. A epistemologia do *Ensaio* sustenta essa nova abordagem da ciência.

Há uma pequena e curiosa obra de Locke que pode parecer que não se ajusta inteiramente a esse modelo de procedimento por experimentação e observação. Os seus *Elementos de filosofia natural* são um breve resumo dos conhecimentos então disponíveis nas várias ciências: capítulos sobre matéria e movimento, sobre o sistema solar, sobre o ar e a atmosfera, sobre meteoros, sobre fontes e rios, verduras e plantas, animais, nossos sentidos etc. (em *Works*, iii. 303-28). O capítulo final desse resumo é sobre o entendimento: faz uma descrição muito breve de sua teoria das idéias e do conhecimento. Assim, esse trabalho não é realmente um exemplo de um sistema racional. Difere das observações do *Ensaio* sobre ciência apenas no fato de que registra as informações então conhecidas a respeito do mundo físico.

coesão O problema de explicar a coesão de partículas de matéria foi reconhecido por Locke e a maioria dos cientistas da época como importante, mas difícil de resolver. A "cola" ou "cimento" que mantém juntas partículas individuais e preserva grupos delas numa união estável só veio a ser entendida depois de Newton. Eram oferecidas numerosas explicações, que foram examinadas por Locke no *Ensaio*: a pressão de corpos ambientes, a pressão do ar ou éter (2.23.23-27). Locke discute e rejeita essas explicações. Recorre à coesão em muitas passagens. Por exemplo, a dureza é descrita como "uma firme coesão das partes da matéria, formando massas de volume sensível" (2.4.4), ou a extensão do corpo é descrita como sendo "apenas a coesão ou continuidade do sólido, de partes separáveis e móveis" (2.4.5; cf. 2.13.17). Um carvalho difere de uma massa de matéria por ser um grupo *específico* de partículas organizadas de um modo particular: a massa de matéria é "apenas a coesão de partículas... unidas de qualquer modo" (2.27.4). Não só Locke pensa que não podemos descobrir a constituição insensível particular de qualquer pedaço de matéria, mas era até mais importante para ele assinalar que não temos um entendimento do que seja a própria coesão. Assim, nosso conhecimento da natureza é duplamente limitado.

coexistência Quando Locke define conhecimento no Livro IV do *Ensaio* como a nossa percepção das relações de idéias, uma das quatro relações cognitivas que ele distingue é a coexistência. Sua lista [de tipos de acordo ou desacordo entre duas idéias] indica em terceiro lugar: "*Coexistência* ou *conexão necessária*" (*Ensaio*, 4.1.3), mas o que ele escreve antes e depois deixa claro que essas são relações diferentes; pelo menos, as conexões necessárias não nos são acessíveis, não são reveladas na experiência. Se fossem suscetíveis de descoberta, seriam ainda assim exemplos de coexistência, mas, diferentes daquelas que podemos descobrir, seriam coexistências *necessárias*. Locke dedica muitas seções às conseqüências que adviriam para o nosso conhecimento do mundo se fôssemos capazes de descobrir conexões necessárias na natureza, tais como as conexões em nível corpuscular, entre essências reais e nominais, ou entre qualidades primárias e secundárias. No lugar de tal conhecimento, a coexistência é a relação em que a nossa ciência se alicerça, a partir da qual são feitas as histórias naturais dos fenômenos. Experimentação e observação constituem o nosso método para descobrir a coexistência de qualidades. Locke caracteriza nosso conhecimento dessa relação como "curto", indicando assim sua dependência de uma experiência que é limitada, mas sublinha que "a maior parte e mais importante do nosso conhecimento" a respeito de materiais (isto é, de substâncias) que interessam aos cientistas consiste nessa relação (4.3.9). Ele tende a falar de "idéias" coexistentes quando, por vezes, refere-se, na verdade, a "qualidades". As *qualidades* coexistentes é que são as bases para o nosso conhecimento científico. Por exemplo: "A nossa *Idéia* de *Chama* é um corpo, quente, luminoso e em movimento ascendente, de *Ouro*, um Corpo pesado em certa medida, amarelo, maleável e fundível." A exatidão e realidade de nosso conhecimento de substâncias, tais como ouro, chumbo, água, óleo, dependem de até que ponto foram cuidadosas as nossas observações das qualidades que ocorrem juntas e em que condições (ver 4.4.12; 3.3.15; 2.30.5).

No Livro II do *Ensaio*, Locke aplicou a restrição de nosso conhecimento a mentes e espíritos imateriais, assim como aos gêneros de substâncias físicas. No caso de espíritos imateriais, a nossa idéia é construída a partir "daquelas operações em nossas próprias mentes, que processamos diariamente em nós mesmos, como pensar, entender, querer, conhecer e o poder de iniciar movimento" (2.23.15). Com as substâncias físicas, Locke fala de uma causa desconhecida da união de qualidades coexistentes (2.23.6), uma causa que está além do nosso conhecimento, mas sobre a qual a teoria corpuscular oferece uma hipótese.

comunidade (*commonwealth*) Ao traçar as linhas divisórias entre governo civil e sociedades religiosas, Locke observa que "a Comunidade parece-me ser uma sociedade de homens constituída somente para o preservação e progresso de seus próprios interesses civis" (*Carta acerca da tolerância*, em *Obras*, vi. 9). Seus *Dois tratados* dão uma definição mais precisa desse termo, indicando que não é idêntico a governo civil: "Por Comunidade devo entender, o tempo todo, não uma democracia ou qualquer forma de governo, mas qualquer comunidade independente que os latinos designavam pela palavra *civitas*, para a qual a palavra que melhor lhe corresponde em nossa língua é Comunidade, e a que mais adequadamente expressa tal sociedade de homens, o que cidade [*city*, em inglês] não exprime, porquanto pode haver comunidades subordinadas num governo" (*T2*, §133). Embora o capítulo onde essa seção figura tenha o título de "Das formas de Comunidades", as "formas" referem-se realmente ao governo instalado para a comunidade pela maioria dos seus membros. Locke, no início dessa obra, argumentou que, quando os homens se unem numa sociedade, a maioria investe-os naturalmente, como diz nesse capítulo, "de todo o poder da comunidade", pelo que eles podem "empregar todo esse poder na feitura de leis por funcionários de sua própria nomeação" (ibid., §132). As formas de estrutura governamental podem incluir democracia, oligarquia, monarquias de várias formas (hereditária, eletiva) ou algumas de suas formas mistas.

Num de seus primeiros escritos, Locke descreveu sucintamente diferentes pontos de vista acerca da natureza do governo civil e da localização do poder civil, mas declinou optar por qualquer desses pontos de vista. Diz simplesmente que "Deus desejou que houvesse ordem, sociedade e governo entre homens. E a isso chamamos Comunidade" (*DF*, p.231-2). Afirma que "em toda e qualquer Comunidade deve existir algum poder supremo sem o qual não pode verdadeiramente haver uma Comunidade: e esse poder supremo é exatamente o mesmo em todo o governo, a saber, o legislativo" (ibid., p.132). Em *Dois tratados*, ele especula sobre as possíveis origens ou primitivas formas de Comunidade, sugerindo que, "se olharmos em retrospecto, tão longe quanto a história nos conduza, na direção do original das Comunidades, encontrá-las-emos sob o governo e administração de um homem" (*T2*, §105). A "preeminência do pai poderia, na primeira instituição de algumas Comunidades, dar origem ao poder colocado inicialmente nas mãos de um só" (§106). Ele considera a possibilidade de que "uma família crescesse e se convertesse gradualmente numa Comunidade", com a autoridade paterna sendo transmitida ao filho (§110). Não obstante, uma família não é uma Comunidade ou sociedade política (§86). O governante de uma Comunidade é, em função, diferente do chefe de uma família ou do capitão de um barco (§2). O começo de uma Comunidade ou sociedade política (esta última parece ser a primeira acrescida de formas de governo) ocorre quando pessoas que se encontravam num estado de natureza concordam em "unir-se numa comunidade" e renunciar a alguns dos direitos e poderes que tinham no estado de natureza. Consentimento é todo o "pacto" que é requerido. Uma sociedade política "não é outra coisa senão o consentimento de qualquer número de homens livres capazes de formar uma maioria para se unir e incorporar numa tal sociedade" (§99).

O poder político é definido como "o direito de fazer leis com penas de morte e, por conseguinte, todas as penas menores, a fim de regulamentar e preservar a propriedade" (§3). A "força da comunidade" é empregada na administração das leis, e a Comunidade é defendida do ataque estrangeiro. A autoridade legítima da Comunidade só se aplica aos seus membros, não a estrangeiros (§9). A punição por transgressões das leis da sociedade está prevista na jurisdição e no poder da Comunidade. O magistrado realiza e aplica os "julgamentos da Comunidade", mas esses julgamentos são, com efeito, os julgamentos dos membros ou seus representantes (§88). A principal razão para que as pessoas se unam numa Comunidade, "e se submetam a um governo, *é a preservação da propriedade*" (§124). Onde quer que o "poder legislativo ou supremo de qualquer Comunidade" resida, seja quem for que desempenhe essa função deve fazê-lo "mediante o estabelecimento de *leis permanentes*, promulgadas e conhecidas das pessoas, e não por meio de decretos extemporâneos" (§131). Essas leis devem ser para o bem das pessoas. Impostos não podem ser lançados sobre a propriedade "*sem o consentimento do povo*" e o "*legislativo não pode nem deve transferir o poder de legislar* para quem quer que seja, mas situa-lo-á somente onde o povo estiver" (§142). Todo o poder do legislativo lhe é delegado pelo povo (§§137, 141).

Envolvidas no conceito de Locke de uma comunidade, e sua forma de governo, estão as noções de comunidade, maioria e um todo unificado e integrado. Mesmo no estado de natureza, cada um pertence ou forma parte de uma vasta comunidade, a comunidade da humanidade (§128). Quando uma pessoa se junta a outras para formar uma Comunidade e depois uma sociedade política, esse é um movimento de incorporação: "O que faz a comunidade e retira os homens do estado de natureza para *uma sociedade política* é o acordo que cada um tem com o resto para incorporar e agir como um só corpo e assim ser uma Comunidade distinta" (§211; cf. §§120, 95). Os membros de tal Comunidade "estão unidos e combinados num corpo vivo e coeso" (§212). Locke prossegue dizendo, no período seguinte: "É a alma que dá forma, vida e unidade à Comunidade", parecendo adicionar uma alma à analogia entre a unidade coesa que é uma Comunidade e um corpo vivo. Talvez o fato de se tratar de uma corpo vivo o qualifique para ser também uma alma. O contraste é com a situação em que a Comunidade é dissolvida através de várias causas possíveis: temos então uma "multidão confusa" (§219). Nessa situação, "os vínculos da sociedade" quebram-se, vínculos que "mantêm todas as partes do corpo político em seu devido lugar e função" dissolvem-se (ibid.). A ordem e conexão das partes desaparecem.

A analogia do corpo vivo com as partes operantes e a alma aparece em várias seções desse tratado. Juntando-se e consentindo em "*formar uma comunidade* ou governo", as pessoas são "incorporadas e formam *um corpo político*, no qual *a maioria* tem o direito de agir e decidir por todos (§95). A comunidade é feita de "um só corpo, com o poder de agir como um só corpo, o que resulta da vontade e determinação da *maioria*" (§96). A analogia do corpo político é ainda mais elaborada nessa última seção quando Locke discorre sobre a força necessária para movimentar esse corpo; a força é fornecida pela maioria. Todos estão obrigados a aceitar a decisão da maioria, o ato da maioria é aceito como um ato de todos (*ver* §§97, 98). O único outro modo de movimentar o corpo político é mediante o consentimento expresso de cada indivíduo — uma alternativa não muito prática. Somente a doença afastaria alguns membros "da Assembléia pública" (§98). É forte a convicção de Locke de que a maioria deve ser a força propulsora: "Pois quando a *maioria* não pode decidir por todos, não pode agir como um só corpo e, por conseguinte, será imediatamente dissolvida de novo" (§98; cf. §99).

Dependendo da forma específica de governo que uma Comunidade adota, o funcionamento do corpo político, sobretudo o modo como a maioria pode "agir em nome do todo", assim diferirá. Seja qual for a forma adotada — mesmo a forma mista que Locke usa no final de *Dois tratados* formada por um governante hereditário e duas assembléias, uma de nobreza hereditária, a outra de representantes nomeados pelo povo —, ele parece dizer que aqueles que desempenham papéis oficiais fazem-no como pessoas públicas, dentro dos limites de trabalhar pelo bem do povo (§151). Os leitores modernos são propensos a ler a descrição lockiana da Comunidade e da sociedade política como um plano para a democracia, mas Locke não diz que a democracia é a única forma de governo que se ajusta ao seu modelo. O desfecho dramático de *Dois tratados*, onde ele discute o que aconteceria quando a confiança do povo fosse violada, fala de rei e de príncipe. A famosa resposta à pergunta: "*Quem julgará* se o príncipe ou o legislativo agem contrariamente à" confiança do povo?

pode ter tido a intenção de ser um corajoso desafio às instituições existentes na Inglaterra: "*O povo será o juiz*" (§240). Se o juízo do povo há-de ser expresso pela vontade da maioria através dos representantes escolhidos pelo povo, a assembléia de representantes pareceria ser, pelo menos nessa situação, a suprema instância de poder. Mesmo em situações menos severas, por exemplo, "se surgir uma controvérsia entre um príncipe e alguém do povo em assunto em que a lei silencia ou é duvidosa, e o assunto se reveste de grande importância, julgo que o árbitro conveniente em tal caso deve ser o corpo do povo" (§242). O corpo do povo é a comunidade como um todo, não cada um de seus membros em particular: "*O poder que cada indivíduo deu à sociedade* quando nela ingressou não pode nunca reverter aos indivíduos de novo enquanto a sociedade durar, mas ficará sempre na comunidade. Pois sem isso a comunidade deixará de existir, o que é contrário ao acordo original" (§243; *ver* REPRESENTATIVO).

concepção O modo como contemporâneos de Locke associaram idéias a algumas de suas novas doutrinas (e desafios às antigas doutrinas) foi também uma nova linguagem, uma nova maneira de falar sobre conhecimento, crença e operações mentais. Não tinha Locke ao seu dispor um vocabulário psicológico desenvolvido. Ele reconheceu e alertou seus leitores para o fato de ter feito uso assíduo do termo "idéia". Também explicou o seu uso do termo "percepção", pois recorria a ele com bastante freqüência, como, por exemplo, na definição de conhecimento e nas diferentes relações de idéias. Os termos "impressão" e "aparência" também fazem parte do vocabulário psicológico emergente, do seu modo de falar sobre a mente. Outro termo nessa linguagem da mente é "concepção", uma palavra ora usada para "noção", ora usada no lugar de "idéia". Ainda outros usos adicionais de "concepção" referem-se ao que podemos entender ou compreender, que são duas outras palavras nesse vocabulário.

O mais freqüente uso de "concepção" (ou sua forma plural) é para indicar onde a nossa compreensão é pouco clara, confusa ou inadequada. Em sua discussão de princípios inatos, Locke assinala a existência de muitas idéias e concepção diferentes e contrárias de Deus (*Ensaio*, 1.4.14). Algumas dessas estão ligadas a "crassas concepções de corporeidade", uma concepção inadequada para Deus (1.4.15), ou "concepções absurdas e impróprias" (1.4.16). No Livro III do *Ensaio,* ao tratar da linguagem, Locke fala de "grosseiras e confusas concepções, e meios incorretos de falar e pensar" (3.6.30; cf. 3.10.22). Também diz que, por vezes, damos um nome errado às nossas concepções (3.6.33). Em outra passagem, escreve a respeito da noção de que outras criaturas podem ter uma modalidade sensorial diferente da nossa, a qual estaria distante de "nossa observação, imaginação e concepção" (2.2.3). Ele caracteriza a noção de formas substanciais como uma concepção confusa (3.6.10) e diz que algumas controvérsias são "mais a respeito da significação de palavras do que sobre uma real diferença na concepção de coisas" (3.9.16). Outras passagens referem-se à "nossa concepção geral ou específica de Matéria" (4.10.10), de algo que está "acima da nossa concepção" (4.10.15), e não pensa que esteja "para além da nossa concepção" meditar sobre as mudanças que o tamanho, forma e extensão de um corpo causam num outro corpo (4.3.13).

Em outra passagem, comenta que as definições nem sempre nos oferecem uma concepção clara do significado de uma palavra (3.4.4). Escrevendo sobre relações, Locke usa tanto "idéia" e "noção" quanto "concepção": ter uma "clara concepção" (2.25.8; cf. 2.16.7), ou uma clara concepção de poder (2.21.72). Seu modo usual de descrever palavras como sinais é dizer que se referem a idéias, mas 3.1.2 descreve os sons como "sinais de concepções internas". As palavras significam as idéias ou concepções de quem fala; se uma pessoa tentasse aplicar palavras como marcas imediatamente às idéias que outras pessoas têm, ela "as converteria em sinais de suas próprias concepções e as aplicaria a outras idéias", misturando os dois vocabulários (3.2.2). No mesmo capítulo, diz que as concepções são comunicadas por palavras (3.2.6). Em 4.18.3, fala de "impressões distribuídas aos outros por palavras, e os meios ordinários de transmitir reciprocamente nossas concepções". Em sua análise da nossa idéia de espaço, observa que "muitas idéias exigem outras, por serem necessárias à sua existência ou concepção", levando em conta, segundo parece, a concepção de algumas idéias (2.13.11). Uma passagem em *Conduta* diz que as concepções nada mais são do que "idéias compostas de várias idéias simples"; tais concepções são idéias complexas (§29; em *Works*, iii.258).

Algumas concepções específicas são mencionadas. Levantando algumas dúvidas acerca das idéias de substâncias, Locke diz que a idéia de substância *corporal* "está tão distante das nossas concepções e apreensões como a de substância *espiritual*" (2.23.5). Comentando sobre como a "obra do Deus onisciente e inipotente... excede a capacidade e compreensão do mais curioso e inteligente dos homens", ele compara essa falta de compreensão com a falta de entendimento da "mais ignorante das criaturas racionais", da "melhor invenção do mais engenhoso dos homens"; suas concepções ficam muito aquém dessas inventivas criações (3.6.9; cf. 2.24.3). A idéia complexa de um *gênero* é considerada apenas "uma concepção parcial do que está na *espécie*" (3.6.32). Os termos "matéria" e "corpo" representam "duas diferentes concepções" (3.10.15). O aroma de uma rosa transmite "*uma aparência ou concepção uniforme* na mente" (2.2.1). Ele também usa o termo "concepção" durante sua análise de espaço e movimento (2.15.1; 2.23.28).

O uso desse termo por Locke vai desde um substituto para "idéia" até um outro modo de caracterizar o conteúdo do pensamento, até os atos de conceber e entender. Das várias faculdades e operações da mente, destacadas pelos manuais correntes de lógica desse período, a concepção foi discutida com freqüência. Hume sugeriu mais tarde que todas essas faculdades são apenas variantes de concepção.

Conduta do entendimento (Conduct of the Understanding) Em 10 de abril de 1697, Locke escreveu a seu amigo William Molineux:

> Tive recentemente um pouco de tempo ocioso para pensar sobre algumas adições ao meu livro [*Ensaio acerca do entendimento humano*], em preparação para sua próxima edição [a quarta, de 1700], e nestes poucos dias deparei-me com um assunto que não sei até onde poderá levar-me. Escrevi diversas páginas sobre o mesmo; porém, quanto mais avanço na matéria, mais esta se amplia para mim, e não posso ainda enxergar qualquer fim para ela. O título do capítulo será "Conduta do entendimento", o qual, se eu prosseguir, até onde imagino que chegará e até onde merece, será, concluo eu, o capítulo mais extenso do meu Ensaio. (*Corr*. 2243; vi.87)

O capítulo nunca chegou a ser incorporado ao *Ensaio* (teria provavelmente sido mais extenso do que 2.2. sobre "poder", que tinha 73 seções); foi publicado pela primeira vez em seus

Posthumous Works, em 1706, editado por Peter King. Pouco antes de sua morte, Locke voltou a falar sobre *Conduta*, desta vez numa carta para Peter King em 4 de outubro de 1704: "*A conduta do entendimento*, sempre pensei, desde que me acudiu à mente tratar-se de assunto merecedor de grande consideração, embora não saiba agora como, que estava sendo encarado de modo quase displicente; o que fiz com ele está muito longe de ser um verdadeiro tratado" (*Corr*. 3647; viii. 413). Passa então a explicar a Peter King que, quando pensou sobre "fracassos" do entendimento, registrou alguns pensamentos acerca de remédios para essas falhas. Totalizam 137 páginas em oitavo como peça principal das *Obras Póstumas*. Nela, Locke desfila uma grande variedade de tópicos, a maior parte dos quais recebe tratamento no *Ensaio*. O *Conduta* é um tratado sobre método, escrito em linguagem menos técnica do que o *Ensaio*. Discorre sobre raciocínio, idéias, princípios, prática e desenvolvimento de hábitos de raciocínio, argumentos, leitura, palavras e muito mais. É uma obra útil de consulta para uma abordagem mais informal desses tópicos.

conexão (necessária) Locke (e outros dessa época) usa com freqüência o termo "conexão" para significar "conexão necessária". Ele parece ter aceito a noção de tais conexões na natureza, mas as limitações de nossas faculdades (a nossa "incurável ignorância" é como caracteriza tais limitações num ponto, *Ensaio*, 4.3.25) impedem-nos de descobri-las. As relações contingentes, coexistentes, são para nós os únicos fundamentos para a ciência. Sua discussão em torno dessa conexão necessária está ligada ao conceito de essência real e à estrutura corpuscular da matéria. Por exemplo, se nossas idéias complexas de substâncias fossem a essência real (se as idéias captassem ou refletissem a essência real dos corpos), as propriedades que descobrimos em corpos seriam *dedutíveis* daquelas idéias, e sua conexão necessária com a essência real. Entretanto, não temos razão para pensar que a maleabilidade do ferro tem uma conexão necessária com qualquer outra das qualidades que encontramos coexistindo com ela; por exemplo, a cor, o peso ou a dureza do metal. Locke fala de todas as qualidades observadas que "fluem da" essência real ou da constituição interna (isto é, "a figura, tamanho e conexão") das partes sólidas da matéria de ouro, ferro etc. Também fala dessa constituição interna como a *causa* de suas qualidades observadas. A razão pela qual a ciência (Locke escreve "ciência humana") é estreita e limitada é que o nosso conhecimento está limitado às coexistências observadas de qualidades. Nossas idéias das substâncias de investigação científica "não contêm, em sua própria natureza, nenhuma conexão necessária" entre as qualidades (4.3.10). Um exemplo é dado em 4.3.13: podemos conceber a possibilidade de uma relação causal entre o tamanho, a figura e o movimento de dois corpos, mas não podemos descobrir qualquer *conexão* entre as várias qualidades primárias, ou entre essas qualidades e nossas sensações. Neste último caso, Locke diz não haver sequer uma "*conexão* concebível entre" as qualidades primárias e as nossas sensações. Qualquer análise de nossas idéias tampouco produziria um conhecimento da natureza. Mesmo que fôssemos capazes de descobrir a microestrutura de corpos, nunca poderíamos "descobrir qualquer *conexão* necessária entre eles e qualquer das *qualidades secundárias*" (4.3.14). *Existem* algumas conexões conceptuais entre as nossas idéias; por exemplo, "a figura supõe necessariamente a extensão; recebendo ou comunicando movimento pelo impulso", supõe solidez; mas, em geral, "o nosso conhecimento... vai muito pouco além da nossa experiência" (4.3.14.16, 28).

A limitação do nosso conhecimento de corpos às qualidades coexistentes observadas, e a nossa falta de conhecimento de qualquer conexão necessária entre qualidades, ou entre qualidades primárias e secundárias, ou entre qualidades primárias e nossas sensações, significa que temos muito pouco conhecimento *geral* ou universal da natureza, pouco que implique uma "*certeza indubitável*". Locke cita, a título de exemplo, a proposição "Todo ouro é firme", mas o que ele diz vale para qualquer proposição geral sobre ouro: que é amarelo, que é maleável etc. As conexões necessárias não são descobertas na experiência, nenhuma generalização pode ser afirmada como outra coisa senão uma probabilidade, a menos que se pretenda apenas chamar a atenção para a nossa definição de "ouro" (4.6.7-10). Nessas seções, Locke está interessado em afirmar a natureza contingente do nosso conhecimento sobre corpos físicos. A mesma limitação prevalece para nosso conhecimento de "homem". Entendemos normalmente por esse termo "um corpo de forma comum, dotado de sentidos, movimento voluntário e razão", mas não temos conhecimento da "verdadeira constituição da qual sensação, poder de movimento e raciocínio, com esse formato peculiar, dependem, e por meio da qual estão unidos no mesmo indivíduo" (4.6.15.). Falta-nos o conhecimento das conexões necessárias entre essas qualidades ou entre elas e a verdadeira constituição de que dependem. Do mesmo modo, ao falar de ações e intenções, Locke observa que não existe uma conexão necessária (ele escreve, neste ponto, "conexão natural") suscetível de ser descoberta entre a "ação exterior e visível" e a intenção do homem que comete homicídio ou sacrilégio (3.9.7). Assim, generalizações como "todos os homens dormem por intervalos", "nenhum homem pode ser alimentado por madeira ou pedras", "todos os homens serão envenenados pela cicuta" não podem ser afirmadas com certeza, como verdadeiras generalizações. Observações análogas valem também para as afirmações gerais sobre substâncias químicas.

Longe de lamentar a nossa falta de certeza em ciência, Locke encara essa falta como uma nítida vantagem. Em vez de tentar derivar uma ciência da natureza de nossas idéias, somos encaminhados para as *coisas em si*. A experiência, afirma ele, "*deve ensinar-me* o que a Razão não pode" (4.12.9). Alguns leitores podem perceber certa mágoa por parte de Locke de que o conhecimento humano seja tão limitado, limitado à experiência e observação, mas era o programa anunciado da Royal Society substituir a especulação, os livros de autoridade e todas as pretensões de conhecimento demonstrativo por cuidadosos experimentos e observações detalhadas. Quando Locke se refere ao nosso "Estado de *Mediocridade*", dizendo que "a filosofia natural não é capaz de transformar-se em ciência", está simplesmente sublinhando que nosso conhecimento da natureza deve ser baseado em experiência e observação (4.12.10). É uma ciência *dedutiva* da natureza derivada de uma descoberta de essência real ou conexões necessárias que Locke rejeita como possível. Uma ciência *experimental* está ao nosso alcance; ela estava sendo então construída pelos cientistas que Locke conhecia — Boyle, Newton, Sydenham.

Poderíamos ainda perguntar: se Locke não estava lamentando a nossa incapacidade para construir uma ciência dedutiva baseada na descoberta de conexões necessárias, então por que gasta tanto tempo para nos dizer que aspecto ela teria? Ele caracteriza um conhecimento das conexões necessárias das qualidades e poderes de corpos como o que nos habilita a conhecer "sem esforço" muitas das operações de corpos sobre outros corpos (4.3.25). Estaríamos aptos, por exemplo, "a dizer de antemão que o ruibarbo é purgativo, a cicuta mata e o ópio faz um homem dormir" (4.3.25). As comparações são com o conhecimento que temos das propriedades de um quadrado ou triângulo, ou o conhecimento que um relojoeiro tem do funcionamento do relógio sem esforço ou observação; por exemplo, "que um pedacinho de papel colocado no balanceiro impedirá que o relógio funcione até que seja retirado; ou que alguma pequena parte dele, ao ser friccionada com uma lima, fará com que a máquina perca inteiramente seu movimento" (ibid.; cf. 4.6.11). Se há nessas passagens a expressão de algum anseio por uma ciência dedutiva não-experimental da natureza (a que ele se refere como uma "perfeita ciência da natureza"), isso não impede Locke de concordar com os cientistas da Royal Society sobre a importância da ciência experimental. Essas passagens sugerem, entretanto, que Locke aceitou a noção de conexões necessárias na natureza, a que outras inteligências, além das humanas, podem ou poderiam ter acesso.

conhecimento Em *Conduta*, Locke disse que o "conhecimento consiste unicamente em perceber os hábitos e relações recíprocas de idéias" (§31; cf. §15). Uma definição mais formal encontra-se no *Ensaio*: "o conhecimento nada mais é do que *a percepção da conexão e acordo, ou desacordo e rejeição de quaisquer de nossas idéias*" (4.1.2). Cada um dos termos desta definição é importante para o entendimento do conceito de conhecimento com que Locke trabalhou. "Percepção" diz-nos que o conhecimento está dependente de nossa própria consciência dos objetos e relações que nos cercam. O conhecimento não existe independentemente de nós, à espera de ser descoberto. Somos propensos a dizer que os livros contêm conhecimento, podemos falar do livro do conhecimento, mas o que o livro contém é informação (ou desinformação). Uma vez que tenhamos entendido a informação, *adquirimos* algum conhecimento. Ocorre a mesma coisa no tocante à aquisição de conhecimento acerca do mundo a partir de nossa observação e experiência de objetos e eventos: é a *nossa* aquisição de idéias sobre o mundo que nos leva ao conhecimento. Apenas ter idéias não é suficiente para o conhecimento; devemos perceber "a conexão e acordo, ou desacordo e rejeição" de nossas idéias. São as *relações* de e entre idéias, quando estamos cientes dessas relações, que constituem o nosso conhecimento, o nosso saber isto ou aquilo. Em alguns casos, necessitamos da ajuda de uma demonstração antes de poder perceber as relações entre idéias; por exemplo, a relação entre (as idéias de) quaisquer três ângulos de um triângulo, igualdade, e dois ângulos retos. Neste exemplo, Locke deixa de fora a frase "as idéias de", falando diretamente de perceber que a "igualdade de dois [ângulos] retos concorda necessariamente com os três ângulos de um triângulo e é inseparável destes". Podemos perguntar-nos o que é que percebemos quando adquirimos conhecimento: percebemos idéias ou figuras? (cf. 4.2.2, 3). Em outros casos, a demonstração não é necessária; percebemos imediata e intuitivamente sem ajuda que, por exemplo, branco não é preto (4.1.2; 4.2.1). Neste caso, as idéias *estão* presentes em seu exemplo: percebemos que as idéias de branco e preto não concordam.

Há (mais ou menos) quatro relações de acordo ou desacordo entre idéias que, quando percebidas, produzem conhecimento. A primeira é *identidade* ou *diversidade*. São estritamente duas relações, mas funcionam em combinação recíproca. O primeiro ato da mente, assim que adquiriu algumas idéias, "é saber o que cada uma é, e por esse meio perceber também suas diferenças, e que uma não é a outra" (4.1.4). Conhecer uma idéia nesse uso significa perceber que "cada idéia concorda consigo mesma". Tal conhecimento é considerado infalível: "um homem sabe infalivelmente, tão logo as tenha em sua mente, que as *idéias* que denomina *branca* e *redonda* são as próprias idéias que são, e que não são outras idéias que denomina *vermelho* e *quadrado*" (4.1.4). Em 4.17.14, não são somente idéias que percebemos. "Assim, a mente percebe que um arco de círculo é menos do que um círculo completo tão claramente quanto a *idéia* de um círculo."

A segunda relação de idéias distinguida por Locke em 4.1.3 é *relação*, um tipo de acordo/desacordo deveras insólito, uma vez que não parece designar qualquer modalidade específica de relação, como identidade e diversidade (ou as duas relações seguintes) designam. A sua explicação dessa relação assinala apenas a importância de sermos capazes de perceber as relações de idéias (4.1.5). Fala da percepção das relações *entre*, não *de*, idéias como fez em 4.1.2, e da relação entre "*quaisquer duas idéias*, sejam elas de que espécie forem, se substâncias, modos ou quaisquer outras". Quer ele dizer que existe uma diferença entre o acordo e o desacordo *de* e *entre* idéias? Identidade, é claro, não é uma relação entre *duas* idéias, de modo que exista uma diferença, pelo menos. Mas a singularidade dessa seção continua: "todas as idéias distintas devem eternamente ser conhecidas como não sendo a mesma, e devem ser universal e constantemente negadas entre si" (ibid.). O conhecimento eterno não é mencionado em nenhum outro lugar. Talvez o conhecimento de Deus também se baseie na percepção das relações de e entre idéias. A finalidade dessa observação é sublinhar a importância do fato de que o conhecimento se baseia em nossa capacidade para perceber "qualquer relação entre nossas idéias e apurar o acordo ou desacordo que têm entre si" (cf. 4.13.18). O tipo seguinte de acordo ou desacordo (Locke atribui-lhe o número três em sua lista) a ser encontrado *em* nossas idéias, "*coexistência* ou *conexão* necessária" (4.1.3), parece ser constituído por duas relações. Numa enumeração em 4.3.7., a conexão necessária é omitida: "identidade, coexistência, relação e existência real" (*ver também* 4.3.9-12). Sua breve explicação em 4.1.6 não fala de conexão necessária, somente de "*coexistência* ou *não-coexistência*" no mesmo objeto. Ele tem em mente a substância ouro, a fixidez do ouro, o seu "poder para permanecer no fogo sem ser consumido". Longe de ser uma característica *necessária* da substância ouro, é apenas uma qualidade que, a par da cor amarela, da fusibilidade, maleabilidade e solubilidade, compõe a nossa idéia complexa (a essência nominal) do ouro (4.1.6). O conhecimento humano é limitado e não pode alcançar as essências reais de substâncias ou descobrir conexões reais e necessárias na natureza (*ver*, por exemplo, 4.3.13, 14).

A última relação mencionada, a existência real, é brevemente enunciada em 4.1.7 como se não envolvesse duas *idéias*, mas "*a existência real atual* concordando com qualquer idéia". O único exemplo dado nessa seção é "Deus é". Mais adiante, cita, como exemplos do nosso conhecimento da existência real, o conhecimento intuitivo de nossa própria existência, um conhecimento demonstrativo da existência de Deus, e um conhecimento sensível da existência dos objetos "presentes aos nossos sentidos" (4.3.21). Sua descrição do conhecimento intuitivo que temos de nossa existência não usa explicitamente idéias. É evidente para mim, diz Locke, que "*penso, raciocino, sinto prazer e dor*" (4.9.3). Não parece que queira dizer que sabe que sente dor por meio de uma idéia; a *sensação* de dor proporciona-lhe uma percepção de sua própria existência: "Tenho uma percepção tão certa da minha própria existência quanto da existência da dor que sinto" (ibid.). Aquilo de que dizemos estar conscientes não é uma idéia, mas "o nosso próprio ser". A demonstração bastante elaborada da existência de Deus parte dessa percepção do nosso próprio ser e avança para um conhecimento intuitivo de vários princípios, e daí para o conhecimento de um ser inteligente (4.10-2-10). Não são mencionadas idéias e relações de ou entre idéias.

Em seu exame geral desta última relação de conhecimento, a existência real ou o que ele chama a "realidade do nosso conhecimento", Locke retorna à linguagem das idéias: "É evidente que a mente não conhece as coisas imediatamente, mas apenas pela intervenção das idéias e a realidade das coisas" (4.4.3). Diz-se que o conhecimento é real "somente enquanto houver conformidade entre as nossas idéias e a realidade das coisas". Que espécie de conformidade é requerida e quais são as normas ou critérios para essa conformidade? O problema é formulado na linguagem das idéias: "Como saberá a mente, quando nada percebe a não ser suas próprias idéias, que elas concordam com as próprias coisas?" Sabemos que nossas idéias simples são reais, que estão em conformidade com a realidade, não, segundo parece, pela consulta às nossas idéias, mas pela descoberta de que tais idéias não são produzidas por nós próprios. Dessa percepção concluímos que as idéias "devem necessariamente ser o produto de coisas operando sobre a mente, de modo natural, e produzindo assim essas percepções que pela sabedoria e vontade do Criador estão ordenadas e adaptadas" (4.4.4.). Do fato de que "as idéias *simples* não são ficções da nossa fantasia", podemos evidentemente concluir ou saber que essas idéias "comportam toda a conformidade pretendida". O exemplo que Locke nos dá de tal conformidade é entre a idéia de brancura ou amargura e o poder em objetos que produz essas idéias. A relação de conhecimento da existência real não prevalece claramente *entre* duas idéias, por certo que não como Locke a discute nessas passagens. Sob pressão de Stillingfleet, o bispo de Worcester, Locke tentou reformular essa relação como uma que se estabelece entre duas idéias: "Ora, as duas idéias, que neste caso são percebidas como concordantes e, por conseguinte, geradoras de conhecimento, são a idéia de sensação atual (que é uma idéia da qual tenho uma idéia clara e distinta) e a idéia de existência atual fora de mim que causa essa sensação" (*Mr. Locke's Second Reply*, em *Works*, iv.360). Sua descrição ulterior no *Ensaio* mostra, porém, que a idéia de sensação atual não está envolvida nem é adequada à tarefa. Se o conhecimento da existência atual de objetos não se baseia numa relação *entre* idéias, poderá ser uma relação *de* idéias?

Se essa relação real é revelada na ou pela idéia de brancura, poderia ainda ajustar-se à definição de Locke de conhecimento, embora haja um problema sobre o modo como descobrimos essa relação. Sua discussão do nosso conhecimento da existência de objetos diz ser o *recebimento* da idéia de branco, não a *idéia* em si (nem a idéia de sensação efetiva), "o que nos torna conscientes de que algo deve existir neste tempo sem nós, que causa esta *idéia* em nós" (4.11.2). E prossegue: "Enquanto escrevo isto, tenho, por este papel impressionando meus olhos, esta idéia produzida em minha mente, que, não importa que objeto a causa, denomino *branco*" (ibid.). A seção seguinte refere-se até a "aquelas coisas que vê e sente", embora distinga noutras partes as *aparências* dos *poderes* em objetos, como se ver objetos possa significar ter deles certas aparências (e idéias podem ser aparências, um termo hobbesiano que Locke emprega freqüentemente). Não obstante, não são somente as idéias simples de sentido que revelam a relação de existência real; é o próprio recebimento de tais idéias somado a algumas crenças ou teorias acerca da natureza da matéria (que os corpos têm poderes) e nossa percepção consciente de não sermos a causa dessas idéias. O mesmo capítulo fornece *razões* adicionais para que se situem as sensações como a fonte de conhecimento, o que Locke denominou antes o "conhecimento sensitivo" (4.3.5); mas tal conhecimento requer reflexão sobre experiências dos nossos sentidos, dado que ele não é revelado somente pelas idéias de sentido. Locke não estava manifestamente interessado em combater o ceticismo a respeito do mundo externo, como autores subseqüentes estiveram, mas reconheceu que "se é verdadeiro que todo o conhecimento é apenas a percepção do acordo ou desacordo de nossas idéias, então as visões de um entusiasta e os raciocínios de um homem sóbrio deverão ser igualmente evidentes" (4.4.1). Sua resposta a essa preocupação apresenta mais do que a percepção do acordo ou desacordo de idéias, de modo que sua definição formal de conhecimento requer algumas limitações, pelo menos no caso da relação de existência real.

Além do conhecimento sensitivo e demonstrativo, o conhecimento intuitivo é a fonte da certeza, maior certeza do que a derivada das outras duas espécies de conhecimento; é o mais forte grau de conhecimento (ver 4.2.1). A noção de graus de conhecimento tinha uma tradição anterior a Locke. Era acompanhada, por vezes, pela noção de graus de realidade, como nos casos de Platão ou Descartes. A intuição também era importante para Descartes em sua análise: definiu-a como "a concepção de uma mente clara e atenta, a qual é tão fácil e distinta que não pode haver margem para dúvidas sobre o que estamos entendendo" (*Regras para o direcionamento do espírito*, Parte I). Uma caracterização alternativa de intuição para Descartes é "a indubitável concepção de uma mente clara e atenta que promana da luz da razão" (ibid.). Locke usa também a analogia da luz, mas a luz percebida visualmente, não a luz metafórica da razão: essa espécie de conhecimento é "irresistível e, tal como a luz brilhante do sol, impõe-se imediatamente à percepção, apenas porque a mente está dirigida para ela" (4.2.1; cf. 4.2.5). Locke também acompanhou Descartes ao afirmar que a intuição opera no conhecimento demonstrativo; ela é requerida para perceber a conexão entre cada passo (4.2.7 4.15.1). A intuição é também o modo como conhecemos a nossa própria existência, que cada idéia que temos é o que é, e constitui o meio para conhecer todas as proposições claramente evidentes. Dois exemplos de proposições evidentes, conhecidas por intuição (e, por conseguinte, possuidoras de certeza intuitiva), são: "é impossível, para o mesmo corpo, estar em dois lugares ao mesmo tempo" (4.18.5) e "*o puro nada não pode produzir mais nenhum ser real, do que pode se igualar a dois ângulos retos*" (4.10.3).

O conhecimento sensitivo é importante para Locke na medida em que nos habilita a descobrir verdades sobre o mundo, verdades derivadas da experiência e observação. Tal conhecimento tem limitações, não pode estender-se à natureza do corpo, está restrito a coexistências e uniformidades observadas. O conhecimento sensitivo é mais do que adequado para a ciência experimental. A ciência pode ser desenvolvida e aperfeiçoada, nosso conhecimento da natureza ampliado e refinado, se aprendermos a fazer observações mais cuidadosas e detalhadas, e a eliminar alguns dos obstáculos que contaminaram obras anteriores, como confiar em princípios e máximas, usar palavras sem significados precisos, aceitar sistemas duvidosos como se fossem científicos, procurar certezas onde apenas probabilidades são possíveis.

Uma área a cujo respeito Locke faz poucos comentários, uma área não coberta explicitamente por sua análise do conhecimento, é a do autoconhecimento ou (mais estritamente) do conhecimento das operações da mente. Essa é uma área em que atua a "reflexão" de Locke. Suas descrições da origem de idéias específicas referem-se a várias operações mentais que ajudam na aquisição de idéias. Recorre, por vezes, à própria experiência de cada homem, e o *Ensaio* contém abundante material sobre a mente e sua ações. Essa obra contém, de fato, os começos do que Hume chamou a "ciência do homem" (isto é, a psicologia), uma ciência para a qual Hume também fez importantes contribuições. As histórias da psicologia reconhecem o lugar de Locke no desenvolvimento dessa disciplina. Hume foi explícito sobre a necessidade de adotar o método de experiência e observação para a ciência do homem, para as descrições dos nossos processos cognitivos e afetivos. Locke emprega relatos desses processos, mas não aplica a metodologia nem encontra um lugar para esses relatos em sua análise e definição do conhecimento. Identificou a origem de todas as idéias como sensação ou como reflexão, sendo esta última tratada, por vezes, como sensação *interna* (por exemplo, 2.1.2-4). Também identificou a reflexão como "aquelas idéias que se dão ao luxo de serem tais apenas quando a mente reflete acerca de suas próprias operações" (2.1.4). Ao conhecimento intuitivo, demonstrativo e sensitivo, Locke precisa acrescentar o conhecimento reflexivo, que mais tarde passaria a ser chamado "introspecção". A importância do *Ensaio* e de *Alguns pensamentos* em sua detalhada descrição de processos cognitivos e afetivos não deve ser subestimada.

consciência (*consciousness*) Ao rejeitar a noção cartesiana de que o pensamento é a essência da alma, porque ela tem como conseqüência a noção de que a alma sempre pensa (o que ele considera falso). Locke é levado a definir "consciência" (*consciousness*). É "a percepção do que se passa na própria mente de um homem" (*Ensaio*, 2.1.19). Ninguém, insiste ele, pode dizer-me que eu estava consciente (por exemplo, no sono), se eu não estava consciente de nada. A noção de que um homem pode pensar sem estar consciente de que está pensando era, para Locke, não só falsa, mas absurda, tão absurda quanto dizer que um homem está faminto, mas não sente fome. A fome "consiste nessa sensação precisa, assim como o pensamento consiste em estar consciente de que se pensa" (ibid.; cf. 2.1.12). A convicção acerca de idéias e princípios inatos é rejeitada, *inter alia*, pela mesma razão: requer que tenhamos idéias, mas sem estarmos conscientes delas. Se for dito que as idéias inatas estão na memória e, por conseguinte, nem sempre "realmente à vista", quando relembradas teriam que vir à tona com uma consciência de terem sido conhecidas ou percebidas antes (1.4.20). É a "consciência de ter estado antes na mente" que distingue a memória de outros modos de pensamento.

O termo "consciência"não é usado somente em conexão com a memória. Locke relata o caso de um cego que perdeu a visão quando era criança e depois a recuperou. As cores que percebeu com sua renovada visão "foram-lhe transmitidas à mente e isso sem qualquer consciência de um anterior conhecimento" (1.4.20). Em sua discussão de diferentes graus de conhecimento, Locke indaga se um homem "não está invencivelmente consciente de uma percepção diversa quando olha o sol durante o dia e pensa nele à noite" (4.2.14). Em algumas passagens, frases como "percebê-lo" ou "ser-lhe sensível" desempenham um papel semelhante a "está consciente de". Um uso mais conhecido de "consciência" é encontrado em seus comentários sobre *identidade pessoal*. Consciência é um fenômeno onipresente, quer esteja ligado à memória ou apenas às nossas percepções atuais. Tanto perceber algum objeto ou evento presente quanto recordá-lo não são o mesmo que consciência: a consciência acompanha esses e todos os modos de pensamento (ver a frase, "se essas percepções, com sua consciência", 4.27.10; *ver* PESSOA).

consciência moral (*conscience*) Não é um termo usado com freqüência por Locke, mas é importante para nos lembrar um conceito freqüentemente usado por autores contemporâneos de Locke e outros que o antecederam de perto. O termo aparece em alguns de seus primeiros escritos, muitos dos quais ele nunca publicou. Depois de 1690, desaparece aos poucos de seu uso. No primeiro de dois folhetos escritos nos começos de sua carreira de autor (recentemente publicados como *Two Tracts on Government*, edição Abrams, 1967), Locke, ao definir consciência, diz "não ser ela outra coisa senão uma opinião da verdade de quaisquer posição prática, a qual pode dizer respeito a qualquer ações tanto morais quanto religiosas, tanto civis quanto eclesiásticas" (p.138). No segundo desses opúsculos, ele limita a definição às ações morais: "Chamamos lei da consciência àquele juízo fundamental do intelecto prático a respeito de qualquer verdade possível de uma proposição moral acerca de coisas a serem feitas em vida" (p.225). Refere-se em seguida à luz da natureza implantada em nossos corações por Deus, descrevendo essa luz como "um legislador interno efetiva e constantemente presente em nós, cujos editos não nos deveria ser lícito transgredir nem mesmo de forma mínima" (ibid.). A lei divina "vincula as consciências dos homens" (p.226). Locke adverte contra falsos apelos à consciência e contra aqueles que apelaram para a consciência como um modo de evitar a obediência a alguma lei positiva do magistrado civil. Locke era cético no tocante aos "juízos de particulares", duvidando de que pudessem funcionar como a medida da "eqüidade e obrigação de todos os editos" (p.137). Não oferece critérios ou testes para distinguir a opinião meramente particular da opinião daquele legislador íntimo, divino; em *DF*, ele estava principalmente preocupado com o abuso de apelos à consciência.

Em seus *Ensaios sobre a lei da natureza*, escritos quase simultaneamente com *DF*, Locke fala de consciência moral como evidência de que Deus existe (p.109, 155), mas prefere o argumento a partir do sentido e da razão como um modo de mostrar que Deus existe. Discute o argumento que tinha sido usado como prova da "existência de uma lei da natureza". Esse argumento dizia que "o fato de 'ninguém que comete um ato perverso pode ser absolvido em seu próprio juízo'" prova a existência de tal lei (p.117, 167). Locke não era favorável a esse argumento; mas é claro que ele escreve com muitos dos seus contemporâneos em mente, aqueles que recorreram a tal argumento e até mesmo alguns que afirmaram que as leis da natureza são inatas. Não obstante, Locke atribui certo papel à consciência moral nesses ensaios: "Com efeito, toda a obrigação vincula a consciência e estabelece um vínculo com a própria mente, de modo que não é o medo de punição, mas uma apreensão racional do que é certo o que nos submete a uma obrigação e leva a consciência a julgar sobre a conduta moral; e, se somos culpados de um crime, é ainda a consciência que declara merecermos punição" (p.185). Depois de sublinhar que "a força vinculatória da lei civil é dependente da lei natural", Locke encerra o sexto ensaio com o seguinte comentário: "Não devemos obedecer a um rei apenas por medo, pois sendo mais poderoso pode obrigar-nos... mas por um ditame de consciência, pois, sendo um rei, pode impor-se a nós por legítimo direito" (p.189).

O *Ensaio* define consciência moral como "nada mais do que as nossas próprias opiniões ou juízos sobre a retidão ou depravação moral de nossas ações" (1.3.8). Essa opinião não é derivada de Deus; pode resultar da educação, de outras pessoas, ou apenas dos costumes e práticas de nossa sociedade. Nessa passagem, Locke estava escrevendo contra aqueles que argumentam a favor de regras morais inatas. A consciência foi freqüentemente citada por esses autores como prova de inatismo. O "legislador interno" de *DF* tende a ser, no *Ensaio*, a razão, não a consciência. Entretanto, Locke diz que "no grande dia em que os segredos de todos os corações forem expostos, pode ser razoável pensar que ninguém terá de responder por aquilo de que nada sabe; mas receberá sua sentença final, acusado e condenado ou desculpado e absolvido por sua própria consciência" (2.27.22).

Dois tratados emprega a noção de consciência em algumas passagens, não muito numerosas. Por exemplo, ninguém pode ser "obrigado em consciência a submeter-se a qualquer poder, a menos que seja do seu agrado a pessoa que tem o direito de exercer esse poder sobre ele" (*T*1, §81). O mesmo ponto é enfatizado mais tarde a respeito do "dever de minha obediência, e a obrigação de consciência" para com uma outra pessoa (*T*1, §120; cf. §122). A discussão no segundo dos *Dois tratados* fala do poder que todos os homens têm no estado de natureza para punir aqueles que transgridem as leis da natureza e insiste para que os homens escutem o que a "razão serena e a consciência ditam" (*T*2, §8). A questão sobre se alguém se pôs num estado de guerra contra mim é uma em que "somente eu próprio posso ser o juiz em minha própria consciência, quando lhe responderei no grande dia perante o Supremo Juiz de todos os homens" (*T*2, §21). Uma passagem ulterior diz que os estrangeiros, "passando a vida inteira sob outro governo, e gozando dos privilégios e proteção por ele dispensados, embora estejam obrigados, mesmo em consciência, a se submeterem à administração como qualquer outro cidadão," não são súditos ou membros dessa comunidade (*commonwealth*) (*T*2, §122).

consentimento Em sua discussão do sentido epistêmico de "assentimento", como em assentir com (ou acreditar em) uma proposição, Locke estava interessado em identificar, justificar ou garantir bases para assentir. Essa discussão também contém alguns relatos descritivos de como surgem as crenças. Em sua polêmica contra idéias e princípios inatos, Locke atacou o argumento de um suposto *consentimento* universal com certas proposições especulativas e morais. Existe um outro uso, performativo, de "consentimento" em seus escritos políticos, por exemplo, em *Dois tratados*, que é o ato legitimador para a sociedade política. Esse uso político de "consentimento" comporta direitos e obrigações. O conceito de um contrato ou pacto social fazia parte de uma tradição anterior a Locke. Esse conceito supõe o livre consentimento por parte daqueles que concordam em aderir à sociedade formada por sua ação conjunta. Locke deu à noção de consentimento político um destaque muito maior do que lhe fora dado por outros autores.

Tendo rejeitado no primeiro dos *Dois tratados* a asserção de Robert Filmer de que os homens nascem em sujeição aos pais, especialmente ao pai (*T*1, §6), Locke reconheceu que "nas primeiras idades do mundo e, em certos lugares, ainda hoje", os pais tornaram-se uma espécie de "príncipes", governantes dos seus próprios filhos (*T*2, §74). A legitimidade de tal relação, uma vez finda "a menoridade de seus filhos", só resulta do "consentimento expresso ou tácito dos filhos". Consentimento, e não direito paterno, é o que se dá em tais situações. Esse consentimento é descrito por Locke como *tácito* e *natural*. O governo a que os filhos estiveram submetidos durante sua menoridade "continuava a ser para eles mais proteção do que restrição" (ibid., §75). Os rudimentos para a mudança ulterior para a sociedade política estão presentes nesse exemplo da família, embora haja diferenças e maior complexidade no consentimento político.

Locke acreditava que a história tinha mostrado, de fato, o que a razão corrobora, que "os governos do mundo começados em paz tiveram o princípio estabelecido nessa base, tendo sido *formados mediante o consentimento do povo*" (§104). Assim, a sua insistência em que "o *começo da sociedade política* depende do consentimento dos indivíduos em juntar-se para formarem uma sociedade" (§106). Um dos defeitos do estado de natureza é a falta de um padrão de certo e errado, de justo e injusto, recebido e aceito por todos "mediante consentimento comum" (§124). O direito positivo em sociedades políticas deve assentar não só no direito natural, mas também no "*consentimento da sociedade*": esse consentimento é necessário para as leis de governo (§134). O consentimento necessário para a lei civil e a sociedade civil não é apenas um acordo para a formação de uma comunidade civil: é um consentimento para "constituir um *corpo político* no qual a *maioria* tem o direito de agir e resolver por todos" (§95). Para agir como um todo, deve prevalecer a vontade da maioria. Assim, o consentimento *individual* constitui a comunidade, o consentimento da maioria faz funcionar a comunidade: "o *ato da maioria* considera-se como sendo o ato de todos" (§96). Cada membro (Locke diz "cada homem"), através do consentimento para aderir a um corpo político, "assume a obrigação para com todos os demais membros dessa sociedade" (§97; §§98, 99). Em passagens subseqüentes, ao tratar da tributação, diz que "o seu próprio consentimento" é equiparado ao "consentimento da maioria" (§140).

No seu conceito de um corpo político e de vontade da maioria representando consentimentos individuais, Locke fez-se eco de características que podem ser encontradas em Hobbes e estava prenunciando aspectos do contrato social de Rousseau. Uma das características mais obscuras da noção lockiana de consentimento, característica essa que ainda hoje é discutida com alguma veemência, é o seu uso da distinção entre consentimento *expresso* e *tácito*. Que critério usamos para determinar o consentimento *tácito*? No uso epistêmico dessa noção, no *Ensaio*, Locke abordou com insistência as manifestações no comportamento da crença na virtude (1.3.3). No contexto político, a interrogação que apresenta é esta: "O que deve considerar-se como consentimento tácito, e até que ponto obriga, isto é, até que ponto deve considerar-se alguém como tendo consentido, e por isso mesmo se submetido a qualquer governo, quando não fez qualquer declaração expressa?" (*T2*, §119) Subentenderá esta última cláusula a possibilidade de um consentimento sem *qualquer* expressão, verbal ou comportamental? Os detalhes e implicações de sua resposta a essa interrogação continuam ocupando a atenção de *scholars* e cientistas políticos, mas sua resposta imediata foi que "todo o homem que tem posses, ou goza de qualquer parte do domínio de um governo, dá, por esse meio, consentimento tácito e está daí em diante obrigado à obediência às leis desse governo, enquanto assim goza, como qualquer outro que sob ele esteja" (§119; *ver* ASSENTIMENTO).

contrato social *ver* PACTO OU CONTRATO.

crença Crença, opinião e fé são, com freqüência, termos intercambiáveis no *Ensaio*, sobretudo quando Locke escreve sobre fundamentos inadequados para a crença. Todos os três estão intimamente relacionados com assentimento, o qual, por sua vez, é discutido na definição de probabilidade. Por vezes, Locke oferece uma descrição do modo como as crenças ou opiniões surgem ou são cultivadas. As crianças, por exemplo, são freqüentemente induzidas a uma crença em questões de religião ou moralidade por causa da "superstição de uma ama ou da autoridade de uma mulher velha" (*Ensaio*, 1.3.22). Quando os filhos estão crescidos, as opiniões mal fundamentadas continuam prevalecendo e chegam até a ser consideradas o "*cunho distintivo de Deus e da natureza*" (1.3.23). A maioria das pessoas tem "algumas proposições reverenciadas" que servem como princípios para julgar a verdade e a falsidade, ou o certo e o errado (1.3.24). É difícil libertar-se das "opiniões recebidas de seu país ou grupo" (1.3.25) ou contestá-las. As razões pelas quais algumas pessoas acreditam em princípios inatos podem ser, sugere Locke, imputáveis a tais princípios não comprovados, falsos, até absurdos, instilados nas mentes infantis antes do uso da razão e do reconhecimento das bases adequadas para a crença e o assentimento.

Locke indica três bases para a crença, das quais somente uma constitui uma adequada base normativa para a crença, a razão e a evidência justificadas. Uma segunda, a revelação, é aceita com algumas restrições e apenas para tipos específicos de asserções. Uma terceira base para a crença (adicionada em edições ulteriores do *Ensaio*), o entusiasmo, é rejeitada (4.19.3). Esta última suposta base chamou a atenção de Locke porque aqueles que a usam a reivindicam como forma de revelação. Em vez disso, esses homens afastam-se da razão e da revelação, substituindo ambas pelas "fantasias sem fundamento do próprio cérebro do homem" (4.19.3). Distinguir as boas das más bases para a crença constitui o que foi chamada a "ética da crença" de Locke (*ver* H.H. Price, *Belief*, 1969, e J.A. Passmore, "Locke and the Ethics of Belief", 1978), embora ele nem sempre seja claro sobre quando está falando *normativamente* (e, por conseguinte, sobre a crença justificada) e quando está mais interessado em *descrever* como as crenças são formadas e o assentimento dado. Diz ele que "o que me leva a acreditar nisso é algo estranho à coisa na qual creio, algo não evidentemente unido aos dois lados, e não mostrando tão manifestamente o acordo ou desacordo destas idéias que estão sob consideração" (4.15.3). As causas e as razões para a crença são explicadas principalmente sob os títulos de "probabilidade" e "fé ou razão".

A natureza e origem da crença continuaram sendo um tópico de discussão por filósofos depois de Locke. Hume apoiou-se maciçamente nas bases naturais da crença na própria natureza do homem, e Reid desenvolveu ainda mais esse tema; ambos os autores encontraram na natureza humana a fonte de crenças práticas para guiar a ação. As doutrinas e os princípios e crenças artificiais dos filósofos foram atacados por Hume e Reid. No século XIX, o cardeal Newman elaborou uma explicação da crença e do assentimento que discorda, em especial, de Locke. A crença, em contraste com o conhecimento, tornou-se um tópico regular na filosofia do século XX.

crianças São freqüentes nos escritos de Locke as referências a crianças. Algumas vezes, as crianças são usadas para ilustrar ou sustentar alguma asserção, por exemplo, acerca da origem e desenvolvimento de idéias, ou acerca da ausência de verdades inatas. Outras vezes, os direitos e obrigações das crianças são o foco da atenção de Locke, como ocorre em ambas as partes de *Dois tratados*. Essa obra também fala da relação entre pais e filhos, e do papel de uns e outros na sociedade civil. Filmer é criticado no primeiro desses tratados por suas atitudes em relação às crianças, sobretudo a afirmação de Filmer de que "o poder dos pais sobre seus filhos" é "*poder supremo* e, como o dos monarcas absolutos sobre seus escravos, poder absoluto de vida e morte" (*T*1, §51; cf. §§52-5). A atenção sumamente concentrada nas crianças está, é claro, em *Alguns pensamentos*, um "guia" para os pais sobre a criação e educação de seus filhos, ajudando-os no rumo da racionalidade e da virtude.

A quantidade de espaço concedido a considerações sobre crianças nessas obras foi incomum. Existem outros estudos sobre educação, mas incluir detalhados exames sobre crianças num tratado político, ou mesmo em obras de psicologia e teoria do conhecimento era muito raro nessa época. Locke estava, pessoalmente, muito interessado em crianças, conhecia e observava muitos dos filhos pequenos de seus amigos, passou longos períodos vivendo em muitas casas de família onde havia crianças e parece que elas gostavam do solteirão Locke. Era importante para ele entender as mentes e paixões infantis. Suas análises e descrições do entendimento humano exigiam dele que prestasse alguma atenção à gênese da consciência. Seu interesse na importância da educação moral tornou imperativo para ele entender a psicologia infantil (*ver* ALGUNS PENSAMENTOS REFERENTES À EDUCAÇÃO [*AP*]).

D

dedução O mais perto que Locke chega da dedução, no sentido lógico, é quando a articula com a idéia de demonstração. Mas como sua explicação de demonstração sublinha a exposição das relações e a percepção das conexões, e à luz de sua avaliação negativa do silogismo como método de conhecimento, podemos dizer que, para Locke, dedução não comporta o significado que lhe daríamos em nossos livros de lógica. Uma passagem do *Ensaio*, 2.31.6, aproxima-se de um sentido formal desse termo: diz ele que "todas as propriedades de um triângulo dependem e, na medida em que são suscetíveis de descoberta, são dedutíveis das *idéias* complexas de três linhas, incluindo um espaço". *Ensaio* 4.2.7 fala de "longas deduções" em que uma demonstração pode exigir certo número de idéias intermediárias antes de podermos perceber a ligação entre os extremos. Mais adiante, uma passagem do mesmo Livro IV refere-se às "deduções evidentes da razão em demonstrações" (4.28.5). Usamos a nossa razão quando acompanhamos uma demonstração; algumas demonstrações têm muitas etapas no raciocínio, antes de se produzir ou mostrar o conhecimento. Cada etapa, no raciocínio, possui certeza intuitiva. A faculdade de razão que acompanha uma demonstração é, segundo parece, o mesmo que deduções; pelo menos, está muito estreitamente ligada a ela. Os três termos — inferência, dedução e raciocínio — estão todos intimamente relacionados. Seria difícil dar-lhes definições ou caracterizações separadas. Em alguns casos, não conseguimos descobrir idéias intermediárias, nem sempre podemos encontrar o "veículo" entre idéias e, por conseguinte, falhamos em nossos esforços para demonstrar alguma conexão de idéias. Numa longa demonstração, numa longa dedução, podemos não encontrar idéias conectivas em parte da demonstração. Em tal caso, "ficamos aquém do conhecimento e da demonstração" (4.3.4; cf. 4.3.19, quando volta a falar de novo de longas deduções). Outra passagem fala de recordar uma prova para alguma verdade provável: devemos recordá-la "na mesma ordem e regular dedução de conseqüências" que foram empregadas na prova original.

Existem várias outras concorrências de "dedução" no *Ensaio*, muitas delas muito próximas do sentido de "inferir" ou "concluir". Por exemplo, referindo-se à apresentação de idéias que a mente converte em proposições, Locke diz que, por vezes, as verdades são imediatamente óbvias, enquanto que outras vezes são requeridas "deduções feitas com muita atenção" (1.4.22). Ou, observa ele, estamos aptos a efetuar deduções a partir de idéias, ou partes de idéias (2.29.14). Outra seção sugere que se existisse um macaco dotado do uso da razão e pudesse entender sinais gerais e deduzir conseqüências, o macaco estaria sujeito a leis, como qualquer criatura racional está (3.11.16). Em 4.8.11, ele fala de "simples e claras deduções de palavras, umas das outras". Um significado do termo "razão" é igual a: "deduções claras e verdadeiras" a partir de princípios (4.17.1). A verdade de regras morais depende de certos princípios dos quais elas "devem ser deduzidas" talvez uma referência à sua noção de moralidade demonstrativa (1.3.4). Também é dito que as regras morais constituem "as mais óbvias deduções da Razão Humana" (1.3.12).

Defesa da racionalidade do cristianismo (Vindication of the Reasonableness of Christianity) Trata-se de um panfleto de 40 páginas publicado por Locke em 1696, respondendo a um maldoso ataque de John Edwards contra a sua *Racionalidade* (*Some Thoughts concerning the Several Causes and Occasions of Atheism*, 1695). A *Defesa* é usualmente incluída, a partir da segunda edição, em todas as novas edições da *Racionalidade,* de Locke. Uma *Segunda defesa* (*Second Vindication*) foi publicada em 1697, uma ampliação de 480 páginas dos principais pontos no pequeno folheto original. Um resumo francês das *Defesas* foi publicado em 1703 (como vol. 2 da tradução francesa de *Racionalidade*) e reimpresso mais tarde. Uma versão alemã dessa tradução, condensada, pode ser encontrada numa edição com dois volumes publicada em 1733. Tal como *Racionalidade*, também as duas *Defesas* foram publicadas anonimamente. Locke ficara bastante furioso com as acusações de ateísmo e unitarismo feitas por Edwards, mas a idéia central de sua resposta consistiu em sublinhar que Edwards, como a maioria dos escritores religiosos da época, aceitou a doutrinas e artigos de fé para os quais Locke não conseguia encontrar sustentação no que Jesus realmente dissera. Locke gostava de dizer que baseava suas opiniões religiosas no que a Bíblia relatava como sendo o que Jesus dissera. Quando críticos como Edwards ou Stillingfleet tentavam mostrar que Locke não aceitava alguma doutrina da igreja, Locke replicava usualmente que essa doutrina (por exemplo, a Trindade, a ressurreição do mesmo corpo) não estava na sua Bíblia. "Alguns homens", comentou Locke (aludindo claramente a Edwards, mas tendo ainda outros em mente), "não suportam que alguém fale de religião, a não ser de acordo com o modelo que eles próprios criaram dela. Mais do que isso, embora ele a exponha nos próprios termos e nas mesmas palavras com que o nosso Salvador e Seus apóstolos pregaram, mesmo assim ele não escapará a censuras e às mais severas insinuações. Desviar-se um mínimo que seja ou omitir qualquer coisa contida nos artigos deles é heresia, sob os nomes mais odiosos e mais injustos em moda, e tem muita sorte se consegue escapar de ser um rematado ateu. " (*Vindication*, em *Works*, vii.165).

A primeira *Defesa* é uma das mais breves declarações do punho de Locke sobre sua própria religião. Se Edwards não tivesse continuado o seu ataque em *Socinianism Unmask'd* (1696), Locke teria provavelmente permanecido calado. O fato de a *Segunda defesa* ser tão maciçamente longa (e algo desinteressante) é uma indicação de quanto Locke se indignava por ser acusado de sociniano ou ateu (*ver* ATEÍSMO).

definição Locke era cético a respeito da noção tradicional de definição em termos de gênero e espécie. Assim, definir o homem como animal racional é muito menos informativo do que dizer que a palavra "homem" representa "uma sólida substância extensa, como vida, sentidos, movimento espontâneo e faculdade de raciocinar" (*Ensaio*, 3.3.10). O significado de "homem" é muito melhor transmitido pela definição descritiva. O que é importante para qualquer definição é fazer uma outra pessoa "entender através da palavra o significado da *idéia* ou termo definido" (ibid.); ou seja, "as definições consistem apenas na *explicação de uma palavra por muitos outros termos não sinônimos*" (3.4.4). A definição é especialmente importante para palavras morais: é "*o único meio pelo qual o sentido exato das palavras morais pode ser conhecido*" (3.11.17). A ênfase na discussão de Locke incide sobre significado e entendimento, usando palavras para transmitir o significado de idéias e ajudar outros a entenderem os nossos pensamentos e palavras. Uma outra maneira usada por Locke para caracterizar definição é dizer que ele *enumera* as idéias simples contidas na idéia complexa. Somente idéias complexas podem ser definidas.

Locke assinala que os autores anteriores não consideraram "quais as palavras que são e quais as que não são suscetíveis de serem definidas", sendo o resultado "grande discussão e obscuridade nos discursos dos homens" (3.4.4). A lógica de Port Royal de Arnauld e Nicole tinha identificado algumas palavras que não precisam ser definidas, palavras em que uma definição seria inútil, mas não disseram existir palavras que *não podem* ser definidas (*La Logique, ou l'Art de penser*, 1662). Como definir é, para Locke, enumerar as idéias simples contidas numa idéia complexa, segue-se que as idéias simples não podem ser definidas. A aquisição de idéias simples não pode ser realizada por palavras, por definições; essas idéias (por exemplo, de cor, sons, gostos) são adquiridas através da experiência com as qualidades de objetos. As definições podem, por vezes, fazer-nos entender os nomes de coisas que "nunca ficaram ao alcance dos nossos sentidos", contanto que nenhum dos termos na definição "signifique qualquer dessas *idéias* simples jamais apreendidas pelo pensamento de quem está recebendo a explicação" (3.4.12). Na nossa própria época, Bertrand Russell enunciou um princípio muito semelhante quando distinguiu entre conhecimento por descrição e conhecimento por presença direta: "*Toda a proposição que podemos entender deve compor-se totalmente de elementos constituintes com os quais estamos familiarizados*" (*Problems of Philosophy*, 1912, p.58). Locke usa até a palavra "familiarizado" quando passa a comentar que mesmo quando alguém ficou familiarizado com uma idéia, pode não saber que uma certa palavra representa essa idéia (3.4.13).

Locke zomba de algumas das tentativas passadas para definir idéias simples (3.4.8). Tampouco acha que os filósofos modernos tenham tido mais êxito do que as antigas escolas, seja nas tentativas para explicar as causas de idéias simples, seja, como é o caso dos atomistas, para definir o movimento como a "*passagem de um lugar para outro*" (3.4.9). Também distingue tradução de definição, sendo a primeira a substituição de palavras que têm a mesma significação (3.4.9).

O tópico de definição recebeu muita atenção desde Platão e Aristóteles até nossos dias. A discussão de Locke é mais proveitosamente situada no contexto de autores como Hobbes, Descartes, Pascal, que tiveram, todos, algo a dizer sobre definição. O contexto mais imediato para Locke é a lógica de Port Royal. Há um certo número de semelhanças entre essa lógica e a descrição lockiana de definição": a distinção entre a definição de nomes e de coisas; a arbitrariedade da definição de nomes; o fato de que muitas definições de nomes não se referem a propriedades do mundo; advertências contra a confusão entre duas espécies de definições; e os perigos de definições pouco ou nada claras (ver *La Logique, ou l'Art de penser*, Parte I, caps. XII e XIII). Depois do século XVII, as definições continuam recebendo tratamento muito amplo. O assunto ainda é freqüentemente discutido em livros de lógica e em muitas obras que se ocupam da teoria do conhecimento (*ver Definition*, por Richard Robinson, Clarendon Press, 1950; o artigo sobre "Definition" em *The Encyclopedia of Philosophy*, org. Paul Edwards, 1967).

demonstração Locke definiu o conhecimento em função da relação entre idéias, especificamente a "*percepção da conexão e acordo, ou desacordo e rejeição, de quaisquer de nossas idéias*" (*Ensaio*, 4.1.2). Sua conexão ou desconexão deve ser percebida por nós antes que o conhecimento ocorra. Acompanha Descartes na identificação da percepção imediata e consciente dessas relações como "intuição". Nenhum raciocínio é requerido para tal percepção consciente e imediata. Também na esteira de Descartes, a intuição requer freqüentemente a ajuda da demonstração, o uso de idéias intervenientes a fim de nos revelar as conexões com outras idéias. Tal consciência não-imediata do acordo ou desacordo de duas idéias por meio de demonstração é necessária quando nós não podemos (Locke escreve "a mente não pode") reunir as idéias que desejamos relacionar de modo a "expor" sua conexão ou rejeição (4.2.2). Ao uso de idéias intervenientes como forma de mostrar a concordância de quaisquer duas idéias dá-se o nome de "prova". Torna-se "demonstração" quando o "acordo ou desacordo é, por esse meio, simples e claramente percebido" (4.2.3). A percepção resultante de uma demonstração pode exigir tempo e esforço, "trabalho árduo e atenção": "É exigida uma firme aplicação e busca da descoberta, e deve acontecer uma progressão, por etapas e degraus, antes que a mente possa chegar, desse modo, à certeza" (4.2.4; cf. 4.17.2). Antes da demonstração, há dúvida. Embora a certeza resulte quando a demonstração é bem-sucedida em mostrar-nos a conexão de idéias, falta à certeza demonstrativa um pouco do brilho e plena segurança da intuição (4.2.6).

Demonstração envolve intuição. Eu devo perceber imediatamente a relação em cada etapa da progressão demonstrativa. Como Descartes também havia sublinhado, devemos estar aptos a manter em vista todos os passos numa demonstração, para que possamos perceber imediatamente, no final, a relação entre os primeiros e os últimos passos (4.2.7). O processo de demonstração habilita-nos a *justapor* as duas idéias que investigamos e realizar assim uma "comparação imediata" de ambas (4.3.3). Desse modo, a concordância ou discordância de duas idéias é *exposta*, revelada à mente, evidenciada. Essa combinação de "exposição" ou "revelação" e "justaposição" é sublinhada de novo por Locke quando apresenta sua explicação de inferência e lógica informal (4.17.4). Argumenta aí que a forma silogística não permite que sejam claras e evidentes as relações de idéias. O que se requer é que a mente ou a faculdade perceptiva esteja apta a ver idéias juntas, "a vê-las reunidas em *justaposição*" (4.17.4). Essa mesma sentença fala de "o Olho", como se ele quisesse literalmente expor no papel as idéias em roupagem verbal lado a lado. Numa demonstração, os passos na progressão seriam expostos no papel para que os olhos e a mente pudessem ver as conexões.

Outras passagens no *Ensaio* reforçam a noção básica de demonstração como "exposição". Ao comentar a nossa falta de conhecimento sobre o número e o movimento de partículas envolvidas na produção de diferentes graus de brancura, Locke diz que não podemos demonstrar "a indiscutível igualdade de dois graus", mas, quando as diferenças são evidentes aos nossos sentidos, *estamos* aptos a demonstrar (isto é, mostrar) a diferença (4.2.13). Numa passagem anterior, diz que cães e elefantes dão "todas as demonstrações (mostram todos os sinais de) pensar que podemos imaginar, exceto nos dizerem o que estão pensando (2.1.19). O fato de não existir consenso universal a respeito de uma lista de verdades que são inatas é considerado uma "demonstração" de que não há nenhuma (1.2.4).

O silogismo não era um modo útil de demonstração, mas os ataques de Locke contra a outra noção clássica, a de que a demonstração começa com princípios gerais (lógicos e metafísicos), foram mais radicais. Os ataques a Aristóteles e ao raciocínio silogístico estavam se tornando comuns com o surgimento da nova lógica baseada num entendimento de como funciona a mente (por exemplo, a lógica de Port Royal, a lógica de J.P. de Crousaz). A rejeição de Locke dos princípios básicos sobre os quais as demonstrações tinham que ser construídas começou com sua polêmica contra a tese que defendia a existência de verdades especulativas inatas; essa rejeição estendeu-se depois a máximas e axiomas como alicerces para a demonstração de verdades e a relação de idéias. As críticas de John Sergeant a Locke em *Solid Philosophy Asserted* (1697) foram motivadas, em grande parte, pelo novo conceito de Locke de demonstração como "método para tornar evidente", substituindo a noção mais antiga de dedução a partir de princípios. A diferença flagrante entre a noção clássica e a nova concepção de demonstração de Locke pode ser avaliada pela leitura de *The Method to Science* (1696), de Sergeant. Locke referiu-se aos princípios de identidade e contradição ("Tudo o que é, é" e "É impossível para a mesma coisa ser e não ser") como "esses princípios ampliados de demonstração" (1.2.4). Nessa mesma passagem, ele estava apenas interessado em provar que esses princípios não têm assentimento universal, um dos critérios requeridos para o inatismo. Mais adiante, esses princípios ou máximas são tachados de inúteis ou suscetíveis até de levar a conclusões fúteis ou absurdas (4.7.16). Com os princípios de identidade e contradição, podemos demonstrar que "pode existir um *vácuo* e que não pode haver um *vácuo*" (4.7.14). Uma outra "verdade" que pode ser demonstrada a partir desses princípios é que "menores e incapazes não são homens" (4.7.17).

Locke fala das descobertas e demonstrações, por Newton, de muitas proposições, novas verdades descobertas não pelo uso desses princípios lógicos ou de outros, como "o todo é maior do que uma parte", mas pela "descoberta de idéias intermediárias que mostraram a concordância ou discordância das idéias, expressa nas proposições que ele demonstrou" (4.7.11). A referência é a "Advances in Mathematical Knowledge", de Newton, indicando que Locke estendeu à matemática e à geometria o seu conceito de demonstração. Se entendermos a definição (ou essência) de uma determinada figura, por exemplo, uma *elipse*, estaremos aptos a descobrir todas as propriedades dessa figura "e ver demonstrativamente como elas fluem e são inseparáveis dela" (2.31.11). Quando demonstramos que os três ângulos de um triângulo são iguais a dois ângulos retos, "que mais fazemos além de perceber que a igualdade dos dois retos é necessariamente concordante e inseparável dos três ângulos de um triângulo?" (4.1.2). Locke faz depois uma observação que tem toda a aparência de que ele estava distinguindo entre a própria demonstração e a nossa percepção do que é demonstrado ou mostrado. As demonstrações matemáticas não dependem, diz ele, dos nossos sentidos, mas examinar com nossos olhos o diagrama desenhando no papel leva-nos à aquisição da certeza. Todas as suas outras observações a respeito da demonstração revelam-nos que ele nega tal distinção. Uma demonstração somente é uma demonstração desde que nos ajude a perceber a conexão entre as diferentes propriedades de uma figura, entre a idéia de um triângulo ou de uma elipse e alguma outra idéia acerca dessas figuras.

Dado o seu conceito de demonstração como exposição, revelação, das relações entre idéias, não deve causar surpresa encontrar no *Ensaio* aquelas passagens que falam de demonstração em moralidade (por exemplo, 3.11.16). As palavras e idéias morais são membros da classe do que Locke chamou "os modos mistos", "tais combinações de idéias que a mente reúne mediante sua própria escolha" (3.11.15). Pode haver ou não "modelos estabelecidos" no mundo, aos quais esses modos ou idéias se referem. O significado de tais nomes de ações "não pode se tornar conhecido, como os das idéias simples, por qualquer apresentação" (ibid.), pela indicação de exemplos, mas há outro modo de expor sua significação: a demonstração, apresentando as relações conceptuais entre idéias morais. Assim como a definição de termos geométricos e matemáticos é obra do homem (mesmo se obra de Deus, o argumento prevalece), também as definições de palavras morais o são: "desde que a essência real e exata das coisas que as palavras morais significam pode ser perfeitamente conhecida, e assim a congruência e incongruência das próprias coisas serem certamente descobertas, é nisso que consiste o perfeito conhecimento" (3.11.16). Locke censura os que não cuidam de ser claros e precisos em seus discursos morais. Com uma definição: "*o sentido exato das palavras morais pode ser conhecido*" (3.11.17). Na linguagem de Locke, não há arquétipos externos para essas palavras; as palavras são elas próprias os arquétipos ou modelos com os quais as ações se harmonizam ou não.

> É muito mais fácil para os homens formar em suas mentes uma *Idéia*, que será o modelo a que eles darão o nome de *Justiça*, com cujo modelo, assim criado, todas as ações que condizem serão consideradas sob essa denominação, do que, tendo visto *Aristides,* formar uma *idéia*, que será em todas as coisas exatamente como ele, que é como ele é, façam os homens as *idéias* dele que mais lhes agrade. Por um lado, eles precisam apenas conhecer a combinação de *idéias* que estão reunidas em suas próprias mentes; por outro, devem investigar a natureza toda, a mais impenetrável e recôndita constituição, e várias qualidades de uma coisa existente sem eles. (3.11.17)

Assim como "o matemático somente considera a verdade e as propriedades pertencentes a um retângulo, ou círculo, tal como elas estão na *Idéia* em sua própria mente" (4.4.6), também o filósofo moral faz o mesmo. Se existem triângulos no mundo, eles devem ter as propriedades definidas pela idéia que tem o matemático de um triângulo. Se existem quaisquer atos de justiça, homicídio ou ingratidão no mundo, essas ações devem ajustar-se às descrições especificadas pelos termos morais da nossa linguagem. O matemático só planeja "as coisas até onde elas concordam com essas suas *idéias*". O filósofo moral planeja ações somente na medida em que concordam com suas idéias e palavras do modo misto. É por causa dessas características da matemática e da moralidade que Locke pode afirmar com tanta segurança (ele diz "decorre de" essas características) que o "*conhecimento moral* é tão *capaz de certeza real* quanto o matemático" (4.4.7). Quando algumas propriedades de figuras geométricas podem não ser imediatamente claras, a demonstração pode esclarecê-las. Quando algumas das conexões entre diferentes idéias morais podem ser obscuras, a demonstração pode mostrar-nos a natureza dessas conexões usando idéias intermediárias que tornam compreensível e manifesto esse relacionamento. Assim, a demonstração moral consiste em descrever as várias relações que as nossas idéias de ações têm entre si (4.4.9; cf. 4.12.8).

A demonstração em matemática e geometria tem certas vantagens sobre a demonstração de idéias morais: (1) existem sinais e diagramas sensíveis que podemos usar para representar números e figuras, e (2) as idéias morais são mais complexas do que as de número e figura (4.3.19). A justaposição de idéias em matemática e geometria pode assim ser mais fácil e diretamente mostrada, literalmente desenhada. As palavras são as representações de idéias morais, de modo que constituem uma espécie de substitutas dos diagramas quando escrevemos essas palavras no papel e ordenamos a progressão de uma para outra, mas a dificuldade que Locke encontra é que as idéias por trás das palavras variam freqüentemente de significação de pessoa para pessoa. Daí a importância de fixar com precisão as nossas idéias do modo misto. A complexidade das idéias morais também gera dificuldades para a memória: a mente não pode facilmente reter todas as progressões de demonstrações morais (4.3.19). Essa dificuldade pode ser parcialmente superada por boas definições, "localizando essa coleção de idéias simples que cada termo significará; e usando então os termos uniforme e constantemente para essa exata coleção" (4.3.20).

Locke fornece-nos uns poucos exemplos de simples e breves demonstrações morais. Caso não entendamos imediatamente a proposição "*Onde não há propriedade não há injustiça*", pode-se mostrar a conexão explicando que a idéia de propriedade é a de um direito a algo, e que a idéia de injustiça é a de "invasão ou violação desse direito" (4.3.18). Da mesma forma, ao entendermos que a idéia de "governo" é a do "estabelecimento da sociedade com base em certas regras ou leis, que exigem submissão a elas", e a idéia de liberdade absoluta significa "fazer cada um o que for de seu agrado", a verdade de "*Nenhum governo permite liberdade absoluta*" é percebida como tão verdadeira quanto qualquer verdade nas matemáticas (ibid.). Há demonstrações mais complexas no capítulo sobre "Razão" (4.17).

A introdução dos breves exemplos em 4.3.18 insere na demonstração moral uma noção diferente daquela que se limita a mostrar as conexões conceptuais entre idéias morais. Ele faz a ousada asserção de que "as medidas de certo e errado poderiam ser estabelecidas" por demonstração; não apenas as relações entre idéias morais, mas as *medidas* de certo e errado. A demonstração é aí descrita como resultante de "proposições evidentes por si mesmas, de conseqüências necessárias tão incontestáveis como as da matemática". O fato de que essa versão de demonstração moral foi inserida depois que Locke deu um outro exemplo de apresentação de interconexões de idéias pode elucidar o que parece ser um inteiramente novo e muito mais rigoroso e formal conceito de demonstração. O exemplo aí dado é da idéia de "um Ser supremo, infinito em poder, bondade e sabedoria, cuja obra somos nós, e do qual dependemos; e a *Idéia* de nós mesmos, como criaturas racionais e inteligentes" (ibid.). Tivesse Locke usado a lei da natureza nesse contexto, poderíamos relacionar esse comentário com o que ele tinha escrito muitos anos antes do *Ensaio*, em suas conferências como Censor Moral em Oxford. Existe harmonia entre a lei da natureza e a nossa natureza racional. Segue-se que "todos aqueles que estão dotados com uma natureza racional, isto é, todos os homens do mundo, estão moralmente obrigados por essa lei" (*Ensaios*, p.199). Locke deixou também copiosamente claro no *Ensaio* que a verdadeira medida de certo e errado é a lei de Deus (2.18.8). Era axiomático para Locke a existência de um Deus (embora também produza uma demonstração de sua existência) e que somos sua obra, mas nunca explicou como ele pensava que poderíamos, a partir desses princípios, derivar a lei da natureza (pois essa é a medida de certo e errado).

Foi claramente *essa* demonstração das medidas de certo e errado, não apenas a apresentação de conexões conceptuais, que o amigo de Locke, William Molyneux, instou com ele para que produzisse: "Uma coisa que me sinto na obrigação de insistir convosco é que deveis pensar em obsequiar o mundo com um *Tratado de moral*, escrito de acordo com as alusões que freqüentemente fazeis em vosso Ensaio, de que os Princípios Morais são demonstráveis de acordo com o método matemático" (*Corr*. 1530, 27 de agosto de 1692; iv.508). Em sua resposta, Locke observou que a tarefa era difícil, mas prometeu tentar assim que dispusesse de alguns momentos de ócio (ibid., 1538, 20 de setembro de 1692; iv.524). Em 1695, em *Racionalidade do cristianismo*, não tinha aumentado a confiança de Locke em que tal demonstração podia ser produzida, ou em que muitas pessoas poderiam colher proveito disso. Sugeriu nesse panfleto que a tarefa era difícil demais para a "razão desassistida [isto é, a razão sem revelação] estabelecer a moralidade em todas as suas partes sobre seus verdadeiros alicerces, com uma luz clara e convincente" (em *Works*, vii.139). As "longas e por vezes intricadas deduções da razão" são mais do que a maioria dos homens pode absorver. Que a dedução ou demonstração (serão, talvez, diferentes para Locke?) que ele tinha em mente nessa obra produziria as medidas de certo e errado parece confirmado por seu comentário de que a razão humana nunca tivera, até ao tempo de Cristo, "um corpo inteiro da 'lei da natureza,'" derivado de "princípios indiscutíveis por claras deduções" (ibid., p.140). Um tal corpo de ética, repete ele, "provou ser a lei da natureza, decorrente de princípios da razão e do ensino de todas as obrigações da vida; penso que ninguém dirá que o mundo possuía [tal corpo] antes do tempo do nosso Salvador" (p.141). Seus *DF* caracterizam o Novo Testamento como uma "regra perfeita na medida em que fornece normas gerais de conduta a partir das quais todas as outras regras particulares derivam e podem ser deduzidas" (p.234).

A noção de uma moralidade demonstrável pode ser encontrada em outros escritores contemporâneos de Locke e anteriores a ele, mas nenhum parece ter prestado tanta atenção quanto Locke à primeira e principal parte de sua sugestão: a investigação e descrição de conexões conceptuais. O que ele diz acerca da demonstração precisa ser situado com os seus comentários críticos sobre o silogismo e as suas próprias observações positivas sobre a lógica informal de uso. Foi a outra noção, não desenvolvida, de uma demonstração das leis da natureza, de obrigação moral e as medidas de certo e errado, que intrigou autores mais recentes que escreveram sobre Locke. Fizeram-se tentativas para mostrar que a esperança de Locke era assimilar a obrigação moral à validade lógica, ou construir um silogismo prático cuja conclusão nos diria o que deveríamos fazer. Se essas sugestões refletem o que ele tinha em mente nessa passagem de 4.3.18 é difícil de determinar. Em vista de sua identificação explícita da demonstração em matemática e geometria com a apresentação de diagramas, a justaposição de figuras e propriedades, suspeito que era *esse* conceito de demonstração o que ele tinha em mente quando falou de uma moralidade demonstrativa. Até mesmo as medidas de certo e errado, as leis da natureza, as leis de Deus, poderiam emergir de uma justaposição de idéias tais como um Deus sábio e bondoso e um homem como obra de Deus. Se essas duas idéias eram para Locke axiomáticas, percebidas intuitiva e imediatamente, poderia ser possível descobrir algumas relações entre essas duas idéias e outros modos mistos. Que a lei (ou leis) da natureza poderia ser descoberta ou tornada evidente desse modo parece, entretanto, muito duvidoso.

Deus É um termo que ocorre com freqüência em todos os escritos de Locke. O primeiro de seus *Dois tratados sobre o governo* foi um extenso desafio à tese de Sir Robert Filmer de que Adão era o monarca do mundo assim que Deus o criou, e todos os governantes legítimos herdaram de Adão o direito de governar daí em diante. Em vários escritos, Locke identifica a lei da natureza com a lei de Deus (por exemplo, *Ensaios*, VI, p.187). Em *Alguns pensamentos referentes à educação*, sublinha a importância de dar à criança ("imprimir" na mente infantil) uma verdadeira noção de Deus (§136). Na mesma obra e em *Racionalidade do cristianismo*, a Bíblia é tida como a palavra de Deus. Nesses escritos, e de um modo sumamente conspícuo no *Ensaio*, as referências a Deus indicam o entendimento de Locke de Sua natureza, do conhecimento que temos Dele, do que Deus nos concedeu (faculdades e leis) e de como seremos julgados. Também há algumas passagens interessantes que oferecem cenários envolvendo ações de Deus como forma de ilustrar alguma doutrina metafísica defendida por Locke.

A natureza de Deus é indicada em passagens explícitas, mas também em alguns dos nomes descritivos que Locke emprega. Além dos usuais "Ser supremo", "o Todo-Poderoso" ou "o Grande Deus", há numerosas descrições enfatizando Deus como o "nosso Criador", "o Autor e Criador de todas as coisas", "o dadivoso Autor do nosso ser", "o onisciente Arquiteto". Relacionadas com essas descrições estão aquelas que retratam Deus como o sustentáculo do mundo: "o eterno e independente Autor deles [de todos os espíritos] e nosso", "o infinito Autor e Protetor de todas as coisas" ou "o Soberano regulador de todas as coisas". Ainda outros nomes revelam alguns dos atributos de Deus: "o Pai de todos os Espíritos", o "primeiro e eterno Ser pensante", o "infinito e sábio Autor de nosso ser", "Deus onisciente e onipotente", "o Agente onisciente" ou o "infinitamente sábio inventor nosso e de todas as coisas". São muitas as indicações de que Locke aceita as limitações de nosso conhecimento: "o incompreensível Ser supremo" ou "o infinito e incompreensível Deus". Algumas explicações dessas descrições podem ser encontradas no *Ensaio*. Por exemplo, Deus não tem princípio, é eterno, inalterável e está em toda a parte (2.27.2). Numa passagem anterior, Locke explica que termo "infinito" aplica-se principalmente à duração e ubiqüidade de Deus, mas, figurativamente, ao seu poder, sabedoria e bondade (2.18.1). O que significamos ao qualificar de infinitos os atributos de Deus é que seus atos e desígnios são infinitos em número e extensão. Há também uma passagem nos primeiros *Ensaios* onde Locke adverte que "Deus nos criou do nada e, se isso for de seu agrado, reduzir-nos-á de novo a nada" (p.187).

Algumas referências a Deus no *Ensaio* refletem doutrinas defendidas por Locke. Em seu ataque à noção cartesiana da alma sempre pensante, ele diz-nos que Deus pensa sempre, nunca dormita ou dorme (2.1.10). Muitos autores em torno de Locke e no século seguinte insistiram na passividade da matéria, somente os espíritos ou mentes podem ser ativos ou iniciar ações. O Deus de Locke é puro espírito e só está ativo, ao passo que a "pura matéria é somente passiva" (2.23.28; mas *ver* PODERES). Em *Alguns pensamentos*, Locke instrui o preceptor para apresentar a Bíblia à criança antes de iniciar o estudo de corpos, como um modo de neutralizar a fácil impressão decorrente do estudo de corpos de que as explicações científicas podem ignorar Deus (§191). Aí, Locke observa que, "por mera matéria e movimento, nenhum dos grandes fenômenos da natureza pode ser resolvido, sirva de exemplo o fenômeno comum da gravidade, que penso ser impossível explicar por qualquer operação natural da matéria ou qualquer outra lei do movimento" (§192). Oferece até como explicação para o dilúvio que Noé teve de enfrentar que Deus podia ter alterado "o centro de gravidade da Terra por um tempo" (ibid.). Deus é também citado em apoio da sugestão de Locke sobre a possibilidade de matéria pensante: por causa do poder de Deus, por ser Ele o criador de todas as coisas, poderia ter adicionado a faculdade de pensar a um pedaço de matéria organizada (4.3.6). As respostas ao ataque de Stillingfleet sobre essa sugestão pormenorizaram como isso poderia ter sido feito. Do mesmo modo, não é impossível para Deus fazer uma criatura com órgãos sensoriais diferentes daqueles que possuímos (2.2.3). Em sua polêmica contra idéias inatas, Locke recorre ao fato de que Deus nos deu a visão e o poder de receber luz pelos nossos olhos proveniente de objetos externos como uma razão para rejeitar a tese de idéias inatas: isso seria contrário ao propósito de Deus (1.2.1). No capítulo sobre qualidades primárias e secundárias, Locke refere-se a Deus como uma forma de ilustrar a teoria causal da percepção, a qual supõe não haver semelhança alguma entre o movimento de partículas e as nossas idéias; assim como Deus ligou a idéia de dor ao "movimento de uma peça de aço dividindo a nossa carne, com o qual a *Idéia* não tem qualquer semelhança", também não é impossível conceber "que Deus anexasse tais *idéias* [como cores e cheiros] a tais movimentos [de corpúsculos], com os quais não têm semelhança alguma" (2.8.13). Ao defender seu conceito de espaço separado do corpo, Locke sugere o experimento premeditado de Deus ao colocar "um homem na extremidade dos seres corpóreos", e ao supor depois que o homem "estende sua mão para além do corpo" e a mergulha no espaço (2.13.21). A seção seguinte argumenta a favor da mesma noção de espaço ao mostrar-nos Deus sustando todo o movimento no universo e depois aniquilando algum corpo ou pedaço de matéria. É óbvio, diz Locke, "que o espaço que estava ocupado pelas partes do corpo aniquilado permanecerá inerte e será um espaço sem corpo" (2.13.21 bis). Deus também participa do ataque de Locke contra o silogismo: "Mas Deus não tem sido tão econômico com os homens a ponto de fazê-los simplesmente criaturas de duas pernas, e deixar para Aristóteles a tarefa de fazê-los racionais" (4.17.4). Deus foi mais generoso do que isso e deu-nos "uma mente que pode raciocinar, sem estar instruída em métodos de silogizar".

Locke também identifica Deus como fonte de muitas faculdades e auxílios úteis. De um modo geral, Deus dotou o homem com "tudo o que se fazia necessário para as conveniências da vida e a informação da virtude" (1.1.5; uma afirmação encontrada na Bíblia, 2 Pedro 1:3). Deus também nos deu a capacidade para descobrir a verdade sem a necessidade de idéias inatas (1.3.22; cf. 2.23.12). Além disso, Deus "nos deu o poder sobre muitas partes de nossos corpos, para movimentá-las ou mantê-las em repouso, como julgarmos apropriado" (2.7.3). Ele acrescentou a dor à experiência de certos objetos a fim de ajudar a nossa preservação (2.7.4). Pôs em nós "a *inquietação* da fome e da sede, e outros desejos naturais" para nos motivar à preservação de nossa vida (2.21.34).

Das referências de Locke a Deus, resta-nos mencionar a característica que diz respeito ao nosso conhecimento. Embora muitos dos seus rótulos descritivos de Deus afirmem a sua incompreensibilidade para o homem, Locke declara com firmeza que a *existência* de Deus é conhecida como certa (por exemplo, 4.11.13; 4.17.2). Nossas faculdades "revelam claramente para nós o ser de um DEUS" (4.12.11). Como é feita essa descoberta? No *Ensaio* 4.9.2, diz que temos esse conhecimento por demonstração. Nos *Ensaios* antecedentes, a inferência por raciocínio para Deus é obtida após reflexão sobre o que descobrimos acerca do mundo (sua ordem e beleza) por meio dos nossos sentidos, uma espécie de prova teleológica (p.153-7). É dito que Deus "mostra-se a nós como presente por toda a parte", mas Locke entende "mostrar" no sentido de que, "após reflexão", concluímos que Deus está aí. O estudo mais sistemático da "demonstração" da existência de Deus é apresentado no *Ensaio* 4.10. Nesse capítulo, Locke parte do conhecimento de nossa própria existência (um conhecimento intuitivo, afirma ele) para chegar à conclusão de que "*existe um Ser eterno, onipotente e onisciente*" (4.10.6). De "algo existe" a "do nada não pode resultar algo", a "algo existe com percepção e conhecimento" e a "tem que existir um primeiro ser inteligente", Locke expõe os sucessivos passos que nos levam à sua conclusão: "Existe Deus". Esta é "uma verdade tão fundamental e de tamanha importância que toda a religião e autêntica moralidade dela dependem" (4.10.7). Passa depois, num certo número de seções, a estabelecer a imaterialidade de Deus e a apresentar argumentos para provar a impossibilidade de que o pensamento se origine da matéria, como alguns materialistas estavam afirmando (4.10.10-19).

dinheiro Locke era um judicioso investidor de seu dinheiro e um sagaz administrador de seus bens. A herança do pai valorizou-se consideravelmente durante sua vida em conseqüência de sua perspicácia para os negócios. Insistiu com pais e preceptores para que ajudassem jovens adultos a aprender como contabilizar as transações comerciais em suas propriedades, para que estas pudessem ser mais tarde preservadas (*AP*, §210). A criança deveria desenvolver o hábito de manter um registro do que compra e do que paga: "Nada, pelo menos todos devem admitir, é mais adequado para manter um homem bem orientado do que ter constantemente diante de seus olhos o estado de seus negócios numa *contabilidade* regular" (§211). Nessa obra, Locke também sublinhou a importância de um bom preceptor; o dinheiro gasto em educar uma criança é dinheiro bem gasto, mesmo que o preceptor seja caro. Um bom tutor que pode desenvolver na criança uma "mente saudável, de bons princípios, afinada para a virtude e a utilidade, e adornada de civilidade e boa criação, é uma melhor aquisição para ele [o pai] do que se tivesse desembolsado o dinheiro para adicionar mais terras aos acres que já possui" (*AP*, §90; cf. §92).

À parte essas poucas passagens em *Alguns pensamentos*, Locke não teve muito a dizer sobre dinheiro em seus escritos publicados. Há duas notáveis exceções, uma muito conhecida e muito discutida (no capítulo sobre propriedade em *Dois tratados*), a outra uma série de panfletos com o propósito de influenciar um debate no parlamento sobre taxas de juros e reforma do sistema monetário. A maioria dos comentadores, quando examinam suas observações sobre dinheiro, recorre a *Dois tratados*. A segunda fonte para os pensamentos de Locke sobre dinheiro só recentemente recebeu atenção mais minuciosa por parte dos historiadores econômicos e de alguns estudiosos da obra de Locke. Esses panfletos foram agora editados com uma extensa e detalhada introdução por Patrick Hyde Kelly (*Locke on Money*, 1991). Esses escritos revelam as preocupações de ordem prática de Locke e seu considerável entendimento do valor e papel do dinheiro na economia e no comércio da nação.

Tem o conceito de dinheiro um lugar na filosofia geral de Locke? Kelly formula a interessante sugestão de que o dinheiro pertence à categoria lockiana de modos mistos. O termo "noção" pode ser a chave. Locke diz numa passagem que esse termo é a palavra adequada para usar quando se fala de modos mistos, porque o termo indica que as idéias componentes desses modos mistos têm sua "existência original e constante mais nos pensamentos dos homens do que na realidade das coisas" (*Ensaio*, 2.22.2). O termo "noção" ocorre, de fato, em algumas passagens dos panfletos de Locke sobre dinheiro. Numa seção sobre "Valorização da nossa moeda", ele expressa o desejo de que "aqueles que usam a frase *Valorização do nosso dinheiro* tenham alguma noção clara associada a ela" (*Locke on Money*, p.304). Explica ele que essa frase pode significar "ou *elevar o valor* do nosso dinheiro, ou *valorizar a denominação* da nossa moeda" (ibid.). Esse mesmo panfleto (foi divulgado na forma de uma carta endereçada a um membro do parlamento, Sir John Somers) abre com a frase "ESTAS *noções*" e prossegue dizendo modestamente que "*Se minhas noções estão erradas, minha intenção, estou certo disso, é correta*" (ibid., p.209-10). Em outro desses panfletos sobre dinheiro, *Algumas considerações adicionais*, Locke expressa a esperança de que o que escreveu possa "esclarecer algumas dificuldades e corrigir algumas noções erradas que são adotadas a respeito do dinheiro" (ibid., p.402).

Apoio para a sugestão de Kelly de que o dinheiro é um modo misto encontra-se no modo como Locke fala sobre dinheiro no segundo de *Dois tratados*. Por exemplo, diz ele que "o ouro, a prata e os diamantes são artigos a que a imaginação ou o acordo atribuiu valor", contrastando esse valor com o *uso real* do ouro, prata e diamantes (*T* 2, §46). Na seção 48, diz-nos o que é requerido para a *invenção* do dinheiro. A seção 36 fala da "*invenção do dinheiro* e o tácito acordo dos homens". A palavra "noção" não é usada nessas passagens, mas os termos "acordo", "invenção" e "consentimento" ajustam-se à linguagem que Locke emprega quando caracteriza os MODOS mistos.

A discussão de dinheiro no Capítulo V de *Dois tratados* faz parte da análise conceptual de Locke da origem da propriedade privada. Essa análise compreende o trabalho e a posse por cada homem somente daquilo que ele pode usar antes de se estragar, com o bastante deixado para uso por terceiros. Com a invenção do dinheiro, essas condições para a posse de propriedades mudaram: os homens puderam então adquirir maiores propriedades e maior quantidade de bens, uma vez que o dinheiro tornou-se, por invenção e tácito acordo dos homens, um sucedâneo da terra como propriedade (*T*2, §36). Um pedaço de metal amarelo conserva-se sem desgaste nem decomposição e pode ser trocado por carne ou trigo a qualquer momento (§37). O dinheiro é "algo de duradouro que os homens podiam guardar sem estragar-se", algo que "por consentimento mútuo os homens receberiam em troca dos verdadeiramente úteis, mas perecíveis sustentáculos da vida" (§47).

direitos Locke não tem uma definição ou discussão do conceito de um direito ou de direitos, mas referências a um certo número de direitos específicos são encontradas em seus escritos, a par de algumas referências a direitos naturais e um punhado de observações de caráter geral sobre direitos. Havia uma longa tradição do conceito e uma viva discussão de direitos entre alguns dos seus contemporâneos e predecessores imediatos. Comentadores que tentaram reconstruir uma teoria de direitos a partir dos escritos de Locke fizeram-no tomando nota de frases e de comentários sobre direitos, principalmente em *Dois tratados*, que podem ser identificados com uma ou outra teoria anterior de tais autores como Suarez, Grotius, Pufendorf, Selden e Cumberland (ver James Tully, *A Discourse on Property*, 1980, Parte II; Richard Tuck, *Natural Rights Theories*, 1979). Boa parte dessas discussões de direitos está relacionada com propriedade, a lei da natureza, justiça, dever e obrigação.

Na Lecture VIII dos *Ensaios sobre a lei da natureza*, Locke dá uma resposta negativa à pergunta: A base da lei da natureza é o interesse egoísta de cada homem? Refere-se a alguns autores antigos que argumentaram que "direitos e eqüidades não são determinados por leis extrínsecas, mas pelo interesse pessoal de cada indivíduo" (*Ensaios*, p.205). A "parte mais racional dos homens [tem] um certo sentido de humanidade comum, um certo interesse na solidariedade humana". Locke não quer dizer que os interesses pessoais ou particulares são opostos às "regras comuns de eqüidade", mas acredita que "a mais forte proteção da propriedade privada de cada homem é a lei da natureza, sem a observância da qual é impossível para qualquer pessoa ser senhora de seus bens e lutar por seus próprios interesses" (ibid., p.207). Se optamos pelo interesse egoísta em vez da eqüidade comum, tal como expressa na lei da natureza, teremos que dizer que "o interesse próprio de cada pessoa é o padrão do que é justo e certo"; essa alternativa levaria a dificuldades. Os interesses privados devem ser condicionados por interesses comuns. O que é moralmente melhor não é o que a maioria das pessoas deseja; apetites e desejos naturais não constituem a base para a moralidade. Quando é reconhecido que justiça e eqüidade devem basear-se na lei, na lei natural em primeiro lugar, podemos apreciar que "as ações virtuosas não colidem nem envolvem os homens em conflito: elas inspiram-se e nutrem-se mutuamente". "A justiça em mim não retira a eqüidade em outrem, nem a liberalidade de um príncipe contraria ou impede a generosidade de seus súditos" (p.213). O direito de propriedade, de propriedade privada, é compatível com a lei da natureza, é até sancionado por ela. Uma vez que reconheçamos que a base da moralidade é a lei da natureza, a lei de Deus, devemos estar aptos a entender que "os deveres da vida não divergem mutuamente nem armam os homens uns contra outros." Locke acreditava, presumivelmente, que os direitos que as pessoas têm também não se chocam, ou que as tensões entre interesses e direitos concorrentes serão resolvidas.

O tema de uma natureza humana comum encontra-se também em *Dois tratados*, onde Locke rejeita os argumentos de Filmer em favor da absoluta e ilimitada soberania de Adão sobre todos os outros. Afirma que todos os homens "participam de natureza, faculdades e poderes comuns... e devem compartilhar de direitos e privilégios comuns" (*T*1, §67). A lei da natureza consubstancia e protege essa natureza comum. Para Locke, liberdade é sempre definida dentro de leis, na sociedade pré-civil pela lei da natureza, a qual "importa na paz e na *preservação de toda a Humanidade*" (*T*2, §7). A execução da lei da natureza no estado de natureza é colocada nas mãos de cada pessoa; "qualquer um tem o direito de castigar os transgressores dessa lei", como um modo de impedir a violação dos direitos de outros (ibid.). Todo o homem nasce "com direito à perfeita liberdade [dentro das limitações impostas pela lei da natureza] e gozo incontrolado de todos os direitos e privilégios da lei da natureza" (*T*2, §87). Quando os homens decidem formar uma sociedade civil, cedendo parte do poder que tinham no estado de natureza a um governante ou grupo, os direitos do governo devem ser explícitos (*T*2, §111). O corpo legislativo "*está na obrigação de dispensar justiça* e decidir dos direitos dos súditos *mediante leis promulgadas, com caráter permanente,* *por juízes de reconhecida autoridade* (*T*2, §136). Quando um governo viola o seu mandato ou fracassa na manutenção da ordem, "o povo torna-se multidão confusa, sem ordem ou conexão" (*T*2, §219). A justiça não pode ser administrada nessas condições, os direitos do homem não podem continuar a ser protegidos. Quer a dissolução do governo seja culpa dos governantes ou do povo, "quem quer que... empreende pela força invadir os direitos seja do príncipe, seja do povo, e lança as bases para *derrubar* a Constituição e a estrutura de *qualquer governo justo*, é altamente responsável pelo maior crime de que um homem seja capaz" (*T*2, §230). Usar a força sem direito coloca essa pessoa em estado de guerra contra os outros (*T*2, §232).

Já que Locke se apóia na lei da natureza como base para a moralidade, poderíamos esperar que ele nos falasse acerca de direitos naturais. A tradição de direitos naturais pode estar implícita no que ele escreve, mas há apenas pouquíssimas referências explícitas a esse conceito. Ao considerar a questão de que a lei natural é vinculatória para todos os homens, ele explica que "a força vinculatória da lei civil é dependente da lei natural" e que "não somos tão coagidos à obediência ao magistrado pelo poder da lei civil quanto obrigados à obediência pelo direito natural" (*Ensaios*, p.189). Ele também se refere ao "direito natural e ao direito de criação", explicando que "todas as coisas estão justamente sujeitas àquilo porque foram primeiro feitas" (ibid., p.185). O prefácio para *Dois tratados* faz uma referência passageira ao "*povo da* Inglaterra, *cujo amor aos direitos justos e naturais, com sua resolução de preservá-los, salvou a nação quando estava à beira da escravidão e da ruína*". A maior parte dos direitos específicos que cita nesse e em outros livros está ligada tão claramente à lei da natureza que é lícito afirmar que eram tidos na conta de direitos naturais.

O direito de autopreservação é um desses direitos. Deus dotou-nos com um "forte desejo de preservação da [nossa] vida e ser" (*T*1, §86). A razão como voz de Deus nos ensina a preservar essa inclinação natural, dizendo-nos que temos um direito a usar as criaturas da Terra que são "necessárias e úteis" à nossa existência (ibid.). A lei da natureza "quer a paz e *preservação de toda a humanidade*" (*T*2, §7); cada homem tem direito à sua preservação (*T*2, §25); todos os homens têm "direito a preservar" o que possuem contra um mau governante (*T*2, §149); um déspota pode fazer da força a sua regra do direito, mas os que se encontram sob o seu poder têm o direito a preservar suas vidas (*T*2, §172); a sociedade tem "o direito natural e originário" de preservar-se (*T*2, §220).

A propriedade é um conceito importante e central no pensamento social de Locke. Ele não fala do desejo de possessões como uma inclinação natural, mas observa que as crianças "desejam ter coisas que sejam delas; teriam *propriedade* e posse, satisfeitas com o poder que isso parece lhes dar, bem como o direito que assim têm de dispor delas a seu bel-prazer" (*AP*, §105). Sua análise da origem da propriedade usa ocasionalmente a linguagem dos direitos: Tenho um direito às bolotas ou maçãs que colhi, ou à grama que "meu cavalo pastou, à turfa que meu criado cortou" (*T*2, §28). Fala até de um direito de destruir "qualquer coisa mediante o seu uso", do que é capaz o maior dos proprietários (*T*1, §39; cf. §41, 42, 84, 85). Temos o direito de destruir "o que me ameaça com destruição", como na guerra (*T*2, §16).

Uma outra área onde os direitos são mencionados é a relação pai-filho. A herança e o direito do pai são discutidos sucintamente em *T*1, §85; todos os filhos de Adão têm um "direito igual ao uso das criaturas inferiores" (*T*1, §87). Os filhos menores têm "o direito a ser alimentados e mantidos por seus pais" e têm "o direito natural de herança aos bens de seus pais" (*T*1, §89,90). O segundo dos *Dois tratados* refere-se mais geralmente aos "distintos direitos e poderes" pertinentes à "*sociedade* entre *pais e filhos*" (*T*2, §84).

Há direitos que todas as pessoas têm no estado de natureza: o direito de punir aqueles que transgridem a lei da natureza e o direito a procurar reparação. A execução da lei da natureza nesse estado encontra-se nas mãos de todos e de cada um; isso significa que "qualquer um tem o direito de castigar os transgressores da lei em tal grau que lhes impeça a sua violação" (*T*2, §7). A pessoa que foi prejudicada pelo transgressor tem "um direito particular de procurar *reparação* por parte de quem o prejudicou" (*T*2, §§10, 11).

Dois tratados sobre o governo (Two Tracts On Government) A publicação com este título consiste em dois dos primeiros escritos de Locke sobre a tolerância, a autoridade do magistrado civil em relação a práticas religiosas, a natureza da sociedade e suas leis. Philip Abrams editou esses folhetos em 1967, publicando-os com uma longa introdução e notas. Um desses escritos era em latim. Abrams imprimiu o texto latino conjuntamente com uma tradução inglesa. O outro texto foi escrito em inglês e parece ter sido destinado à publicação. Locke, mais tarde, mudou de idéia e não o publicou. O folheto inglês foi escrito em 1660; tinha o título: "Questão: se o magistrado civil pode legalmente impor e determinar o uso de coisas indiferentes para o culto religioso." Foi escrito como resposta a *The Great Question Concerning Things Indifferent in Religious Worship* (1660), de Edward Bagshaw. O folheto latino tem o seguinte título: "An Magistratus civilis possit res adiaphoras in divini cultus ritus asciscere, eosque populo imponere?" Esse folheto foi escrito em 1660-1; Abrams lembra-nos que são mais ou menos da mesma época em que os ensaios de Locke sobre a lei da natureza estavam sendo escritos e proferidos como conferências em Oxford. Ambos os folhetos de Locke tratam de questões suscitadas por Bagshaw. Abrams fornece-nos a seqüência de escritos por Bagshaw e Lockee sobre esse tópico: "*Great Question*, de Bagshaw, publicado em 15 de setembro de 1660; *Tract* inglês de Locke, concluído em 11 de dezembro de 1660; *Second Part of the Great Question*, publicado em setembro de 1661; o *Tract* latino de Locke, e a *Third Part* de Bagshaw, publicados em janeiro de 1662" (*Two Tracts on Government*, Cambridge University Press, 1967, p.17).

O estado de espírito de Locke enquanto escrevia o primeiro folheto refletiu a agitação social que antecedeu a restauração monárquica com a subida de Carlos II ao trono inglês; também indica a sua crença em que a volta do rei legítimo traria paz e ordem social. No início desse folheto, Locke observa: "Quanto a mim, não pode haver ninguém que tenha maior respeito e veneração pela autoridade do que eu. Assim que adquiri a percepção de estar no *mundo*, logo me encontrei numa tempestade, que durou quase até o presente momento e, portanto, não posso deixar de festejar a aproximação de uma calmaria, com o maior júbilo e satisfação" (p.119). As tensões entre opressão e desordem, entre tirania e anarquia, eram muito reais na mente de Locke; "podem abater-se sobre a humanidade os mais pungentes flagelos" é a sua descrição dessas tensões. A autoridade acompanha as primeiras dessas; liberdade, as segundas. Ele não estava defendendo a opressão e a tirania, mas assustava-se igualmente com a desordem e a anarquia. O alívio que, acreditava ele, a restauração da monarquia com Carlos II traria levou-o a dar forte apoio a esse gênero de autoridade ordeira. O tom do seu folheto choca-se bastante com sua ulterior defesa da tolerância na *Epistola de Tolerantia*, de 1689, ou mesmo com um esboço manuscrito de um ensaio de 1667 sobre tolerância a que Abrams se refere. Locke fala da "minha submissão à *autoridade*", a par do "amor à *liberdade* sem a qual um *homem* sentir-se-á menos feliz do que uma *besta*" (p.120). Mas adverte que "uma *liberdade geral* nada mais é do que uma *servidão geral*", comentando que aqueles que se declaram defensores da liberdade pública "são os seus maiores monopolizadores", tomando-a toda para si próprios (ibid.). Preocupa-o que a liberdade específica defendida por Bagshaw "prove ser apenas uma *liberdade* para *contenção, censura* e *perseguição*, e nos deixe à mercê da *tirania* de um *furor religioso*" (ibid.).

A referência à "liberdade de coisas indiferentes" de Bagshaw identifica o alvo particular do ataque de Locke. Era uma questão sobre a autoridade do magistrado civil em matérias de vestuário e cerimonial na igreja. Uma explicação mais precisa do que são coisas indiferentes é dada no segundo folheto: "Diz-se agora que as coisas são indiferentes a respeito do bem e mal morais, pelo que todas as coisas que moralmente não são boas nem más são chamadas indiferentes" (p.221). Uma vez que bem e mal, ou ações morais, "subentendem uma lei como padrão", Locke acha necessário descrever diferentes espécies de leis, principalmente divinas e humanas, as segundas de diversos gêneros e ordenadas numa escala de importância. A lei divina não abrange todos os detalhes da vida e das ações, detalhes que são "indiferentes" do ponto de vista de Deus. Mas essas matérias foram confiadas por Deus ao "seu representante, o magistrado" (p.223). Assim, as matérias indiferentes são controladas pelo magistrado para "a judiciosa regulamentação do... bem-estar da comunidade" (ibid.). Nesse folheto, as "coisas indiferentes" cobrem tudo o que não está incluído na lei superior (a lei de Deus), mas pertence, portanto, a uma lei inferior. "Pois onde a lei divina estabelece limites para a sua ação, aí começa a autoridade do magistrado, e tudo o que se classifica como indeterminado e indiferente sob essa lei [a lei divina] está subordinado ao poder civil" (p.227).

A questão era: existem áreas onde não se segue nenhuma lei, nenhuma autoridade, entre indivíduos e a sociedade, sobretudo áreas que se situam à margem das leis civis? Bagshaw e outros argumentaram que os assuntos de culto escapam da esfera do magistrado civil, especialmente as matérias de estilo, lugar e tempo de culto, e indumentária. Locke argumenta em ambos os folhetos contra esse ponto de vista, insistindo em que os assuntos "referentes ao culto divino devem estar submetidos ao poder governamental" (p.229). Sua defesa dessa posição no segundo folheto, em latim, é mais formal e sistemática do que no primeiro, o folheto em inglês, mas em ambos Locke é um forte (até ardoroso) defensor da lei e da ordem, contrário à liberdade e tolerância até em questões tais como que roupa usar na igreja. Tinha havido muito debate e tumulto em seu próprio colégio de Oxford, Christ Church, sobre práticas religiosas; Locke e Bagshaw eram ambos membros desse colégio. Locke opôs-se àqueles que usam apelos à liberdade a fim de "derrubar constituições bem estruturadas e poder construir, à custa de suas *ruínas*, vultosas fortunas para si próprios" (p.121). Ele rejeita igualmente a noção daqueles que seriam "cristãos de modo a não ser súditos", ou daqueles que gostam de "envolver-nos em perpétua dissensão e desordem". E anuncia em tons firmes que "toda a *liberdade* que posso desejar para o meu país ou para mim próprio é a de desfrutar da *proteção* daquelas *leis* que a prudência e a previdência de nossos ancestrais estabeleceram e o feliz regresso de sua Majestade restabeleceu" (ibid.).

Quer se diga que "a coroa do magistrado cai imediatamente em sua cabeça, proveniente do *céu*, ou é ali colocada pelas *mãos de seus súditos*", Locke está proclamando, de qualquer modo, que "o magistrado supremo de toda e qualquer nação, seja qual for a forma como foi criada, deve necessariamente ter *um poder absoluto e arbitrário* sobre todas as ações indiferentes de seu povo" (p.122-3). Alguns parágrafos adiante, reafirma esse ponto: "é impossível haver qualquer poder legislativo supremo que não disponha, de forma plena e ilimitada, de todas as coisas indiferentes" (p.129). Vai ainda mais longe: "os súditos podem ser obrigados a obedecer àquelas leis cuja promulgação pelo magistrado pode ser condenável" (p.152). O magistrado tem que governar "para o bem comum e o bem-estar geral de todos" (p.219), mas, se assim não proceder, não há recurso contra sua legislação perniciosa (p.220). Talvez o mais impressionante contraste com o Locke "liberal" dos *Dois tratados* e das várias cartas sobre a tolerância seria a sua afirmação de que os magistrados estão investidos de poder e são, "por seu poder, superiores às próprias leis e aos súditos que governam" (p.222).

Não é muito difícil ouvir a voz de Hobbes em algumas dessas declarações. A defesa de Filmer da monarquia de origem divina tampouco está muito longe em muitos trechos. O fato de Locke não ter publicado nenhum desses escritos pode indicar uma mudança de valores e atitudes, mas esses pontos de vista são, no entanto, os que ele sustentou e colocou por escrito. Alguns foram atenuados em escritos ulteriores, outros foram completamente abandonados. A diferença de situação e contexto entre a década de 1660 na Inglaterra e a década de 1680 na Holanda (onde Locke escreveu sua *Epistola*) também é um fator que contribui para o entendimento da forte defesa da autoridade (mesmo quando exercida contra o bem-estar dos súditos) em 1660 e do vibrante apoio da tolerância religiosa no final da década de 1680.

Dois tratados sobre o governo civil (Two Treatises of Government) Esta obra de Locke, especialmente o segundo dos dois tratados, tem sido, sem dúvida, o mais popular e mais conhecido de seus livros. Somente o *Ensaio acerca do entendimento humano* pode rivalizar com ela em proeminência, mas *Dois tratados* suplantou o *Ensaio* na intensidade com que tem sido estudado e, provavelmente, em sua influência sobre a teoria política liberal. A obra deve ter sido escrita nos começos da década de 1680; Peter Laslett sustenta uma data entre 1679 e 1683, eliminando assim a opinião alimentada de longa data de que Locke escrevera o livro para justificar a "gloriosa revolução" de 1688, quando Guilherme e Maria subiram ao trono inglês. (Ver a introdução de Laslett à sua edição de *Two Treatises*, p.49-53.) Foi muito discutida a datação por Laslett dessa obra. Gradualmente, porém, os estudiosos aproximaram-se de sua opinião ou, pelo menos, da opinião de que boa parte de *DT*, senão toda, foi escrita em torno da data que Laslett sugeriu.

Essa obra teve muitas impressões na Grã-Bretanha durante a vida de Locke e no século seguinte. No início do século XIX, tinha havido cerca de duas dúzias de edições e reimpressões, por vezes somente do segundo tratado sobre o governo civil. Houve traduções francesas do segundo tratado a partir de 1690, traduções italianas desde o final do século XVIII e traduções subseqüentes em espanhol, alemão, sueco, norueguês e russo. Traduções da obra completa só vieram a lume recentemente: em tcheco (1965), alemão (1906, 1966 e 1967), italiano (1948 e 1960) e espanhol (1966). É uma obra permanentemente lida e estudada hoje em numerosos países.

A grande maioria das atenções concentrou-se no segundo tratado. O primeiro é uma longa polêmica contra o livro de Robert Filmer, *Patriarcha, or The Natural Power of Kings* (1680). Nessa obra, Filmer defendeu uma forma monárquica de governo baseada na descendência de Adão via Deus. O pai da família era, com efeito, o governante desse grupo. O rei de um país desempenhava um papel semelhante. Filmer usou vários argumentos extraídos da Bíblia para apoiar sua tese. Locke replicou com leituras detalhadas das Escrituras, mostrando que Filmer atribuía-lhes significados inexistentes, mas que servissem para justificar seus pontos de vista nesse livro. Há muitas características do primeiro tratado que são aproveitadas e desenvolvidas no segundo; por exemplo, a insistência de Locke sobre o poder parental, não paterno, na família; algumas referências aos conceitos de pessoa e propriedade, e também à doutrina de leis da natureza.

Locke abre o segundo tratado com um breve resumo do que argumentou no primeiro: "1º) Que *Adão* não tinha, seja por direito natural da paternidade ou por doação positiva de Deus, autoridade de qualquer natureza sobre seus filhos ou domínio sobre o mundo, conforme se pretende. 2º) Que, se os tivesse, nenhum direito a eles teriam, contudo, seus herdeiros. 3º) Que, se os herdeiros os tivessem, como não existe qualquer lei da natureza ou lei positiva de Deus determinando qual o herdeiro verdadeiro em todos os casos que se possam apresentar, o direito de sucessão, e, em conseqüência, o de exercer o mando, não poderia ter sido determinado com toda a exatidão. 4º) Que, mesmo no caso de ter sido este determinado, estando o conhecimento de qualquer que seja a linha mais antiga da posteridade de *Adão* há tanto tempo tão inteiramente perdido, não resta nas raças da humanidade e nas famílias do mundo a menor pretensão a qualquer uma em relação à outra no sentido de ser a casa mais antiga e de possuir o direito de herança" (*T*2, §1).

Há outra concepção de governo citada por Locke na mesma seção, que é "apenas produto da força e da violência, e que os homens somente vivem juntos pelas mesmas regras dos animais, entre os quais o mais forte leva a palma, estabelecendo assim as bases da perpétua desordem e discórdia, tumulto, sedição e rebelião" (o ponto de vista de Hobbes).

Um terceiro modo de ver é o apresentado no segundo tratado. Ali é exposto um processo que se inicia com todos os homens detentores de certos poderes e obrigações numa sociedade pré-civil, sociedade na qual funcionam as leis da natureza (de Deus), da qual as pessoas avançam por consentimento e contrato para uma sociedade civil, delegando parte do poder e dos direitos que todos tinham no estado de natureza a um funcionário nomeado ou a um grupo cuja tarefa consiste em governar para o bem de todos os membros, protegendo vidas, propriedades, bens e pessoas. Há um forte elemento de individualismo nesse processo, mas Locke também sublinhou o poder da comunidade e a importância do governo da maioria.

O segundo tratado é o mais célebre e lido. Seu título na íntegra era *An Essay concerning the True Original, Extent, and End of Civil Government* (*Ensaio relativo à verdadeira origem, extensão e objetivo do governo civil*). Vários capítulos tornaram-se clássicos na literatura das idéias liberais. Sua descrição do estado de natureza, de propriedade, de sociedade política ou civil (fins, estrutura e funcionamento), de representação e dissensão definiram por muito tempo grande parte da discussão de teoria política e sua história.

duração *ver* TEMPO.

E

educação *Ver* ALGUNS PENSAMENTOS REFERENTES À EDUCAÇÃO.

empirismo, empírico Estes termos não fazem parte do léxico de Locke. Têm sido aplicados à sua explicação da origem do conhecimento e do método científico. Locke é classificado como um empirista por comentadores por diversas razões, sendo a mais comum a sua ênfase sobre a experiência e a observação como fonte de idéias e conhecimento. A tendência tem sido para passar por alto ou minimizar o fato de que "experiência e observação", para Locke, envolvem a experiência tanto sensorial quanto reflexiva. O empirismo é um rótulo que muita gente associa à sensação e à experiência sensorial. Condillac, na França setecentista, ajudou a promover essa visão limitada do pensamento de Locke (Condillac chamou ao seu *Ensaio sobre a origem dos conhecimentos humanos*, 1746, um "suplemento" ao *Ensaio* de Locke), embora o próprio Condillac incluísse também a reflexão em sua análise. O rótulo "sensualista" tornou-se associado a Locke e Condillac por obra e graça dos historiadores franceses do século XIX, como Victor Cousin, por exemplo.

Outros aspectos do pensamento de Locke que se prestaram ao rótulo empirista são a sua rejeição de idéias inatas, as metáforas da mente como uma lâmina em branco ou um armário escuro, sua ênfase em fazer histórias naturais de fenômenos (em medicina, de doenças e sintomas), sua relutância em formular hipóteses e teorias gerais antes de terem sido coletados dados suficientes. Locke estava preocupado com a questão de método, como aumentar e melhorar o conhecimento e o entendimento. Em *Conduta*, ele sugere como alcançar um equilíbrio entre coleta de fatos e organização dos fatos com teorias e hipóteses gerais (*ver* HIPÓTESES). Nessa obra, ele contrasta aqueles cujo conhecimento "é muito pouco melhorado por toda a multidão de informações que atravessam ou se alojam em suas mentes", com aqueles que "extraem conclusões gerais e criam axiomas a partir de cada informação que se lhes apresente" (§13). O equilíbrio adequado é uma certa combinação dessas duas abordagens, "colhendo material e sugestões úteis de, por vezes, simples questões de fato", retendo-as na mente "a fim de serem subseqüentemente" julgadas pelo que é descoberto na experiência e pela observação como confirmando ou refutando princípios gerais conjeturados. O processo de confirmação deve ser proporcionado, diz ele, por uma "suficiente e cautelosa indução de informações circunstanciais".

A referência aos que se satisfazem com uma multidão de informações, ou um "montão de cruezas", pode ser endereçada aos médicos citados por autores antigos, como Sexto

Empírico (por exemplo, em *Contra os lógicos*). Locke participava das novas atitudes em medicina, trabalhando com o dr. Thomas Sydenham na catalogação de sintomas de várias doenças a fim de entender suas causas e descobrir remédios. O termo "empírico" designava (para usar a definição do Dicionário da Língua Inglesa, 1755, do dr. Johnson) aqueles "físicos que formavam eles próprios as Regras e Métodos com base em sua prática e experiência pessoal; e não em qualquer conhecimento de causas naturais". Locke comparou aqueles que buscam a verdade sem conhecimentos às pessoas que são forçadas a "engolir opiniões como pessoas tolas engolem pílulas de curandeiros, sem saber do que elas são feitas ou como funcionarão, e não têm outra coisa a fazer senão acreditar que elas farão a cura" (*Ensaio,* 4.20.4). Johnson também indica que o termo "empirismo" tinha o sentido de "dependência da experiência sem conhecimento ou arte, charlatanismo". Chambers, em sua *Cyclopaedia* (1728), dá a mesma informação, incluindo a referência a charlatães. Em 1768-71, na primeira edição da *Encyclopaedia Britannica*, essas definições são repetidas. Na *Monadologia*, Leibniz refere-se aos "*físicos empíricos* que praticam simplesmente, sem qualquer teoria", acrescentando que todos nós somos "empíricos em três quartos de nossas ações", citando a nossa expectativa de que "haja dia amanhã pelo fato de sempre, até hoje, ter sido assim" (*Monadologia*, §28).

Ensaio acerca do entendimento humano (Essay Concerning Human Understanding) Este é um dos principais livros de Locke. Muitos anos em composição, iniciado, como resposta a algumas questões sucitadas nas discussões de um pequeno grupo de amigos, escrito e ampliado em diferentes períodos enquanto Locke estava entregue a outras atividades, o livro passou por três rascunhos antes de ser organizado na ordem em que foi publicado. Os primeiros dois rascunhos (chamados A e B) datam de 1671, o terceiro (rascunho C) é de meados da década de 1680. (Os primeiros dois rascunhos foram editados por Peter H. Nidditch e G.A.J. Rogers, que também editou o terceiro.) Uma condensação do *Ensaio* foi publicada numa revista de língua francesa, a *Bibliothéque universelle,* em janeiro de 1688. A condensação não conteve o Livro I, com sua rejeição de idéias e princípios inatos, mas foi alvo de muitas reações negativas por causa da notícia de que verdades inatas eram atacadas nessa obra. Quando a versão completa foi publicada em 1690, não foi preciso esperar muito para que as reações, algumas laudatórias, muitas de uma natureza quase excitada e negativa, aparecessem em letra de fôrma ou fossem anunciadas e transmitidas ao seu autor. (A história completa das reações a essa obra está relatada em Yolton, *Locke and the Way of Ideas*, 1956.) Foi considerado um livro perigoso por alguns porque muitas doutrinas e crenças clássicas, estabelecidas de longa data, foram atacadas ou ignoradas. Seu objetivo, como Locke explicou na introdução, era "investigar a origem, certeza e extensão do conhecimento humano, juntamente com as bases e graus de *crença, opinião* e *assentimento*" (1.1.2). Os quatro livros que formam o *Ensaio* são dedicados a noções inatas, idéias, palavras e conhecimento e opinião. Estes títulos simples ocultam uma profundidade de análise e amplitude de questões numa grande variedade de assuntos — tanto tradicionais quanto novos. Pode ser descrita como uma obra sobre teoria do conhecimento, filosofia da ciência, metafísica, método ou psicologia. Sua influência sobre o pensamento subseqüente nessas áreas foi extensa. O *Ensaio* recebeu ampla atenção numa variedade de revistas francesas do século XVIII. Suscitou controvérsia, assim como elogios e imitações, na

Grã-Bretanha e na França. De fato, foi um livro muito influente na Europa setecentista. Teve quatro edições em vida de Locke, com revisões em algumas das edições. A quinta edição, que Locke reviu parcialmente, só veio a lume após sua morte; ele faleceu no outono de 1704 e a quinta edição foi publicada em 1706. Numerosas traduções francesas foram editadas desde 1700 até meados do século, uma tradução alemã em 1757 e uma latina em 1701. Várias reimpressões foram publicadas no século XVIII de uma condensação feita em 1696 por John Wynne, incluindo traduções francesas e italianas da mesma.

Ensaios sobre a lei da natureza (Essays on the Law of Nature) Trata-se provavelmente de conferências feitas por Locke em seu colégio, Christ Church, da Universidade de Oxford, onde ele era Censor Moral, por volta de 1664. Durante certo tempo, após esse período, pensou em rever e publicar esses ensaios, até os começos da década de 1960. Mas depois disso seu interesse declinou; seus principais escritos absorveram toda a sua atenção. Assim, esses ensaios só vieram a ser publicados em 1954, quando o dr. W. von Leyden os editou e traduziu do original em latim, com os textos latino e inglês em páginas opostas. Também incluiu uma extensa e informativa introdução sobre a história dos ensaios e seu contexto dentro de outros escritos sobre o tópico da lei da natureza. (*Ver John Locke: Essays on the Law of Nature*, org. W. von Leyden, Clarendon Press, 1954.)

Os ensaios de Locke estão escritos na forma de tópicos de exame, típicos do programa universitário. Pede-se aos estudantes que debatam questões específicas; usualmente, esses debates tinham que ser conduzidos na forma de silogismos lógicos, testando assim a suposta habilidade em lógica, assim como em conhecimento substantivo. As conferências de Locke podem ter sido úteis para os estudantes que se preparavam para exames. Alguns dos tópicos, na forma em que são apresentados por Locke, figuram no século XVIII em listas de provas de exame. O primeiro ensaio de Locke é: “Existe uma regra de princípios morais, ou lei da natureza, que nos foi dada?” Sua resposta é “sim”. Ele passa então a discutir a questão e a corroborar a resposta afirmativa. O segundo ensaio pergunta: “Pode a lei da natureza ser conhecida à luz da natureza?” A resposta de Locke é novamente “sim”. Outros ensaios tratam de diferentes questões: “Está a lei da natureza inscrita nas mentes dos homens?” Locke diz “não”. “Pode a razão chegar ao conhecimento da lei natural através da experiência sensorial?” A resposta é “sim”. O “dr. Von Leyden imprimiu um total de oito ensaios, mais um discurso que Locke proferiu quando deixou de ser Censor Moral.

Os temas desses ensaios estão muito próximos daqueles que Locke ataca em sua polêmica contra idéias e princípios inatos, no Livro I do seu *Ensaio acerca do entendimento humano*. A linguagem dos inatistas aparece nesses primeiros *Ensaios*, mas a firme resposta “não” de Locke à questão de inscrição na mente indica a sua rejeição de princípios inatos na década de 1660. Uma boa compreensão da posição que ele ataca no *Ensaio* será favorecida pela leitura desses *Ensaios*. Esses também fornecem alguma informação acerca dos pontos de vista de Locke sobre a lei da natureza e o que ela sanciona.

entendimento O objeto de estudo do *Ensaio* de Locke é o entendimento, o entendimento humano, que ele caracterizou como “*a faculdade mais nobre da alma*”, uma faculdade que “*busca a verdade*” (“Carta ao leitor”, p.141 da ed. “Os Pensadores”, Abril Cultural; cf. 2.21.6). A finalidade dessa obra era “*examinar os nossos próprios poderes e ver para que coisas eles estão adaptados*” (ibid., p.142). Se o nosso entendimento é, de fato, uma das faculdades no entender de Locke, ela não é da mesma ordem das faculdades de sensação, raciocínio ou memória. Como faculdade, é primacial; "situa o homem acima dos outros seres sensíveis e dá-lhe toda vantagem e domínio que tem sobre eles" (1.1.1; cf. *Elements of Natural Philosophy*, em *Works*, iii. 329). A *Conduta do entendimento* (*Conduct of the Understanding*) refere-se às diferentes faculdades (aí se diz que elas são faculdades da alma) e afirma que o "supremo comando pertence à vontade" no que se refere ao homem como agente, mas expressa nessa passagem o que veio a ser modificado por ele na segunda edição do *Ensaio*, que o homem determina-se para a ação voluntária "com base em algum conhecimento ou aparência de conhecimento no entendimento" (*Conduta*, §1; em *Obras*, iii. 205; cf. *Ensaio*, 2.21.6).

Locke pensa que uma investigação do entendimento, com o propósito de fixar as fronteiras do conhecimento pela descoberta de seus poderes, será um útil empreendimento (1.1.7). Em determinado ponto, identifica a "principal finalidade de todos os nossos pensamentos e a tarefa apropriada de todo o entendimento" como sendo o "conhecimento e veneração" de Deus (2.7.6), mas também há outros objetivos menores, metas como verdade, crença, juízo, percepção: todos os tópicos do *Ensaio*. São freqüentemente traçados os limites do entendimento nessas matérias (por exemplo, 2.15.2). É dito que o entendimento tem por tarefa julgar objetos e buscar a verdade; analisa as coisas e é capaz de "impulsionar qualquer *Idéia* como se fosse além de si mesmo, ou, pelo menos, olhar além dela, para ver como se situa em conformidade com qualquer outra" (2.25.1); "O costume estabelece hábitos de pensamento no entendimento" que explicam, em parte, a associação de idéias (2.33.6).

Algumas das operações do entendimento, como considerar e ampliar idéias, são mais freqüentemente creditadas à mente. A mente é também, usualmente, o local de idéias, mas numerosas passagens falam de idéias no entendimento. Uma das seções no capítulo sobre memória atribui à mente o poder de reviver idéias, e é dito que as idéias estão na mente, mas na mesma seção as idéias também são situadas no entendimento (2.10.2). Uma mudança semelhante ocorre com a análise da sucessão de idéias: ora "transitam na mente", ora a "seqüência de *idéias*... ocorre em nossos entendimentos" (2.14.4; cf. 2.19.3). Em sua análise dos modos mistos, Locke diz que a mente reúne as parcelas dessas idéias, mas que estas são "congruentes com o entendimento" (2.22.2). Logo no começo do Livro II, diz-se que o entendimento "não tem o menor vislumbre de quaisquer *idéias* se não as receber da" sensação externa ou da reflexão interna. É a mente que supre o entendimento com idéias através de suas próprias operações (2.1.5). A seção prévia dava à experiência a tarefa de suprir o fornecimento com essa segunda espécie de idéias. A justificação para o seu freqüente uso do termo "idéia" explica que é um termo que ele usa para "significar qualquer coisa que consiste no *objeto* do entendimento quando o homem pensa" (1.1.8). Não foi um dos objetivos dessa obra descobrir se as idéias são causadas por processos físicos ou fisiológicos, mas Locke volta a localizar as idéias no entendimento (1.1.2). Uma outra passagem diz que o *entendimento* não pode recusar as idéias simples que se apresentam à *mente* (2.1.25). Ainda uma outra seção parece admitir que algumas idéias sejam oferecidas diretamente ao entendimento, sem ação da mente: "algumas *idéias* oferecem-se solicitamente ao entendimento de todos os homens", embora essa seção diga que isso acontece "assim que a mente as coloca (i.e., as idéias) em proposições" (1.4.22).

A relação precisa entre o entendimento e a mente na análise de Locke não é clara. O seu *Ensaio* é sobre o entendimento, não a mente — pelo menos, se tomarmos o título desse livro como nosso guia. Mas as referências à mente e os usos desta são muito mais numerosos do que os de entendimento. Com freqüência, os dois termos parecem intercambiáveis. O entendimento desempenha um papel de faculdade quando pondera e amplia, mas freqüentemente é a mente que desempenha essas e outras operações. *Conduta* foi outro e extenso escrito sobre o entendimento: não está dirigido para a conduta da mente. Por outro lado, sua obra sobre educação, *Alguns pensamentos*, faz extenso uso da mente, não do entendimento. O máximo que podemos concluir é que o entendimento, na concepção de Locke, é mais do que apenas uma das faculdades da mente; mesmo como faculdade, desempenha um papel especial na busca da verdade e do conhecimento. Por vezes, Locke também o considerou primacial na ação, na determinação da vontade; mas sobre este ponto ele mostrou-se embaraçado e acabou por recuar de um tão forte cognitivismo (*ver também* MENTE; INQUIETAÇÃO).

escravos, escravatura Há numerosas referências a escravos em *Dois tratados*, de Locke. Uma dessas referências está no capítulo sobre o estado de guerra. Aquele que "tenta colocar alguém sob seu poder absoluto *põe-se em estado de guerra* com ele" (*T2*, §17). Tal poder ou domínio absoluto sobre uma outra pessoa viola o direito à liberdade dessa pessoa e faz desta um escravo. O temor em tais tentativas para escravizar-me é de que essa pessoa pode alimentar intenções malévolas que envolvam a minha vida. O exemplo que Locke usa na seção seguinte é o de um ladrão que rouba o meu dinheiro: "Não temos motivo para supor que aquele que nos *tira a liberdade* não nos arrebatasse tudo o mais, logo que nos tivesse em seu poder" (*T2*, §18). Liberdade do poder absoluto, arbitrário, é uma condição prévia para a nossa preservação. "Porque, não tendo qualquer homem ou sociedade de homens o poder de renunciar à própria preservação, ou, conseqüentemente, os meios de fazê-lo, a favor da vontade absoluta e domínio arbitrário de outrem, sempre que alguém experimente trazê-los à semelhante situação de escravidão, terão sempre o direito de preservar o que não tinham o poder de alienar" (*T2*, §149). Daí a seriedade de qualquer tentativa para exercer esse tipo de poder sobre uma outra pessoa. Ninguém pode, por pacto ou por consentimento próprio, "*escravizar-se* a qualquer outro" (*T2*, §23).

Há uma situação manifestamente legítima em que pode apresentar o poder absoluto sobre outrem: é quando esta pessoa, "por culpa própria, perdeu o direito à vida por ter cometido algum ato que merece a morte" (ibid.). Então, "aquele a quem a entregou pode (quando o tem em suas mãos) demorar em entregá-la, empregando-o a seu próprio serviço". Como é que um homem perde o direito à vida? Que atos são merecedores da morte? Pode ser um ato de roubo, porquanto Locke diz ser legítimo matar um ladrão que pode ter desígnios contra a nossa vida (*T2*, §18), mas a referência mais provável é à pessoa que, no estado de natureza, viola ou transgride uma lei da natureza (*T2*, §8). No estado de natureza, todo o homem é o executor da lei da natureza. Quem transgredir essa lei pode ser punido por qualquer outro membro do estado de natureza. Os violadores da lei da natureza deixam de ser humanos. Numa passagem anterior, Locke não admite que alguém tenha um poder absoluto e arbitrário sobre tal transgressor; pelo menos, o criminoso só pode ser tratado "de acordo com os ditames da razão calma e da consciência" (ibid.). Se a razão calma e a consciência permitiriam o uso do transgressor a nosso serviço (por exemplo, como criado) é um ponto que não fica claro. A justificação de tal procedimento no capítulo sobre "escravidão" é que, sempre que o transgressor considera que "o sofrimento da escravidão ultrapassa o valor da própria vida, está nas suas mãos, pela resistência à vontade do senhor, atrair sobre si a morte que deseja" (*T*2, §23). O que podemos dizer é que tal pessoa foi, com efeito, escravizada, embora, talvez, justificadamente. Uma escravização arbitrária, injustificada, é diferente, como deixa muito claro uma passagem no primeiro dos *Dois tratados*: "um homem não tem mais justificação para usar a necessidade de outrem a fim de forçá-lo a tornar-se seu vassalo, retendo aquele socorro que Deus exige que seja prestado à penúria de seu irmão, do que para, usando de sua maior força, apoderar-se do mais fraco, obrigá-lo à obediência e, com uma adaga em seu pescoço, oferecer-lhe a morte ou a escravidão" (*T*1, §42).

Há outras passagens em que Locke se refere aos escravos como partícipes da família mais ampla. No começo do segundo tratado, ele distingue o poder político de outras espécies de poder: do poder de "um *pai* sobre os filhos, do *senhor* sobre os fâmulos, do *marido* sobre a mulher e do *nobre* sobre o escravo" (*T*2, §2). Essa seção também contém uma referência *en passant* ao "comandante de uma galera" (cf. §154). Uma seção ulterior identifica as "relações subordinadas de *mulher*, *filhos, servos* e *escravos*, unidos sob a regra doméstica de uma família" (*T*2, §86). A seção imediatamente anterior a essa fala de duas espécies de servidores, aqueles cujos serviços são executados a troco de salário e aqueles que são indicados por um "nome peculiar", isto é, "escravos". Por que motivo Locke caracterizaria esse nome como "peculiar" não está claro. A sua referência é a prisioneiros tomados numa guerra justa: eles "estão sujeitos, por direito de natureza, ao domínio absoluto e ao poder arbitrário dos senhores" (*T*2, §85). A justificação a partir de um direito natural é uma forte alegação. Assenta na premissa de que a guerra é justa e de que os prisioneiros são os agressores e, portanto, participantes de uma guerra injusta de agressão. Ser o agressor subentende a ambição de domínio absoluto sobre aqueles que são atacados. Tais agressores, quando capturados, "perderam o direito à vida e, com ele, às suas liberdades, bem como às suas propriedades, e, não sendo capazes de qualquer posse no *estado de escravidão*, não se podem considerar como fazendo parte da *sociedade civil*, cujo fim principal é a preservação da propriedade" (*T*2, §85). O poder absoluto, arbitrário, "que um homem tem sobre outro para tirar-lhe a vida sempre que o queira" é caracterizado como "poder despótico" (*T*2, §172). Locke parece, pois, contradizer o direito natural a que se referiu antes. Nenhum homem adquire tal poder despótico por natureza ou pacto, pois, "o homem, não possuindo tal poder arbitrário sobre sua própria vida, não o pode dar a outrem" (ibid.). A exceção é o confisco que o "agressor faz do seu próprio direito à vida quando se coloca em estado de guerra com outro indivíduo". A mesma atitude implacável que Locke expressa em relação a um ladrão apresenta-se aqui: os que usam a guerra para alcançar seus objetivos injustos deixaram de ser membros da espécie humana e foram rebaixados, na escala dos seres, ao nível de bestas. Se o agressor é bem-sucedido, conquista e subjuga uma outra sociedade, esse poder absoluto, arbitrário, é injustificado. Os descendentes daqueles que foram conquistados têm o direito de sacudir esse jugo e de "libertar-se da usurpação ou tirania" produzida pela espada (*T*2, §192). Os que vivem sob um governo sem o seu consentimento, sobretudo quando governados por uma agressor, "serão escravos diretos sob a força da guerra" (ibid.).

Existe outro modo como os homens seriam escravizados, isto é, se a monarquia hereditária descendente de Adão, conforme preconizada por Robert Filmer, fosse realizada. Grande parte do ataque contra Filmer no primeiro dos dois tratados concentra-se nessa noção de que a concepção de Filmer de governo faria escravos de todos os súditos; toda a humanidade estaria em grilhões (*T*1, §1). A par de outros autores, Filmer diz, com efeito, que todos nascemos escravos (*T*1, §2; cf. §4). Locke também considera discutível a noção de Filmer de poder parental: esse poder é "como o dos monarcas absolutos sobre os seus escravos" (*T*1, §51). Quer se trate do monarca de Filmer, descendente de Adão, ou de qualquer governante arbitrário, viver em tal sociedade é ser um escravo em grilhões (*T*2, §§220, 239).

Em seu extenso ataque contra Filmer, o termo "escravo" é usado freqüentemente para descrever ou caracterizar a falta de liberdade e consentimento que os súditos numa sociedade filmeriana sofreriam. Os prisioneiros feitos em guerras justas tornam-se escravos num sentido algo diferente: são verdadeiramente escravizados e não têm qualquer espécie de direitos. Ao tempo de Locke havia um outro tipo de escravo, aquele que era comprado e vendido e mantido em servidão. Enquanto trabalhou para Shaftesbury, Locke ocupou várias funções que o levaram a um conhecimento direto de escravos e do tráfico de escravos na América do Norte. Junto com Shaftesbury, investiu dinheiro em muitas companhias que estavam envolvidas nesse tráfico. Em 1673-4, Locke era secretário do Council of Trade and Plantations, do qual Shaftesbury era presidente. De 1668 a 1675, Locke foi secretário do Lords Proprietors of Carolina. Em ligação com este último cargo, ele ajudou a redigir, com a supervisão de Shaftesbury, as Constituições Fundamentais da Carolina. Uma cópia sobrevivente, do próprio punho de Locke, foi encontrada entre os documentos de Shaftesbury no Public Record Office, o que tem sido considerado, por vezes, prova de que Locke tinha sido o autor. Ele pode ter tido alguma influência na redação desse documento, mas convém ser cauteloso quanto a colocar Locke entre seus autores. Algumas cláusulas nessa minuta levaram diversos comentadores de Locke a concluir que ele pode ter aceito e até favorecido esse tipo de escravos. Uma cláusula assim reza: "Todo o homem livre da Carolina terá autoridade e poder absolutos sobre os seus escravos negros, de qualquer opinião ou religião que sejam" (em *Works*, x.196). Uma outra cláusula mais extensa concede aos escravos a opção de escolher a igreja a que desejam pertencer, mas essa opção não os isenta do "domínio civil que seus senhores têm sobre eles, pois em todas as outras coisas estão no mesmo estado e condição em que se encontravam antes".

Locke abre a primeira seção do primeiro dos *Dois tratados* com este comentário: "A escravatura é um estado tão indigno e miserável do homem, e tão diretamente oposto ao temperamento generoso e à coragem de nossa nação, que dificilmente se concebe que um inglês, muito menos um cavalheiro, lhe seja favorável." Pretendia ele que essa condenação da escravidão se aplicasse somente ao resultado que o autor pensava ser o caso dos súditos-escravos de um monarca absoluto, na teoria de Filmer? Para um tratamento recente da questão de Locke e a escravatura, ver Wayne Glausser, "Three Approaches to Locke and the Slave Trade", *Journal of the History of Ideas* (1990), p.199-216.

espaço A idéia de espaço é uma idéia simples adquirida pela visão ou pelo tato. Percebemos pela visão "uma distância entre corpos de diferentes cores, ou entre partes do mesmo corpo" (*Ensaio*, 2.13.2). Podemos fazer o mesmo pelo tato, mesmo no escuro. A distância é o espaço "considerando meramente no comprimento entre quaisquer dois seres, sem levar em conta qualquer outra coisa entre eles" (3.13.3). Se considerarmos o comprimento, a largura e a espessura, temos a idéia de capacidade. "Cada distância diferente é uma diferente modificação de espaço" (2.13.4). Temos medidas padronizadas para as diferentes modificações: polegada, pé, milhas etc. Essas idéias podem ser repetidas tantas vezes quantas quisermos, "sem lhes misturar ou juntar a *idéia* de corpo, ou de qualquer outra coisa", e desse modo formar as idéais de figuras, como cubo ou quadrado. As idéias de tais figuras podem ser formadas quando vemos ou tocamos os limites ou extremidades de corpos, mas a idéia de figura também pode ser adquirida do próprio espaço, variando a idéia de espaço em função de ângulos e linhas (2.13.5). Podemos, segundo parece, pensar em partes de espaço e formar em nossa mente figuras espaciais. As idéias de figuras são, de fato, apenas "muitos e diferentes *modos simples de espaço*" (2.13.6). Locke não parece referir-se a espaços preenchidos, espaços demarcados por corpos ocupantes.

A idéia de espaço é distinta da idéia de SOLIDEZ, a característica essencial do corpo para Locke. Além disso, podemos formar a idéia de extensão sem referência a corpos, uma outra ruptura com os cartesianos. O espaço extenso situa-se "entre quaisquer dois corpos, ou seres positivos... quer exista ou não qualquer matéria entre eles" (2.13.26). O espaço é extenso, como o corpo também é, mas Locke sugere o uso do termo "expansão" para a extensão de espaço (2.13.24, 25). O espaço também tem partes, mas, diferentemente do corpo, as partes de espaço são inseparáveis, mesmo em pensamento (2.13.13). As partes de espaço também são inamovíveis e sem resistência ao movimento do corpo (2.13.14). O espaço, diz ele em 2.15.1, é "freqüentemente aplicado à distância de fugazes e sucessivas partes, as quais nunca existem juntas, assim como às que são permanentes". Mas isso é confundir espaço preenchido com espaço puro (vazio). A expansão (extensão de espaço) é mais apropriadamente a "idéia de *distância duradoura, da qual todas as partes existem juntas*" (2.15.12). A mente "não é capaz de articular uma *idéia* em qualquer espaço, sem partes" (2.15.9). Locke identifica até a "menor partícula da matéria ou espaço que podemos discernir, a qual é ordinariamente insignificante, cerca de um minuto, e aos olhos mais penetrantes raramente menos de trinta segundos de um círculo, do qual o olho é o centro" (ibid.).

A idéia de lugar é um outro modo de espaço formado pela "consideração da relação de distância entre dois corpos ou pontos quaisquer" (2.13.7). Não está claro se os pontos mencionados estão em corpos (por exemplo, suas orlas) ou no espaço. Locke diz freqüentemente que o espaço não só tem partes, mas também pontos. Nessa passagem, os pontos são contrastados com "maiores porções dos objetos sensíveis", que é o modo mais comum de pensar a respeito de lugar. "Assim, das peças do jogo de xadrez, postas nos mesmos quadrados do tabuleiro em que deixamos, dizemos que estão todas no *mesmo lugar* ou imóveis, embora, talvez, o tabuleiro tenha sido nesse meio tempo levado de uma sala para outra, porque nós as comparamos unicamente com as partes do tabuleiro, que conservaram a mesma distância entre si" (2.13.8). Identificar um lugar por pontos de referência é mais preciso e exato (2.13.9). Locke dá vários exemplos ilustrativos dessas noções de lugar: o lugar de um navio em relação à terra; o lugar das peças individuais do jogo de xadrez; a localização de versos em Virgílio; o lugar do livro de Virgílio na Biblioteca de Bodley. Ele também observa que "podemos não ter *idéia* do lugar do universo, embora possamos tê-la de todas as partes dele" (2.13.10). A razão pela qual não podemos localizar o universo é que "não temos a *idéia* de quaisquer seres particulares, fixos e distintos, em referência aos quais possamos imaginá-lo como tendo qualquer relação de distância" (ibid.).

Lugar refere-se a objetos no espaço em relação a outros objetos. Para além do universo "está um espaço ou expansão uniforme, no qual a mente não encontra variedade, nenhum sinal" (2.13.10). O espaço para além do universo é descrito de várias maneiras: como "o indistinguível *vazio* do espaço infinito" (2.13.10); "aqueles ilimitados oceanos de eternidade e imensidade" (2.15.5); "o infinito abismo de espaço e duração" (2.15.6). A mente está apta a "chegar ao fim da extensão sólida; à extremidade e fronteiras de todo o corpo"; mas nada impede a mente de pensar na "infinita expansão" de espaço para além dessas fronteiras (2.15.2). Locke faz uma restrição a respeito desses espaços intermináveis para além do mundo: estão vazios de corpos, mas não de todos os seres: Deus habita a imensidade, tanto quanto a eternidade, embora a idéia de como devemos entender a presença de Deus no espaço fique obscura. Era uma noção que veio a desempenhar um papel na disputa entre Samuel Clarke (discípulo de Newton) e Leibniz nos primeiros anos do século XVIII.

Outros autores setecentistas discutiram a natureza do espaço, incluindo a sua relação com Deus; por exemplo, Samuel Colliber, John Clarke, Edmund Law. (Ver a bibliografia neste *Dicionário*, para títulos e datas. Para uma análise crítica desses autores, assim como de Newton, Berkeley e Hume, no tocante às respectivas noções de espaço, ver J.W. Yolton, *Thinking Matter*, 1984.) Uma das questões entre alguns desses escritores era se o espaço é absoluto ou relativo, uma substância ou um acidente. Newton sugeriu que o espaço é o sensório de Deus, uma frase que intrigou Leibniz, mas o espaço de Newton não era apenas uma relação. Locke considerou o espaço um componente do mundo; algum espaço está ocupado, algum está vazio. A caracterização precisa de espaço foi algo a cujo respeito Locke estava inseguro (2.13.15). Aqueles que negaram o espaço vazio, ou que disseram "que *espaço* e *corpo* são *o mesmo*", deixam-nos com um dilema: "Esse *espaço* é algo ou não é nada; se nada está entre dois corpos, estes devem necessariamente tocar-se; se se admitir que é algo, pergunta-se se é corpo ou se é espírito" (2.13.16). A resposta de Locke a esse dilema é desconcertante, em sua sugestão de abandono das categorias tradicionais: "Ao que respondo com uma outra pergunta: quem lhes disse que nada havia, ou nada poderia haver, senão seres sólidos que não podiam pensar, e seres pensantes que não eram extensos?" Prosseguiu oferecendo numerosos exemplos ilustrativos da realidade do espaço vazio. Suponhamos, sugere um exemplo, que "Deus colocou um homem na extremidade dos seres corpóreos" (2.13.21). Pode esse homem estender sua mão para além do seu corpo? "Se puder, então estará pondo seu braço onde antes havia *espaço* sem *corpo*; e se espalmar seus dedos haverá ainda *espaço* entre eles sem *corpo*" (ibid.). Outro exemplo: "Suponho que ninguém negará que Deus pode pôr fim a todo o movimento que está na matéria e fixar todos os corpos do universo num perfeito silêncio e repouso, e assim os manter pelo tempo que quiser" (2.13.21 bis). O exemplo prossegue fazendo Deus destruir um corpo, retirá-lo da existência. "Portanto, quem admitir que Deus pode, durante esse repouso geral, aniquilar este livro, ou o corpo daquele que o lê, deve necessariamente admitir a possibilidade de um *vácuo*." Se pressionado pela clássica questão ontológica: "se esse *espaço* vazio de *corpo* é *substância* ou *acidente*" (2.13.17), Locke confessa que não pode responder a essa questão enquanto não lhe for dada uma definição clara e informativa de substância, definição que não encontra naqueles autores que usam esse termo. Além disso, ele considera a idéia de SUBSTÂNCIA muito obscura.

espíritos Se lermos o verbete para "espírito" na *Cyclopaedia* (1728) de Chambers, ficamos sabendo que um uso desse termo era para designar qualquer ser ou inteligência incorpóreo, por exemplo, Deus, Anjos ou o Diabo. Também era usado, informa Chambers, em referência à alma humana. Encontramos ambos os usos em Locke. Nossa idéia de espírito é tão inadequada quanto a nossa idéia de corpo (*Ensaio*, 2.23.30). Se nossa "noção de espírito imaterial pode envolver, talvez, certa dificuldade, e não ser fácil de explicar", isso não é razão para duvidarmos da existência de espíritos (2.23.31; cf. 2.23.32). Quando mais adiante, no Livro IV do *Ensaio*, Locke refere-se às *"operações de espíritos*, a seus corpos pensantes e moventes", ele está usando "espírito" no segundo sentido destacado por Chambers: como alma ou substância imaterial (4.6.14). Em algumas seções, "espírito" e "alma" são usados indistintamente (por exemplo, 2.23.20, 21). A maioria dos usos da forma plural refere-se a espíritos finitos ou seres espirituais diferentes dos humanos. Sobre esses, ele mostra-se às vezes um tanto conjetural, dizendo: "Temos bases proporcionadas pela revelação, e muitas outras razões, para acreditar com segurança que existem tais criaturas" (4.11.12).

Como chegar a formar idéias de tais criaturas? Como interpretar as referências que lhes são feitas nas Escrituras? "Pois a mente, apreendendo, apenas por refletir, acerca de suas próprias operações sobre essas *idéias* simples que ela atribui ao *espírito*, adquire ou não outra noção do *espírito*, apenas por atribuir todas essas ações que ela descobre em si mesma a uma classe de coisas, sem consideração da matéria" (3.6.11). Essas são idéias de espíritos separados na matéria. A própria idéia de Deus é formada pela ampliação de várias idéias de existência, conhecimento e poder, e juntando-as à de eternidade. Locke reconhece não ser fácil formar idéias de "diferentes *espécies* de *anjos*", pois não estamos seguros sobre quais de nossas propriedades, ou que graus dessas propriedades, devem ser estendidas a outras espécies de espíritos (ibid.). Eles são concebíveis, pelo menos: "não é impossível conceber, sem causar repulsa à razão, que deve haver muitas espécies de espíritos, e de tal modo que se apresentam separadas e diversificadas umas das outras por propriedades distintas", embora nos faltem idéias específicas sobre tais espécies (3.6.12). É possível conceber a existência de "mais *espécies* de criaturas inteligentes acima de nós", visto que "em todo o mundo corpóreo e visível não vemos brechas ou intervalos"; estendemos a cadeia de ser acima de nós da mesma maneira (ibid.). Podemos até "conjeturar uma parte da felicidade das categorias superiores de espíritos, que têm uma visão mais apurada e penetrante, assim como um campo mais amplo de conhecimento" (4.3.6; cf. 2.23.36).

Várias propriedades e capacidades são atribuídas por Locke a tais espíritos. A nossa faculdade de memória é muito inferior a essa faculdade possuída por "alguns seres intelectuais criados em nível superior" (2.10.9). Locke especula que Deus pode até "comunicar a esses gloriosos espíritos" algumas de suas perfeições (ibid.). Locke não está certo de qual seja a relação de tais espíritos com o espaço ou "de que modo se comunicam nele" (2.15.11), mas está convencido de que "os espíritos, à semelhança dos corpos, somente podem funcionar onde estão" (2.23.19). Era uma sentença geralmente aceita que, para usar uma formulação empregada por Samuel Clarke, "nada pode atuar, ou ser passível de ação, onde não está presente, como tampouco pode ser onde não é" (*A Collection of Papers... between... Mr. Leibniz and Dr. Clarke*, 1717, segunda resposta de Clarke, §4). Locke diz que os "espíritos finitos operam em muitos tempos e em muitos lugares", pelo que devem ser capazes de mudar de (assim como ser localizados em) lugares específicos (2.23.19). Ele inclui os humanos nesse comentário: "Pois sendo a minha alma um ser real, assim como o meu corpo, ela é certamente capaz de trocar a distância com qualquer outro corpo, ou ser, como o próprio corpo; e, assim, é capaz de movimento" (ibid.). "Motividade" é o termo que ele usa para caracterizar o movimento de espíritos finitos (2.23.28). Numa passagem, ele faz uma fascinante conjetura sobre espíritos diferentes de nós: "Os espíritos podem atribuir-se corpos de diferentes tamanhos, contornos e conformação de partes. Não residirá nisso uma grande vantagem que alguns deles têm sobre nós, que podem assim estruturar e dar forma aos seus próprios órgãos de sensação ou percepção de modo a harmonizarem-se com seus atuais desígnios e com as circunstâncias do objeto que estariam considerando?" (2.23.13). Ele descreve isso como uma "fantasia desenfreada", um modo de conceber "os modos de percepção em seres acima de nós".

Locke também sugere que os espíritos "podem excitar... *idéias* em mim e expô-las em tal ordem perante minha mente, que posso perceber sua conexão" (4.19.10). Não entendemos como eles comunicam seus pensamentos uns aos outros, "embora devamos necessariamente concluir que espíritos separados [separados da matéria], os quais são seres que têm perfeito conhecimento e maior felicidade do que nós, devem precisar de ter também um modo de comunicar seus pensamentos mais perfeito do que nós temos" (2.23.36; cf. *Letter to Bishop of Worcester*, em *Works*, iv. 18). Ele sugere que tais espíritos têm uma comunicação imediata, sem a necessidade de usar sinais (palavras ou sons), mas admite ser difícil formar qualquer noção dessa espécie de comunicação. Achamos difícil entender "como espíritos que não têm corpos podem ser senhores de seus próprios pensamentos, e comunicá-los ou escondê-los a seu bel-prazer, embora não possamos deixar de supor necessariamente que eles têm tal poder" (ibid.). Ele também pensa que os anjos usam uma forma de conhecimento direto, não-discursivo (4.17.14). Acredita, inclusive, que "os espíritos de homens justos e perfeitos terão num estado futuro" um conhecimento e entendimento de "milhares de coisas" que hoje nos escapam.

Que gêneros de espíritos podem estar acima de nós não é especificado, exceto para meia dúzia de exemplos citados por Locke. Ele parece confiante na existência de (pelo menos, provavelmente) "quantidades infinitas de *espíritos*" (4.3.27), "inúmeras espécies de seres mais nobres" (4.3.17). Refere-se a eles como habitantes de um "mundo intelectual", um mundo que é maior "e mais belo" do que o mundo material em que vivemos (ibid.). Menciona anjos, de cuja existência temos conhecimento por revelação, através da Bíblia. *Alguns pensamentos* também diz que a Bíblia nos fala sobre as atividades dos espíritos (*AP*, §192). *Ensaio* 4.16.12 menciona anjos e demônios.

Sua obra sobre educação confirma que ele fala tanto de espírito bons quanto de malignos, embora não fique inteiramente claro se os espíritos malignos eram considerados reais por Locke (*AP*, §138). Os únicos espíritos malignos mencionados nessa obra são "*Duendes, espectros* e *aparições*" (*AP*, §191), ou "*fantasmas* e *duendes*" (*AP*, §138). Parece improvável que Locke acreditasse existirem realmente tais espíritos fora dos livros de histórias contadas às crianças. Sua preocupação era impedir que essas histórias e noções fossem dadas às crianças. Mesmo no tocante a espíritos bons, as crianças só deveriam ser expostas à idéia deles depois de terem aprendido a respeito do espírito infinito, Deus. Tudo o que a criança deve saber sobre Deus é que ele é "o Ser Supremo independente, Autor e Criador de todas as coisas, de quem recebemos todo o nosso bem, que nos ama e nos dá todas as coisas" (*AP*, §136). Dizer mais acerca da natureza de Deus exigiria explicações sobre os espíritos, mas "ao falar-lhe prematuramente de espíritos, e ao sermos precipitados na tentativa de fazê-la entender a natureza incompreensível desse Ser infinito, sua cabeça [da criança] pode ficar cheia de noções falsas ou perplexa com noções ininteligíveis d'Ele" (ibid.). O conselho de Locke aos pais é para que esperem até que a criança traga à baila o assunto de espíritos; então, podem dar-lhe alguma informação sobre eles de acordo com as Escrituras. Alguma noção sobre espíritos é um bom requisito preliminar para o estudo de filosofia natural pela criança. Uma exposição exagerada ao estudo da matéria pode tornar difícil para a criança aceitar a noção de "*seres imateriais in rerum natura*" (*AP*, §192). *Alguns pensamentos* confirma o que o *Ensaio* diz, que a filosofia natural deve incluir o estudo de espíritos, sua natureza e qualidades, não apenas os corpos (*AP*, §190; *Ensaio*, 4.21.2).

espíritos animais Locke anuncia no começo do *Ensaio* que "não me ocuparei agora com o exame físico da mente" (1.1.2). O que ele exclui de exame são matérias tais como o papel desempenhado pelo movimento de espíritos animais na sensação e a aquisição de idéias, ou se as idéias dependem, de fato, da matéria. Locke caracteriza essas questões como "especulativas". A referência é à fisiologia da percepção sensorial. Tinha-se registrado, na época de Locke, uma considerável soma de exames de músculos e órgãos sensoriais. Uma das teorias dominantes para explicar o movimento corporal e a percepção, até mesmo (no começo do século XVIII) o movimento muscular voluntário, envolvia espíritos animais. Essa teoria descrevia os nervos como tubos ocos com um fluido sutil movendo-se dentro deles; ao fluido dava-se o nome de "espíritos animais". Quase todo o compêndio ou tratado que tratava de percepção sensorial ou de paixões referia-se a alguma correlação fisiológica, ou admitia-a como pressuposto. Em suas obras sobre óptica, Descartes e Malebranche empregaram extensamente a fisiologia do espírito animal. Até 1749, quando David Hartley expôs a teoria dos nervos como filamentos que vibram quando estimulados, os espíritos animais eram o conceito teórico geralmente aceito. Essa teoria também se apresenta no *Tratado* de Hume em muitas passagens, a revista *The Spectator* popularizou a teoria, e Locke, apesar de sua rejeição, refere-se a espíritos animais em, pelo menos, oito passagens no *Ensaio*, propondo inclusive uma explicação do fenômeno de mãos frias e quentes na água em função do movimento de espíritos animais (2.8.21; cf. 1.1.2; 2.1.15; 2.8.4, 12; 2.10.5; 2.27.13; 2.33.6 e 4.10.19). Também há uma passagem em *Alguns pensamentos* na qual Locke suscita a questão sobre se objetos assustadores e pavorosos que perturbam crianças e prosseguem até a vida última não poderiam ser fruto de "um movimento habitual dos espíritos animais, introduzido pela primeira impressão forte" (§115).

A passagem em 2.33.6 é especialmente interessante, porquanto parece levar em conta a possibilidade de o pensamento e a vontade não serem outra coisa "senão seqüências de movimento nos espíritos animais, seqüências essas que, uma vez iniciadas, repetem o mesmo percurso a que se habituaram, o qual, por ser trilhado com freqüência, desgastou-se ao ponto de tornar-se um caminho suave, e o movimento nele ficou fácil e, por assim dizer, natural". O resto dessa seção recua da possibilidade de que pensar e querer *nada mais sejam* do que movimentos de espíritos animais (isto é, eventos cerebrais) ao sugerir que a *causa* de pensar e querer pode ser o movimento de espíritos animais. Que Locke estava perto de afirmar que o pensamento é uma propriedade do cérebro é uma acusação que muitos autores fizeram mais tarde (*ver* MATÉRIA PENSANTE).

No século XVIII, especialmente na França, o poder das explicações fisiológicas de estados e processos mentais significou uma ameaça ao tradicional dualismo mente-corpo. Quanto mais complexas as teorias fisiológicas ficavam, mais foram associadas ao que era percebido como um crescente materialismo. O nome de Locke foi associado ao de certo número de materialistas franceses, como Voltaire e Diderot.

essência Locke explica que o significado original do termo "essência" é "o próprio ser de qualquer coisa, aquilo por que ele é o que é" (*Ensaio*, 3.3.15). Na metafísica tradicional, o que existe, o que há, ou é uma substância ou uma qualidade. As qualidades não podem existir por si mesmas; devem ser qualidades *de* alguma coisa, alguma substância. Duas espécies de substâncias eram reconhecidas, materiais e imateriais, corpo e mente. Cada espécie de substância tinha uma propriedade definidora, uma qualidade essencial que faz dela uma substância material ou imaterial. Assim, os corpos eram considerados substâncias materiais ou físicas, cuja qualidade essencial era a extensão. Essa qualidade foi o que fez do corpo (ou matéria) ser o que é. O seu ser é ser extenso. Do mesmo modo, considerava-se a mente, alma ou espírito uma substância imaterial com a qualidade essencial de ser pensante, pelo menos para almas ou mentes finitas. Descartes é um bom exemplo de filósofo que trabalhou com uma ontologia de duas substâncias: *res extensa* e *res cogitans*. Como a essência de uma espécie de susbtância é o seu próprio ser, como diz Locke, Descartes e outros estavam empenhados em afirmar que a alma pensa sempre, tal como a matéria é sempre extensa. Um fragmento de matéria que não seja extenso não será matéria. Uma alma que não esteja sempre manifestando pensamento não será uma alma. Matéria inextensa e mente não-pensante são, nessa concepção, noções inconcebíveis e contraditórias.

Locke desafiou essas doutrinas tradicionais de múltiplas maneiras. Anuncia no início do *Ensaio* que não examinará em que consiste a essência da mente (1.1.2), mas depois discorda de Descartes argumentando ser provável que o pensamento não seja a essência, embora seja a ação da mente (2.19.4). Sua razão para rejeitar o pensamento como a essência da mente ou alma é que existem graus de pensamento, níveis de percepção, flutuações no pensar. A essência de uma coisa não muda; se mudasse, o próprio ser dessa coisa mudaria. Locke também acreditava que nós, de fato, não pensamos o tempo todo, sendo o sono sem sonhos um exemplo. A rejeição por Locke do pensamento como propriedade essencial da mente ou alma era uma atitude radical, um desafio às noções geralmente aceitas sobre mente e substância. Alguns de seus leitores viram isso como uma possibilidade que se abria para uma alteração na noção de mente, dando até apoio, talvez, a uma alma material. Mas Locke ofereceu um desafio ainda mais radical e perigoso à doutrina de substância: ele não pensou que pudéssemos descobrir as essências imutáveis de ambas as espécies de substância. A frase "essência desconhecida" é usada com freqüência (por exemplo, 2.23.3; 2.32.18). Sugeriu até que a nossa idéia de Deus é limitada e talvez incorreta: a sua essência pode ser diferente da nossa idéia; Deus pode ser simples, enquanto que a nossa idéia de Deus é complexa, formada de existência, conhecimento, poder, sabedoria etc.

Locke pode não ter pensado que estava sendo radical ao expressar esses pontos de vista, uma vez que começa 3.3.15 dizendo que "as *essências* das coisas são pensadas por alguns... como completamente desconhecidas" (os "alguns" não são identificados) e prossegue dizendo, como se expusesse o uso corrente do termo, que "essência" quase perdeu o seu significado original; tem sido agora "aplicado à constituição artificial de *gênero* e *espécie*" (3.3.15). O termo "artificial" contrasta com a caracterização do significado original, o qual identificou a essência como a "constituição real interna das coisas", uma frase que é a adaptação de Locke da explicação científica corpuscular da matéria. A mudança de essência *real* para *artificial*, do que ele designa por "essência real" para a "essência nominal", reflete um certo número de outras doutrinas no *Ensaio* sobre idéias abstratas, classes, a rejeição de um conhecimento de conexões necessárias na natureza e sua ênfase geral sobre experiência e observação.

Ele esclarece mais adiante a noção de essência real de substâncias corpóreas ao descrever duas opiniões sobre elas. Uma opinião sustenta haver um número fixo de essências "de acordo com as quais todas as coisas naturais são feitas, e de que cada uma delas participa exatamente" (3.3.17). Assim os seres naturais pertencem a espécies. Locke acreditava que essa opinião impediu o progresso da ciência, do nosso conhecimento de coisas naturais. Além disso, é incompatível com as "freqüentes produções de monstros, em toda a espécie de animais, e de crianças defeituosas e outras estranhas manifestações do nascimento humano" (ibid.). Também acha a noção de essências desconhecidas muito obscura; o conhecimento não será ajudado por semelhante conceito. A outra opinião, que Locke diz ser a mais racional das duas, é a dos que consideram "que todas as coisas naturais têm uma real mas desconhecida constituição de suas partes insensíveis, das quais surgem essas qualidades sensíveis que nos servem para distingui-las entre si, segundo tivemos oportunidade para classificá-las em espécie, sob denominações comuns" (ibid.). A distinção de coisas não se refere a distinguir um *particular* de um outro (a sua pena da minha), mas a distinguir *espécies* de coisas naturais, por exemplo, ouro, prata ou chumbo (3.3.18). Cada particular tem sua própria constituição interna, a qual explica seu conjunto de qualidades. Essa constituição, essa essência real, perece quando o objeto cessa ou sofre mudança radical, por exemplo, uma mudança da grama de hoje, ao converter-se em carne de ovelha e parte do homem que come a ovelha. A essência real da grama, como de todos os particulares, é generalizável e corruptível, ao invés dos gêneros fixos de essências da primeira opinião (3.3.19). É a essência nominal que, na explicação de Locke, permanece inalterada, a menos que fossem mudados nossos nomes para as coisas (por exemplo, "homem", "cavalo").

Uma de suas razões para rejeitar a primeira opinião sobre essências reais foi a afirmação que elas são desconhecidas. A segunda opinião também afirma que a real constituição interna é desconhecida, mas Locke mostrou-se relutante em rejeitar essa noção de essência real, muito embora sua atenção se concentrasse principalmente na essência *nominal*, a essência que construímos a partir de qualidades coexistentes observadas. Ele aceitou a hipótese corpuscular como a melhor explicação de fenômenos observados. Adicionou a essa hipótese a noção de que as qualidades observadas "fluem da" constituição interna dos corpos. Num determinado momento de sua polêmica com Stillingfleet, o bispo de Worcester,

Locke pensou que o bispo estava dizendo que a essência real flui da substância. "Devo reconhecer aqui que a minha noção dessas essências difere um pouco da de Sua Senhoria, porquanto não considero que elas emanem da substância de qualquer ser criado, mas estejam em toda a constituição ou estrutura interna ou modificação da substância que Deus, em sua sabedoria e boa vontade, julga apropriado outorgar a toda criatura particular, quando lhe dá um ser" (*Mr. Locke's Letter to the Bishop of Worcester*, em *Works*, iv. 82). Essa relação de "fluir de" tem um papel causal, mas também teria um papel lógico a desempenhar se pudéssemos conhecer as essências reais, nessa acepção de "essência" (*ver* CONEXÃO, [NECESSÁRIA]).

Essa relação lógica ou conceptual entre essência real e as qualidades de um objeto é exemplificada, para Locke, por figuras geométricas. A nossa idéia de *elipse* contém "toda a essência dessa figura" e podemos desobrir todas as suas propriedades demonstrativamente (2.31.11). A essência ou constituição formal de um triângulo nos é acessível através de sua definição (3.11.22). Se a constituição interna da substância a que chamamos "ouro" também nos fosse conhecida, estaríamos aptos a descobrir todas as suas propriedades a partir dessa estrutura interna. Não está claro, pelo que Locke diz sobre geometria, se ele considerou criação do homem os conceitos de figuras, ou se pensou que tais figuras possuíam um certo status ontológico. Mas seja qual for o ponto de vista que aceitou, o fato é que a essência real de figuras geométricas (suas definições) contém a informação sobre todas as suas propriedades.

Existe uma outra área em que a relação conceptual entre conceitos e conseqüências é fixa e cognoscível: é a área dos conceitos de ação a que Locke chamou "modos mistos". Esses conceitos, por exemplo, de obrigação, embriaguez, hipocrisia, são construídos ou formados pela mente, ou para descrever algumas relações entre pessoas ou para servir como normas ou critérios para ações. Estas são *tipos* de ações: logo, o conceito ou, como Locke por vezes lhes chama, "noções", refere-se a espécies, mas essas espécies são determinadas por nós, por nossa sociedade; elas constituem os costumes e práticas de uma sociedade. Como as essências desses modos mistos são determinadas por nós, um entendimento das palavras ou conceitos dá-nos um conhecimento de todas as propriedades desses termos. As essências dessas espécies ou classes de ações "nada mais são senão as *idéias* abstratas na mente, às quais o nome é anexado" (3.5.1). O entendimento de modos mistos e o entendimento de figuras geométricas abrem para nós um conhecimento mais completo acerca desses modos e figuras. Suas propriedades são contidas em conceitos e fluem destes. Nesses exemplos de classes ou espécies, a essência *nominal* (o nome ou idéia) é a mesma que a essência *real*. A "estrutura formal" é, com efeito, uma definição.

A relação entre essência real e nominal em coisas naturais seria semelhante se pudéssemos conhecer e entender a constituição formal (ou microestrutura) do ouro, da prata ou do chumbo. Como essa estrutura nos é inacessível, a essência nominal para coisas naturais é que se reveste de suma importância. Em cada caso, o de figuras geométricas, de modos mistos e de substâncias físicas, a essência conhecida, nominal, é uma idéia ou nome, uma idéia abstrata à qual se ligam nomes (3.6.2). Com figuras geométricas e conceitos de ação, as essências nominais e reais são as mesmas. No caso de substâncias físicas, como ouro e prata, ignoramos se a essência nominal reflete de algum modo a real estrutura interna, embora Locke aceitasse a hipótese científica que preserva em sua forma causal a relação "flui de". Além disso, a descrição de Locke das diferentes espécies de qualidades do corpo (primárias e secundárias) emprega a relação causal entre a estrutura corpuscular interna, insensível, e essas qualidades.

Na formação daquelas essências chamadas "modos mistos", não somos obrigados a construí-las mediante a observação de qualidades coexistentes, mas as essências nominais de substâncias físicas devem estar cuidadosamente baseadas em qualidades existentes. Agruparmos qualidades sob um nome de classe ou idéia pode ser algo arbitrário, refletindo aquelas combinações que são importantes e úteis em ciência ou medicina, mas a natureza arbitrária e artifical dessas seqüências nominais não deve ignorar as combinações existentes. O progresso da ciência depende de nossas classificações serem reflexos exatos das qualidades que existem e que se apresentam juntas em nossa experiência. Se o ouro prova ser útil para os químicos, nossa essência nominal e nome de classe para o ouro devem captar aquelas qualidades que o químico acha úteis, "um corpo amarelo, de um certo peso, maleável, fundível e fixo" (3.6.2). Em medicina, é ainda mais importante garantir que os nomes de doenças e enfermidades (por exemplo, histeria, hidropisia, gota) referem-se a conjuntos de qualidades observadas que são sintomas para essas doenças. As curas requerem um cuidadoso mapeamento da história de doenças, "um trabalho que exige tempo, precisão, atenção e discernimento" (Locke a Thomas Molyneux, 20 de janeiro de 1693), *Corr*. 1593; iv. 629). Locke estava mais confiante quanto à possibilidade de penetrar para além dos sintomas externos de doenças e chegar à "natureza específica ou fermento ou defeito peculiar" de cada doença do que quanto à de descobrir a estrutura interna de substâncias físicas (ver a citação dos diários de Locke para 22 de julho de 1678 em Dewhurst, *John Locke — Physician and Philosopher*, 1963, p.136). O que é importante no físico, assim como em física, é registrar as qualidades coexistentes, construir histórias naturais de doenças e de fenômenos físicos. Com base nessas cuidadosas observações, construímos então nossas classificações de classes de substâncias e doenças.

A maioria dos exemplos dados, por Locke, de essências é tirada da química, o objeto de estudo da obra de Robert Boyle, com a qual Locke estava tão familiarizado. Embora ele use o termo "espécies" para classes e gêneros, pouca atenção é prestada a espécies biológicas. Há uma interessante ilustração da diferença entre essência real e nominal que sugere uma estrutura biológica ou fisiológica subjacente como a essência real do homem. A idéia complexa de homem a que Locke se refere é composta de movimento voluntário, sentidos, razão, um corpo de certa forma. Essa é "a *essência nominal* da *espécie*" (3.6.3). O fundamento para essas qualidades é a "constituição do *homem*, da qual dimanam suas faculdades de movimento, sensação, raciocínio e outros poderes, e da qual depende sua forma tão regular". Anjos e Deus têm conhecimento dessa constituição, mas nosso conhecimento está longe de ser tão extenso. Não estamos mais perto de entender a constituição interna do homem do que estamos da estrutura interna de substâncias químicas. Não há sugestão alguma de que Locke concebesse a constituição do homem como corpuscular, embora use a analogia, nessa passagem, do conhecimento que o relojoeiro tem das rodas, molas e balancins do relógio de Estrasburgo. Homens e animais, entretanto, têm essências reais de que dependem suas faculdades e qualidades, seus movimentos e percepções.

Se a constituição interna de coisas, animadas ou inanimadas, desempenha um papel causal nas qualidades e operações manifestas, acreditou Locke que a essência real é o que determina classes e espécies? Acreditou ele, poderíamos indagar, na existência de classes *naturais,* não a espécie citada ao abrigo da primeira opinião sobre essência real, mas ao de sua própria noção de constituição interna? Podemos encontrar uma resposta para essa questão em outras seções de 3.6. Por exemplo, 3.6.4 observa que se "retirarmos apenas as *idéias* abstratas pelas quais classificamos indivíduos e os organizarmos sob Nomes comuns", a noção de *essencialidade* desaparece. Como indivíduo, "nada do que tenho me é essencial, se bem que, como indivíduo particular, "é necessário que eu seja como sou; DEUS e a natureza me fizeram assim" (3.6.4). Ele começou essa seção assinalando de novo o uso corrente da palavra "essência": relaciona-se com as classes de coisas. Eu torno-me um membro de uma classe somente quando meus atributos ou ações se ajustam à idéia abstrata, ao termo classe. O mesmo requisito vale para substâncias físicas. Se algum fragmento de matéria tem apenas algumas das propriedades especificadas pela nossa palavra "ferro" ou "ouro", não diremos que lhe falta algo essencial a *esse* fragmento de matéria. "Seria absurdo perguntar se uma coisa realmente existente carece de algo que lhe é *essencial*" (3.6.5). Ainda mais decisiva contra a noção de espécies naturais é a insistência de Locke em que "falar de diferenças específicas em natureza, sem referência às idéias gerais em nomes, consiste em falar ininteligivelmente" (ibid.). Para Locke, a essência real não é um geral de gênero, não determina classes e espécies; é, com efeito, a constituição particular de que dependem todas as propriedades dos particulares que compõem o mundo. Indiretamente, podemos dizer que as suas essências reais desempenham um papel na classificação, que se relacionam com um gênero ou classe, no sentido de que as qualidades e propriedades que são usadas por nós para dividir particulares em gêneros "fluem" da essência real de cada objeto ou indivíduo particular (*ver* TIPOS, GERAIS DE GÊNERO).

A conclusão mais cautelosa seria dizer que Locke apenas afirma que *nossas* classificações estão baseadas na essência nominal, as qualidades que *nós* reunimos sob uma idéia ou nome. No fim de contas, ele nega que possamos conhecer essências reais. Entretanto, Locke aceitou claramente o princípio de que "todas as coisas que existem são particulares" (um princípio aceito mais tarde por Hume), de modo que sua ontologia geral parece excluir a espécie (3.3.1). Ele não nega que "a natureza, na produção das coisas, faz várias delas semelhantes", especialmente "na raça dos animais, em todas as coisas propagadas por semente" (3.3.13). A semelhança entre particulares não é tão estável e uniforme ao ponto de formar classes, como fica claro no comentário de Locke a respeito da cadeia de ser: peixes com asas, aves que vivem na água, animais que raciocinam (3.6.12). Poderíamos querer dizer que quando somamos existência no tempo e no espaço, a essência real individualiza particulares, enquanto a sua essência nominal agrupa esses particulares em classes para nosso uso. "Por que dizemos que isto é um *cavalo* e aquilo é uma *mula*, isto é um *animal*, aquilo é uma *erva*? Como ocorre a qualquer coisa ser desta ou daquela espécie, senão porque tem essa particular essência nominal? Ou, o que é a mesma coisa, porque concorda com essa *idéia* abstrata, a que está anexado um nome? " (3.6.7) Seja qual for a conclusão final a que possamos chegar sobre a questão a respeito de Locke e espécies naturais, *Ensaios* 3.6 e 2.23 merece um estudo rigoroso e detalhado.

estado de natureza Locke define poder político como "o *direito* de fazer leis com pena de morte e, conseqüentemente, todas as penalidades menores para regular e preservar a propriedade, e de empregar a força da comunidade na execução de tais leis, e na defesa da comunidade contra dano exterior; e tudo isso tão-só em prol do bem público" (*T2*, §3). Ele nos diz depois, no capítulo seguinte, que se pretendemos obter um bom entendimento do poder político, devemos descobrir como ele se origina. Para isso, precisamos "considerar em que estado todos os homens se acham naturalmente" antes de se formar a sociedade política. Entender as origens da sociedade política explicará como surgem aquelas características do poder político que ele enumera, e talvez encontrar até sua justificação: o direito de fazer leis, o uso de penas, incluindo a morte, para os que violam as leis, a regulamentação e preservação da propriedade, e o emprego da força da comunidade na execução das leis. As outras duas características do poder político, a defesa contra agressão estrangeira e a permanente ação a favor do bem público, não se ajustam com o mesmo rigor à explicação da origem desse poder. Locke, é claro, está interessado no poder político legítimo, não no poder obtido através de agressão. No primeiro dos *Dois tratados*, ele havia rejeitado firmemente a tese de Filmer segundo a qual o poder fora transmitido por Deus a Adão e depois à posteridade de Adão.

Não foi tanto à forma monárquica de governo defendida por Filmer que Locke objetou (ele não rejeita todas as formas de sociedades políticas que têm um rei e um corpo legislativo). O que ele rejeitou foi a natureza hereditária da exposição de Filmer, com todo o poder situado no rei, não tendo os súditos nenhum papel na estrutura e condução do governo. Para Locke, o poder político legítimo é derivado de características específicas de pessoas vivendo no estado de natureza. Cada uma das principais características da sociedade civil lockiana encontra seu protótipo no estado de natureza de Locke. Precisamos falar do estado de natureza de *Locke* porque sua descrição dessa condição difere da de outros, mais acentuadamente do conceito de Hobbes. Essas diferenças refletem uma divergência em suas concepções de natureza humana, assim como da relação de Deus com o homem. Salientar essas diferenças entre Locke e Hobbes irá nos ajudar a entender o estado de natureza de Locke e a discernir o modo como sua sociedade civil reflete esse estado.

1. A condição em que os homens naturalmente se encontram é descrita por Locke como "um *estado de perfeita liberdade* para ordenar suas ações e regular suas posses e as pessoas conforme acharem conveniente" (*T2*, §4). Hobbes define liberdade como "a ausência de impedimentos externos", uma liberdade que "cada homem possui de usar seu próprio poder, da maneira que quiser, para a preservação de sua própria natureza, ou seja, de sua vida; e conseqüentemente de fazer tudo aquilo que seu próprio julgamento e razão lhe indiquem como meios adequados a esse fim" (*Leviatã*, Parte I, cap.XIV, p.82 da ed. "Os Pensadores", Abril Cultural). Até aqui, as duas definições são muito semelhantes, exceto na definição do termo "poder" em Hobbes. O conceito de poder para Hobbes engloba força, prudência, nobreza, reputação e até conhecimento, de modo que não se trata apenas de força física e, assim, a presença desse termo na definição de Hobbes pode não assinalar uma diferença importante (ibid., cap.X). Onde ocorre uma diferença significativa é na restrição de Locke de que a liberdade perfeita no estado de natureza ocorre "dentro dos limites da Lei da Natureza" (*T2*, §4). Essa lei obriga a todos nesse estado: ela "ensina a todos os homens que... sendo todos iguais e independentes, nenhum deles deve prejudicar a outrem em sua vida, saúde, liberdade ou posses" (*T2*, §6). No estado de natureza de Hobbes, "todo homem tem direito a todas as coisas, incluindo os corpos dos outros" (*Leviatã*, Parte I, cap.XIV, p.82,

loc.cit). É discutível que espécie de "direito"pode ser esse, ou como se origina, porquanto ele diz (e isso é uma grande diferença em relação a Locke) que "as noções de bem e mal, de justiça e injustiça, não podem aí ter lugar"; ou seja, no estado de natureza, elas "pertencem aos homens em sociedade, não na solidão" (ibid., cap.XIII, p.81, loc.cit). Parece haver dois conceitos de "direito" para Hobbes: um deriva das leis, no âmbito da sociedade política; o outro significa simplesmente, como ele diz, "a liberdade de fazer ou de omitir" (cap.XIV p.82). Locke concorda que os direitos estão relacionados com leis, embora para ele também existam alguns direitos naturais, mas estes estão intimamente vinculados à lei da natureza. Hobbes fala de uma lei da natureza (um "preceito ou regra geral descoberto pela razão") que "proíbe a um homem fazer tudo o que possa destruir sua vida ou privá-lo dos meios necessários para preservá-la", mas isso é uma regra prudencial, não uma lei que, como na concepção de Locke, Deus outorga ao homem.

2. A lei da natureza de Locke também é descoberta pela faculdade da razão, mas a razão para ele é revelação natural, a voz de Deus. O que a razão revela são leis de Deus, injunções morais. Locke cita Richard Hooker, que falou de uma obrigação de "amor mútuo entre os homens" (*T2*, §5), e sublinha a importância de os homens serem obra de Deus e, por conseguinte, propriedade d'Ele (*T2*, §6). No estado de natureza, para Locke, todos participamos da comunidade da humanidade. A liberdade que os homens têm nessa comunidade é limitada pela lei da natureza, embora ele caracterize a liberdade do homem no estado de natureza como "incontrolável". Uma limitação é contra o suicídio; uma outra impede-o de destruir "qualquer criatura que esteja em sua posse, senão quando uso mais nobre do que a simples conservação o exija" (ibid.). A lei da natureza também impede que alguém prejudique outrem em sua vida, liberdade, saúde e bens; essa lei "importa na paz e *preservação de toda a humanidade*" (*T2*, §7).

3. Hobbes considera que toda a humanidade tem "uma inclinação geral" que ele caracteriza como "um perpétuo e irrequieto desejo de poder e mais poder, que somente cessa com a morte" (*Leviatã*, Parte I, cap.XI, p.64, loc.cit). Mesmo reconhecendo a amplitude do seu conceito de poder, o resultado desse traço geral da natureza humana é que o estado de natureza é uma guerra de "todos os homens contra todos os homens", não necessariamente em luta real, mas "na conhecida disposição para tal" (cap.XIII, p.79-80, loc. cit.). Hobbes concordaria provavelmente com a definição de Locke de um estado de guerra: "um estado de inimizade e destruição; e, portanto, um estado que declara desígnio inalterável e calmo com relação à vida de outrem, por meio de palavra ou ação, não apaixonado ou precipitado" (*T2*, §16). Hobbes identifica o estado de natureza com o estado de guerra; Locke distingue-os cuidadosamente. Para Locke, o estado de natureza é uma condição de paz, boa vontade, assistência mútua e preservação. O estado de guerra é um estado de inimizade, maldade, violência e destruição mútua: uma boa caracterização do estado de natureza de Hobbes.

Outra característica do estado de natureza de Locke é que "a *execução* da Lei da Natureza encontra-se, naquele estado, posta nas mãos de todos os homens" (*T2*, §7). Locke diz que essa noção é uma "estranha doutrina", significando uma nova noção (*T2*, §13). Essa doutrina dá a cada um no estado de natureza o direito de "castigar os transgressores dessa lei em tal grau que impeça a sua violação" (*T2*, §7). Hobbes tinha insistido em que, no estado de natureza, não existe um poder comum que possa manter as pessoas silenciosas ou respeitosas. Um poder comum, um governante forte, pode impor leis e converter o estado de natureza (guerra) numa sociedade política. Para Locke, é imprescindível alguma autoridade para impor e fiscalizar a lei da natureza, mas distribui essa autoridade entre todas as pessoas no estado de natureza. À sombra dessa estranha doutrina, a de que cada homem no estado de natureza tem o poder executivo da lei da natureza, todo o homem tem dois direitos distintos: "o de *castigar* o crime restringindo e prevenindo a ocorrência de delito análogo... ; o outro, o de reivindicar uma *reparação*, direito que pertence somente à parte prejudicada" (*T2*, §11). É desses dois direitos no estado de natureza que o magistrado em sociedade política adquire tais direitos para o bem de todos os membros da sociedade civil.

Locke levanta uma possível objeção contra a sua doutrina de que todos possuem o poder executivo da lei da natureza. "Pode o homem ser objetivo ao julgar outros e ao avaliar as punições apropriadas? O amor-próprio não tornará os homens parciais para consigo mesmos e seus amigos"? Ou a "natureza, a paixão e a vingança" não os levarão a impor punições impiedosas e severas demais, em desproporção com seus crimes? (*T2*, §13) Se essas objeções são válidas, o resultado não seria "confusão e desordem"? Sua resposta a essas objeções é admitir que os "inconvenientes do estado de natureza... devem, com toda a certeza, ser grandes se os homens têm de ser juízes em causa própria, pois é fácil imaginar que quem foi tão injusto, a ponto de se tornar capaz de causar dano a um irmão, raramente será tão justo que a si se condene por isso" (*T2*, §13). Mas lembra-nos que os monarcas absolutos também são homens, pelo que os mesmos perigos de injustiça e parcialidade podem afetar seus juízos. Nem todo governo é melhor a esse respeito do que o estado de natureza. Além disso, todo homem no estado de natureza "e responsável por seu juízo perante o resto da humanidade" (ibid.). O que Locke não diz aqui, mas é sumamente importante para o entendimento do seu conceito de poder político, é que, sempre que o poder executivo está localizado na sociedade civil, recebe sua origem e legitimidade do fato de que todo homem no estado de natureza tem esse poder em relação à lei da natureza.

O estado de natureza foi usado por Locke e muitos autores anteriores a ele como um conceito para explicar a origem do poder político e características específicas da sociedade civil (leis positivas, observância dessas leis, direitos e deveres, bem público). Foi levantada a questão seguinte: acreditavam esses autores que o conceito se referia a alguma condição pré-política real? Locke dá diversas respostas a essa questão. Primeiro, sugere alguns exemplos históricos, embora admitindo que nossa documentação é bastante escassa (*T2*, §101). Ele sugere que Roma e Veneza "tiveram origem na união de homens livres e independentes uns dos outros", de modo que estavam num estado de natureza anterior à união (*T2*, §102). Também cita um livro de José de Acosta, no qual é dito que "em muitas partes da *América* não existia governo de espécie alguma" (ibid.). Os exemplos de Acosta eram do Peru, Brasil e Flórida. Locke acredita que esses povos iniciaram suas sociedades políticas a partir de "uma união voluntária e do mútuo acordo de homens atuando livremente na escolha de seus governantes e de formas de governo" (ibid.; cf. §92, onde faz referência às florestas da América). Também cita um outro relato, de Justino (Marcus Julianus Justinus), onde se faz a descrição de Esparta e do estabelecimento de um governo por homens livres e independentes (*T2*, §103).

Locke tirou claramente esses casos e exemplos "da história de *povos livres e no estado de Natureza*" que, tendo-se reunido, se incorporaram numa comunidade (ibid.). Sua segunda resposta à questão sobre a existência de um estado de natureza é mais conceptual, embora capte uma condição fundamental para uma sociedade civil legítima. Qualquer governante absoluto encontra-se "tanto *no estado de natureza*, tendo tudo sob o seu domínio, como ele próprio está para com o resto dos homens" (*T*2, §91). O critério para um estado de natureza, diz ele nessa passagem, é o seguinte: "Sempre que haja dois homens sem qualquer regra estabelecida ou juiz comum para quem apelar na Terra para a resolução de controvérsias de direito entre eles." Ele amplia o campo de ação de homens vivendo num estado de natureza a "todos os *príncipes* e governantes de Estados independentes por toda a parte do mundo", porque, mesmo se os súditos fizeram algum tipo de acordo com os governantes, podem não ter encontrado o critério apropriado para o contrato social (*T*2, §14). O consenso ou pacto que impulsiona os homens do estado de natureza para a sociedade política deve adotar a forma específica de "acordo mútuo e em conjunto para estabelecer uma comunidade e fundar um corpo político" (ibid.).

Uma descrição mais detalhada do que é acordado quando os homens se incorporam numa sociedade civil é oferecida mais adiante em *Dois tratados*: "A maneira única em virtude da qual uma pessoa qualquer renuncia à liberdade natural e se reveste dos laços da sociedade civil consiste em concordar com outras pessoas em juntar-se e unir-se em comunidade para viverem com segurança, conforto e paz umas com as outras, gozando, com confiança, das propriedades que tiverem e desfrutando de maior proteção contra quem quer que não faça parte dela" (*T*2, §95). Há razões muito específicas para deixar o estado de natureza: a falta de "uma *lei estabelecida*, firmada, conhecida", aceita como padrão de justo e injusto; a falta de "um juiz conhecido e imparcial" investido da devida autoridade; e a falta de poder para "dar apoio e sustentação à sentença, quando justa, a fim de se proceder à devida execução" (*T*2, §§124-26; *ver* SOCIEDADE).

Locke seguiu uma longa tradição de escritores que usaram o conceito de um estado de natureza. Há muitas semelhanças entre os seus pontos de vista e os de autores em séculos anteriores. Para uma discussão e análise desses escritores, ver Quentin Skinner, *The Foundations of Modern Political Thought* (1978), Vol.II.

experiência Ao final de sua longa discussão e rejeição das teses favoráveis às proposições e idéias inatas no Livro I do *Ensaio*, Locke anuncia que no resto dessa obra tentou "erguer um edifício uniforme e coerente consigo próprio, até onde minha experiência e observação pessoal me ajudarem" (*Ensaio*, 1.4.25). Diz que sustentará seus princípios recorrendo à "*experiência* e observação de homens isentos de preconceitos". No final de sua descrição do modo como adquiriu algumas idéias, repete sua advertência a respeito de recorrer à experiência e observação para decidir se está certo acerca da origem das idéias (2.11.15). Nesse programa, Locke estava refletindo o método oficial da Royal Society, cujos membros, por sua vez, se inspiravam em Francis Bacon. O historiador dessa sociedade, Thomas Sprat, elogiou Bacon por sua defesa da "Filosofia Experimental" (*The History of the Royal Society*, 1667, p.35). Sprat caracterizou a meta dos cientistas da Royal Society como "realizar fiéis registros de todas as obras da *Natureza*, ou *Arte*, que possam ficar ao seu alcance" (ibid., p.61), o que Locke e outros chamaram "fazer histórias naturais de fenômenos". Voltaire qualificaria Bacon, mais tarde, como o "pai da filosofia experimental" (*Letters concerning the English Nation*, 1733, Carta XII, precedendo a Carta XIII sobre Locke). Diderot e d'Alembert (os editores da *Encyclopédie* do Iluminismo) também elogiaram Bacon por seu programa de investigações da natureza baseadas na experiência. Locke cita Bacon sobre método em *Conduct of the Understanding*.

Locke também acompanha Bacon em sua oposição a confiar-se nas regras formais de raciocínio e em autoridades. A injunção da Royal Society foi reforçada por Locke: observe as próprias coisas, não se deixe predispor por autoridades passadas ou por usos lingüísticos correntes. A descoberta de fatos concretos por experiência e experimentos cuidadosos tornou-se a nova metodologia da ciência. A "constante e jamais deficiente experiência" de um homem, disse Locke, dá-nos a verdade dos fatos: "todos os estados constituintes e propriedades dos corpos, e o procedimento regular das causas e efeitos no curso ordinário da natureza" (4.16.6). As experiências constantes é que sustentam e corroboram as probabilidades de princípios e prognósticos de natureza geral. Observadores treinados e exercitados podem, com freqüência, "conjeturar corretamente o que a experiência ainda não revelou" (4.6.13). Como nos falta um conhecimento da essência real e das conexões necessárias, nosso conhecimento da natureza deve basear-se na experiência: "*A experiência deve aqui me ensinar* o que a razão não pode" (4.12.9; cf. 4.12.10; 4.3.16, 17; *ver Conduta*, §13). Autores que destacam experimentos e observações, em contraste com hipóteses e sistemas especulativos, são recomendados para o estudante (*AP*, §193).

A investigação de eventos naturais, ou seja, a ciência da natureza, está limitada, para nós, ao que podemos descobrir através da experiência, observação e experimentos. A investigação do entendimento humano, a ciência da mente (que era a área de interesse de Locke no *Ensaio*), também deve proceder por experiência e observação. Grande parte de sua análise do entendimento é feita na linguagem de idéias. Ele esperava que aqueles que quiserem confirmar sua descrição da origem de idéias consultem sua própria experiência (2.1.1). Sua tese geral sobre as origens de idéias é que estas nascem na mente em conseqüência da experiência e da observação — observação de objetos externos e experiência das operações da mente (2.1.2). Os hábitos de percepção resultam de repetidas experiências; por exemplo, levam-nos a julgar o espaço, a figura e o movimento de objetos pelo uso de luz e cores (2.9.8). A experiência de todo o homem mostra-lhe a força do hábito em relação ao prazer e à dor (2.21.69). De suma importância para sua descrição da natureza das idéias, mostra-nos a experiência que não podemos formular idéias simples; a mente é passiva ao recebê-las (2.22.2). Se usarmos a observação e a experiência em vez de apoiarmos-nos em teorias preestabelecidas, descobriremos poucos indícios de "uma alma acostumada a pensar muito numa criança recém-nascida" (2.1.21). Aqui e mais adiante, ele visava à tese cartesiana de que a alma pensa sempre (ver 2.19.4). As crianças só adquirem aquelas idéias com que "a experiência e a observação das coisas que se lhes apresentam pelo caminho as suprem" (1.4.2).

Recorre-se à experiência em outras passagens para explicar idéias específicas. Um modo como podemos adquirir certas idéias complexas é através da experiência de observar homens lutando ou esgrimindo (2.22.9). Ele recorre à experiência de todo homem para confirmar sua asserção de que as idéias de substâncias físicas são adquiridas através da observação de qualidades coexistentes (2.23.3). As idéias de corpo (o "*poder de comunicação de movimento por impulso*") e de almas (o "poder de *excitação de movimento por pensamento*") são fornecidas diariamente pela experiência (2.23.28). A experiência assegura-nos da existência de substâncias extensas e pensantes, da "existência de tais seres" (2.23.29). Por vezes, a experiência contraria o que achamos concebível: não podemos conceber como "qualquer coisa, salvo o impulso do corpo, pode mover o corpo", mas temos em nós próprios uma "constante experiência" de movimento voluntário produzido "em nós somente pela livre ação ou pensamento de nossa própria mente" (4.10.19). Refletindo sobre o que se passa em nós mesmos, "descobrimos por experiência que simplesmente por querer, simplesmente por um pensamento da mente, podemos mover partes de nossos corpos", adquirindo assim a idéia do começo de movimento (2.21.4).

Também podemos aprender pela experiência algumas das limitações da linguagem. Por exemplo, as tentativas para explicar idéias simples por palavras fracassarão; elas devem ser vivenciadas a fim de sabermos o que são (2.4.6); temos poucos nomes para gostos e cheiros, e devemos deixar que sejam descobertos pelo pensamento e a experiência de cada indivíduo (2.18.5). É também por experiência que aprendemos que, numa linguagem, nem todas as palavras têm uma significação clara e exata (3.3.10). A experiência "convencerá facilmente qualquer um" de que uma definição não pode fazer com que o significado da palavra "luz" seja entendido por um cego; idéias simples não podem ser adquiridas por definições (3.4.10).

As verdades gerais estão limitadas ao que pode ser descoberto através da observação e da experiência (4.3.28), e as bases de probabilidade são ajuizadas pela conformidade de "qualquer coisa com o nosso conhecimento, observação e experiência" (4.15.4). Os químicos aprendem por experiência que algumas amostras de uma substância que julgam ser enxofre ou antimônio diferem em algumas de suas qualidades, conforme verificado em experiências anteriores (3.6.8). Locke até atribui à experiência o fato de nos convencermos de "que *temos um conhecimento intuitivo de nossa própria existência*" (4.9.3).

Assim, o recurso à experiência está presente do começo ao fim do *Ensaio* a respeito de numerosos tópicos diferentes. O programa geral de Locke nessa obra foi substituir as teses favoráveis à existência de idéias e verdades inatas por uma alternativa gerada na experiência, uma alternativa que adotou o caminho apontado pela Royal Society e Bacon. A experiência, por si só, não produz todas as nossas idéias; sua produção é auxiliada pelas atividades da mente. Os detalhes dos recursos de Locke à experiência em sua descrição da mente humana podem ser encontrados no estudo da aquisição de idéias, em sua análise dual da percepção sensorial e da reflexão. Berkeley e Hume desenvolveram ainda mais essa ênfase sobre o conhecimento baseado na experiência, tal como Condillac fez na França. Houve a tendência em escritores, depois de Locke, para passar por alto a sua experiência reflexiva como fonte de idéias e conhecimento; isso foi especialmente verdadeiro no caso de Condillac e subseqüentes historiadores franceses de filosofia. Para Locke, o conceito de experiência era amplo, geral e diverso. Sua plena natureza é revelada se rastrearmos três outros termos em seus escritos: TABULA RASA, INATISMO e TEMPERAMENTOS.

F

faculdades A atribuição à mente de várias faculdades (por exemplo, sentidos, razão, memória) remonta a Platão. Usualmente, essas faculdades são orientadas para tarefas, tendo cada uma delas uma função específica na percepção e no conhecimento. A regra 12 de Descartes, em suas *Regras para o direcionamento do espírito*, distingue quatro faculdades: intelecto, imaginação, percepção sensorial e memória. Estas quatro também se encontram em suas *Meditações sobre a filosofia primeira.* Hobbes, no *Leviatã,* trabalha com os sentidos, a imaginação e a razão. Quando, no seu *Tratado da natureza humana*, Hume procura a origem da nossa crença na existência do corpo, ele examina sucessivamente os sentidos, a razão e a imaginação. Muitos livros de lógica do século XVIII foram organizados em torno de faculdades; alguns, como *The Elements of Logick* (1748), de William Duncan, seguem de perto o *Ensaio* de Locke. Em sua *Cyclopaedia* (1728), Ephraim Chambers identifica duas faculdades da alma, entendimento e vontade. Também sublinha que o termo "faculdade" aplica-se igualmente a corpos, sendo sua definição geral "um *poder* ou aptidão para executar uma ação". Com essa definição geral, Johnson cita como poderes da mente a imaginação, a razão e a memória (*A Dictionary of the English Language*, 1755).

Assim, de um lado e outro de Locke, a noção de faculdades da mente era lugar-comum. Para Locke, em particular, essa noção habilitou-o a descrever as ações da mente; para ele, apesar de suas próprias menções à passividade e a uma *tabula rasa*, a mente era muito ativa. Ele fala da "faculdade racional" (*Ensaio*, 1.2.4), da faculdade de pensar (2.1.15, 20; 4.3.6), das faculdades de ampliar, compor, abstrair e raciocinar (2.1.22). Todas elas são poderes da mente, à semelhança da vontade (2.6.2). A pèrcepção é a primeira faculdade da mente exercida com relação a idéias, "a primeira operação de todas as nossas faculdades intelectuais" (2.9.15). A faculdade seguinte é a retenção, o poder de reter idéias por algum tempo e de revivê-las mais tarde (2.10.1, 2). A mente também tem a faculdade ou aptidão para discernir e distinguir diferentes idéias (2.11.1). Também possuímos as faculdades de gerar emoção, sentir e raciocinar (3.6.3). Quando se ocupa do entendimento e da vontade como faculdades e poderes da mente, Locke faz uma pausa para negar que sejam "seres reais" ou "agentes distintos" (2.21.6). É claro que todas as faculdades e ações da mente são capacidades ou aptidões que possuímos, não agentes reificados. A aptidão para querer ações ou abstermo-nos de agir é, para Locke, uma de nossas aptidões mais importantes (*ver* 2.21.4, 17, 20, 29).

As várias aptidões da mente são, com freqüência, caracterizadas por Locke como *faculdades naturais* (4.18.3; 4.3.27; 1.3.13), faculdades com que estamos dotados (4.11.14; ver *Conduta*, §4). Mas devemos aprender a usar adequadamente nossas faculdades e reconhecer suas limitações. O progresso no conhecimento pode realizar-se desde que "acolhamos todos os objetos daquele modo e proporção que melhor se adapte às nossas faculdades" (1.1.5; cf. 4.11.2; 4.12.11). Foi sua convicção da existência de nossas faculdades para aquisição de idéias e conhecimento que constituiu uma razão para rejeitar idéias inatas (1.2.1). Deus ajustou nossos sentidos, faculdades e órgãos "às conveniências da vida" (2.23.12; 4.10.1) e à nossa preservação (4.11.8).

fanáticos Locke preocupava-se muito com a busca da verdade. Insistia igualmente em que as reivindicações de verdade se baseassem em evidências, provas ou demonstrações adequadas. Inquietavam-no aqueles que "se aplaudem como zelosos campeões da Verdade quando, de fato, estão se batendo pelo Erro" (*Ensaio*, 2.33.18). Confundir erro com verdade pode ser sincero, pode resultar de "combinações errôneas e antinaturais de *Idéias*", especialmente entre as "diferentes seitas de filosofia e religião" (ibid.). Nem todos mantêm deliberadamente falsidades, mas a força do costume, educação "e o constante alarido de sua facção" forçam a combinação de idéias que levam à prática de erros e a falsas crenças. É difícil repelir aquelas crenças que aceitamos sem refletir, pois é difícil nos afastarmos de doutrinas aceitas: "todo mundo nasce para a ortodoxia; as pessoas absorvem no começo as opiniões permitidas de seu país e de seu grupo e, assim, nunca questionam suas verdades; nem uma só, numa centena, jamais as examina. São aplaudidas por pressuporem que estão certas" (*Conduct*, em *Works*, iii. 267-8). Os "fanáticos" de todos os grupos nunca param para examinar suas crenças e doutrinas. Numa passagem que reflete parte da oposição com que o próprio Locke de defrontou por questionar ou rejeitar doutrinas estabelecidas, ele sugere que é difícil "tolerar o nome de extravagante, cético ou ateu que certamente será aplicado àquele que não dá o menor crédito a qualquer das opiniões comuns" (1.3.25). Especialmente quando se acredita que as doutrinas recebidas constituem "normas estabelecidas por Deus... para serem a regra e a pedra de toque de todas as outras opiniões", as pessoas nunca pensam em questionar as alegações de que essas doutrinas *são* normas divinas. Assim, "é fácil imaginar *como*, por esses meios, acontece de os *homens* renderem culto aos ídolos que foram instalados em suas mentes; gostarem cada vez mais das noções com que ficaram familiarizados desde longa data; e *imprimirem as características de Divindade em absurdos e erros*, tornando-se zelosos adoradores de touros e macacos; e baterem-se e morrerem também na defesa de suas opiniões" (1.3.26).

Atacando a intolerância e aqueles que "perseguem, torturam, destroem e matam outros homens com o pretexto de religião", Locke desafia "esses ardorosos fanáticos" a que apliquem a seus amigos os mesmos métodos que usaram para forçar outros a crer e a praticar como eles fazem (*Carta acerca da tolerância*, em "Os Pensadores", Abril Cultural, 1973, p.9-10). Ele queixa-se de que esses fanáticos "dificilmente têm paciência para abster-se de atos de violência e de rapina" a fim de obrigar outros a submeterem-se aos costumes, cerimônias e mistérios da igreja ou religião deles (ibid. p.11, loc.cit.). Esses fanáticos "condenam tudo o que não está de acordo com eles" (ibid., p.13. loc.cit.).

O capítulo sobre "Entusiasmo", adicionado à quarta edição do *Ensaio*, é um desenvolvimento desses exemplos de intolerância, erro e convicção baseados no sentimento de serem inspirados ou serem o veículo para a palavra de Deus, em contraste com as crenças fundamentadas em evidência ou claros indícios de autêntica revelação. Os entusiastas são caracterizados por Locke como "homens em quem a melancolia se misturou com a devoção, ou cuja presunção os levou a terem de si mesmos uma opinião de maior familiaridade com DEUS e de mais fácil acesso aos Seus favores do que o concedido ao comum dos mortais" (4.195). Lisonjeiam-se freqüentemente com "a persuasão de um intercurso imediato com a Deidade e a comunicação assídua com o Espírito Santo" (ibid.). Esses "intratáveis fanáticos" apoiam-se unicamente em suas próprias persuasões e não em provas racionais de REVELAÇÃO divina ou em evidências (4.19.11).

fé Há dois usos diferentes desse termo nos escritos de Locke: um é epistêmico e secular, o outro é epistêmico e teológico. O primeiro desses usos é encontrado na introdução do *Ensaio*, onde Locke anuncia que parte do seu método para determinar os "*limites* entre opinião e conhecimento" será "fazer alguma investigação acerca da natureza e fundamentos da *fé*, ou *opinião*; entendo isto como o assentimento que damos para qualquer proposição como verdadeira, ou de cuja verdade ainda não temos um conhecimento certo" (1.1.3). Os termos "fé", "opinião" e "crença" tendem a ser usados indistintamente nessa obra (por exemplo, 4.2.14; 4.15.3). Em algumas passagens, Locke escreve "assentimento ou fé" (por exemplo, 4.15.2). O primeiro sentido desse termo é até definido numa passagem como "um firme assentimento da mente" (4.17.24). Assentimento ou fé não devem ser dados complacentemente, como Locke lamenta ser feito por algumas pessoas que "escravizam indolentemente suas mentes aos ditames e dominações de outros" por uma fé cega ou implícita (1.4.22).

O outro uso do termo "fé" se dá no contexto religioso. Nosso assentimento na revelação é uma fé "que determina tão absolutamente nossas mentes quanto perfeitamente exclui toda a vacilação em nosso próprio conhecimento" (4.16.14). Essa fé "acarreta segurança para além da dúvida, evidência para além da exceção" (ibid.). De fato, Locke diz que "podemos duvidar tanto do nosso próprio ser quanto da afirmação de que qualquer revelação de DEUS é verdadeira". Nesse contexto, a fé é definida como um "princípio estabelecido e seguro de assentimento e segurança" que não deixa margem para dúvida. *Contudo*, insiste Locke, "devemos estar certos de que é uma Revelação divina e de que a entendemos corretamente". Outras limitações são postas à fé religiosa no capítulo sobre fé e razão (4.18). Aí, ele quer determinar as fronteiras entre fé e razão como um modo de decidir "até onde somos guiados pela razão e até onde pela fé" (4.18.1). É facílimo dizer apenas a respeito de alguma afirmação ou doutrina que ela está acima da razão. A fé é agora definida como "o assentimento em qualquer proposição, não obtido pelas deduções da razão, mas com base no crédito do proponente, como proveniente de DEUS, através de algum modo extraordinário de comunicação" (4.18.2). Quando Locke diz um pouco mais adiante que a "*fé* nunca poderá convencer-nos de qualquer coisa que contradiga o nosso conhecimento", ele quer dizer que "não *deve* convencer-nos" (4.18.5). A fé divina, o seu termo para essa espécie de fé, deve estar limitada a proposições que se supõe serem divinamente reveladas. Locke não estava sendo jocoso quando disse que o que Deus revelou é certamente verdadeiro, mas o problema ocorre quando tentamos determinar os critérios para a REVELAÇÃO (*ver* RAZÃO). Locke tampouco quis estabelecer fronteiras tão firmes entre razão e fé que a primeira fosse excluída da religião. Para ele, era importante insistir em que o cristianismo era racional; caso contrário, estava aberto o caminho para os exaltados e "aquelas extravagantes opiniões e cerimônias que são encontradas em muitas religiões do mundo" (4.18.11).

Duas outras características da fé religiosa apresentam-se em outros escritos de Locke. Na *Carta acerca da tolerância*, afirmou que "toda a vida e poder da verdadeira religião consiste na íntima e plena persuasão da mente; e fé não é fé sem crença" (em *Works*, vi. 10-11). Uma de suas primeiras obras expressou o mesmo sentimento: "a essência e a alma da religião consistem" no "culto íntimo, do fundo do coração, que Deus exige" (*DF*, p.214). Em sua extensa exposição sobre a fé cristã em *Racionalidade do cristianismo*, ele identifica a crença em Jesus, como o Messias, como o traço definidor de um cristão (*Works*. vii. 17-8, 113-4). Insistiu em que não estava falando unicamente sobre uma crença ou fé histórica; é também uma fé justificativa e redentora (ibid., p.101-2). A par dessa fé redentora, deve existir uma vida boa, e isso requer arrependimento (p.105). Ainda uma característica ligeiramente diferente é acrescentada à fé religiosa em *Paráfrase*, de Locke, uma confiança cega ou uma submissão pessoal ao Cristo. Como sublinha Arthur W. Wainwright, esse elemento de confiança como parte da fé cristã colocou Locke mais perto de calvinistas, armênios e socinianos (ver sua edição em dois volumes dessa obra, Clarendon Press, 1987, p. 41-2).

felicidade Há nos escritos de Locke diferentes opiniões sobre a natureza da felicidade. A felicidade como meta e motivo para a ação, mesmo como um valor social, era uma noção antiga. Foi freqüentemente ligada, às vezes identificada, ao prazer (epicuristas) ou à utilidade (Hume, Mill). Para o cristão, felicidade refere-se a, e talvez somente seja possível em, uma vida futura. Todos esses vários elementos e vínculos com a felicidade são encontrados nos escritos de Locke. Dois de seus mais antigos escritos, *Ensaios* (finalizados em 1664, mas só publicados em 1954), e o seu discurso de despedida como Censor de Filosofia Moral em Oxford (publicado em 1954 conjuntamente com *Ensaios*), apresentam dois lados dessa idéia complexa. O Discurso de Despedida é um lamento estilizado, em parte jocoso e satírico, sobre a dificuldade em alcançar-se a felicidade nesta vida. A questão ventilada nesse discurso era: "Pode alguém ser feliz nesta vida?" A resposta de Locke é: "não". Mas o Ensaio VIII de *Ensaios* oferece uma versão mais animadora, pressupondo-se que obedecemos à lei da natureza, à lei de Deus. Respeitar essa lei "gera a paz, relações harmoniosas, amizade, liberdade de punição, segurança, posse de nossos bens e — resumindo tudo numa palavra — felicidade" (p.215). O *Ensaio* identifica a "verdadeira" felicidade como o nosso maior bem e a "suprema perfeição da natureza intelectual" (2.21.51; cf. 2.21.53); mas não fornece muitos detalhes sobre o que seja tal felicidade ou o que leva a ela. Em 2.21.60 ele indica que virtude e religião são necessárias à felicidade, lembrando ao leitor "o futuro estado de bem-aventurança ou sofrimento" resultante do juízo de Deus. O *Ensaio* fecha associando virtude e felicidade, caracterizando a ética como "a procura das regras e medidas das ações humanas que levam à felicidade e aos meios para praticá-la" (4.21.3). Também indica que um conhecimento de Deus relaciona-se com a nossa felicidade (4.10.1). No começo da mesma obra, Locke afirma que Deus, "por uma conexão inseparável, juntou *virtude* e felicidade pública" (1.3.6). O cristão tem a felicidade ou desdita de uma outra vida em mente (1.3.5); um ser racional reflete seriamente sobre essa mesma "infinita felicidade e desdita", a "requintada e interminável felicidade", como as eternas recompensas de uma vida virtuosa na Terra (2.21.70).

O vínculo, na opinião de Locke, entre virtude e felicidade é, pois, evidente. Ao mesmo tempo, essa linha eudemonista, em sua exposição, precisa ser considerada em conjunto com outras passagens que tratam do prazer. Quando ele diz que a natureza "pôs no homem um desejo de felicidade e uma aversão ao infortúnio" (1.3.3), considera tratar-se de um desejo de ser virtuoso, sendo a virtude um meio para alcançar-se a felicidade? Sua obra sobre educação diz que a virtude, a par do poder e da riqueza, é "apreciada somente como conducente à nossa felicidade" (*AP* §143). O termo forense "pessoa" pertence "unicamente a agentes inteligentes, promotores de uma lei e suscetíveis de felicidade ou desdita", parecendo vincular de novo moralidade e felicidade (2.27.26). Mas, ao explicar seus conceitos de deleite ou inquietação, diz que "satisfação", "deleite", "prazer" e "felicidade" são "graus diferentes da mesma coisa" (2.7.2). O extenso capítulo sobre "poder" aproxima-se ainda mais da definição de felicidade como prazer: "Portanto, *felicidade*, em sua plena extensão, é o máximo prazer de que somos capazes" (2.21.42). Depois, nessa mesma seção, passa a definir o "bem" como "o que é adequado para produzir prazer em nós". Prazer e felicidade aparecem juntos em outras passagens (por exemplo, 2.23.33). O eu como coisa pensante consciente tem consciência do prazer e da dor, e é capaz de felicidade ou infortúnio (2.27.17), uma capacidade que está claramente dentro do nosso controle se agirmos de forma apropriada (cf. §1 de *AP*). Outras passagens sublinham a necessidade de "suspender a satisfação de nosso desejo em casos particulares" a bem de "nossa real felicidade", a qual é descrita como o "nosso maior bem" (2.21.51). *Alguns pensamentos* chama a atenção para a importância da aquisição pelas crianças do hábito de dominar seus desejos e inclinações, de resistir "à impertinência do *prazer ou dor presente*", porquanto esses são hábitos que constituem "o verdadeiro fundamento da futura aptidão e felicidade" (§45).

G

gerais de gênero *ver* TIPOS, GERAIS DE GÊNERO.

governo O sentido genérico deste termo é a ação de governar, guiar ou dirigir. Locke usa-o desse modo em *Alguns pensamentos*, onde o preceptor é freqüentemente mencionado como o "governante" (por exemplo, §§94, 195). A tarefa do preceptor, a par da dos pais, é governar as atividades e atitudes da criança de tal maneira que, no devido tempo, a criança esteja apta a agir responsavelmente por sua conta própria; o governo do preceptor deixará de ser necessário. Em *Dois tratados*, Locke travou uma batalha com Robert Filmer sobre a natureza e legitimidade do governo político. Locke reconheceu que a história pode dar-nos exemplos de sociedades que se formaram sob "o governo e a administração de um único homem" (*T2*, §105). Famílias também podem ter deixado para o pai a tarefa de governar. Filmer tinha argumentado a favor da continuação do governo paterno como justificada, daí sua ardorosa defesa da monarquia como descendente de Adão. Mesmo que se diga que "qualquer homem nascia sujeito ao pai", a "submissão devida pelo filho ao pai não lhe tirava a liberdade de reunir-se a qualquer sociedade política que achasse conveniente" (§102). Locke conjeturou que a história revelará também que muitos governos foram estabelecidos pelo consentimento do povo. As alegações de Locke contra Filmer assentam na vigorosa afirmação de que "as *sociedades políticas* começaram todas de uma união voluntária e do acordo mútuo de homens que agiam livremente na escolha dos governantes e das formas de governo" (ibid.). Uma outra definição de governo é dada mais adiante: "uma sociedade de criaturas racionais que entraram numa comunidade para o bem mútuo" (§163).

H

hipótese corpuscular Ao falar de poderes ativos e passivos dos corpos, Locke situa esses poderes na "textura e movimento das partes", embora admita que "não podemos por quaisquer meios chegar a descobrir" essa textura ou movimento (*Ensaio*, 4.3.16). Não possuímos sequer "*idéias claras* das dimensões exíguas das partes, muito além das menores que ocorrem em qualquer dos nossos sentidos; e, portanto, quando falamos da divisibilidade da matéria *in infinitum*", temos apenas uma idéia muito confusa de "corpúsculos ou corpos minúsculos" (2.29.16). Temos idéias claras de divisão e divisibilidade, mas quando tentamos, como diz a hipótese corpuscular, reduzir o tamanho de partículas ao nível insensível, acabamos na escuridão. Não obstante, ele usa essa hipótese para explicar a ação de corpos sobre outros corpos, as qualidades observáveis de corpos e a teoria causal de percepção. Conta-nos nessa passagem que aceitou essa hipótese "como a que vai mais longe numa explicação inteligível das qualidades de corpos". *Alguns pensamentos* diz que "os modernos seguidores da teoria corpuscular falam, na maioria das vezes, mais inteligivelmente do que os peripatéticos" (§193). Essa hipótese não nos dá qualquer *insight* sobre a natureza dos corpos; para isso, precisaríamos descobrir "que qualidades e poderes têm uma *necessária conexão ou rejeição* mútua" (*Ensaio*, 4.3.16).

Locke oferece essa hipótese para explicar por que a mesma água produz uma sensação de calor numa mão e de frio na outra. Calor, nessa hipótese, "*nada mais é senão um certo gênero e grau de movimento nas minúsculas partículas dos nossos nervos ou espíritos animais*" (2.8.21). Assim, se o movimento das partículas ou corpúsculos nos nervos de uma mão aumenta enquanto o da outra mão declina, a diferença será afetada pelo movimento das partículas de água, resultando em diferentes sensações. As idéias simples são, por vezes, descritas como "aparências ou sensações" produzidas em nós "pelo tamanho, figura, número e movimento de minúsculos corpúsculos singularmente insensíveis" (4.2.11). Em outro trecho, diz-se que esses corpúsculos insensíveis são as "partes ativas da matéria e os grandes instrumentos da natureza, dos quais dependem não só todas as suas qualidades secundárias, mas também a maioria de suas operações naturais" (4.3.25).

O amigo de Locke, o químico Robert Boyle (cujas obras Locke conhecia muito bem), citara a hipótese corpuscular como uma explicação para muitos dos fenômenos que estudou em seu laboratório. Outros cientistas, como Henry Power, Robert Hooke e Isaac Newton, usaram também essa hipótese, à qual deram, por vezes, o nome de "filosofia mecânica". Também pode ser atribuída originalmente, sob várias formas, aos antigos epicuristas e atomistas. Constituiu a noção mais ou menos corrente de matéria e seus poderes causais antes e depois de Locke. Este concordou com Boyle e Newton sobre a importância do conceito de "coesão": o que mantém a matéria unida, impedindo até que os corpúsculos individuais se dispersem. A hipótese corpuscular foi gradualmente empurrada para segundo plano à medida que a ciência passou a descobrir forças e energias na matéria; por exemplo, gravitação, eletricidade, magnetismo. No século XVIII, numerosos cientistas estavam aceitando o ponto de vista de que o montante de matéria insensível e corpuscular, no universo, era muito pequeno. Talvez Locke prenunciasse alguns aspectos dessa evolução no conceito de matéria pela ênfase que deu a *poderes*, mas usou, *de fato*, a teoria corpuscular e considerou-a a melhor hipótese até então construída (cf. *AP* §193).

hipóteses Em harmonia com muitos cientistas do seu tempo, Locke insistiu em que experiência e observação devem preceder generalizações e hipóteses. Quaisquer hipóteses que formemos em ciência física devem basear-se em fatos; devemos conduzir nossas observações e coletas de dados (nossas histórias naturais) livres de todas as hipóteses (*Ensaio*, 2.1.10). As nossas próprias hipóteses não devem ser "a regra da natureza" (2.1.21). Também criticou "os homens cujos entendimentos são colocados num molde e modelados somente de acordo com as dimensões de uma *hipótese recebida*" (4.20.11). Robert Hooke, o microscopista e ativo membro da Royal Society, falou do papel que incumbia à instituição de evitar a "*dogmatização* e a *adoção* de qualquer *hipótese* não suficientemente fundamentada e confirmada por experimentos" (*Micrographia*, 1665). Locke expressa esse ponto cuidadosamente na última parte do *Ensaio*. Uma hipótese não deve ser aceita

> *muito precipitadamente* (pois a mente, que sempre penetraria nas causas das coisas, e teria princípios para se apoiar, é bastante apta para fazê-lo), enquanto não tivermos examinado bem os detalhes e efetuado vários experimentos nessa coisa que explicaríamos por nossa hipótese, e verificado se isso de algum modo concorda com todos eles; se os nossos princípios nos conduzem até o fim e não são incompatíveis com um *fenômeno* da natureza, como parecem conciliar-se e explicar um outro. (4.12.13)

Opiniões semelhantes podem ser encontradas em Robert Boyle, William Molyneux e outros. Locke fez a mesma espécie de cautelosos comentários a respeito do uso e formação de teorias e hipóteses em medicina. Escrevendo ao dr. Thomas Molyneux em 20 de janeiro de 1693 e expressando pontos de vista que compartilhava com Molyneux e com o famoso dr. Sydenham, amigo de Locke, este descreve as teorias gerais como, "em sua maior parte, apenas uma espécie de devaneio" (*Corr.* 1593; iv.8). Criticou aqueles médicos que tentam ajustar os fenômenos de doenças a alguma teoria anterior. Boas hipóteses só podem ser construídas com base em cuidadosa observação e registro da história de doenças. Mesmo assim, as hipóteses "servem como auxiliares da memória para orientar o médico em casos particulares, mas não se conte com elas como fundamentos para raciocínios ou verdades a sustentar" (ibid.; cf. *Ensaio* 4.12.13, onde Locke se refere às hipóteses bem elaboradas como sendo, "pelo menos, boas auxiliares da memória"). Até que possamos "descobrir como as funções naturais do corpo são realizadas e por que alterações dos humores ou defeitos nas partes elas são impedidas ou desorganizadas", as hipóteses continuarão sendo "suposições adotadas gratuitamente" (*Corr.*, ibid.).

Em seus momentos mais cautelosos, Locke depreciava as máximas e os princípios gerais de roldão com as hipóteses (4.12.12). Alguns dos defeitos de se confiar em hipóteses são que a nossa crença nelas pode esconder seus pontos fracos (3.10.14) ou que seus autores cobrem certas fraquezas com novas palavras para que soem mais atraentes (3.10.2). Ele também usa a palavra "hipótese" para referir-se a doutrinas de que discordava ou a pontos de vista que acreditava serem falsos. Por exemplo, a hipótese de que a alma sempre pensa (2.1.17, 18); a hipótese de plenitude, de nenhum espaço vazio (2.13.23); algumas das explicações da coesão de partículas de matéria (2.23.23); a hipótese de um número fixo de essências reais (3.3.17); a hipótese sobre a eternidade da matéria (4.10.13, 17). A única hipótese que Locke considera útil é a hipótese corpuscular; esta é, diz ele (não falando na primeira pessoa), "considerada a que vai mais longe numa explicação inteligível das qualidades dos corpos" (4.3.16). Ele reitera esse comentário sobre a hipótese corpuscular em *Alguns pensamentos*, ao mesmo tempo que recomenda a leitura de *True Intellectual System*, de Cudworth, para a história de hipóteses entre os gregos (§193).

Existe uma outra hipótese mencionada por Locke de um modo favorável, embora não se trate de uma hipótese científica. À semelhança de alguns outros escritores, inclusive Newton, também Locke sustentou que os fenômenos da gravidade não podem ser explicados "por qualquer operação natural da matéria, ou por qualquer outra lei do movimento" (*AP*, §192). Só podiam ser explicados pela "vontade positiva de um Ser Superior, que assim o ordenava". Chamando a isso uma hipótese, ele sugeriu então como o dilúvio de Noé podia ter sido causado pela alteração, por Deus, do centro de gravidade. Locke responde até mesmo a algumas objeções levantadas contra essa explicação teológica.

I

idéia Eis um dos termos mais importantes e mais abundantemente usados na filosofia moderna. De Descartes a Leibniz e Kant, no continente europeu, de Locke a Reid, na Grã-Bretanha, as descrições de percepção e conhecimento empregaram o termo "idéia". Sua natureza e papel precisos variam nos diferentes autores. As interpretações que lhe foram dadas por autores subseqüentes, na filosofia moderna, geraram debates que chegaram até os dias de hoje.

Quase no início do *Ensaio*, Locke pediu desculpas pelo "uso freqüente da palavra *Idéia*", uma palavra que ele julga ser "a mais indicada para significar seja o que for que consista no objeto do entendimento quando um homem pensa" (1.1.8). Passa depois a vincular seu uso dessa palavra com outras explicações mais antigas do conhecimento, explicações que preferiram utilizar palavras como "fantasma", "noção" e "espécie". O significado genérico é "tudo o que pode ser empregado pela mente pensante" (ibid.). Os autores escolásticos falaram de espécies sensíveis e inteligíveis e adaptaram o que Aristóteles dissera sobre a forma de objetos que podem existir em matéria ou na mente. Um adepto seiscentista de Aristóteles, John Sergeant, usou o termo "noções"; e "fantasma" é encontrado em Hobbes. Cada uma dessas descrições anteriores esforçou-se por encontrar uma forma de explicar como a mente pode conhecer o corpo; cada uma buscou explicar a transição da fisicalidade para a mentalidade.

Locke indica, num comentário adicionado a edições ulteriores do *Ensaio*, que estava ao corrente da herança cartesiana da linguagem e problemas desse termo. Ele empregava originalmente os termos "claro" e "distinto", os quais têm um papel central na explicação de Descartes de conhecimento e certeza. Locke explica que "as nossas *idéias simples* são *claras* quando são tais que os próprios objetos dos quais foram extraídas fizeram ou puderam, mediante muito bem ordenada sensação ou percepção, apresentá-las " (2.29.2). Até a memória pode apresentar idéias claras, desde que não lhes falte a "exatidão original" que tinham quando foram adquiridas pela primeira vez. Nessa passagem, ele escreve como se o objeto apresentasse a idéia, como se a mente recebesse idéias de um "objeto externo" (2.29.4). Numa passagem da "Carta ao Leitor" (acrescentada na quarta edição), Locke sugere que os termos "claro" e "distinto" podem não ser tão bem entendidos quanto as pessoas acreditam. Sugere a substituição dos dois pelos termos "definido" e "determinado". Sua explicação desses termos substitutos usa também a linguagem de "objetos". "*Entendo por essas denominações algum objeto na mente e, por conseguinte*, determinado, *ou seja*, *tal como ele é aí visto e percebido como ser*" (p.13). Diz-se que uma *idéia* é definida ou determinada quando "*está em qualquer tempo objetivamente na mente*".

Nesse esclarecimento adicional, Locke está procurando um vocabulário que o ajude a assinalar a necessidade de evitar disputas em torno de palavras, uma de suas principais preocupações nessa obra. Acredita ele que, se tivermos idéias precisas, determinadas, como os referentes para palavras, as disputas verbais podem ser minimizadas, dúvidas e controvérsias podem ter um fim. Assim, os termos "definido" e "determinado", melhor do que "claro" e "distinto", significam (1) "*Algum objeto imediato da mente, que ela percebe e tem diante de si, distinto do som que usa como sinal do mesmo*" e (2) "*Que essa idéia é assim* determinada, *ou seja, que a mente tem em si mesma e conhece, e vê ser determinada sem qualquer mudança naquele nome, e aquele nome* determinado *em função dessa precisa idéia*" (p.14). A frase "objeto imediato da mente" reaparece em autores subseqüentes (por exemplo, Berkeley) e reflete a linguagem de Malebranche. Malebranche foi explícito sobre a natureza indireta do nosso conhecimento de objetos físicos: só conhecemos idéias imediatamente, idéias que nos são dadas por Deus em ocasiões apropriadas. Não fica claro na linguagem de Locke, a respeito de idéias como objetos, como o objeto imediato da mente, que ele tenha seguido Malebranche em fazer das idéias objetos especiais. De fato, ele atacou Malebranche justamente sobre esse ponto em seu *Exame da opinião de P. Malebranche de ver todas as coisas em Deus* (em *Obras*, 1823, vol. ix). Há mais uma coisa acerca da passagem da sua "Carta ao Leitor" que nos deve solicitar uma pausa se formos tentados a interpretar Locke como um pensador que fez das idéias objetos especiais: ele usa a importante frase: "objetivamente na mente". Para Descartes, essa era uma frase que se referia à existência de *objetos* na mente. Para Descartes, as idéias desempenham dois papéis, como modos da mente (modos de substância imaterial) e como os objetos conhecidos. As mais antigas teorias a que Locke se refere por esses termos, "fantasma", "movimento" e "espécie", eram outros modos em que se podia dizer que objetos físicos existiam na mente, sendo o pressuposto subjacente que o que é conhecido deve estar "presente na mente" (uma frase freqüentemente usada mais tarde por Hume). Se disséssemos que os objetos imediatos da mente são idéias sobre essas teorias, e sobre a adaptação de Descartes dessas teorias com *sua* realidade objetiva, estaríamos dizendo, com efeito, que os próprios objetos são os objetos imediatos da mente, estão presentes com a mente. Os objetos físicos tornam-se imediatos para a mente por meio da transferência da forma de objetos da realidade física para a realidade cognitiva, ou pela transformação de espécies sensíveis em inteligíveis, ou, como em Descartes, por idéias que captam objetivamente a realidade de objetos. O eco dessas teorias pode parecer que acabou distorcido na exposição de Locke, porquanto ele fala de *idéias* que se encontram objetivamente na mente. Entretanto, as idéias de Descartes *têm* realidade objetiva; elas representam e captam cognitivamente a realidade de objetos, de modo que o uso de Locke pode não ser tão diferente assim.

Locke está suficientemente próximo do uso, por Descartes, de "objetivamente", para nos fornecer um motivo para procurar em outras partes do *Ensaio* indicações de uma leitura cartesiana. São os dois lados da "realidade objetiva de idéias" de Descartes visíveis no *Ensaio*, o lado representativo, epistêmico, e a realidade ôntica de objetos? Os comentadores de Locke concentraram-se na característica representativa das idéias, encontrando nessa característica razões para dizer que, na concepção de Locke, o nosso conhecimento de objetos é indireto, que aquilo que conhecemos imediatamentre ou de que temos uma percepção imediata são idéias, não coisas. Locke diz-nos outro tanto no parágrafo de abertura do Livro IV: "Uma vez que a mente, em todos os seus pensamentos e raciocínios, não tem outros objetos imediatos senão suas próprias *idéias*, e apenas isso é ou pode ser cogitado, torna-se evidente que o nosso conhecimento relaciona-se unicamente com elas." O *Ensaio* encerra-se no mesmo tom: "Pois, uma vez que as coisas que a mente considera não estão, nenhuma delas, além de si mesmas, presentes no entendimento, é necessário que algo mais, como o sinal ou representação da coisa considerada, deva estar presente nela. E esse sinal ou representação são as *idéias*" (4.21.4). Malebranche tinha insistido em afirmar que todos concordamos em que não percebemos objetos externos por si mesmos, que "o objeto imediato de nossa mente, quando vê o sol, por exemplo, não é o sol, mas algo que está intimamente unido à nossa alma, e é a isso que chamamos uma *idéia*" (*De la recherche de la verité*, 1674). Em sua crítica a Malebranche (*Des vrayes et des fausses idées*, 1683). Arnauld censurou-o por basear sua conclusão de que as idéias são o objeto imediato da mente numa alternativa tão absurda como a de que objetos tais como o sol e a lua estão unidos com a mente. Malebranche, sugeriu Arnauld, tinha confundido presença espacial com presença cognitiva na mente. Do fato de que "objetos externos não estão unidos com as nossas mentes", Locke aduziu uma conclusão diferente em *Ensaio* 2.8.12: que alguns processos causais físicos afetam os nervos e o cérebro, produzindo idéias na mente. A ação corpuscular da matéria, não Deus, é para Locke a causa de nossas idéias sensoriais.

A prolongada polêmica entre Arnauld e Malebranche ocorreu enquanto Locke estava completando e preparando o seu *Ensaio* para publicação. Locke acompanhou de perto esse debate. Arnauld achou as idéias de Malebranche, como objetos especiais existentes na mente de Deus, uma leitura errônea do texto de Descartes, para quem as idéias eram modos da mente, assim como as portadoras da realidade de objetos, mas não objetos em si mesmos. Opondo-se a idéias como objetos, Arnauld insistiu em que ter uma idéia de algum objeto é o mesmo que perceber esse objeto (*Def.* 3, cap.5, p.65 da trad. inglesa de Gaukroger, 1990). Os dois termos, "percepção" e "idéia", têm significados ligeiramente diferentes, perto da natureza dupla das idéias para Descartes: "Assim, a *percepção* de um quadrado tem como seu significado mais direto minha alma percebendo o quadrado, enquanto que a *idéia* de um quadrado tem como seu significado mais direto o quadrado na medida em que está *objetivamente* na minha mente" (*Def.* 6, cap.5, p.66 em *On True and False Ideas*, trad. Gaukroger). Há numerosos trechos no *Ensaio* de Locke em que se encontra a mesma equação de idéias e percepção, sem a ênfase sobre a realidade objetiva. Por exemplo,

> Seja qual for a *idéia* que está na mente, ou é uma percepção real ou então, tendo sido uma percepção real, assim se encontra na mente de tal forma que, pela memória, pode voltar a ser de novo uma percepção real. (1.4.20)

> Perguntar *em que momento um homem tem primeiro quaisquer* idéias é perguntar quando ele começa a perceber; ter *idéias* e percepção são a mesma coisa. (2.1.9)

> Pois as nossas *Idéias* nada mais são do que meras aparições ou percepções em nossas mentes... (2.32.1)

[Em 2.32.3. ele repete esse último comentário:] E afirmo, pois, que as *idéias* em nossas mentes são apenas outras tantas percepções ou aparências aí. (cf. 2.1.3. 2.10.2)

De igual modo, em *Examination of Malebranche,* Locke identificou-se com "alguém que pensa que as idéias nada mais são do que percepções da mente" (§15, em Obras, ix).

Quando Arnauld tentou fazer Malebranche desistir da noção de que a realidade objetiva de idéias significava que os objetos físicos estavam literalmente na mente, ele explicou (como Berkeley faria mais tarde) que "existir na mente" quer apenas dizer "ser percebido pela mente". Por exemplo, "eu sustento que um objeto está presente em nossa mente quando esta o percebe e o conhece" (*On True and False Ideas*, trad. Gaukroger, p.65). Ou, "mantenho que uma coisa está *objetivamente* em minha mente quando a concebo" (ibid., p.66). Há uma observação no *Ensaio* de Locke que se aproxima dessas duas definições, embora se apresente em diferente contexto, em sua rejeição de verdades inatas das quais não estamos conscientes. Devemos estar cônscios de tudo o que existe em nossa mente: "Pois se essas palavras (*estar no entendimento*) têm alguma propriedade, elas significam ser entendidas" (1.2.5).

Portanto, há passagens nos escritos de Locke que usam a linguagem de Arnauld, sustentando a interpretação de que "idéia" foi um termo selecionado por Locke para referir-se ao conteúdo do pensamento — como poderíamos dizer: "Tenho uma idéia de uma árvore" ou "Tenho um pensamento de (estou pensando sobre) essa árvore." Hume emprega o mesmo termo no século XVIII, equiparando explicitamente "idéia" e "pensamento" em sua *Investigação sobre o Entendimento Humano*. "Pensamento" e "idéia" também são intercambiados por outros autores desde Locke até Hume. O autor anônimo de um opúsculo que examinou vários pontos de vista acerca de idéias no século XVII foi favorável à identificação de pensamento e idéia, confirmando a concordância de Locke com a definição de Arnauld de idéias como percepções (*A Philosophick Essay concerning Ideas*, 1705). Esse mesmo autor distinguiu dois diferentes conceitos de idéia: idéias como seres distintos (o ponto de vista de Malebranche) e idéias como os pensamentos que temos acerca de algum objeto. O segundo, diz esse autor, era o conceito mais comum.

Há outras passagens em que Locke adota a linguagem de idéias como objetos, dando apoio àqueles que encontram no *Ensaio* uma teoria representativa da percepção, onde idéias, não objetos físicos, são percebidas. A definição de Locke de CONHECIMENTO é também dada em termos da percepção de relações de idéias (*ver* REPRESENTAÇÃO). É este segundo uso do termo "idéia" que muitos comentadores aproveitam para a sua atribuição de uma interpretação de objeto especial de idéias (idéias como representantes de objetos), mas precisamos reconhecer aquelas outras passagens que acompanham a leitura de Descartes por Arnauld. Talvez não haja nenhuma exposição claramente consistente de idéias no *Ensaio*, mas o fato irrefutável é que ambos os conceitos desse termo identificados pelo autor anônimo de 1705 estão presentes no *Ensaio* e no *Exame de Malebranche*. O debate entre Arnauld e Malebranche em torno da natureza das idéias está refletido no uso de Locke desse termo. Cada leitor terá que decidir se as evidências colocam Locke com Arnauld ou com Malebranche.

Há dois outros aspectos do pensamento de Locke a respeito de idéias que requerem atenção: o seu esquema classificatório e sua descrição da aquisição de idéias específicas. Seu esquema classificatório usa as categorias compositivas de simples e complexo, e as categorias ontológicas de modo, substância e relação. Os comentadores divergiram em torno da importância da divisão simples-complexo. Não parece ser uma divisão de grande significação para Locke. Nos primeiros capítulos do Livro II do *Ensaio*, ela permite-lhe apresentar algumas idéias específicas, designando-as para atingir a mente através de um sentido, diversos sentidos, reflexão ou uma combinação de sentido e reflexão (2.2.1-7; 3.3). As idéias que ele cita e discute sob essas classificações vão desde luz e cores, sons, ruídos, solidez, espaço, extensão, movimento, até percepção ou pensamento, volição ou vontade, prazer, dor, desassossego, poder, existência. Algumas dessas idéias ou qualidades (nem sempre está claro quais) recebem em separado extensas análises em outros capítulos, refletindo seu status e importância especial para Locke. Sobretudo no interior dessas análises detalhadas, a distinção simples-complexo desaparece. Os conceitos de Locke de espaço, tempo, poder, solidez é que são mais importantes do que saber se nossas idéias dessas propriedades são simples ou complexas. A classificação ontológica *é* mais importante, embora o texto sugira, uma vez mais, que seu interesse está mais concentrado nas substâncias, relações e modos do que nas nossas idéias sobre isso. É claro, as próprias idéias *são* modos da mente, tal como foram para Descartes. A questão, neste ponto, é um tanto complicada porque Locke parece ter opiniões sobre o status ontológico de espaço e tempo, assim como algumas asserções sobre as nossas idéias a respeito delas.

O segundo tópico adicional que cumpre não ignorar quando se examina o uso por Locke do termo "idéia" é a sua explicação de como adquirimos algumas de nossas idéias. Idéias simples como cor, som, paladar surgem em nossa mente quase contra a nossa vontade; somos, diz ele, passivos na recepção desse gênero de idéias (embora precisemos prestar atenção ao que está acontecendo à nossa volta e em nossos órgãos sensoriais). No caso das idéias de existência e unidade, uma vez que tenhamos quaisquer idéias em nossas mentes, uma vez que tenhamos consciência delas, a idéia da existência surge como resultado de *considerarmos* essas idéias "como estando realmente lá, tanto como considerarmos as coisas" que estão "realmente fora de nós" (2.7.7). A operação de "considerar" assinala nossa participação ativa na aquisição da simples idéia de existência. Locke é explícito a respeito da ação da mente ao produzir idéias complexas (2.2.2; 2.12.1). Dessas atividades, ele menciona algumas: combinar, comparar, separar (como em abstração). No decorrer de sua apresentação da origem de outras idéias, como, por exemplo, de causa (2.26.1) ou de poder (2.21.1), processam-se outras operações mentais: observar, refletir, meditar e até considerar certos princípios. A mente é, para Locke, predominantemente ativa.

idéias (e palavras) abstratas ou gerais Idéias consideradas apenas como modos mentais são mencionadas por Locke como idéias *abstratas* e como idéias *gerais*. Também fala de *idéias complexas abstratas* em sua discussão de essências (*Ensaio*, 2.32.6). Essas idéias são abstratas porque são o produto da operação mental de abstração, ignorando a particularidade de idéias. O que resta após esse processo são idéias *gerais* (universais), cuja função é ajudar-nos na classificação quanto a espécies (2.11.9). Abstrair para produzir idéias gerais não é uma aptidão que os animais possuem; é essa aptidão que "estabelece uma distinção perfeita entre o homem e as bestas" (2.11.10). Classificar ou "atar" coisas em feixes é um dos primeiros atos da mente depois que adquiriu algumas idéias (2.32.6, 7). Vincular um nome à idéia geral também é importante: a idéia é o padrão, o seu nome é a marca para uma classe. A idéia é descrita por Locke como "sendo algo na mente entre a coisa que existe e o nome que lhe é dado" (2.32.8). A generalidade de palavras é simplesmente uma função de serem sinais de idéias gerais.

Locke aceitou a ontologia de particulares ("todas as coisas que existem são somente particulares", 3.3.6), de modo que era importante, para ele, encontrar uma forma de lidar com gêneros que não violassem essa ontologia. As idéias também são particulares, mas podem ser artificialmente vistas como idéias gerais e, por conseguinte, como idéias de gêneros. A peculiaridade da explicação de Locke é que, uma vez que tudo o que existe é particular, não existem gêneros na natureza, assim como não existem idéias gerais na mente. A generalidade é um modo particular de considerar idéias e coisas (cf. 3.3.11).

Locke sugeriu como um tal processo de particularidade para a generalidade pode operar numa criança. As idéias de uma criança sobre pessoas, como as próprias pessoas, são particulares. Num dado momento de seu desenvolvimento, depois que a criança adquiriu mais experiência de pessoas e coisas, ela apercebe-se de que "existem muitas outras coisas no mundo" além daquelas pessoas e objetos com que está familiarizada (3.3.7). Essas outras pessoas e objetos compartilham de algumas qualidades: há semelhanças entre elas. Assim se formam a idéia de "homem" e o seu nome, que captam as qualidades e características compartilhadas por muitas pessoas. O processo é o descrito por Locke como abstração, deixando fora das idéias de pessoas a quem conhecem as características particulares de cada uma e considerando ou retendo unicamente "o que é comum a todas" (3.3.7). Delimitando-se ainda mais as propriedades compartilhadas, produzem-se idéias de mais generalidade, como as de animal ou animalidade. Mesmo as categorias metafísicas de *ser* ou *substância* são explicadas desse modo (3.3.9).

Uma descrição mais breve da psicologia da formação de idéias gerais pode ser encontrada em 4.7.9, uma passagem aproveitada mais tarde por Berkeley em sua rejeição do que considerou ser a asserção de Locke de que *existem* idéias gerais abstratas, idéias existentes que não são particulares. Nessa passagem, Locke observa que as "*idéias* abstratas não são óbvias ou fáceis para as crianças, ou para a mente não exercitada, como as particulares". Linhas adiante diz que as idéias gerais são "ficções e artifícios mentais". A fim de lembrar ao leitor que ele não violou sua ontologia particularista por sua descrição de abstração e generalidade, Locke afirma até, a respeito da idéia geral de um triângulo (a idéia de uma figura que não é nem "oblíqua, nem retângulo, nem eqüilateral e eqüicrural, nem escaleno; mas todas e nenhuma dessas coisas ao mesmo tempo"), que tal idéia ou tal figura "é algo imperfeito, que não pode existir".

Há uma certa ambigüidade nessa passagem sobre se o que não pode existir é a idéia ou o triângulo, mas, uma vez que Locke declara que as idéias abstratas são ficções, ele parece estar negando a existência de ambos em conformidade com a descrição que faz. Berkeley interpretou essa mesma passagem como dizendo que podemos formar na mente "a idéia de triângulo conforme aqui descrita" (*Tratado sobre os princípios do conhecimento humano*, Introdução, §13). Berkeley disse não conseguir *conceber* tal idéia abstrata, embora declare que podia "considerar partes ou qualidades separadas de outras"; era capaz até de *imaginar* ou *representar* "para mim mesmo as idéias dessas coisas particulares que percebi" em diferentes combinações e mesmo separadas (ibid., §10; cf. §16). "Considerar" é também aceito na seção 11. Nem Berkeley estava negando a existência de idéias *gerais*. De fato, sua descrição destas é a mesma de Locke: "uma idéia particular, quando considerada em si mesma, torna-se geral quando representa todas as idéias particulares da mesma espécie" (ibid., §12). A objeção de Berkeley foi à afirmação de que as idéias gerais eram adquiridas através da abstração, porquanto o resultado desse processo era, pensou ele, uma idéia geral abstrata: uma idéia particular, não uma ficção, que tinha as características contraditórias de não ser isto nem aquilo. Berkeley leu Locke como se este estivesse dizendo que sua ontologia de idéias incluía algumas idéias definidas que não eram particulares, mas gerais e abstratas em si mesmas, não apenas em sua capacidade representativa (cf. §15).

Berkeley e Hume estavam comprometidos com a mesma ontologia particularista de Locke: "Quem sabe que só tem idéias particulares não se esforçará em vão por achar e conceber a idéia abstrata ligada a qualquer nome" (*Princípios*, §24). Hume também aceitou a filosofia geralmente recebida de que "tudo na natureza é individual" (*Tratado,* I. I. VII, p.19). Dado que é absurda a existência na realidade de um "triângulo que não tem proporção precisa de lados e ângulos", também é absurda em idéia. Assim, as idéias abstratas são "em si mesmas individuais, embora possam tornar-se gerais em sua representação" (p.20). Hume também concorda que palavras ajudam-nos a recordar objetos semelhantes: a mente não necessita da ficção de uma idéia geral abstrata, uma vez que tem a capacidade, ajudada pela experiência passada, para pensar em qualquer número de objetos semelhantes. A *Investigação sobre o entendimento humano*, de Hume, reflete Locke sobre esse ponto: "todas as idéias gerais são, na realidade, particulares, vinculadas a um termo geral, o qual recorda, ocasionalmente, outras idéias particulares que se assemelham, em certas circunstâncias, à idéia presente na mente" (p.158n.). Locke tinha dito:

> *Geral e Universal* não pertencem à existência real das coisas, mas *são criaturas e invenções do entendimento*, formadas por ele para seu próprio uso *e referindo-se apenas a sinais*, quer palavras, quer *idéias*. Foi mostrado que as palavras são gerais quando usadas como sinais de *idéias* gerais, sendo, desse modo, indiferentemente aplicáveis a várias coisas particulares; e as *idéias* são gerais quando constituídas para representar diversas coisas particulares, não pertencendo universalmente às próprias coisas, por serem todas particulares do ponto de vista da existência, até mesmo as palavras e *idéias* que significam coisas gerais. (3.3.11)

Passa depois, nessa seção, a caracterizar as "gerais" como "nada mais do que a capacidade... de significar ou representar muitos particulares" (cf. *Elements of Natural Philosophy*, em *Works*, iii. 229). Essas "gerais" (especialmente as idéias) tornam-se, na modificação de Locke da doutrina tradicional de essência, essências gerais (3.8.1). O debate em torno de abstração e idéias abstratas não começou com Locke e Berkeley. Berkeley refere-se a Aristóteles e a alguns escolásticos que sustentaram versões de abstração. Muitos dos livros de lógica conhecidos de Locke dedicaram atenção a essas questões. (*Ver Abstraction, Relation and Induction*, por Julius R, Weinberg, 1965, p.3-60.)

identidade Uma das ações da mente é comparar; comparar uma coisa com outra para semelhanças e diferenças, comparar uma coisa consigo mesma em diferentes tempos. Esta última ação gera as idéias de identidade e diversidade: "quando se considera qualquer coisa como existente em qualquer tempo e lugar determinado, comparamo-la consigo mesma existente em outro tempo" (*Ensaio*, 2.27.1). O "verdadeiro ser das coisas" é sua identidade, sua inalterabilidade (*sameness*) ao longo do tempo. Existir num determinado tempo e lugar exclui outros objetos desse tempo e lugar. A noção de inalterabilidade (*sameness*) é a noção de "o mesmo consigo". Segue-se, diz Locke, que "uma coisa não pode ter dois começos de existência, nem duas coisas um único começo". *O começo* de existência no tempo e num lugar individualiza qualquer objeto, incluindo inteligências finitas: "Tendo tido cada Espírito Finito o seu tempo e lugar determinado de começar a existir, a relação com esse tempo e lugar determinará sempre para cada um deles sua Identidade, enquanto existir" (2.27.2). Comparar um objeto consigo mesmo não é um ato de identificação? Locke não estava escrevendo sobre *critérios* para determinar a inalterabilidade. Seu interesse era pelas condições em que podemos adquirir a idéia de identidade. Ver um objeto num determinado tempo e lugar, "estamos certos (seja isso o que for) de que se trata dessa coisa e não de uma outra" (2.27.1). O que a idéia de identidade significa, o que a inalterabilidade do ser é, é ter um determinado tempo e lugar para o seu começo e continuar a existir onde quer que seja. Uma certa partícula de matéria, um átomo (ou seja, "um corpo contínuo sob uma superfície imutável"), observado em qualquer momento de sua existência, é "o mesmo consigo" (2.27.3).

A identidade também se aplica a corpos complexos, mas, nesses casos, a continuidade de existência em tempos e lugares não é suficiente para a inalterabilidade. Além disso, a "mesma massa de matéria" requer que as mesmas partes, os mesmos átomos, continuem constituindo essa massa. Suas disposições e estrutura podem variar, mas não o número e a inalterabilidade das partes. Se apenas um átomo ou partícula for retirado, deixa de ser a mesma massa ou o mesmo corpo.

Com matéria viva, plantas e animais, as partículas específicas não são parte da identidade, porquanto mudam à medida que a planta ou o animal cresce e vive. Ao invés de uma massa de matéria, é a *organização* que constitui o mesmo carvalho, o mesmo cavalo. O carvalho vivo difere de uma massa de matéria em que, enquanto "a coesão de partículas de matéria, unidas de algum modo," é que constitui a identidade de uma massa de matéria, no caso do carvalho; porém, é a disposição e organização das partes com vista a uma certa finalidade ou função o que constitui a vida dessa árvore ou planta (2.27.4). É a vida comum em que todas as partes participam que faz a identidade da planta ou do animal. Quando novas partículas são formadas, substituindo as velhas, elas estão "vitalmente unidas à planta viva, numa igual organização contínua". A organização de partes componentes trabalhando para determinados fins também caracteriza as máquinas, mas elas diferem dos organismos vivos em que a força que põe as peças de um relógio ou de qualquer máquina em movimento tem origem fora da máquina. Num animal, "a aptidão da organização e o movimento em que a vida consiste começam juntos, vindo o movimento de dentro" (2.27.5).

Locke também aplica a identidade a idéias. O primeiro ato da mente "quando ela tem quaisquer sentimentos ou *idéias* [é] perceber suas idéias; e, na medida em que as percebe, sabe o que cada uma é e, por esse meio, percebe também suas diferenças, e que uma não é a outra" (4.1.4; cf. 4.7.4). Uma passagem subseqüente diz ser "por um conhecimento intuitivo" que a mente percebe cada idéia ser o que é e ser diferente de qualquer outra idéia (4.3.8). A identidade de idéias não está vinculada ao seu começo de existência, mas ao fato de que cada idéia é o que é e não uma outra. A mente, por exemplo, sabe com certeza que "a *idéia de branco* é a *idéia* de branco, e não a *idéia de* azul" (4.7.4). Assim, para todas as idéias na mente de um homem, "ele conhece cada uma delas por si mesma e distingue-a das outras; e que está em sua mente e não fora quando está lá" (ibid.).

impressões A *Cyclopaedia* (1728), de Chambers, sempre um lugar à mão para procurar uma indicação dos usos de termos em filosofia, ciência e religião, define "impressão" como "um termo em filosofia, pertinente às espécies de objetos que se presume causarem alguma marca ou *impressão* nos sentidos, na mente e na memória". No verbete "Imaginação", Chambers caracteriza este termo como designando "um poder ou faculdade da alma através do qual ela concebe e forma idéias de coisas, mediante certos traços e impressões deixados antes nas fibras do cérebro por sensações". O uso de "impressão" por Locke aplica-se tanto à mente quanto ao corpo. Há também um uso de impressões no cérebro.

A passagem que alude ao cérebro encontra-se em *Ensaio* 2.1.15. Ele sugere que poderia ser dito "que num homem em vigília os materiais do corpo são empregados e usados no pensar; e que a memória de pensamentos é retida pelas impressões que são causadas no cérebro". A noção de traços no cérebro é encontrada em muitos autores; por exemplo, Malebranche, Hume e os verbetes de Chambers para "cérebro" e "imagem". A grande maioria das referências de Locke a impressões causadas no corpo envolve os órgãos sensoriais ou, de um modo geral, o corpo. Fala das crianças que conhecem "os objetos com os quais estão mais familiarizadas e que causaram nelas impressões duradouras", sendo exemplo disso as pessoas que uma criança vê e com quem fala (2.1.22). A sensação é definida como "uma impressão ou movimento tal, em alguma parte do corpo, como para produzir alguma percepção no entendimento" (2.1.23). Em 2.1.21, Locke referira-se a algumas "violentas impressões do corpo, [as quais] forçam a mente a percebê-las e prestar-lhes atenção". Se a mente não "presta atenção" às "impressões causadas nas partes externas" do corpo, nenhuma percepção resultará (2.9.3). As "impressões de corpos sonantes produzidas no órgão de audição" são um exemplo (2.9.4). Impressões "embaçadas" são citadas em 2.9.15. Espaço, extensão, figura, repouso e movimento "produzem impressões perceptíveis nos olhos e no tato" (2.5). Por meio de tais impressões, adquirimos (Locke não diz como) as idéias de espaço, extensão etc. Se as impressões causadas em qualquer dos nossos sentidos são extremamente rápidas, perde-se o sentido de sucessão (2.14.10). Locke sugeriu apenas que a sucessão de idéias (não impressões) é uma fonte melhor para a idéia de duração (2.14.9). Fixar a nossa atenção exclusivamente num objeto, examinar as idéias cuidadosamente, pode fazer com que "não nos apercebamos das impressões ordinárias causadas então nos sentidos, as quais, numa outra ocasião, produziriam percepções muito sensíveis" (2.19.3). Em outros capítulos, escreve sobre impressões de sons (2.28.16) e "impressões transitórias causadas pelo objeto" (2.29.3), mas não especifica onde essas impressões são feitas, se nos órgãos ou na mente. Essa última passagem usa o exemplo da cera dura resistindo à impressão do sinete, comparando isso com os "órgãos ou faculdades de percepção". "Órgão" ou "faculdades" podem ser ou o corpo ou a mente, ou ambos. Ao tratar de idéias adequadas e inadequadas, Locke observa: "Se não houvesse órgãos aptos a receber as impressões que o fogo produz na vista e no tato, nem uma mente associada a esses órgãos para receber as *idéias* de luz e calor, por essas impressões geradas pelo fogo ou pelo sol, não haveria até hoje luz ou calor no mundo nem existiria dor se não houvesse criaturas sensíveis para senti-los" (2.31.2). Nesta passagem, as impressões são claramente distinguidas das idéias, se bem que estas últimas sejam, de algum modo, recebidas por meio das primeiras. A frase "sensações ou idéias em nós" precede essa sentença, sugerindo que elas podem ser a mesma coisa. As sensações provêm de corpos, os quais são suas "causas excitantes" (ibid.).

Locke pode ter recebido o termo "impressão" dos inatistas. Como ele próprio relata, os inatistas afirmavam haver impressões nas almas dos homens, recebidas com o seu próprio ser (1.2.2), impressões naturais e originais (1.2.31), impressões naturais na mente (1.3.17), impressões de verdade (1.3.3) e de máximas gerais (1.2.27). Locke não se opunha à linguagem de impressões ou de estampagem (*imprinting*), outro termo usado pelos inatistas, mas apenas à asserção de que algumas impressões são estampadas na mente antes de toda a experiência. Admitiu que "o conhecimento de algumas verdades... está desde muito cedo na mente, mas de uma forma que mostra não serem elas inatas. Com efeito, se observarmos, verificaremos tratar-se ainda de *idéias* não inatas, mas adquiridas; são as primeiras que foram estampadas por coisas externas, com as quais o bebê teve seus contatos mais precoces, e que causaram as mais freqüentes impressões nos seus sentidos" (1.2.15). Exemplos de tais idéias primeiras são os cheiros e gostos; afirma-se até que a criança adquire algumas verdades baseadas nessas impressões; por exemplo, "o doce não é amargo" (ibid.).

As idéias de operações mentais são adquiridas mais tarde, quando o são, pela maioria das crianças, porque "embora tenham a mente continuamente atingida por visões flutuantes, estas não a impressionam suficiente e profundamente, marcando-a com *idéias* claras, distintas e duráveis, enquanto o entendimento não se volta para si mesmo e reflete sobre suas próprias *operações*, tornando-as o objeto de sua própria contemplação" (2.1.8). Fosse o caso de a alma de uma criança ter "idéias próprias, não derivadas de *sensação* ou *reflexão*", a criança teria idéias "antes de receber quaisquer impressões do corpo" (2.1.17). Assim, ter impressões do e sobre o corpo é um passo necessário na aquisição de idéias na mente. Por vezes, Locke usa linguagem causal para a relação entre impressões e idéias. O movimento "feito em alguma parte do corpo" produz "alguma percepção no entendimento" (2.1.23). O movimento no corpo produz uma percepção cujo conteúdo é uma idéia, uma idéia "coetânea com a *sensação*" (isto é, com uma impressão). As idéias são adquiridas por sensação que resulta de que "as *impressões* são produzidas nos nossos sentidos por objetos externos" (2.1.24). A mente, diz ele, está "preparada para receber as impressões feitas nela". E logo adiante: "Assim como os corpos que nos cercam afetam de modos diversos os nossos órgãos, também a mente é forçada a receber as impressões; e não pode evitar a percepção daquelas *idéias* que lhes estão vinculadas" (2.1.25). Mais adiante, diz-nos que as *"idéias simples... devem apenas ser captadas pelas impressões* que os próprios objetos fazem sobre nossas mentes, pelas próprias entradas indicadas para cada tipo" (3.4.11). Nessa mesma seção sobre os nomes de idéias, Locke quer sublinhar o fato de que as palavras, por si sós, não podem dar origem a idéias como as de sabores e cores: somente a exposição a objetos pode fazer isso. Mas pretende ele dizer que objetos causam diretamente impressões na mente ou, como as passagens anteriores dizem, que as impressões são feitas nos órgãos sensoriais? A referência às "próprias entradas" é aos órgãos sensoriais, de modo que a explicação geral de primeiras impressões, logo idéias e percepção, pode ser ainda válida. Em 3.4.16, Locke fala das idéias de cores serem "produzidas na mente unicamente pela visão e terem sua única entrada através dos olhos"— sem menção alguma a impressões. Ele termina essa seção dizendo: "Extensão, Número, Movimento, Prazer e Dor... produzem impressões na mente e introduzem suas *idéias* por mais de um sentido."

Podemos ver através dessas várias passagens que Locke não produziu uma descrição claramente desenvolvida de como da ação causal de objetos externos sobre os corpos dos percebedores surgem a percepção e as idéias de objetos e suas qualidades. Na verdade, ninguém, no século de Locke ou no seguinte, tinha tal descrição. Alguns, como Malebranche e Leibniz, negaram a possibilidade de causação física afetar a mente. Não obstante, a seqüência aceita por Locke era a mesma para a maioria dos autores, inclusive Malebranche e Leibniz, assim como para Hume: impressões físicas sobre órgãos sensoriais e cérebro causadas por objetos externos; portanto, idéias e percepção.

inatismo Locke informa os seus leitores de que "é opinião estabelecida entre alguns homens que o entendimento comporta *certos princípios inatos*, certas noções primárias... como se caracteres estivessem estampados na mente do homem, cuja alma os recebera em seu ser primordial e os transportará consigo ao mundo" (*Ensaio*, 1.2.1; cf. 1.3.13). Em outras passagens, a linguagem é de princípios ou verdades "escritos em seus corações" (1.3.8), "proposições estampadas em suas mentes" (1.3.14) ou "Caracteres e marcas de Si mesmo [Deus], gravadas em suas mentes pelo seu próprio dedo" (1.4.14). Muito antes dessas passagens serem escritas, Locke usou uma linguagem semelhante para descrever essa crença. Em *Ensaios*, a opinião oposta à favorecida por Locke, a de que a razão pode descobrir a lei da natureza, é apresentada como dizendo que essa lei é "como se estivesse gravada em placas" que permanecem "abertas em nossos corações" (p.123), ou dizendo que a lei da natureza está "estampada em nossas mentes por inscrição" (p.125) ou "escrita nas almas dos homens" (p.137; cf. p.143-5).

Locke estava se referindo a um ponto de vista que pode ser encontrado em muitos opúsculos e panfletos do início do seu século. A metáfora do "dedo de Deus" pode ser encontrada em *The Conscionable Christian* (1623), de Richard Carpenter: a consciência é descrita como um livro "gerado em teu próprio seio, escrito pelo dedo de Deus, em letras tão simples e tão legíveis que, mesmo que não conheças nem uma letra em qualquer outro livro, podes, não obstante, ler este" (p.43-4). William Sclater, em *A Key to the Key of Scripture* (1611), empregou a linguagem da lei da natureza "escrita nos corações de todos os homens". Matthew Hale, em *The Primitive Origination of Mankind* (1677), fala de "princípios conatos gravados na alma humana" (p.60). Nathanael Culverweel, em *An Elegant and Learned Discourse of the Light of Nature* (1654), afirmou que "estão estampados e impressos no ser do homem alguns princípios claros e indeléveis, algumas noções primordiais e rudimentares, cujo conjunto pode formar a Lei da Natureza" (p.47). Outro e mais cauteloso platônico de Cambridge, Henry More, em *An Antidote against Atheisme* (1653), optou pela noção de conhecimento *implícito*, rechaçando cuidadosamente a linguagem mais vívida de "*Idéias* tremeluzindo e brilhando para a *faculdade animadversa* como outros tantos *Archotes* ou *Estrelas* no *Firmamento* para a nossa visão exterior" e "*Letras vermelhas* ou *Caracteres astronômicos* num *Almanaque*" (p.13). More desejou dissociar-se dessa linguagem literal, embora defendendo ainda o inatismo. Ao negar o inatismo da lei da natureza, Samuel Parker, em *A Demonstration of the Divine Authority of the Law of Nature* (1681), lamentou que "a simples descrição dela [da lei da natureza] tenha sido obscurecida, nem mais nem menos, pelo fato de ser sempre tratada e descrita em expressões metafóricas e alusivas, como *Estampas*, *Inscrições* e as *Tabelas do Coração*" (p.5).

Estes são apenas alguns dos inúmeros exemplos da linguagem do inatismo e da doutrina que Locke descreve e ataca em três capítulos do Livro I de seu Ensaio. Era uma doutrina *muito* difundida. Que Locke tivesse esses compatriotas em mente na sua rejeição de princípios inatos foi estranhamente repelido por comentadores que, trabalhando talvez com uma visão da filosofia que acredita estarem os filósofos escrevendo sempre com predecessores filosóficos em mente, procuraram descobrir nas manifestações polêmicas de Locke indícios de Descartes ou outras figuras importantes. Entretanto, a evidência textual parece irrefutável de que foram panfletos e sermões do gênero acima citado o alvo de seu ataque. O único escritor cujo nome é citado por Locke (e que, diz-nos ele, foi acrescentado depois que tinha escrito a maior parte do seu ataque) é Herbert de Cherbury em sua discussão do inatismo em *De veritate* (1624). O que pode ter levado alguns comentadores a furtar-se ao reconhecimento de que havia escritores que usaram a linguagem descrita por Locke como a própria linguagem. Para filósofos refinados, o panorama descrito por Locke dificilmente valia a pena ser defendido ou atacado. O próprio Locke pode ter contribuído para essa tendência de procurar figuras bem conceituadas, com uma doutrina mais substancial de inatismo, dado que alguns dos argumentos de Locke contra princípios e idéias inatos podem ser considerados pertinentes a outras versões de inatismo. Não obstante, os argumentos específicos que Locke refuta são aqueles a que recorriam os autores dos panfletos acima citados.

Outra característica do ataque de Locke é revelada naquela declaração inicial da opinião comum: trata-se de *princípios* que se dizia estarem gravados nos corações, mentes e almas — princípios, proposições ou verdades. As idéias, como idéias inatas, só são discutidas por Locke a partir do Capítulo 4 do Livro I do *Ensaio*; elas entraram em cena por causa do ponto de vista de Locke de que as idéias são os componentes de proposições. Os princípios pretensamente inatos eram de duas espécies. A primeira e mais importante (por indicar o enfoque daqueles numerosos autores cujos panfletos Locke tinha em mente) é a que engloba aqueles princípios morais práticos que nos dizem o que fazer, como devemos agir. Os autores nem sempre nos fazem listas das injunções morais, práticas, que pensavam ser inatas, mas à frente da lista de princípios que eram citados está "Existe um Deus". Também encontramos "Promessas têm que ser respeitadas", "Devemos honrar e obedecer aos nossos pais", e "Não devemos ferir ou causar dano a ninguém."

A outra espécie de princípios considerados inatos são os lógicos ou os usualmente chamados "especulativos", a que Locke se referiu como "aqueles princípios ampliados de demonstração, *O que é, é*, e *É impossível para a mesma coisa ser e não ser*" (1.2.4). Esses eram princípios que alguns autores afirmaram estar implícitos em todo o raciocínio e constituir a base de toda a demonstração. Também era afirmado que tais princípios são evidentes por si mesmos, o que é considerado uma indicação de seu inatismo. Locke tinha fortes objeções a um tal recurso a princípios evidentes por si mesmos numa argumentação racional ou como forma de explicar a demonstração (*ver* MÁXIMAS). Sua principal objeção no Livro I ao pretenso inatismo de tais princípios era que a lista de princípios especulativos inatos seria muito extensa, dado que muitas verdades são óbvias uma vez que tenhamos adquirido idéias específicas e entendido certos termos. Como critério para o inatismo, a evidência que dispensa demonstração é deveras enganadora. Os defensores do inatismo nem sempre usaram a vívida linguagem de letras vermelhas gravadas na alma para esses princípios especulativos; inclinaram-se mais para dizer que esses princípios eram assentidos assim que eram ouvidos pela primeira vez ou depois que passamos a usar a razão. Locke não teve muitas dificuldades para mostrar a fragilidade desse sinal de inatismo (1.2.6-14). Esses princípios, e algumas proposições idênticas a que se recorre em estudos de lógica, não só não eram inatos como tampouco utilizáveis como argumentos e a maioria das pessoas raciocina sem precisar deles.

O ataque de Locke contra o inatismo estava primordialmente interessado em refutar princípios práticos, regras e injunções morais. Foi esse aspecto de sua discussão que provocou os fortes ataques desencadeados contra ele, dado que o ponto de vista predominante era, conforme William Sherlock o expressou, que a negação de idéias inatas, de quaisquer "Impressões naturais conatas e Idéias de um Deus, e de Bem e Mal", abala a religião e abre caminho para o ateísmo ("Digressão a respeito de idéias conatas", em seu *A Discourse concerning the Happiness of Good Men*, 1704, p.161-2). Das duas idéias mencionadas por Sherlock, foi a primeira, a idéia de Deus, a que mais escandalizou quando Locke negou o seu status como inato. Locke declarou abertamente que a proposição "Deus é para ser cultuado" é, "sem sombra de dúvida, uma Verdade tão grande quanto qualquer outra que possa penetrar na mente do homem, e merece ocupar o primeiro lugar entre todos os princípios práticos" (1.4.7), mas *não* é inata, uma vez que as idéias que compõem essa proposição não são inatas (1.4.7-14).

Além da robusta, mas infundada convicção de que Deus implantou no homem uma idéia d'Ele próprio juntamente com a idéia de bem e de mal, o recurso usual dos defensores do inatismo era à suposta universalidade dessas idéias. Especialmente com a proliferação dos livros de viagens sobre terras exóticas, Locke não teve dificuldade em provar que não havia princípios de moralidade universalmente reconhecidos e aceitos em todas as sociedades humanas, nem mesmo quaisquer atitudes ou costumes comuns. A literatura de viagens tampouco corroborava a asserção de que todas as sociedades tinham uma idéia de Deus (1.4.8, 15). Mesmo no caso de se encontrar em todas as sociedades e em todas as pessoas uma idéia de Deus ou uma noção particular de bem e de mal, esse fato não sustentaria a afirmação de inatismo mais do que o fato de todas as nações terem idéias de sol, calor ou número serviria para provar serem essas idéias igualmente inatas (1.4.9). A observação de crianças mostra que elas não nascem com essas idéias e que, de fato, estas só bem mais tarde atraem a atenção das crianças (1.4.7).

Para essas idéias e para ambos os tipos de princípios tidos como inatos, Locke deflagra um contínuo e sistemático ataque contra as razões dadas para considerá-los inatos. Que não são encontrados em todas as sociedades ou em todos os indivíduos, eis uma afirmação concreta que ele estava em condições de fazer. Locke mostrou que a retirada desses princípios para o inatismo, revelada pelo assentimento que eles impõem quando adquirimos o uso da razão ou depois que os ouvimos pela primeira vez, era conceptualmente confusa. Há ainda uma outra razão apontada por ele para rejeitar princípios e idéias inatos, razão essa que assenta numa sua doutrina básica acerca da mente: se eles estivessem na mente, nós teríamos consciência deles, inclusive "todas as *crianças* e *idiotas*", porquanto é "quase uma contradição dizer que há verdades impressas na Alma, que ela não percebe nem entende" (1.2.5). O conceito de estampar algo na mente envolve a percepção do que é estampado: "Pois estampar qualquer coisa na mente sem que esta o perceba parece-me ser algo dificilmente inteligível" (ibid.). De nenhuma proposição "pode ser dito que está na mente se nunca foi ainda conhecida, se nunca se teve ainda consciência dela" (ibid.).

Tendo presente que o que Locke rejeitou como inatas eram proposições, verdades, especulativas e práticas, assim como as idéias de Deus e de bem e de mal, cumpre-nos assinalar que Locke identificou outras classes de princípios que poderiam ser considerados inatos, não aprendidos. A natureza, anuncia Locke, "infundiu no homem um desejo de felicidade e uma aversão ao infortúnio; estes são, com efeito, princípios práticos inatos, os quais (como compete aos princípios práticos) continuam agindo e influenciando constantemente todas as nossas ações" (1.3.3; cf. *T2*, §§63, 67). Esses princípios, essas tendências, podem ser encontrados em todas as pessoas e em todas as sociedades. Ele usa até a linguagem de "estampagem" para essas tendências naturais, mas não se trata, insiste ele, de princípios de conhecimento regendo as nossas ações. Mais adiante, no mesmo capítulo, Locke volta a frisar o mesmo ponto: "Com efeito, existem princípios de ações alojados nos apetites humanos, mas estão longe de ser princípios morais inatos, pois se deixados ao seu livre curso e influência levariam os homens a derrubar toda a moralidade" (1.3.13). As faculdades da mente também são descritas como "inatas" (*Ensaios*, p.127); e *Alguns pensamentos* empenha-se em identificar diversos traços de caráter com que as crianças nascem (*ver* TEMPERAMENTOS). Assim, não era o inatismo como tal que Locke atacava; eram, especificamente, os princípios de conhecimento e de ação moral, com suas idéias concomitantes, que eram rejeitados como inatos.

incapazes O termo inglês *changelings* tem muitos significados diferentes. Refere-se, por vezes, à noção de uma criança defeituosa supostamente deixada por fadas no lugar de uma outra que elas roubaram. Outras vezes — e este foi o sentido em que Locke usou o termo — refere-se a uma pessoa mentecapta, um idiota ou imbecil, talvez disforme e sem uso da razão. Locke usa esse exemplo de pessoas incapazes a fim de ilustrar numerosos pontos metafísicos e morais. Por exemplo, põe em dúvida as alegações em favor de essências reais fixas, uma hipótese que não se coaduna com a freqüente produção de "monstros, em todas as espécies de animais, e de crianças defeituosas, e outras estranhas manifestações do nascimento humano" (*Ensaio*, 3.3.17). Uma outra passagem sobre substância suscita questões acerca dos critérios para classificação: "A diferença de pêlo somente na pele será um sinal de diferente constituição específica interna entre um mentecapto e um babuíno, quando ambos concordam em aparência física e em ausência de razão?" (3.6.22). Mais adiante, no Livro IV, ventila-se de novo a questão de essência e classificação. Escrevendo como se tivesse tido informações sobre algumas "criaturas deformadas, que viveram quarenta anos juntas, sem nenhuma manifestação de razão", Locke sugere que dizer que tais criaturas "estão algo entre um homem e uma besta" pressupõe que "homem" e "besta" representam "espécies diferentes assim estabelecidas por essências reais" (4.4.13). Na seção seguinte desse mesmo capítulo, ele também ventila a questão do destino de tais criaturas no outro mundo, dizendo não estar interessado em explorar esse tópico; elas estão nas mãos de Deus.

Com essa nova distinção entre homem *físico* e *moral*, os incapazes entram em cena para um uso diferente: a questão sobre se "uma criança ou uma criatura deformada é um *homem* num sentido físico" é irrelevante para as questões sobre o que faz um homem *moral* (3.11.6). Num extenso capítulo sobre liberdade (o título do capítulo é "Poder"), Locke contrasta a importância de ser guiado pela razão em nossas ações, suscitando a questão retórica: "Alguém seria um incapaz por ser menos determinado por sábias considerações do que um homem sábio?" (2.21.50). Ele estava examinando aí a noção de liberdade como uma total ausência de determinação da vontade, mesmo por razão ou lei. O seu comentário: não "merece o nome de *liberdade* estar livre para desempenhar o papel de idiota".

infalível, infalibilidade Há dois usos desses termos nos escritos de Locke: um é claramente pejorativo, o outro significa evidência, conclusões ou regras que Locke considera certas. O fato de existirem sociedades onde as pessoas cultuam muitas deidades é prova infalível da ausência de uma idéia do verdadeiro Deus (*Ensaio*, 1.4.15). Do fato de descobrirmos por experiência que às vezes pensamos, podemos "chegar a esta conclusão infalível: há alguma coisa em nós que tem o poder de pensar" (2.1.10). Um homem "percebe infalivelmente que duas *Idéias* diferentes são *Idéias* diferentes" (4.7.10). Proposições de identidade — por exemplo, "a *Idéia* de amarelo é a *Idéia* de amarelo" — são infalivelmente verdadeiras e a "mente não pode deixar de assentir em tais proposições" (ibid.). É "uma regra infalível: sempre que a idéia distinta de qualquer palavra enunciada não é conhecida e considerada, e algo não contido na idéia não é afirmado ou negado, nossos pensamentos se inserem totalmente em sons, e não são capazes de alcançar a Verdade ou a Falsidade reais" (4.8.13). É afirmado que temos "*um conhecimento intuitivo* de nossa própria existência e uma infalível percepção interna do que somos" (4.9.3).

O uso pejorativo desses termos começa a aparecer quando Locke ataca as teses favoráveis às idéias e conhecimento inatos. Parafraseando as tentativas para provar o inatismo mediante recursos ao consenso universal, Locke apresenta o seguinte argumento:

> Os princípios que toda a humanidade aceita por verdadeiros são inatos; aqueles que os homens de perfeito juízo admitem são os princípios aceitos por toda a humanidade; nós, e os que têm o nosso ponto de vista, somos homens de razão: portanto, concordamos em que os nossos princípios são inatos, o que é uma estupenda maneira de argumentar e um caminho mais rápido para se alcançar a infalibilidade. (1.3.20)

Pode haver uma referência velada às doutrinas religiosas numa passagem de 1.4.24: uma referência à "cega credulidade" de alguns homens em face de certos princípios. Em *Conduta*, ele refere-se a um homem "envolvido pelo fervor e a infalibilidade de sua própria seita, e que não tocará num livro ou entrará num debate com uma pessoa que ponha em dúvida ou conteste qualquer daquelas coisas que para ele são sagradas" (§3). Locke descreve esses homens como querendo ter poder sobre outros ao reivindicarem "a autoridade para serem ditadores de princípios e professores de verdades indiscutíveis"; eles querem "fazer um homem engolir isso como se fosse um princípio inato, o qual pode servir a seus propósitos" (*Ensaio*, 1.4.24). A suspeita de que Locke pode ter pessoas e doutrinas religiosas em mente é reforçada pelo seu uso da analogia de "engolir princípios" numa outra passagem. "Deixem que a *Idéia* de infalibilidade seja inseparavelmente ligada a qualquer pessoa, e essas duas constantemente unidas possuirão a mente; e então um corpo em dois lugares ao mesmo tempo será engolido incondicionalmente como se fosse uma Verdade certa por uma fé implícita, sempre que a suposta pessoa infalível ditar e exigir assentimento sem investigação" (2.33.17). Numa outra passagem, ele refere-se a países onde os homens "são forçados, por bem ou por mal, a ser da religião do país; e devem, portanto, engolir opiniões, como pessoas néscias engolem mezinhas de charlatães" (4.20.4). Mais adiante, no mesmo capítulo, a analogia de engolir é explicitamente usada contra os papistas:

> Tomemos um católico (*Romannist*) inteligente que, desde os alvores de quaisquer noções em seu entendimento, tivesse tido este princípio constantemente inculcado, a saber, que ele deve crer como a Igreja (isto é, os de sua comunhão) crê, ou que o Papa é infalível; e nunca ouviu que tal princípio fosse questionado, até que aos quarenta ou cinqüenta anos de idade se encontrou com alguém que tinha outros princípios muito diferentes dos seus; como estará preparado para engolir facilmente, não só contra toda a probabilidade mas até a clara evidência de seus sentidos, a doutrina de *Transubstanciação*? (4.20.10)

A antipatia pelos papistas já se manifestava desde 1662, num manuscrito sobre o tema da infalibilidade. Aí falava dos "padres argutos" que procuram obter "o controle sobre a conduta e a consciência de homens", de padres que "insistem em que o pontífice romano é o único e infalível intérprete da Bíblia Sagrada" ("John Locke's Essay on Infallibility: Introduction, Text and Translation", John C. Biddle, *Journal of Church and State*, 19 (1977), p.317). Numa disposição mais séria, Locke observa que as discordâncias entre cristãos mostram "não haver nenhum intérprete infalível" de matérias divinas (ibid.). Sublinhando um ponto que ele abordaria mais tarde a respeito da revelação, Locke comenta que quem quer que afirme ser infalível teria que apresentar provas de sua infalibilidade, uma tarefa que Locke acredita não poder ser feita (ibid., p.321).

inferência Outro termo para inferência é "ilação", e define-se como "a percepção da conexão que existe entre as idéias, em cada passo da dedução; por meio dela a mente chega a ver a evidente concordância ou discordância de duas idéias quaisquer", ou sua provável conexão (*Ensaio*, 4.17.2). Numa outra passagem, Locke diz: "Inferir nada mais é que, em virtude de uma proposição estabelecida como verdadeira, extrair uma outra verdade, isto é, ver ou supor uma tal conexão de duas idéias da proposição inferida" (4.17.4). Ele dá o exemplo de uma proposição "estabelecida": "*Os homens deverão ser punidos no outro mundo.*" Suponhamos que dessa proposição é inferida uma outra; por exemplo, "*Os homens podem se determinar*". A questão para Locke consiste em saber se a mente "fez essa inferência de forma correta ou não". A resposta é "sim", "se ela o fez por ter descoberto as *idéias* intermediárias, e, tendo em vista a conexão entre elas, colocada na devida ordem" (ibid.). Se a inferência foi feita sem tal percepção da conexão de idéias, a inferência não é boa ou "correta". Locke fala da força de uma inferência (ibid.). Critica os discursos retóricos como sendo induzidos em erro por algumas "vigorosas representações metafóricas", levando a pessoa ou ouvinte a "negligenciar a observação, ou a não perceber quais são as verdadeiras" idéias intermediárias.

Evitar inferir tem seus perigos. A inferência é "o grande Ato da Faculdade Racional", desde que se infira adequadamente, mas a "Mente, ou muito desejosa de ampliar seu conhecimento, ou muito capaz de favorecer os sentimentos que absorveu um dia, está sempre disposta a fazer inferências" e, por isso, conduz-se precipitadamente, fazendo uma inferência quando, na realidade, não percebeu a conexão e daí resulta que nenhuma inferência foi feita ou somente ocorreu uma defeituosa (4.17.4). Por vezes, podemos perceber a conexão imediatamente, por uma comparação imediata de idéias. Em tais casos, raciocinar não é necessário. Logo, é "por discurso e inferência" que fazemos descobertas (4.17.5). A referência a discurso pode ser uma indicação de que um modo de ajudar alguém a perceber imediatamente a conexão de idéias é falando com a pessoa, falando sobre a conexão e assim levando-a a adquirir consciência de como as idéias estão relacionadas. A demonstração é uma espécie de discurso, um meio pelo qual mostra à pessoa sucessivas conexões de idéias. Essas conexões devem ser "intuídas", que é o que percepção "imediata" é. Uma outra forma de inferência envolve probabilidade. Nesse caso, em vez de intuir ou "ver" imediatamente, julgamos a conexão de idéias (ibid.).

Ilação ou inferência é perceber a conexão de idéias, freqüentemente com uma demonstração. Mas como proceder para descobrir idéias intervenientes que articulem duas ou mais idéias? Sagacidade é o nome que Locke usa para "encontrar *idéias* intervenientes que possam mostrar as *relações* e *hábitos* de idéias" (4.3.18; cf. 4.17.2). Uma outra caracterização da sagacidade é "a rapidez da mente em descobrir aquelas *idéias* intervenientes" que revelam a concordância ou discordância de outras idéias (4.2.3).

A ênfase em sua descrição da inferência recai sobre a atividade da mente. O inferir, o perceber, é que é o importante. A mesma ênfase é encontrada em sua descrição da demonstração: exposição e entendimento fazem a demonstração. Julgar é uma outra *atividade* afim da mente. De um modo análogo, o conhecimento é dependente dos produtos resultantes da percepção mental (4.2.7).

inquietação O motivo para mudarmos o nosso estado ou condição é "alguma inquietação" que sentimos. Inquietação é "o grande motivo que age sobre a mente para induzi-la à ação" (Ensaio, 2.21.29). É esse sentimento que Locke identifica como "a *determinante da Vontade*". A inquietação está intimamente ligada ao desejo. "A inquietação que um homem sente em si mesmo, na ausência de alguma coisa cuja fruição envolve a *idéia* de prazer, é a esse sentimento que chamamos *desejo*, o qual será maior ou menor na medida em que a inquietação for mais ou menos veemente" (2.20.6). Prossegue então dizendo que "o mais importante, senão o único estímulo para a indústria e a ação humanas, é a inquietação". Se estamos cômodos e satisfeitos sem ter nenhum objeto ou estado em particular, "não se manifesta qualquer desejo nem esforço para realizá-lo; não há mais do que mera *veleidade*, o termo usado para significar o mais baixo grau de desejo" (ibid.; cf. 2.21.39: "onde há *inquietação* há *desejo*"). Numerosas paixões e emoções são definidas em termos de inquietação. A mágoa, por exemplo, é "inquietação mental causada pelo pensamento de um bem perdido, do qual poderia ter-se desfrutado por mais tempo; ou o sentimento de um mal presente" (2.20.8). Medo é "uma inquietação da mente motivada pelo sentimento de um mal futuro que possa vir a nos atingir" (2.20.13). A vergonha é outra forma de inquietação mental, "fruto do pensamento de termos feito algo que é indecente ou que diminuirá a apreciada estima que outros têm por nós" (2.20.17). O rubor nem sempre acompanha essa inquietação. Até o ódio e o amor são formas de inquietação (2.20.5). De um modo geral, prazer e dor, deleite e inquietação, referem-se a dores e prazeres corporais, assim como "qualquer forma de *deleite* ou *inquietação* por nós sentida, resultante de qualquer sensação ou reflexão aprazível ou inaceitável" (2.20.15).

Não somos capazes de mais de uma determinação da vontade para uma ação de cada vez. É a inquietação atual que determina a vontade (2.21.36). Se julgarmos que uma certa ação ou meta é inatingível, até o mais forte grau de inquietação não logrará incitar-nos a agir (2.21.40). Se julgamos que várias metas *são* atingíveis, então "a mais importante e urgente *inquietação* que sentimos nessa oportunidade é aquela que ordinariamente determina a *vontade* na seqüência de sucessivas ações voluntárias que constituem as nossas vidas" (ibid.; cf. 2.21.47). Também existem inquietações *naturais* e *fantásticas*. As primeiras são a "inquietação da *fome*, *sede*, *calor*, *frio* e *cansaço*", as últimas incluem "a ânsia de obter *honras, poder* ou *riqueza*" (2.21.45). As fantásticas são "hábitos adquiridos por *moda, exemplo* e *educação*". As mesmas fontes produzem "um milhar de outros desejos irregulares, que o costume tornou naturais para nós". Esses dois desejos, naturais e fantásticos (ou adquiridos), produzem "uma sucessão constante de inquietação" (ibid.). Os desejos ou inquietações naturais são implantados em nós por Deus, fazem parte da natureza humana, orientando a nossa preservação (2.21.34).

Esse capítulo sobre poder, onde ocorre grande parte do exame da inquietação e da determinação da vontade, passou por numerosas revisões. Foi o capítulo do *Ensaio* que deu mais trabalho a Locke. Na primeira edição, ele aceitou a visão de que "o bem, o maior bem, determina a vontade" (2.21.35). Nesta seção, explica que, na segunda edição, atreveu-se "a discordar de uma opinião tão aceita como válida". Da segunda a quinta edições do *Ensaio*, Locke afirma que o "*bem*, o *maior bem*, embora apreendido e reconhecido como tal, não determina a *vontade enquanto* o nosso desejo, aumentado proporcionalmente a ela, não nos tornar *inquietos* na ausência dela" (ibid.). Um homem poderia ser convencido de que "a abundância tem suas vantagens sobre a pobreza", de que o conforto que a vida pode oferecer é melhor do que a detestável penúria, mas, se ele está contente com sua situação presente, não agirá para mudá-la. O que ele reconhece intelectualmente não o induzirá a uma mudança. Mesmo no caso da virtude, podemos ser inteiramente persuadidos de sua importância neste e no outro mundo, mas enquanto não sentirmos "fome e sede de justiça e probidade", enquanto não nos sentirmos inquietos em sua ausência, não estaremos determinados a buscar os caminhos da virtude. Locke cita mesmo o caso do ébrio que, reconhecendo que sua saúde corre perigo por excesso de bebida, e que está esbanjando dinheiro na taverna, permite, não obstante, que a inquietação se aposse dele por sentir a falta de seus companheiros de bebida e "a sede habitual de seus copos no horário habitual" para voltar sempre lá (ibid.).

O bem e o mal, presentes e ausentes, agem sobre a mente, mas o que determina imediatamente a vontade é "a *inquietação do desejo*" (2.21.33). Locke não quer dizer com isso que o desejo força a nossa vontade a agir (embora o exemplo do ébrio possa sugeri-lo). Ele está falando de ações *voluntárias*. O conhecimento do bem e do mal, de virtude e vício, não é suficiente para que queiramos agir. Para a ação voluntária, devemos não só querer e desejar atingir certo objetivo, mas devemos sentir também sua falta. Estritamente, desejar *é* sentir, mas é importante entender que Locke está enfatizando o sentimento, a necessidade sentida ou a importância sentida de se agir moralmente. O desejo é a inquietação que nos motiva para agir voluntariamente a fim de alcançar algum objetivo. A menção de Locke à "determinação da vontade" pode soar como se ele acreditasse que o desejo nos *impele* a agir, até mesmo contra a nossa vontade. Todo o seu empenho nesse longo capítulo girou em torno de como entender a ação voluntária. A sua análise é em termos de volição, não de compulsão, mas a vontade por si só não nos fixa um rumo, um curso para a ação: ela deve ser estimulada, determinada. Talvez preferíssemos mais falar dos motivos de ações em lugar da determinação da vontade, mas, seja qual for a linguagem que usamos, precisamos reconhecer que somos os agentes que atuam. Como agentes, não agimos sem motivos. Alguns diriam ser a *razão* que nos motiva (ou deveria motivar-nos), outros dizem ser um conhecimento do que é bom ou virtuoso. Após a primeira edição do seu *Ensaio*, Locke chegou a uma conclusão diferente. É o desejo, o desassossego, a inquietação por algum bem ou condição ausente que nos motiva para agir, para mudar o nosso estado atual. É correto dizer que somos, nessa explicação, impelidos por nossos desejos, desde que não interpretemos o "impulso" de um modo compulsivo. Seria melhor dizer que somos *motivados* pelos nossos desejos, não pelo conhecimento ou a razão, uma conclusão a que, no século XVIII, Hume também chegou (cf. 2.21.31).

Mesmo assim, é uma conclusão um tanto surpreendente para alguém como Locke que, em outras passagens, exalta o valor da razão e da racionalidade. Sem dúvida, ele teria preferido que a razão fosse o motivador de agentes humanos, mas fez uma avaliação realista da psicologia da motivação enquanto se empenhava numa revisão desse capítulo. Ele ligou o seu entendimento revisto da psicologia humana ao princípio ontológico de que nada pode atuar onde não está: "é contra a natureza das coisas que o que está ausente atue onde não está" (2.21.37). Admite que a *idéia* de algum bem ausente, por contemplação, pode "acudir à mente e fazer-se presente", mas a idéia não nos induzirá a agir a menos que (ou até que) a idéia "desperte o nosso desejo, e a *inquietação* por ele gerada seja preponderante na determinação da *vontade*" (ibid.). Sem inquietação, essa idéia está na mente "apenas como outras *idéias*, o objeto de mera especulação inativa". Mesmo a idéia ou representação das "indescritíveis Alegrias do Céu" não nos motivarão enquanto estivermos contentes com nossa condição nesta vida (cf. 2.21.38): "O infinitamente maior bem confessado é, com freqüência, negligenciado para satisfazer a sucessiva *inquietação* de nossos desejos triviais."

Locke reconhece que os desejos podem fugir ao nosso controle, podem impelir-nos de um modo compulsivo e dominar a vontade. A vontade ainda é a fonte de ação, mas, nesses casos, os desejos levam-nos a cometer ações irresponsáveis. O exemplo do ébrio pode ser interpretado desse modo. Em termos mais gerais, ele refere-se a esses desejos dominantes como "qualquer *inquietação* enorme e preponderante que, tendo-se apoderado uma vez da *vontade*, não mais a abandona" (2.21.38). Exemplos são "qualquer dor veemente do corpo; a paixão ingovernável de um homem tomado de violento amor; ou o desejo impaciente de vingança" (ibid.). O que acontece em tais situações é que "*a vontade* assim determinada nunca deixa o entendimento manter o objeto a salvo, pois todos os pensamentos da mente e poderes do corpo são ininterruptamente empregados desse modo... enquanto ele durar" (ibid.; cf. 2.21.32).

Conhecedor do poder dos desejos e do papel que desempenham na ação humana, era importante para Locke encontrar modos de controlar desejos, convertendo alguns em motivações para o bem, erradicando ou silenciando outros. A forma de fazer isso é através da educação e da instrução de crianças. A educação vem a ser o veículo para o comportamento racional. As tensões entre razão e desejo são tratadas diretamente em *Alguns pensamentos referentes à educação*. Suas extensas observações sobre esse tópico parecem, com freqüência, ter sido escritas, como de fato foram, em sua forma inicial, como cartas endereçadas aos amigos de Locke, o casal Edward Clarke, antes das revisões por ele feitas na segunda edição do *Ensaio*. Não há mudanças sobre esse tópico nas quatro edições subseqüentes de *Alguns pensamentos*. A seção 54 é claramente da mesma safra das passagens na primeira edição em *Ensaio 2.21*: "*Bem e Mal, Recompensa e Punição*, constituem os únicos motivos para uma criatura racional; são as esporas e as rédeas pelas quais toda a humanidade é posta em ação e guiada, e, portanto, devem ser também úteis para as crianças" (*AP*, §54). A expressão "criatura racional" pode indicar ser isso o que uma pessoa racional fará. Atingir o padrão de racionalidade é o objetivo de *Alguns pensamentos*. Locke tem plena consciência da força motivadora do desejo. "Pois se não existisse desejo, não haveria indústria" (*AP*, §126); mas recomenda um rigoroso programa para reprimir os desejos mais violentos e demolidores a favor de outros mais modestos, aqueles que são compatíveis com "aplicação, indústria, pensamento, criatividade e boa administração" (*AP*, §130).

Recompensas e punições são úteis para induzir crianças a ter "gosto e inclinação pelo que lhes propomos que aprendam" (*AP*, §72). Também são úteis na orientação de crianças para que desejem a virtude e o elogio e evitem a desonra e a vergonha. "Assim, os objetos de seus desejos tornam-se coadjuvantes da virtude" (*AP*, §58). Tal como fez no *Ensaio*, Locke também aqui identifica desejos e carências naturais específicas; por exemplo, "dores de doença e ferimentos, fome, sede e frio; necessidade de sono, ou repouso, e descontração da parte exausta com trabalho" (*AP*, §107). Ele sugere nessa passagem que, com alguma ajuda, a razão pode ser capaz de minimizar os efeitos e solicitações desses desejos, até de "procurar sua remoção". Ao mesmo tempo, as dores que "provêm de necessidades da natureza são avisos para nós, advertem-nos para que evitemos maiores danos ou cometamos ações condenáveis, das quais são precursoras" (*AP*, §107). Mas ajudar as crianças a aprenderem a suportar algumas dessas dores pode "torná-las mais fortes de corpo e de espírito". De fato, Locke identifica "o grande princípio e fundamento de toda a virtude e mérito... que um homem é capaz de *repudiar* seus próprios desejos, contrariar suas próprias inclinações e seguir puramente o que a razão indica como o melhor, embora o apetite se incline na direção oposta" (*AP*, §33). Assim, as crianças devem ser estimuladas a "consultar e fazer uso da razão, antes de cederem às suas inclinações" (*AP*, §107). Locke quer que as crianças "aprendam a arte de sufocar seus desejos logo que estes se manifestam nelas, quando é mais fácil subjugá-los" (ibid.). A preparação para aprender essa arte deve começar cedo, muito cedo; ainda "*em seu próprio berço*", devem "ser habituadas a dominar seus desejos e a passar sem seus anelos" (*AP*, §38; cf: §104). Os desejos devem ser refreados desde cedo e as crianças devem ser encorajadas a "submeter-se à razão" (*AP*, §52).

Portanto, *Alguns pensamentos* oferece um programa para controlar e usar os desejos a fim de motivar as crianças a agirem; mas a razão parece ser o fator controlador nesse programa — pelo menos, é o ideal e o padrão usados pelo preceptor e os pais. A *Conduta do entendimento* também expressa confiança na razão e no conhecimento como determinantes da vontade. A seção de abertura dessa obra manifesta um confiante tom racional: "O último recurso de que um homem dispõe, em sua própria conduta, é o seu entendimento" (§1; em *Works*, iii. 205). A razão, não o desejo ou a inquietação, ativa o homem. O entendimento, com razão, orienta: todos os "poderes operativos" de um homem são dirigidos pela razão e o entendimento. Mesmo a própria vontade, "por muito absoluta e incontrolável que possa ser considerada, nunca falha em sua obediência aos ditames do entendimento".

Locke não parece ter resolvido a tensão instável entre razão e desejo como motivadores dos homens. Pode ser que seus recursos à razão e ao entendimento fossem aquilo em que punha suas esperanças, enquanto que a detalhada descrição da inquietação como o que nos impele a agir era o seu reconhecimento realista do que ocorre, de fato. Seu programa de instrução para crianças em *Alguns pensamentos* pode ser visto como a sua tentativa para resolver essa tensão entre ideal e realidade, para recomendar métodos em que os pais e preceptores podem encaminhar certos desejos e inclinações na direção da razão.

intuição Na linguagem das idéias que Locke usa para caracterizar o conhecimento, nos é dito que possuímos conhecimento intuitivo quando a mente percebe *imediatamente* as relações de duas idéias, sem a ajuda de outras idéias (*Ensaio*, 4.2.1; cf. 4.3.2). Outra formulação diz que as próprias idéias revelam sua concordância ou discordância (4.1.9). Há verdades que adquirimos desse modo. O conhecimento intuitivo é certo; a mente não tem dúvidas sobre as verdades (4.2.5). Numa passagem ulterior, a intuição, e percepção imediata, está vinculada à evidência que dispensa qualquer demonstração (4.18.5). Nenhum desses termos é, pode-se perceber, claro ou evidente por si mesmo. Descartes também tinha identificado a intuição e a demonstração como duas fontes de conhecimento. Explicou seu uso de intuição da seguinte maneira: "Por 'intuição' não entendo o testemunho flutuante dos sentidos ou o juízo falaz da imaginação quando junta atabalhoadamente coisas sem nexo, mas a concepção de uma mente clara e atenta, a qual é tão fácil e distinta que não pode haver lugar para dúvidas sobre o que estamos entendendo" (*Regras para direção de nossa inteligência natural,* Regra 3).

Em seu esforço para explicar o que entende por conhecimento "intuitivo", Locke emprega certo número de analogias. Também dá vários exemplos. Compara-o à fulgurante luz do sol, a qual "se impõe imediatamente à percepção" (4.2.1), ao invés do conhecimento demonstrativo que requer uma série de passos e que Locke compara aos reflexos de uma série de espelhos (4.2.6). A mente é comparada ao olho. Um olho em perfeito funcionamento "perceberá logo no primeiro relance, sem hesitação, que as palavras impressas nesta folha de papel são diferentes da cor do papel" (4.2.5). Do mesmo modo, a mente "perceberá a concordância ou discordância daquelas *idéias* que produzem o conhecimento intuitivo". Assim, a mente percebe que branco não é preto; que um círculo não é um triângulo (4.2.1); que "as *idéias* dos ângulos de um triângulo obtuso e de um agudo, ambos desenhados a partir de bases iguais", são diferentes (4.3.3); que certos números são iguais ou proporcionais (4.3.19); que o arco de um círculo é menos do que todo o círculo (4.17.14); que a não-entidade é incapaz de produzir seja o que for (4.10.3). Também temos um conhecimento intuitivo de nossa própria existência (4.9.3). Um outro exemplo é que "a *idéia* que recebemos de um objeto externo está em nossas mentes" (4.2.14).

J

jogo *ver* RECREAÇÃO.

juízo Esta é uma das mais valiosas faculdades da mente. O juízo é definido como "o pensamento ou a aceitação de que duas idéias concordam ou discordam pela intervenção de uma ou mais idéias cuja concordância ou discordância certa com aquelas não é percebida, mas foi observada como freqüente e usual" (*Ensaio*, 4.17.17). Também é caracterizado como "a anuência da mente a que quaisquer *idéias* concordam, por comparação delas com tais *meios* prováveis" (4.17.16). A razão deve ser o guia do nosso juízo quando nós, como agentes livres, decidimos atuar de maneiras específicas. O juízo é uma faculdade discernente, separa idéias umas das outras em função de suas diferenças. Mesmo diferenças mínimas são importantes se quisermos evitar ser enganados "por causa de suas similitudes e pela afinidade que possa haver entre uma idéia e outra" (2.11.2). Nessa seção, Locke estava contrastando juízo e sagacidade; a sagacidade procura reunir idéias que têm "qualquer semelhança ou congruência, construindo assim imagens e visões agradáveis na fantasia". O juízo, poderíamos dizer, é uma faculdade analítica, mas requer treinamento e uso cuidadoso. Juízos apressados e complacentes podem iludir-nos, mesmo em percepção. As referências a juízo ocorrem do começo ao fim do *Ensaio*. O bom juízo também é elogiado em *Alguns pensamentos* como um traço a ser cultivado em crianças (§§ 40, 67, 122).

Há um papel positivo que o juízo desempenha nos processos perceptivos, embora esse papel seja, de modo curioso, um papel que implica distorção ou alteração. Locke traça uma distinção entre a aparência visual de objetos e a nossa percepção deles. O juízo amplia a aparência visual, uma aparência que é plana e formada de luz e cores, e converte-a num objeto perceptivo tridimensional (*ver* PROBLEMA DE MOLYNEUX).

justiça No primeiro do *Dois tratados*, Locke observa que a justiça dá "a cada homem um direito aos produtos de sua honesta indústria e à justa aquisição de que herdou de seus ancestrais" (*T*1, §42). O primeiro dos *Ensaios* declara que a justiça é a "principal lei da natureza e o principal compromisso da sociedade" (p.109). Locke fala aí de justiça *natural*. Como um dos principais objetivos do governo civil é a proteção de propriedade (propriedade *lato sensu*, o que abrange pessoas, vidas e bens), podemos entender os estreitos vínculos entre propriedade, lei e justiça. A proposição "*Onde não há propriedade não há injustiça*" é tão evidente "quanto qualquer demonstração de Euclides" (*Ensaio*, 4.3.18). Os *Ensaios* sublinharam o mesmo ponto: "Pois que justiça existe onde não há propriedade pessoal ou direito de propriedade?" (p.213). Os dois conceitos de justiça e propriedade são analisados em relação à educação de crianças, quando Locke insiste com os pais para que permitam a seus filhos que compartilhem de seus bens. Observa que "todos os cuidados serão poucos para evitar que os filhos transgridam as regras da *Justiça*" (*AP*, §110). Numa passagem de *Ensaio* 4.3.18, ele passa a explicar a conexão conceptual entre a idéia de propriedade e a idéia de injustiça. A propriedade e os bens, em geral, precisam ser adquiridos por trabalho honesto e de acordo com leis naturais ou positivas, não pela força (*Ensaios*, p.207). Insiste em que analisemos a idéia complexa de justiça, decompondo-a em suas partes, para que possamos ter uma idéia clara dela. Como a idéia de lei é uma dessas partes componentes, cumpre-nos entender também no que consiste a lei (*Ensaio*, 3.11.9). No estado de natureza, aplica-se a lei natural; na sociedade política, é a lei civil que especifica os detalhes de propriedade e as penalidades para os transgressores. O corpo legislativo ou a autoridade designada no governo "*está na obrigação de dispensar justiça* e decidir dos direitos dos súditos *mediante a promulgação de leis originárias e juízes conhecidos, investidos do poder de julgar*" (*T2*, §136).

Locke gastou algum tempo no *Ensaio* explicando que o fato de a justiça ser um modo misto não significa que qualquer pessoa ou sociedade pode definir esse termo a seu bel-prazer. Com os MODOS mistos, idéias para ações humanas, a doutrina de Locke é que essas idéias não retiram seu conteúdo de ações, mas, pelo contrário, são as idéias que prescrevem que ações se ajustam ao modo misto. A sua maneira de expressar esse ponto no tocante às idéias morais é dizer que elas "não têm seres externos como *arquétipos* a que se refiram e com os quais devem estar em correspondência" (3.11.17). Essa localização dos arquétipos em idéias não o deixa vulnerável à acusação, conforme ele a formula contra si mesmo, de que "se o *conhecimento moral* for situado na contemplação de suas próprias *idéias morais*, e estas, como outros modos, sendo por nós formuladas, que estranhas noções haverá de *justiça* e *moderação*? Que confusão de virtudes e vícios, se cada um fizer das *idéias* o que for de seu agrado?" (4.4.9). Antes de considerar a resposta de Locke, devemos perguntar: se a lei da natureza identifica deveres e virtudes (incluindo a justiça), a objeção que Locke formula não é invalidada no nascedouro? Se é invalidada, pode Locke manter sua doutrina de modos mistos para aquelas idéias morais contidas na lei da natureza? Não parece haver aí uma resposta à *nossa* questão; a doutrina dos modos mistos situa-se precariamente entre o relativismo e o objetivismo, entre dizer "sim" à objeção suscitada por Locke e "não" à que foi por nós formulada. A resposta negativa parece ameaçar a doutrina das leis da natureza.

A resposta de Locke à acusação de relativismo — muitas idéias diferentes de justiça — é dada comparando idéias morais a idéias geométricas. Poder-se-ia designar um triângulo por um nome diferente, por exemplo, um trapézio, mas a demonstração das propriedades da figura, agora chamada um trapézio, seria a mesma da demonstração em que outros a chamam um triângulo (4.4.9). A mudança de nome não altera a idéia. É a *idéia*, não o nome, que constitui o modo misto, que é o arquétipo. Da mesma forma, as idéias morais são distintas dos nomes que as pessoas lhes dêem. Por exemplo, "suponhamos que um homem tem a *idéia* de tirar de outros, sem o consentimento deles, o que sua honesta diligência lhes propiciou e dê a isso o nome de *justiça*, se lhe agradar. Quem adotar este nome, sem a *idéia* que lhe corresponde, estará equivocado, por acrescentar outra *idéia* de sua própria lavra a esse nome" (4.4.9). É como se algumas idéias, as de geometria e moralidade, tivessem um status independente de determinadas pessoas. É claro, Euclides ou os primeiros geômetras construíram as idéias de triângulos, quadrados etc. Para Locke, Deus constrói idéias morais, expressando-as na lei natural, e concede-nos a razão para descobrir as leis e seu conteúdo moral, um conteúdo que Locke quer descrever como modos mistos quando os seres humanos pensam sobre eles. Numa passagem, ele até descreve os modos mistos como *seres humanos* (3.5.12), cf. 2.28.14. Tais seres, no caso de algumas idéias morais, como justiça, têm a sanção de Deus. Portanto, a justiça pareceria ser uma virtude natural, não uma virtude artificial. Poderá ela ser simultaneamente natural e um modo misto?

L

lei É um termo que desempenha um papel importante no exame de Locke da moralidade e da sociedade política. Tem um sentido positivo, não restritivo: "Pois a *lei*, no seu verdadeiro significado, é não só a limitação, mas *a direção de agente livre e inteligente* para o seu próprio interesse, e não prescreve mais do que importa no bem geral de quantos estão sob essa lei" (*T2*, §57). A finalidade da lei "não consiste em abolir ou restringir, mas em *preservar e ampliar a liberdade*" (ibid.). Locke explica que o conceito de uma lei está ligado a de um legislador e pressupõe recompensas e punições (*Ensaio*, 1.3.12). O conceito de lei também implica a noção de obrigação e dever (1.4.8). Todas as características do conceito de uma lei são encontradas na lei da natureza: "Pois, em primeiro lugar, é o decreto de uma vontade superior, que é no que parece consistir a causa formal de uma lei; de que maneira, porém, isso pode tornar-se conhecido da humanidade é uma questão a ser, talvez, discutida mais tarde. Em segundo lugar, estabelece o que pode e o que não pode ser feito, o que constitui a função própria de uma lei. Em terceiro lugar, vincula os homens, porquanto contém em si tudo o que é requerido para criar uma obrigação" (*Ensaios*, p.111-3). O legislador que Locke tem em mente nessas passagens é Deus (cf. *Ensaio*, 1.3.13); ele estava discutindo as teses favoráveis às idéias inatas de moralidade e de Deus, nas Locke reconheceria, no entanto, a verdade geral dessas conexões conceptuais. Antes que qualquer pessoa possa entender que está submetida a uma lei, muitos outros conhecimentos são requeridos: (1) A pessoa "deve saber... que existe um legislador, isto é, algum poder superior ao qual ela está legitimamente sujeita"; (2) deve também saber que "existe alguma vontade, por parte desse poder superior, a respeito de coisas a serem feitas por nós, ou seja, que o legislador, quem quer que ele revele ser, deseja que façamos isto, mas deixemos de lado aquilo, e exige de nós que a conduta de nossa vida seja de acordo com a sua vontade" (*Ensaios*, p.151). Outra conexão conceptual que Locke identifica é a idéia de governo com o "estabelecimento da sociedade baseada em certas regras ou leis que exigem conformidade a elas" (*Ensaio*, 4.3.18). As discutidas por Locke são as leis que governam as ações humanas em sociedade, no estado de natureza (a sociedade pré-civil), entre Deus e o homem, e entre pais e filhos. A tríplice distinção feita em *Ensaio* 2.28.7 não abrange completamente toda a variedade de leis encontradas em seus escritos, mas é uma indicação geral do seu alcance: lei divina, lei civil e "a lei de *opinião* ou *reputação*".

Esta última classe de leis preocupou alguns leitores que a interpretaram como incompatível com a insistência de Locke na lei de Deus ou lei da natureza como a verdadeira medida de certo e errado, de virtude e vício. Alguns comentadores interpretaram essa identificação de uma classe de leis baseada em opinião ou reputação como a concepção do próprio Locke da base para a moralidade, apesar da sua clara e inequívoca observação de que somente quando as ações denominadas "virtude" e "vício" coincidem com "a *lei divina*" é que constituem realmente exemplos de virtude ou vício (2.28.10; cf. *DF*, p.222, onde ele diz que a lei divina "é aquela grande regra de direito e justiça e alicerce eterno de todo o bem e mal morais"). O interesse de Locke nessas várias espécies de leis estava na descrição e recomendação de regras e leis que governam ou devem governar nossas ações.

Considerável atenção é dada por Locke à relação pais-filhos. Em *Alguns pensamentos*, onde ele se mostra especialmente interessado na criação dos filhos para que venham a ser pessoas racionais e morais, adverte os pais para que "não sobrecarreguem tanto de *regras* seus filhos" que se torne "impossível às pobres crianças lembrarem-se de uma décima parte delas" (§65). Usar o menor número possível de regras era o seu conselho: "Façam poucas *regras*, mas cuidem para que sejam bem observadas" (ibid.). No capítulo "Do pátrio poder" no *Segundo tratado do governo*, Locke tem o cuidado de traçar a linha divisória entre leis e regras arbitrárias, voluntárias e impróprias impostas às crianças (*T*2, §§65-74). As regras ou leis relativas a crianças não parecem ajustar-se a qualquer das três espécies de leis distinguidas por Locke, embora no *background* da relação pais-filhos estejam as leis divinas, as leis da razão ou da natureza. Podem pertencer à terceira classe de leis, as leis de opinião, mas somente quando são condizentes com as leis de Deus.

Existe um outro tipo de lei, ou um outro rótulo, mencionado em vários lugares: leis humanas (2.27.22), leis da humanidade (*T*1, §47), leis da comunidade (*T*2, §§66, 82, 122, 197, 198), ou leis da Terra (*T*1, §88). Trata-se de rótulos para as leis que são estabelecidas dentro de uma sociedade para cobrir ações, obrigações ou transações específicas. Locke tinha grande respeito pela lei, especialmente pelas leis da Inglaterra. Em *Ensaio* 4.16.10, cita a lei específica a respeito da "cópia autenticada de um registro" ser boa prova, mas "a cópia de uma cópia, nunca tão bem certificada e por testemunhas nunca tão confiáveis, não será admitida como prova em tribunal". Em *Alguns pensamentos*, recomenda aos jovens cavalheiros que estudem direito dando primeiro uma olhada à "nossa Constituição e Administração pública *inglesas* nos antigos livros de *direito consuetudinário*" (§187). A história da lei inglesa é importante para nos dar "a razão de nossos *Estatutos*" (ibid.). Ao recomendar especificamente aos jovens cavalheiros que leiam Cícero, Pufendorf e Grotius (os quais escreveram, todos, sobre a lei), Locke fala da "*parte geral de Lei Civil* e História", instigando o estudante a "dedicar-se constantemente a elas e a nunca dar por concluído o seu estudo" (ibid., §186).

Dois tratados sublinha a importância da lei civil e da administração pública alicerçada em leis conhecidas. Ao ingressar na sociedade, os homens excluíram a força "e introduziram leis para a preservação da propriedade, da paz e unidade" (*T*2, §226). Homens no estado de natureza "acolhem-se à proteção das leis de governo estabelecidas" (ibid., §122; cf. §131). As leis civis, as leis estabelecidas por governo civil, consubstanciam os costumes gerais e os precedentes históricos embutidos nas leis e práticas da humanidade, mas as leis civis para Locke devem também harmonizar-se com as leis da natureza, que são leis de Deus.

leis da natureza Em seu ataque contra verdades práticas inatas, Locke falou de justiça e de observância de contratos. Ele identifica as regras de justiça com a própria natureza da humanidade (*Ensaio*, 1.3.2). Aponta em seguida o contraste entre aquelas pessoas que respeitam essas regras por mera conveniência e as que as reconhecem como leis da natureza. Reconhecer uma regra como lei da natureza era descobrir aquela lei que exerce um poder vinculatório sobre nós como seres humanos. A tradição da lei natural foi bem aceita pela maioria dos escritores (por exemplo, aqueles autores que Locke recomendava aos jovens cavalheiros que lessem, Grotius e Pufendorf), embora haja algumas diferenças a respeito de seu status e natureza. Hobbes tinha sua própria e peculiar versão do conceito, mas na maioria dos escritores o elo é estabelecido com razão, moralidade e Deus. Um dos primeiros e não publicados livros de Locke, *Essays on the Law of Nature* (*Ensaios sobre a lei da natureza*), abre com a seguinte pergunta: "Existe uma regra de moralidade, ou lei da natureza que nos tenha sido outorgada?" (p.109). Sua resposta é "sim". Nessa obra, ele diz aos seus estudantes que a regra ou lei era conhecida sob vários nomes ou descrições.

Era equiparada ao "bem moral ou virtude que os filósofos de tempos idos" buscavam (por exemplo, os estóicos). A lei da natureza também foi identificada com a "razão correta, que é reivindicada por todo aquele que se considera um ser humano" (p.111). Nesse contexto, a razão não é a faculdade de raciocinar, mas, antes, "um certo princípio definido de ação, do qual promana toda a virtude e tudo o que se faz necessário para a adequada formação moral". Locke oferece depois uma definição sumária dessa lei da natureza: "o decreto da vontade divina discernível à luz da natureza, indicando o que está e o que não está em conformidade com a natureza racional e, por conseguinte, autorizando ou proibindo" (p.111).

Fosse qual fosse o motivo para não publicar essas lições (uma explicação poderia residir na linguagem que ele usou, a qual estava muito próxima da dos defensores de verdades inatas, quando não lhe era idêntica), não foi qualquer mudança de idéia a respeito da existência de uma lei da natureza que se ajustasse a essa descrição. O *Ensaio acerca do entendimento humano* (1690) identificou um dos gêneros de leis que os homens usam para avaliar a retidão moral como a Lei Divina: "aquela lei estabelecida por Deus com vista às ações humanas, que lhes é promulgada pela luz da natureza ou pela voz da revelação" (2.28.8). Todos os homens, diz ele aí, reconhecem tal lei. Também a sua crítica de Robert Filmer refere-se à lei da natureza como "a Lei da Razão" (*T*1, §101). O segundo de *Dois tratados* diz "ser certo que tal lei existe, sendo ela tão inteligível e clara para uma criatura racional e um estudante dessa lei quanto as leis positivas das comunidades" (*T*2, §12). As leis civis só são justas na medida em que estão fundamentadas na lei da natureza. As regras promulgadas pelo ramo legislativo de governo devem "estar de acordo com a lei da natureza — isto é, com a vontade de Deus" (ibid., §135).

É indiscutível que Locke acreditava firmemente na existência de uma lei (ou leis) da natureza e que ela (ou elas) se ajustava(m) à sua descrição geral. O que é menos fácil de determinar são as informações ou injunções específicas prescritas por essa lei. Diferentemente da lei civil, positiva, ocorre o seguinte em relação à lei da natureza: "não sendo uma lei escrita, é impossível encontrá-la em qualquer outro lugar senão no espírito dos homens" (*T*2, §136). Dir-se-ia que essa característica dessa lei autorizou Locke a usá-la para apoiar qualquer asserção que ele desejava apresentar. Não dá uma lista sistemática de leis que se enquadrem nessa lei não escrita da natureza; mas com a possível exceção de alguns recursos ao que a lei diz, quando escreve a respeito de propriedade, as poucas citações da lei natural encontradas em suas obras refletem as regras morais geralmente aceitas de seu tempo, mesmo aquelas defendidas por alguns dos inatistas. Injunções tais como amar a Deus, falar a verdade, ser amigo, alimentar os famintos, são encontradas nos primeiros *Ensaios*. *Dois tratados* fala de "a grande lei da natureza: '*Quem derramar o sangue do homem, pelo homem verá seu sangue derramado*'" (*T*2, §11). O *Ensaios* enumera como preceitos dessa lei: "os sentimentos de respeito e amor pela deidade, a obediência aos superiores, a fidelidade de caráter, uma disposição amistosa, e todas as outras virtudes" (*Ensaios*, p.129). O capítulo "Da propriedade", em *Dois tratados*, refere-se à "lei da natureza original", a qual rege o começo da propriedade: o que o trabalho do homem "tirou das mãos da natureza" torna-se propriedade do homem (*T*2, §29). A lei da natureza também nos diz quais são os limites para a aquisição de propriedade: aquilo que posso usar com vantagem para a minha vida antes que se estrague (§31). É possível que haja algumas razões especiais nesses exemplos de aquisição de propriedade sobre o que a lei da natureza sanciona e ordena, mas a característica central dessa lei para Locke é o seu nítido vínculo com Deus, a razão e a moralidade.

liberdade O dilema de liberdade ou necessidade — a questão: "É o homem livre ou são suas ações determinadas (ou mesmo predeterminadas)?" — foi acaloradamente debatido antes de Locke ter voltado suas atenções para esse tópico. A questão tinha implicações metafísicas, morais e teológicas. O amplo espectro desse debate é indicado pelo subtítulo do tratado de Hobbes, *Da liberdade e da necessidade*: "Um tratado no qual toda a controvérsia acerca de predestinação, eleição, livre arbítrio, graça, mérito, reprovação etc., é totalmente decidida e esclarecida." A discussão desse tópico por Locke é um bom exemplo de análise conceptual. Ele colocou essa discussão num capítulo sobre o poder (*Ensaio*, 2.21), indicando as raízes metafísicas (ontológicas) da questão: onde reside o poder causal, em agentes finitos ou somente em Deus? O poder era um conceito ainda mais amplo na descrição de Locke de realidade, tendo a própria MATÉRIA, para ele, PODERES específicos.

Nesse capítulo (2.21), Locke não estava prioritariamente interessado em defender uma posição, mas numerosas passagens deixam claro sua firme convicção de que, como agentes morais, somos livres, controlamos muitas de nossas ações. Seu objetivo primordial pode ser visto como um esclarecimento de conceitos tais como liberdade, vontade, poder, necessidade e ação. Anuncia logo no início desse capítulo ser evidente "que descobrimos em nós mesmos um poder para começar ou omitir, continuar ou terminar várias ações de nossas mentes e movimentos de nossos corpos simplesmente pelo pensamento, ou segundo a preferência da mente que ordena, ou como se estivesse mandando que façamos ou deixemos de fazer esta ou aquela ação particular" (*Ensaio*, 2.21.5). A liberdade é apenas esse poder para agir ou não agir "de acordo com a preferência da mente"; a necessidade é a falta ou ausência de tal poder (2.21.12). Esse poder pertence a agentes, o poder de agir ou não agir (2.21-23-25). Quando temos esse poder, somos livres. A localização desse poder em pessoas estaria na vontade; a vontade não é outra coisa senão o poder para preferir ou escolher. Esse poder ou capacidade é, realmente, a capacidade do ator, do agente. Por vezes, Locke identifica a vontade como um poder "na mente para dirigir essa faculdade operativa, atuante, de um homem" (2.21.29), mas é incorreto perguntar, como muitos autores estão fazendo: a vontade é livre? A vontade é simplesmente um poder que os homens têm. O debate não deve ser vazado na linguagem da liberdade da vontade; a pergunta certa é esta: somos livres? Locke criticava, de um modo geral, a menção da faculdade em debates dessa espécie, porque eram propensos a converter a faculdade (ou seja, a vontade) num agente. Não obstante, ele descreve freqüentemente aspectos do homem, em vez do próprio homem, como sendo o agente. Algumas passagens preferem falar da *mente* atuante, em vez do homem como pessoa. A certa altura, ele diz: "É a mente que opera e exerce esses poderes; é o homem que realiza essa ação; é o agente que tem esse poder" (2.21.19).

Essa distinção entre homem e agente reflete o conceito especial de pessoa, de Locke, e sua distinção entre homem físico e moral, entre homem e PESSOA. Como homem, tenho vários poderes, por exemplo, de pensar, escolher, dançar, cantar (2.21.18), ou o poder de movimentar partes de meu corpo (2.21.48). De especial importância para o homem moral, para a pessoa, é a nossa capacidade de controlar nossos desejos. Uma forma de necessidade citada, por vezes, é estar sob o domínio de paixões e desejos. Em sua obra sobre educação, Locke faz todo o possível para convencer preceptores e pais de que devem treinar a criança para ignorar ou controlar pela razão seus desejos. Alguns desejos, é claro, são guias úteis: o desejo de prazer (e felicidade) e de evitar a dor e o sofrimento. Esses desejos fazem parte da natureza do homem, mas devemos ser seletivos no que consideramos prazer e felicidade. Razão e deliberação devem estar aptas a decidir que ações temos de executar. Um dos poderes que temos é o poder de suspender "qualquer desejo particular e impedir que ele determine a *vontade* e nos envolva em ação" (2.21.50). Explica em seguida que "a determinação da *vontade*, com base em indagação, está *seguindo a orientação desse guia*", sendo o guia alguma regra ou lei percebida pela razão. Um "agente livre" é definido como aquele que tem "poder para agir ou não agir, de acordo com o que tal determinação orienta". Apressa-se a observar que essa determinação da vontade por algum guia (um conjunto de regras) não cerceia o poder que é a liberdade.

Foi justamente sobre esse ponto que se centrou grande parte do debate: a determinação da vontade por regras ou leis torna a vontade ou o agente menos livre ou absolutamente nada livre? Qual é a natureza dessa determinação? É uma forma de causação, resulta do hábito, as razões para atuar são também causas? Hobbes polemizou com o bispo Bramhall sobre essa questão, insistindo Hobbes em que não há escapatória da causação, nem mesmo para agentes. Debates subseqüentes em torno de liberdade e necessidade no século XVIII (por exemplo, por Hume e Leibniz) continuaram confundindo essa questão. Kant também se esforçou para descobrir algum modo de ajustar a ação humana a um mundo de causalidade universal. Locke sublinhou a importância de se habituar a criança ao comportamento virtuoso, mas também acreditava que o hábito era apenas um prelúdio para o controle e o entendimento racionais. Quando a razão toma conta, é a pessoa quem atua; a ação pertence à pessoa ou ao homem. A autodeterminação é possível, acreditava Locke: é o objetivo da educação. Essas questões continuam sendo discutidas ainda hoje.

A liberdade para Locke também tinha um papel central a desempenhar em seus escritos políticos. Em *Dois tratados*, as discussões de liberdade estão freqüentemente vinculadas ao conceito de pessoa. O estado de natureza, a sociedade pré-civil, é descrito como um estado de liberdade, mas não como um estado de licença. A lei da natureza é a regra e o guia para a ação nesse estado. Locke até caracteriza a liberdade no estado de natureza como "uma liberdade incontrolável de dispor da sua própria pessoa e de seus bens", excluindo o suicídio (*T2*, §6). A liberdade torna-se parte das possessões do homem, a par da vida e da propriedade: a função do governo civil é a proteção de todas essas possessões (*T2*, §§87, 123). Todo o homem nasce com "*um direito à liberdade de sua pessoa*" (§§190, 194); a liberdade natural é "estar livre de qualquer poder superior na Terra", não livre de Deus ou das restrições ou orientações da lei da natureza ou, na sociedade civil, das leis positivas. Locke insiste em que ser livre das restrições e violência de outros requer a existência de leis. Liberdade é "dispor e ordenar, conforme lhe apraz a própria pessoa, as ações, as posses e toda a sua propriedade, dentro da sanção das leis sob as quais vive" (§57; ver também §§59, 63).

Locke também dedica algumas seções de *Dois tratados* à liberdade das crianças. Elas nascem livres, assim como nascem racionais, mas liberdade e racionalidade têm que ser desenvolvidas. Pais e preceptor são os guias para a determinação de sua vontade, até que a criança tenha adquirido a razão necessária "para instruí-la na lei pela qual terá de governar-se, fazendo-a saber até que ponto fica entregue à liberdade da sua própria vontade" (*T2*, §63). Liberdade irrestrita sem a orientação da razão reduziria a criança ao nível dos brutos.

linguagem Na "Carta ao leitor", em seu *Ensaio*, Locke já nos alertava para a importância que atribui à linguagem em sua análise do conhecimento e do entendimento. Depois de elogiar os mestres da ciência — Boyle, Sydenham, Huygenius e Newton —, sugere que progressos ainda maiores poderiam ser alcançados "*se o esforço de homens engenhosos e perspicazes não estivesse tão embaraçado pela erudição e pelo uso frívolo de termos desconhecidos, afetados e ininteligíveis, introduzidos nas ciências, e fazendo disso uma arte, e a ponto de a filosofia, que nada mais é do que o verdadeiro conhecimento das coisas, tornar-se imprópria ou incapaz de ser apreciada pela sociedade mais refinada e nas conversas eruditas*" [p.143 da tradução de *Ensaio* em ed. "Os Pensadores", Abril Cultural, 1973]. Ele queixa-se de que "*formas vagas e sem significado, de fala e abuso da linguagem, têm por muito tempo passado por mistérios da ciência; palavras difíceis e mal empregadas, com pouco ou nenhum sentido, têm, por prescrição, tal direito que são confundidas com o pensamento profundo e o cume da especulação, sendo difícil persuadir não só os que falam como os que os ouvem que são apenas abrigos da ignorância e obstáculos ao verdadeiro conhecimento*" (ibid.). Não é fácil, observa Locke, levar as pessoas a reconhecerem que foram "*enganadas pelo uso das palavras, ou que a linguagem da seita a que pertencem tem qualquer defeito*" (ibid.).

O Livro III do *Ensaio* pretende deixar bem claro que "*nem o radicalismo do dano nem o predomínio do costume* [serão] *desculpas para os que não se preocupam com o significado de suas próprias palavras e não empreendem uma pesquisa sobre o significado de suas expressões*" (ibid.). Os três últimos capítulos desse Livro III são dedicados à "Imperfeição das palavras", "O abuso das palavras" e "Remédios para os abusos e imperfeições anteriores". Há três capítulos sobre NOMES (o núcleo central do Livro III) e um capítulo sobre termos gerais (*ver* IDÉIAS [E PALAVRAS] ABSTRATAS OU GERAIS). Os primeiros dois capítulos são de natureza introdutória mais geral: um sobre "O significado de palavras", o outro (o primeiro) sobre "Palavras ou linguagem em geral". Há também dois curtos capítulos sobre

"Termos abstratos e concretos" e um outro sobre "Partículas", palavras que ligam pensamentos, idéias e proposições entre si.

Havia um vasto interesse em linguagem durante os séculos XVII e XVIII, interesse na origem e natureza da linguagem. Alguns autores alegaram que existia uma linguagem natural, universal, dada a Adão por Deus e depois perdida; alguns procuraram decifrar do hebraico a linguagem universal e outros disseram que o homem pode construir por conta própria tal linguagem universal. Alguns dos que defenderam a tese da linguagem universal falaram de uma "harmonia" entre palavras e coisas; as palavras são vistas como expressando as características essenciais de coisas (por exemplo, Comenius, *Vis Lucis*, 1668). Outros autores apoiaram esse ponto de vista de diferentes maneiras (por exemplo, W. Simpson, *Hydrologia Chymica*, 1669; J. Wilkins, *An Essay Towards a Real Character and Philosophical Language*, 1668). Leibniz defendeu um ponto de vista algo semelhante em *Nouveaux Essais*, 1765. (Para um bom estudo da posição de Leibniz em relação a Locke, ver Hans Aarsleff, "Leibniz on Locke on Language", *American Philosophical Quarterly*, 1964. Uma extensa análise do conceito de linguagem universal é feita por James Knowlson em *Universal Language Schemes in England and France, 1600-1800*, 1975.)

Locke representa um ponto de vista oposto: linguagem e significação de palavras são convencionais, não naturais, embora a sua observação inicial no Capítulo I do Livro III do *Ensaio* fale de Deus, que, tendo planejado o homem como criatura sociável, "não o fez apenas com uma inclinação e uma necessidade para estabelecer camaradagem com os de sua própria espécie, mas o dotou também de uma linguagem, que passou a ser o instrumento mais notável e o elo comum da sociedade" (3.1.1). Em 3.11.1, a fala é descrita como "o grande elo que mantém a sociedade unida". Locke diz até que a *natureza* sugeriu imperceptivelmente aos "primeiros criadores de linguagens... os originais e os princípios de todo o nosso conhecimento", sugerindo talvez um vínculo entre linguagem e conhecimento (3.1.5). Deus ou a natureza guarneceu de tal modo os nossos órgãos que eles ficaram "*equipados para formar sons articulados*, que denominamos palavras" (3.1.1); mas os sons por si sós não fazem uma linguagem. Duas condições são necessárias para converter sons em palavras. Os sons devem ser usados como "*sinais de concepções internas*", feitos para "significar as marcas das *idéias* em nossas mentes" (3.1.2). Os sons também devem poder representar "*várias coisas particulares*", espécies ou classes (3.1.3). São essas duas condições parte daquilo com que Deus nos dotou ou que a natureza sugeriu aos primeiros usuários da linguagem? A natureza talhou nossos órgãos de modo que possamos formar sons articulados, e os sons que podemos emitir "foram pela natureza muito bem adaptados a essa finalidade", a finalidade de fazer deles *sinais* de nossas idéias (3.2.1).

Nessa última passagem, Locke escreve "palavras", não "sons", mas não teve a intenção de dizer que a natureza (ou Deus) nos deu sons com as duas condições que os convertem em palavras, como fica bem claro pelo resto da frase: "não por qualquer conexão natural que exista entre determinados sons articulados e certas *idéias*, pois nesse caso existiria uma só linguagem entre todos os homens; mas por uma imposição voluntária, por meio da qual uma tal palavra é designada arbitrariamente como marca de tal *idéia*" (3.2.1; cf. 3.9.4). Ele reserva então seis seções para discorrer sobre a significação de palavras. Os principais pontos do que foi considerado uma teoria do significado são os seguintes:

1. As idéias que as palavras representam são a sua "perfeita e imediata significação" (3.2.2).
2. As palavras são usadas para tornar conhecidas as idéias (pensamentos) da pessoa que fala.
3. As palavras são sinais voluntários.
4. Não podem ser sinais das qualidades de objetos, nem das "concepções da mente" de outros.
5. Correspondem mais ou menos às concepções de outros, mas cada um de nós, especialmente crianças, tende a usar palavras para idéias ligeiramente diferentes. Por exemplo, a palavra "ouro" pode representar para uma criança a idéia de um metal, mas também a idéia da cor da cauda de um pavão (3.2.3). A mesma palavra para alguns adultos pode referir-se a idéias de cor amarela e fusibilidade, outros podem acrescentar maleabilidade à idéia.
6. Além da significação própria e imediata de palavras corresponder às idéias na mente do locutor, é freqüente os homens "em seus pensamentos referirem-se secretamente a duas outras coisas" (3.2.4): (a) presume-se que as palavras são as marcas de idéias nas mentes de outros usuários da linguagem; essa é uma suposição necessária ao entendimento; (b) os homens também "*freqüentemente supõem que as palavras significam também a realidade das coisas*" (3.2.5). A primeira suposição aplica-se ao que Locke chama os "modos", a segunda às "substâncias".
7. O uso constante de palavras específicas para representar ou expressar idéias determinadas estabelece uma conexão tal que as palavras (nomes) "estimulam quase tão imediatamente certas *idéias* como se fossem os próprios objetos... afetando realmente os sentidos" (3.2.6).
8. Um perigo nessa associação de palavra e idéia é que podemos concentrar nossa atenção mais nas palavras do que nas coisas (3.2.7). Um dos *slogans* da Royal Society, que Locke reforçou, era "olhem para as próprias coisas, não para as palavras". O propósito dessa injunção era sublinhar a necessidade de observação e de coleta de informação sobre o comportamento de objetos, em vez de se confiar em compêndios e opiniões aceitas como válidas.

Locke termina esse capítulo reafirmando o convencionalismo de sua concepção de linguagem: "*Palavras*, pelo longo e familiar uso, como foi dito, estimulam nos homens certas *idéias* tão constante e prontamente que eles estão inclinados a supor a existência de uma conexão natural entre elas. É evidente, porém, que elas *denotam* apenas *idéias* peculiares dos homens e, *por uma imposição perfeitamente arbitrária*, na medida em que deixam freqüentemente de estimular em outros (mesmo se usam a mesma língua) as mesmas *idéias*, das quais consideramos serem os seus sinais" (3.2.8).

A maioria das imperfeições das palavras são, de fato, usos impróprios das palavras. O objetivo dos três capítulos sobre nomes é explicitar precisamente o que os nomes de idéias simples, modos mistos e substâncias podem e não podem fazer, o que é que eles identificam. Se supusermos que nossos nomes para substâncias referem-se e revelam as essências reais das coisas, seremos induzidos em erro por palavras. Ou se não formos muito explícitos acerca dos referentes de nomes de modos mistos (os arquétipos ou modelos para ação), o resultado será confusão e desentendimento. Ele é mais específico sobre o mau emprego e imperfeições de palavras no capítulo IX, distinguindo um uso comum ou "civil" da linguagem de um uso técnico ou "filosófico". Este último é mais exigente e requer maior clareza do que o primeiro. Nesse capítulo, Locke alonga-se sobre as dificuldades para denominar modos mistos e substâncias.

Sua lista de abusos de palavras inclui usá-las sem idéias claras e distintas (3.10.2-4); "*Inconstância* no uso delas" (3.10.5); "manifesta e *exagerada obscuridade*" ao usar velhas palavras em novos sentidos ou ao "introduzir termos novos e ambíguos, sem defini-los" (3.10.6-13); ou ao tomar as palavras por coisas, acreditando que nossas palavras correspondem à existência real de coisas (3.10.14-16). Há outros abusos identificados no resto desse longo capítulo (§§17-34). Os remédios que ele recomenda tratam dos métodos de impedir ou de corrigir os abusos (3.11.1-27).

É evidente, pela lista de imperfeições, abusos e remédios, e pela orientação prática para a aquisição e comunicação de idéias e conhecimento, que o Livro III não é um tratado sobre linguagem, como eram muitos livros dessa época. No final do Livro II, Locke explica como foi levado a ocupar-se da linguagem. Pensara inicialmente que poderia avançar de sua análise de idéias, como os "instrumentos ou materiais de nosso conhecimento", para uma explicação do "uso que o entendimento faz delas e do conhecimento que possuímos através delas" (2.33.19). Entretanto, ele acabou reconhecendo que "existe uma estreita ligação entre *idéias* e palavras; e as nossas *idéias* abstratas e palavras gerais têm uma relação mútua tão constante, que é impossível falar clara e distintamente do nosso conhecimento, o qual consiste inteiramente em proposições, sem considerar primeiro a natureza, uso e significação da linguagem" (ibid.). Ao discutir as imperfeições das palavras, Locke volta a indicar que, em seu pensamento e seus escritos sobre conhecimento e entendimento, só tardiamente se deu conta da necessidade de prestar alguma atenção à linguagem: "Devo confessar, pois, que, quando iniciei este Discurso do Entendimento, e ainda um bom tempo depois, não tinha a menor idéia de que qualquer consideração de palavras me seria realmente necessária. Mas quando, ao recapitular o original e a composição de nossas *idéias*, comecei examinando a extensão e a certeza de nosso conhecimento, descobri que lhe tinha uma ligação tão íntima com palavras que, se a sua força e modo de significação não fossem primeiro bem examinados, ter-se-ia dito muito pouco, de forma clara e pertinente, a respeito do conhecimento, o qual, tratando da Verdade, estava constantemente relacionado com proposições" (3.9.21). Interessava-lhe particularmente apurar como podemos evitar erros no pensar e no falar, que são devidos ao nosso uso impreciso, confuso e opaco de palavras. Os homens usam palavras "ou para registrar seus próprios pensamentos, a fim de dar assistência à sua própria memória; ou, por assim dizer, para revelar suas idéias e colocá-las à vista de outros" (3.2.2). Quando um homem fala a um outro, fala "de modo que possa ser entendido; e a finalidade do discurso é que esses sons, como sinais, possam tornar suas *idéias* conhecidas para o ouvinte" (3.2.8). Daí a importância de se identificar a imperfeição de palavras e os abusos dos usuários de palavras, assim como de se delinear alguns dos remédios para ambas as coisas.

O papel da linguagem em sociedade, até mesmo a noção de linguagem como um dos elos da sociedade, está presente em muitos dos livros de Locke. *Dois tratados* fala de Deus "ter feito o homem criatura tal que, em seu próprio juízo, não seria bom para ele ficar só, [colocando-o] sob fortes obrigações de necessidade, conveniência e inclinação que o instigassem a viver em sociedade" (*T2*, §77). Como incentivo adicional para esse convívio em sociedade, Deus também "dotou o homem de entendimento e linguagem" (ibid.). Os *Ensaios* falam de "uma certa propensão da natureza", instigando o homem a juntar-se em sociedade e a "preparar-se para a manutenção da sociedade pelo dom da fala e através da comunicação lingüística" (p.157). *Alguns pensamentos*, que dedica um certo número de seções ao aprendizado de línguas estrangeiras, assinala que "os homens aprendem línguas para o intercurso normal da sociedade e comunicação de pensamentos na vida comum" (§168). Falar e escrever são os processos pelos quais os homens "podem fazer seus pensamentos penetrar nas mentes de outros homens" (ibid.).

A noção de que a linguagem desempenha um importante papel na sociedade não era incomum. Hobbes lhe dá destaque, por exemplo, num capítulo sobre a linguagem. A linguagem, escreve Hobbes, consiste em "*nomes* ou *denominações* e em suas conexões, pelos quais os homens registram seus pensamentos, os recordam depois de passarem, e também os usam entre si para a utilidade e conversação recíprocas, sem o que não haveria entre os homens nem Estado, nem sociedade, nem contrato ou paz" (*Leviatã*, Parte I, Capítulo IV, p.24 da ed. "Os Pensadores", Abril Cultural). Numa outra passagem, Hobbes expressa outros pontos de vista semelhantes aos de Locke: "O uso geral da linguagem consiste em passar nosso discurso mental para um discurso verbal, ou a cadeia de nossos pensamentos para uma cadeia de palavras. E isto com duas utilidades, uma das quais consiste em registrar as conseqüências de nossos pensamentos, os quais, podendo escapar de nossa memória e levar-nos deste modo a um novo trabalho, podem ser novamente recordados por aquelas palavras com que foram marcados" (ibid., p.25). Então, Hobbes prossegue usando, à semelhança de Locke, os termos "marca" e "sinal": "De maneira que a primeira utilização dos nomes consiste em servirem de *marcas* ou *notas* de lembrança. Uma outra utilização consiste em significar, quando muitos usam as mesmas palavras (pela sua conexão e ordem), uns para outros, aquilo que concebem, ou pensam de cada assunto." Essas marcas são chamadas "sinais". Hobbes também dirige a atenção, brevemente, para vários abusos de linguagem e dedica alguns parágrafos a nomes.

Da segunda metade do século XVII até o final do XVIII, houve uma pletora de livros e tratados sobre linguagem e sobre o que mais tarde foi chamado "lingüística". O exame de Locke da linguagem é freqüentemente mencionado em estudos subseqüentes. (Para um tratamento abrangente dos escritos sobre esse tópico, com um exame da contribuição de Locke, ver, de Murray Cohen, *Sensible Words: Linguistic Practice in England, 1640-1785*, 1977.)

lógica Nos séculos XVII e XVIII, a lógica encontrava-se num período de transição. A lógica escolar tradicional, a lógica estudada e usada por estudantes em universidades, era aristotélica. Os muitos livros de lógica escritos entre o final do século XVI e a primeira metade do século XVII pretendiam mais ser usados como manuais de instrução do que como novas contribuições para a teoria da lógica ou dialética. As formas e divisões da lógica tornaram-se fixas, tópicos clássicos foram repetidos, ao silogismo era sempre dado destaque. Ao nível de instrução, a significação da lógica, especialmente a da forma silogística, tinha-se reduzido ao uso em debates. De fato, os exames nas universidades de Oxford e Cambridge, mesmo em pleno século XVIII, exigiam que os estudantes defendessem proposições *pró* e *contra*, empregando o modo e a figura de silogismos em debates orais. Eram ignoradas as questões sobre a verdade ou a falsidade das proposições que eles eram solicitados a defender. Argúcia, habilidade em marcar pontos contra o adversário no debate converteram a lógica num jogo; sua reputação como estudo sério foi consideravelmente diminuída.

Assim como Descartes, antes dele, também Locke rejeitou a lógica silogística formal como artificial, inútil e irrelevante para o conhecimento. A defesa por Francis Bacon de uma lógica da descoberta teve escasso efeito sobre o currículo universitário. A prática nas escolas tampouco foi afetada pelas mudanças mais radicais no conceito e conteúdo da lógica consubstanciadas na lógica de Port Royal de Arnauld e Nicole (a qual foi influenciada por Descartes). O próprio título dessa lógica de Port Royal indica a sua direção: *Lógica, ou a arte de pensar*. O silogismo não foi ignorado nessa lógica, mas assume seu lugar na Parte III, após as duas partes precedentes sobre idéias e juízos. A arte de *pensar*, não a arte de *debater*: essa mudança de ênfase abriu caminho para outros iniciarem o exame e estudo das operações da mente. O *Ensaio* de Locke foi uma aplicação britânica dessa mudança no conceito de lógica.

O *Ensaio* também contém a crítica de Locke às lógicas mais antigas, sobretudo ao seu uso em instrução (ver, em especial, 4.17.4). A capacidade para pensar, raciocinar, formular juízo, não requer um conhecimento das regras formais da lógica. Todos nós passamos muito bem sem a ajuda de Aristóteles. Não que não façamos juízos errôneos, não nos confundamos com o uso ambíguo ou impreciso de palavras, não aceitemos sem crítica falsos princípios. O que Locke tentou fazer nesse capítulo, e também no Livro III sobre linguagem, foi esboçar uma lógica de uso que se baseasse na associação natural de idéias e conexões conceptuais. Ele reconheceu que deu aos seus leitores apenas um esboço, algumas sugestões para tal lógica natural, livre de regras artificiais. Cita o apelo de Richard Hooker para que alguém forneça "os auxílios corretos para a arte e a aprendizagem" (4.17.7). Não pretende ter respondido a esse apelo, mas espera que suas críticas ao silogismo e seus breves exemplos de raciocínio natural em torno de conexões conceptuais sirvam de inspiração para outros.

> É suficiente para mim se, por um discurso talvez inusitado, mas estou certo de que, em meu entender, inteiramente novo e sem recurso a fontes alheias, eu tiver dado ocasião para que outros se empenhem em novas descobertas e busquem em seus próprios pensamentos aquelas *ajudas corretas à arte* que dificilmente serão obtidas, receio eu, pelos que servilmente se limitam a seguir as regras e ditames de outros. (4.17.7).

Locke avançou ainda mais no sentido de desenvolver uma nova lógica em sua *Conduct*, uma obra que principia com o apelo de Bacon e depois oferece numerosos comentários informais sobre método e modos de buscar o conhecimento. Essa obra é uma fonte muito importante para se entender a noção lockiana de lógica ou da arte de pensar. Sua atitude crítica para com a lógica tradicional em relação ao ensino está presente em *Alguns pensamentos*, onde escreve contra crianças debatendo modos e figuras da lógica. Também deprecia o uso de regras para pensar e raciocinar, e lembra aos pais que há objetos de estudo mais importantes do que o latim e a lógica (*AP*, §§75, 94, 147, 166, 188, 189 e 194). Houve também alguns lógicos britânicos setecentistas que seguiram o formato geral de Locke de incluir análises da aquisição de idéias e das várias operações mentais usadas no pensar.

M

matéria A palavra "matéria" representa uma idéia distinta da idéia de corpo, mas matéria e corpo não são, na realidade, distintos: onde há matéria, há corpo, e onde há corpo, há matéria (*Ensaio*, 3.10.15). Nessa seção, Locke ilustra a ambigüidade das palavras, sobretudo da maneira como são usadas por muitos autores. Sua elucidação da diferença de significado nessas duas palavras define "corpo" como "uma extensão sólida da substância figurada" e "matéria" como "uma concepção parcial e mais confusa, que me parece ser usada em referência à substância e solidez do corpo, sem comportar sua extensão e figura" (ibid.). As duas últimas propriedades são necessárias para determinados corpos. Uma definição mais formal de "matéria" é "uma substância sólida, a qual é por toda a parte a mesma, por toda a parte uniforme." Existem muitos corpos, mas somente uma espécie de matéria os compõe. A matéria dos corpos era, na teoria vigente ao tempo de Locke e por ele aceita, corpuscular.

Essa teoria geralmente aceita da matéria incluía a afirmação usual de que a matéria era passiva e inerte, incapaz de movimento próprio. Os adeptos do corpuscularismo insistiam em que Deus era a única causa ativa. A matéria tem o poder *passivo* de resistir à mudança, mas não o poder *ativo*. Sem anunciar explicitamente que o está fazendo, Locke altera ou modifica essa noção corrente de matéria passiva. Foi uma alteração que passou mais ou menos despercebida. Diz ele que os corpúsculos insensíveis são os PODERES ativos da matéria (4.3.25). Quase podemos dizer que, para Locke, a matéria era essencialmente poder.

Um poder que a matéria de Locke não tem é o de pensar. A matéria, diz ele, é "pura e não-cogitativa", incapaz de produzir pensamento (4.10.10). Advertindo contra o uso indiscriminado de princípios gerais, Locke refere-se "àquele princípio de alguns dos antigos filósofos, segundo os quais tudo é matéria e nada mais existe" (4.12.4). A que conseqüências tal princípio leva, quando considerado certo e indubitável, pode ser visto nos "escritos de alguns que o ressuscitaram em nossos dias". Hobbes pode ser um dos autores que Locke tinha em mente. Cudworth tinha recentemente apresentado um detalhado e exaustivo relato histórico do antigos filósofos que adotavam esse princípio (ver seu livro *True Intellectual System*, 1678). Essa afirmação de que tudo é matéria foi importante para Locke e Cudworth porque tinha não só conseqüências metafísicas, mas também teológicas, com as quais estavam em discordância. A conseqüência metafísica era que não haveria lugar para o pensamento ou mentes imateriais num mundo só de matéria. A conseqüência teológica era não existir Deus, ou então que Deus era material. Mesmo que se encontrasse lugar para Deus num tal mundo, a eternidade da matéria diminuiria o poder de Deus, se é que não O tornava inútil.

O *Ensaio* 4.10 sobre o conhecimento e existência de Deus é a concentrada refutação de Locke ao que ele se refere como "esse *sistema corpóreo*" (4.10.17). É nesse capítulo que Locke mostra, de forma conclusiva, que não aceitou a noção de que a matéria pode pensar, uma noção que ele tinha brevemente alimentado antes, nessa mesma obra (*ver* MATÉRIA PENSANTE). Por vezes, Locke escreve sobre *pura* matéria, matéria sem movimento: por exemplo, um seixo é um "grumo inativo e morto" (4.10.10). Falta a esse fragmento de matéria a capacidade de acrescentar movimento às suas qualidades. Que qualidades tem a matéria "pura"? É descrita como "puramente matéria", como se matéria com movimento fosse mais do que matéria. O que ele quer dizer é que o movimento não é necessário para a matéria. Com a matéria que está em movimento, ou "o movimento que ela tem deve também provir da eternidade, ou então ser produzido e acrescido à matéria por algum outro ser mais poderoso do que a matéria" (ibid.). Tem a matéria pura *qualquer* poder?

A matéria corpuscular, a matéria corpórea que afeta nossos sentidos e gera mudanças em outros corpos, tem qualidades primárias, estando entre elas o movimento e o repouso. Mesmo um simples grão de trigo e suas partes possuem, cada uma, solidez, extensão, figura e mobilidade. Ao nível insensível, as partes de matéria têm essas mesmas qualidades primárias. Mobilidade é o poder ou capacidade para movimentar-se. Esse poder de mobilidade faz parte da natureza de cada corpúsculo? Se assim for, deve presumivelmente ter sido adicionado à matéria pura por Deus. O mesmo pode ser dito no tocante à extensão e figura, uma vez que Locke distingue entre matéria e corpo, referindo-se a primeira somente à solidez, a uma substância sólida. É claro que tal substância não existe realmente, porquanto matéria e corpo andam juntos e são inseparáveis. A matéria pura é um estágio na criação, um estágio em que Deus teve que decidir que outras qualidades, além da solidez, adicionar a essa substância. Ao criar essa substância, Deus cria uma substância sólida, sendo a solidez, para Locke, a propriedade definidora da matéria, não a extensão (*contra* Descartes). Extensão, figura e movimento são qualidades acrescentadas, propriedades que Deus adiciona ao que Ele já tinha criado nesse estágio. Os poderes ativos da matéria parecem ser, pois, poderes adicionados à matéria, não parte intrínseca da natureza desta. Mas um poder acrescentado (ou, como Locke às vezes escreve, acrescido) é ainda um poder. Assim, a matéria corpuscular dos corpos possui poderes.

matéria pensante Ao discutir a extensão e os limites do conhecimento humano, em que medida o nosso conhecimento alcança "a realidade das coisas" ou "a extensão de nossas idéias", Locke expressa confiança em que "o conhecimento humano, sob as circunstâncias atuais de nossos seres e constituições, possa ser levado muito mais além do que tem sido até agora" (*Ensaio*, 4.3.6). Em sua definição de conhecimento, estamos limitados às idéias que temos e à nossa capacidade para perceber suas relações. Entretanto, mesmo com as idéias que possuímos, há muita coisa que não conhecemos ou entendemos: por exemplo, não compreendemos como processos físicos podem causar idéias, não entendemos a coesão de partículas; e, embora tenhamos as idéias de um quadrado e de um círculo, não sabemos se pode haver um círculo quadrado. Nossas idéias de corpo e mente também ficam aquém de suas essências reais. Locke oferece depois um outro exemplo das limitações do conhecimento. "Temos as *idéias* de *matéria* e de *pensamento*, mas possivelmente jamais seremos capazes de saber se quaisquer seres simplesmente materiais pensam ou não. Sendo-nos impossível, pelo exame atento de nossas próprias *idéias*, sem a revelação, descobrir se a Onipotência não deu a alguns sistemas de matéria apropriadamente disposta o poder de perceber e pensar, ou então, unida e fixada à matéria assim disposta, uma substância imaterial pensante" (4.3.6).

A opção sugerida é que Deus podia adicionar à matéria ou um poder para perceber e pensar, ou uma outra substância, uma substância imaterial, pensante. A maioria dos pensadores dessa época teria dito que tal adição *alteraria* a natureza da matéria, fazendo com que deixasse de ser matéria. Esses autores estavam ligados à ontologia de duas substâncias cujas propriedades essenciais não podiam ser transferidas de uma para a outra. Assim, o pensamento não podia ser adicionado ou acrescido à matéria, uma vez que pensamento e extensão (as essências da mente e da matéria) são incompatíveis. É evidente que, para esses autores, nem mesmo Deus poderia acrescentar pensamentos à matéria sem mudar a natureza da matéria. Locke considerou essa asserção injustificada e uma depreciação do poder de Deus. Simplesmente não sabemos "em que consiste o pensar nem a que espécie de substâncias aprouve ao Todo-Poderoso conceder esse poder" (ibid.).

Edward Stillingfleet, o bispo de Worcester, foi um daqueles autores que considerou censurável e ameaçadora a sugestão de Locke de que Deus seria capaz de acrescentar pensamento à matéria. Isso soou-lhe como materialismo. No mínimo, insistiu Stillingfleet, essa possibilidade sugerida confundiria as idéias de matéria e espírito. Locke explicou pacientemente que essas duas idéias não são mais confundidas por essa possibilidade do que o são na idéia de um cavalo. Dizer que "a matéria em geral é uma sólida substância extensa, e que um cavalo é um animal material, ou uma substância sólida extensa com sentidos e movimento espontâneo" não é, em absoluto, tornar menos material a matéria do cavalo (*Mr. Locke' Second Reply*, em *Works*, iv. 460). Locke traça uma distinção entre matéria e corpo: este último tem mais propriedade do que aquela. Uma planta, ou um animal, é uma combinação de matéria e de processos biológicos ou vitais. No caso dos animais, a matéria do corpo tem outras propriedades que lhe estão adicionadas, como os sentidos, a percepção e a capacidade de movimento. O poder de propagação em plantas e animais é uma outra propriedade adicionada. A gravidade é o resultado de forças e poderes adicionados ao universo material. Locke tinha dito no *Ensaio* que, onde quer que o pensamento esteja localizado, seja qual for a substância onde é encontrado, está aí a "bel-prazer e generosidade do Criador" (4.3.6). Em sua resposta a Stillingfleet, ele sublinha as conseqüências se Deus não tivesse adicionado sentidos e movimento espontâneo aos animais: eles tornar-se-iam máquinas animais, como Descartes tinha argumentado (em *Works*, iv. 463).

Poder-se-ia dizer que esses comentários de Locke furtam-se à questão da interação entre corpo e mente, uma vez que ele pressupõe que sentidos e percepção são adicionados ao corpo material. Assim, sugerir que o pensamento poderia também ser adicionado a algum pedaço de matéria (o cérebro) não é diferente. A relação de "adicionado a" pode não ser clara. Na melhor das hipóteses, significa "é uma propriedade do animal", se um animal ou um homem for visto (como alguns autores vêem) como uma combinação de duas substâncias, cada uma com suas respectivas propriedades essenciais; deparamo-nos então com o problema com que se defrontaram Descartes, Malebranche e Leibniz, que é o de explicar o comportamento total desses organismos. A seqüência de criação para esses tradicionalistas propõe a criação por Deus de duas substâncias diferentes. Malebranche e Leibniz mantiveram essas duas substâncias, com suas diferentes propriedades, em relações paralelas; o que acontece em extensão corresponde ao que acontece em pensamento, mas sem interação. Descartes reconheceu que, no caso dos seres humanos, essas duas substâncias formaram uma nova unidade, constituindo um só todo, funcionando em conjunto e interatuando. Ele não tinha categorias metafísicas para esse todo unificado e integrado de corpo e mente, mas era uma realidade cuja existência admitiu sem reservas.

O que encontramos em Locke é uma erosão adicional da clássica ontologia de duas substâncias (*ver* SUBSTÂNCIA). A própria substância torna-se menos importante; as diferentes propriedades de extensão, solidez, movimento, sensação, percepção, pensamento, volição e os vários poderes do corpo e da mente ganham maior destaque. Sem um forte compromisso com a ontologia de duas substâncias, Locke está livre para examinar de forma compreensiva o que, de fato, sabemos em nosso próprio caso e o que supomos ser verdadeiro a respeito de alguns animais, a saber, que eles são matéria biologicamente organizada, com propriedades mentais específicas. A questão suscitada pela sugestão de Locke de que Deus adiciona pensamento a alguma matéria é a seguinte: "É a ontologia de duas substâncias adequada para nos entendermos a nós mesmos e até o nosso mundo?" Locke ainda preserva a diferença de propriedades; não há nenhuma sugestão de que o pensamento poderia ser reduzido unicamente a processos cerebrais. Mesmo se Deus prescindisse da substância imaterial e fizesse do pensamento uma propriedade do cérebro, isso não converteria o pensamento numa propriedade física do cérebro. Locke divergia profundamente daqueles que disseram que fazer do pensamento uma propriedade do cérebro transformaria o cérebro numa substância não-material. Para Locke, existe uma diferença fundamental entre "ser parte da natureza de" e "ser propriedade de". Esta última não tem por que afetar necessariamente aquela.

Os comentários prévios captam o que parece estar implícito na sugestão de Locke sobre a adição de pensamento à matéria por Deus. A sua resposta a Stillingfleet foi mais direta. Tentou trabalhar com as duas substâncias aceitas por Stillingfleet, mostrando-lhe como Deus poderia ter procedido no ato de criação. Primeiro, Deus cria "uma sólida substância extensa" (*Mr. Locke's Second Reply*, em *Works*, iv. 464). Locke pergunta: "Está Deus obrigado a dar-lhe, além de ser, um poder de ação?" Ele pensa que Deus tem uma escolha: "Ele pode, portanto, deixá-la num estado de inatividade e ainda será, não obstante, uma substância; pois a ação não é necessária ao ser de qualquer substância que Deus crie." Locke tenta, pois, ver Deus criando uma outra espécie de substância, uma substância imaterial. Quais são as características dessa segunda substância? Podemos inferir que não é sólida ou extensa, mas terá quaisquer propriedades positivas, além da existência? Locke descreve-a como tendo "puro ser". Sua tese é que essa segunda substância, em sua seqüência de criação, tampouco recebeu qualquer espécie de poderes ativos; ambas as substâncias são inativas. A etapa seguinte em sua seqüência é indagar: "Existe alguma propriedade que Deus possa dar a uma dessas duas substâncias, mas não à outra?" Deus pode "pôr fim a qualquer ação de qualquer substância criada, sem aniquilar" essa substância. Do mesmo modo, pode dar "existência a uma substância, sem dar a essa substância absolutamente nenhuma ação". Locke não vê qualquer razão que impeça Deus de conceder o mesmo poder a uma ou outra dessas duas substâncias. "Seja, por exemplo, a de movimento espontâneo ou automático, que é um poder que se supõe poder ser dado por Deus a uma substância não-sólida, mas que se nega que Ele possa dar a uma substância sólida" (ibid., p.464). A sugestão de Locke de que "não há razão alguma para que se negue ao Onipotente ser capaz de dar um poder de movimento próprio a uma substância material, se isso for de Seu agrado, assim como a uma imaterial, uma vez que nem uma nem outra podem tê-lo a partir de si próprias" (ibid., p.465).

Valer-se do que podemos ou não podemos conceber, como Stillingfleet e outros exigiam que fosse feito, é irrelevante para a questão. Há características da matéria, como a gravitação, que são tão difíceis para nós de entender ou conceber quanto de que modo qualquer substância pensa. O nosso entendimento dificilmente pode ser uma medida do que Deus pode fazer. Assim, Locke afasta-se então do movimento próprio, que ele pensa que Deus poderia ligar seja a uma substância sólida, extensa e inativa, seja a uma substância não-sólida, não-extensa e inativa. Deus podia adicionar pensamento a uma ou outra, mas "está além da nossa capacidade conceber como uma ou outra dessas substâncias pensa". Locke concorda que Deus não pode fazer "uma substância que seja sólida e não sólida ao mesmo tempo", mas que "uma substância sólida pode não ter qualidades, perfeições e poderes, os quais não têm conexão natural ou visivelmente necessária com solidez e extensão, é demais para que nós (que somos apenas de ontem e nada sabemos) o aceitemos de forma categórica.

Esses comentários e a sugestão do *Ensaio* acerca de pensamento e matéria resultaram num demorado debate na Grã-Bretanha ao longo do século XVIII. Essa controvérsia também se propagou ao continente europeu, onde a sugestão de Locke e suas respostas a Stillingfleet foram freqüentemente citadas. Para detalhes ver Yolton, *Thinking Matter* (1984) e *Locke and French Materialism* (1991).

máximas O *Ensaio* 4.7.1 observa que "há tipos de proposições que, sob o nome de *máximas* e *axiomas*, têm passado por ser princípios de ciência". A referida "ciência" é qualquer corpo organizado de conhecimento e, para os que defenderam máximas, o conhecimento que é certo. Tais máximas, afirmou-se, são evidentes em si mesmas, uma propriedade que levou muitos autores a dizerem que eram inatas (verdades especulativas inatas). Nesse capítulo, Locke não quer reabrir o debate sobre verdades inatas (fez-lhes uma crítica minuciosa no Livro I). O seu objetivo aqui é explorar a asserção de que esses princípios axiomáticos influenciam e orientam todo o conhecimento. A tese de que o conhecimento é derivado de princípios básicos como a identidade ("o que é, é") ou a contradição ("nenhuma coisa pode, ao mesmo tempo, ser e não ser") foi conspícua no século de Locke. Um de seus primeiros críticos, John Sergeant, defendeu essa tese num extenso livro, *The Method to Science* (1696). Um outro crítico, Henry Lee (*Anti-Scepticism*, 1702), apresentou uma argumentação semelhante, embora mais refinada. O mais célebre crítico de Locke, Leibniz, tratou em detalhe da rejeição lockeana de máximas e da lógica formal (*Nouveaux essais*, completados em 1704 mas só publicados após a morte de Leibniz).

Locke entendeu o recurso a máximas lógicas para uma fonte de conhecimentos como significando que partimos de princípios e depois derivamos deles, de algum modo, uma parcela de conhecimento. Alguns autores, como Sergeant e os defensores de princípios inatos, escreveram como se essa fosse a tese deles. Mas os recursos mais refinados a verdades primitivas, básicas (Leibniz chamou-lhes "proposições idênticas"), como desempenhando um papel no conhecimento, referiram-se ao que é pressuposto por certas asserções específicas ou, como no caso de Leibniz, disseram respeito à ordem formal ou estrutura formal do conhecimento. Esses autores não estavam descrevendo o modo como, de fato, adquirimos conhecimentos ou realizamos descobertas; a ordem natural do conhecimento não é a ordem lógica.

Tais matérias lógicas não interessavam a Locke; eram apenas um outro aspecto das velhas lógicas que ele também rejeitara como não contribuindo em nada para a aquisição de conhecimento. O interesse de Locke estava numa descrição dos processos mentais responsáveis pela percepção, raciocínio, memória, formação de juízos. Raciocinamos e extraímos conclusões sem a ajuda do silogismo; adquirimos informação sobre o mundo e sobre nós próprios através da experiência e da observação cuidadosa. Além disso, as máximas lógicas não têm o monopólio do axioma; muitas outras proposições e verdades são axiomáticas.

Locke não se limita a rejeitar as máximas: trata de mostrar também, em grande detalhe, para o que elas podem ser úteis e onde não foram responsáveis pelo conhecimento (4.7.11). Sua observação final é que, quando temos idéias claras e determinadas, as máximas são irrelevantes, e quando substituímos idéias imprecisas por máximas, estas são perigosas e induzem em erro (4.7.20).

medicina Dos muitos assuntos que interessaram Locke e ocuparam seu tempo e atenção — religião, moralidade, educação, economia, política, tolerância, ciência —, a medicina é provavelmente o mais penetrante e duradouro. É claro, religião e moralidade também foram interesses dominantes, mas se ele não tivesse sido levado para a arena política, embora nos bastidores, por sua ligação com Shaftesbury, Locke teria sido, provavelmente, um médico exercendo a profissão em tempo integral. Freqüentou as aulas de fisiologistas, anatomistas e químicos em Oxford, leu extensamente sobre áreas afins, escreveu copiosas notas que encheram diários e cadernos de apontamentos, registrou receitas para tratamentos e recomendações farmacêuticas, e manteve ligações estreitas com numerosos médicos em Oxford e, mais tarde, em outras partes. Tentou contornar as exigências curriculares normais para um diploma de doutor em medicina, mas não teve êxito ou decidiu não insistir nessa possibilidade.

Seus primeiros cadernos de apontamentos médicos datam de 1657 e 1659. Acabou por encher numerosos cadernos e escreveu muitos verbetes em seus diários relativos a assuntos médicos. Chambers, no verbete "Medicina" de sua *Cyclopaedia* (1728), assinala que, depois de Harvey, a medicina ficou "livre da tirania de qualquer seita e progrediu graças a certas e indiscutíveis descobertas em anatomia, química, física, botânica, mecânica etc. Os interesses de Locke estavam em todas essas áreas. Sua amizade com Robert Boyle ampliou seus conhecimentos de química, especialmente em relação com a medicina. Outros médicos e cientistas com quem Locke trabalhou, correspondeu-se ou consultou incluem Willis, Lower, David Thomas e o famoso Dr. Sydenham. Este último era um médico que exercia a clínica, com quem Locke trabalhou e cujos conselhos procurou freqüentemente quando enfrentava problemas com seus próprios pacientes. Há alguns escritos do seu punho que são, provavelmente, idéias sugeridas por Sydenham, mas que podem muito bem refletir os pensamentos do próprio Locke. Mesmo no final da vida, enquanto viveu com os Mashams, Locke tinha, segundo parece, um pequeno consultório médico na aldeia local. Durante toda a sua vida, os amigos procuraram seus conselhos médicos, atendeu a outros e receitou para muitos. O seu mais famoso paciente foi Shaftesbury: Locke esteve envolvido numa intervenção cirúrgica que Shaftesbury dizia ter-lhe salvo a vida.

Assim, embora não possamos, em absoluto, usar o título de "Doutor Locke", na ausência de um diploma formal em medicina, podemos dizer que ele era reconhecido como um médico com sólidos conhecimentos e uma prática efetiva, embora em pequena escala. Os detalhes dessa fascinante faceta de Locke podem ser encontrados no livro de Kenneth Dewhurst, *John Locke: Physician and Philosopher* (1963); na clássica biografia de Locke por Maurice Cranston (1957) e nos capítulos I e II de *L'Empirisme de Locke* (1973), de François Duchesneau.

mente Nenhum dos livros de Locke tem a palavra "mente" no título. O seu *Ensaio* é sobre o entendimento. O projetado capítulo adicional para esse livro era um ensaio sobre a conduta do entendimento, sobre como usá-lo adequadamente a serviço da verdade e do conhecimento. Sua obra sobre educação, *Alguns pensamentos referentes à educação*, é um vasto conjunto de instruções e conselhos sobre a formação da mente infantil. O entendimento *é* mencionado ocasionalmente nessa obra, mas é a mente que o preceptor e os pais estão interessados em formar e desenvolver. Os traços ou temperamentos da mente da criança devem ser aceitos, controlados, orientados para um uso adequado. A minuciosa descrição desses traços naturais constitui o que ele chama a "*fisionomia da mente*" (*AP*, §101). Deve-se trabalhar no sentido de tornar as mentes infantis "flexíveis e dóceis ao que a razão dos pais aconselha que seja feito" (*AP*, §112; cf. §34). Afirma-se que a mente infantil tem pensamentos e idéias, e nela ocorrem às vezes imagens assustadoras (por exemplo, *AP*, §§136, 138). Para fins educativos, um corpo sadio é tão importante quanto uma mente sã, pelo que em *Alguns pensamentos* é dada atenção à saúde física e mental.

As referências à mente no *Ensaio* são em número quase igual às que envolvem o entendimento. A mente e o entendimento têm idéias e pensamentos; ambos estão ativos no desempenho de certas operações, embora à mente sejam atribuídas mais funções do que ao entendimento. Seria difícil extrair do *Ensaio* qualquer distinção clara entre a mente e o entendimento. Por vezes, mas não sempre, o entendimento apresenta-se como uma faculdade mental. Com mais freqüência, é usado alternativamente com mente. As idéias são usualmente localizadas na mente; é esta que amplia, abstrai, pondera, infere, conclui, mas ao entendimento é também atribuído, em certas passagens, o desempenho dessas mesmas tarefas. A mente é uma fonte de muitos poderes, assim como é o sujeito na analogia do papel em branco ou da tábua em branco. A mente conhece, percebe e está consciente. Por vezes, Locke (e outros autores da época) escreve como se a mente, não a pessoa, fizesse essas coisas. A tendência era para atribuir tarefas específicas a determinadas faculdades da mente, esquecendo-se o fato de que a pessoa é o agente pensante e atuante.

Não há nos escritos de Locke o que possa ser reconhecido como uma "filosofia" ou "teoria" da mente, embora os ingredientes para alguns dos nossos interesses nessa área possam ser encontrados, principalmente no *Ensaio*. Deve haver o cuidado, porém, de não meter à força no texto de Locke alguns conceitos ou conclusões de filósofos posteriores a ele. Locke não estava muito interessado, ao invés de Descartes, Malebranche ou Leibniz, no problema mente-corpo. Aceitou uma teoria causal da percepção, embora admitindo não saber como as idéias ou os pensamentos podem ser causados por processos físicos e fisiológicos. Seu interesse estava em descrever o funcionamento da mente nos processos de sentir, perceber, pensar e querer. Não existia um vocabulário fixo para tal descrição psicológica, de modo que Locke tinha de usar metáforas e analogias, assim como novas palavras em sua descrição da mente. Ao construir esse vocabulário, a mente mistura-se a outras características dos processos cognitivos gerais por ele descritos (*ver também* ENTENDIMENTO; FACULDADES).

milagres Num breve *Discurso de milagres* (*Discourse of Miracles*), escrito em seus últimos anos de vida, Locke define um milagre como uma "operação sensível, a qual, estando acima da compreensão do espectador, e, em sua opinião, contrária ao curso estabelecido da natureza, é por ele considerada de origem divina" (em *Works*, ix.256). Sendo contrária ao curso estabelecido da natureza, também "supera a força da natureza nas leis fixas e uniformes de causas e efeitos" (ibid.). Locke distingue entre o *espectador*, "aquele que está presente no momento da ocorrência do fato", e o *crente*, "aquele que acredita na história do fato". O crente, sugere Locke, "coloca-se no lugar do espectador". O que pode ser considerado um milagre por uma pessoa, pode não parecer que o seja para uma outra. Uma conseqüência da definição espectador-dependente é que alguns relatos de milagres podem ser de acontecimentos que "nada têm de extraordinário ou sobrenatural" (ibid., p.257). Na definição, Locke inclui a frase: "é considerada de origem divina"; mas parece admitir a possibilidade de alguns milagres não-divinos. Suas considerações concentram-se naqueles milagres que são revelados por Deus.

Como é que um espectador determina se alguns eventos que ele considera contrários ao curso estabelecido da natureza são obra de Deus? A resposta de Locke está ligada à sua descrição da REVELAÇÃO. A resposta rápida é que o mensageiro que traz a palavra de Deus deve possuir algumas "credenciais que lhe foram concedidas pelo próprio Deus" (ibid.). Os milagres do gênero que interessa a Locke *são* as credenciais, mas esses milagres pressupõem "um único Deus verdadeiro" (ibid., p.258). Os vários milagres de Jesus relatados na Bíblia (acalmar as águas, caminhar sobre as águas, curar um paralítico, dar vista a um cego de nascença) são sinais de que Ele é um mensageiro de Deus (p.259). Pode ser preciso que alguns espectadores de tais eventos tenham numerosas experiências dessas antes de se convencerem da divindade do mensageiro. Em outros casos, os sinais divinos podem competir com outros acontecimentos que parecem suplantar as leis da natureza, por exemplo, os ardis dos mágicos. O espectador pode ver-se em apuros para diferenciar entre poderes mágicos e poderes divinos. Os sinais de poder maior convencem.

> A exibição de serpentes, sangue e rãs pelos feiticeiros egípcios e por Moisés só podia parecer igualmente milagrosa aos olhos dos espectadores; qual dos pretendentes tinha recebido sua missão de Deus e, portanto, a verdade do seu lado, não podia ser determinado se o assunto ficasse por aí. Mas quando a serpente de Moisés devorou as deles, quando ele produziu piolhos, o que eles não puderam fazer, a decisão ficou fácil. (ibid., p.269).

Também o número e variedade dos milagres de Jesus confirmam o "extraordinário poder divino" dos mesmos (ibid.). Locke expressa confiança em que Deus cuidou de que "nenhuma falsa revelação se apresentasse em competição com o que é verdadeiramente divino".

Em suas *Paráfrases das Epístolas de São Paulo*, Locke comenta o texto sobre milagres como "o que o espírito revelou e demonstrou dele no Antigo Testamento e pelo poder de Deus acompanhando-o com operações milagrosas" (*Parafr*., p.172; cf. p.237). Em *Racionalidade do cristianismo*, Locke refere-se aos milagres de Jesus como o modo de convencer os homens de que ele era o Messias (em *Works*, vii. 18-9). Os *Ensaios sobre as leis da natureza*, anteriormente escritos, abrem com uma referência a Deus mostrando-se "agora no curso fixo da natureza" e "no passado pela freqüente evidência de milagres" (p.109). Há também uma discussão razoavelmente extensa de milagres em sua *Terceira carta sobre tolerância*.

O *Discurso sobre milagres*, de Locke, foi escrito depois de ter lido *An Essay on Miracles* (1701), de William Fleetwood, e a resposta de Benjamin Hoadly a Fleetwood numa *Letter to Mr. Fleetwood* (1702). Escrevendo a seu primo, Peter King, pouco antes de sua morte, Locke refere-se a esse *Discurso* e à ocasião em que o escreveu: "Um ou dois doutos amigos, assim como vós, que o leram, foram francamente favoráveis à sua publicação. Se, após séria consideração, vós e alguns outros de meus judiciosos amigos pensais que ele possa ser proveitoso para a religião cristã, não extemporâneo neste momento e conveniente para o público, porquanto foi escrito para minha satisfação pessoal e nunca fui além do primeiro rascunho, podeis fazer com ele o que julgardes de bom aviso" (*Corr*. 3647; viii. 413). O tópico de milagres continuou a ser discutido durante todo o século XVIII, embora a razão tendesse a ultrapassar a confiança em milagres nos escritos de muitas das mais eminentes figuras. No século XVII, *True Intellectual System* (1678), de Cudworth, deu muita atenção ao tópico. O milagroso é, para Cudworth, algum evento que está acima da natureza, mas alguns milagres são de uma ordem superior a outros. Os realizados por Moisés e Jesus cabem nesta última categoria. De um modo geral, existem para Cudworth duas espécies principais de milagres. (1) Aqueles eventos que "não podiam ser realizados por quaisquer *causas ordinárias* e *naturais*" (p.706). Esses eventos são sobrenaturais, mas Deus poderia permitir que fossem feitos naturalmente. Nesse contexto, "naturalmente" significa "os *poderes ordinários e naturais de outros invisíveis espíritos*, *anjos* ou *demônios criados*". (2) A segunda espécie de milagre é a daqueles que estão "acima dos *poderes* de todas as *causas* segundas, ou de qualquer *ser criado natural*" (p.707). Esta segunda espécie só pode ser feita por Deus. Cudworth menciona também os feiticeiros e mágicos egípcios.

Alguns anos antes de Cudworth, Edward Stillingfleet, que iria tornar-se o principal protagonista de Locke depois de 1690, dedicou muitos capítulos de seu *Origines Sacrae* (1662) a milagres. O curso da natureza pode ser alterado e causadas coisas que estão muito além do poder de causas inferiores (8ª ed., 1709, p.160). O termo "milagres" não se refere a "menos malabarismos e imposturas, pelos quais os olhos humanos são ludibriados". Em si mesmos, os milagres são contrários ao curso da natureza ou estão acima dele. Um verdadeiro milagre é uma produção de algo a partir do nada (p.161). Stillingfleet também contrasta o maior poder dos milagres de Cristo com os de outros e sublinha a importância de credenciais que indiquem uma origem divina (p.164). Considera os milagres questões de fato, no sentido de que são vistos por muitas pessoas, tal como vemos outros acontecimentos (p.180-9). O Capítulo X é dedicado às diferenças entre verdadeiros e falsos milagres. O exemplo da vara e da serpente citado por Locke aparece aqui: a vara de Moisés, transformada em serpente, "engoliu" a vara-serpente dos magos do Faraó. Também se refere a Moisés quando transformou a poeira em piolhos. Sua conclusão, com base nesses três exemplos: "Assim, vemos no caso de *Moisés* como é evidente a existência de um poder acima de todo o poder de *magia*, o qual se manifestou em Moisés" (p.225).

John Toland também dedica alguma atenção a milagres em seu *Christianity Not Mysterious* (1696), respeitando a definição usual: "*Um milagre é,* portanto, *alguma ação que excede todo o poder humano e que as leis da natureza não podem realizar mediante suas operações normais*" (p.150). Mas Toland que, tal como Locke, estava defendendo a racionalidade do cristianismo, insiste em que a ação milagrosa "deve ser algo inteligível e possível em si mesmo, embora a maneira de o fazer seja extraordinária".

No século XVIII, a mais famosa discussão dos milagres é provavelmente a de Hume em sua *Investigação sobre o entendimento humano*, uma análise muito crítica e uma rejeição da possibilidade de milagres ou, pelo menos, de sua inteligibilidade. A *Cyclopaedia* de Chambers continha uma breve exposição sobre milagres, baseada em discussões anteriores e que refletia algumas das observações de Locke. Hume foi atacado por vários escritores (por exemplo, George Campbell em 1762, Anthony Ellys em 1752). Voltaire acrescentou seus pensamentos ao tema; porém, os autores mais conhecidos que escreveram sobre milagres foram Thomas Woolston e William Paley.

modos Os modos são "*idéias* complexas que, embora compostas, não contêm em si a suposição de que podem subsistir por si mesmas, mas são consideradas como dependentes ou atributos das substâncias" (*Ensaio,* 2.12.4). Locke cita como exemplos as idéias "expressas pelas palavras *triângulo, gratidão, assassínio* etc." As idéias complexas são ou combinações de idéias simples, ou o resultado de operações mentais sobre idéias simples, operações tais como comparar, abstrair, compor. Ao definir esse termo como um tipo de idéia, Locke tem perfeita noção de que está usando essa palavra "num sentido algo diferente de sua significação ordinária" (ibid.). Descartes usou "modo" quando estava se referindo a uma substância que se encontra "disposta ou diversificada de outra forma" (*Princípios de filosofia*, Parte I, §56). Há modos de extensão, pensamento e conhecimento. Para entender um modo, diz Descartes, "o conceito da coisa da qual é um modo deve estar implícito em" o conceito do modo (*Comments on a Certain Bradsheet*, em *The Philosophical Writings*, trad. Cottingham e outros, vol.1, p.301). Para Spinoza, um modo é definido como "as afeições da substância, isto é, o que existe noutra coisa pela qual também é concebido" (*Ética*, Parte I, Def.V).

Descartes e Spinoza operam com a metafísica de substância e atributo, ambos aceitam a doutrina de duas substâncias: substâncias corpóreas e incorpóreas. Essa substância metafísica está reprimida nos escritos de Locke, talvez seja até ignorada. A sua definição de modos como idéias é uma outra ruptura com a tradição. Os seus modos apresentam-se em duas variedades, os que são diferentes combinações das mesmas idéias simples, e os "outros compostos de *idéias* simples de vários tipos, reunidas para formar uma complexa" (2.12.5). Como exemplos, cita a beleza, que é uma combinação de cor e figura causando deleite para o espectador; ou o roubo, que é "a oportunidade oculta de possuir algo sem o consentimento do proprietário" (2.12.5). Dos modos simples, Locke ampliou a discussão às idéias de espaço, duração e expansão (2.13; 2.14; 2.15), e à de número (2.16). O Capítulo XVIII enumera outros tipos de modos, por exemplo, o de movimento: deslizar, rolar, tropeçar, caminhar, rastejar, correr, dançar, saltar e saltitar (2.18.2). Há também modos de cor, paladares, cheiros. Raciocinar, julgar, volição constituem modos de pensamento (2.19.2). Prazer e dor são dois outros modos que desempenham importantes papéis em sua discussão de bom e mau, assim como na motivação humana (2.20). A idéia de poder é o modo cujo exame ocupa mais espaço no *Ensaio* do que quase qualquer outro, num total de 72 seções.

Um outro tipo muito importante de modos é o que Locke designa como "modos mistos" (2.22). Trata-se de modos que combinam diferentes espécies de idéias simples, espécies mistas. Não são "vistos como sendo as marcas características de quaisquer seres reais que tenham existência constante, mas como *idéias* dispersas e independentes, reunidas pela mente" (2.22.1). Os modos mistos não são seres reais independentes da mente, mas, numa passagem, chama-lhes "seres morais", dizendo que eles têm seus "modelos originais" na mente. A mente é ativa na estruturação dessas idéias; não tem que determinar se elas designam o que existe na natureza. A maioria dos modos mistos descreve ações, mas também prescreve, fornece os critérios para o que se considera, por exemplo, hipocrisia, embriaguez (2.22.2). Um entendimento das ações pode ser obtido explicando as palavras que significam as idéias do modo misto. "Assim, um homem pode ter a *idéia* de *sacrilégio*, ou de *assassínio*, enumerando-se para ele as *idéias* simples que essas palavras representam, sem que se tenha jamais visto a perpetração de tais atos" (2.22.3). As palavras no modo misto são nomes de ações; elas são, por vezes, uma indicação do que uma sociedade considera importante. "Assim, o homicídio de um ancião é tão apropriado, na realidade, para aderir a uma *idéia* complexa quanto o homicídio do pai de um homem; como não há, porém, um nome que represente precisamente o primeiro caso, como existe o nome de *parricídio* para o outro, aquele não é aceito como parte de uma *idéia* complexa, nem mesmo como uma espécie de ação distinta da do homicídio de um jovem ou de qualquer outro homem" (2.22.4).

Há três meios de aquisição de idéias de modo misto: experiência e observação (por exemplo, ver homens lutando ou esgrimindo), invenção e explicação dos nomes de ações. Explicar os nomes, explicar as idéias simples contidas nas idéias complexas de lutar ou esgrimir, é necessário antes de podermos entender o que estamos vendo. As idéias simples que se conjugam num modo misto são, com freqüência, específicas de uma sociedade e relacionam-se sempre com o que se reputa importante e merecedor de determinados nomes. Por exemplo, se homens "unem a *idéia* de matar com a idéia de pai ou de mãe, para assim formar uma espécie distinta da de matar um filho ou vizinho, é por causa dos diferentes graus de hediondez do crime e dos diferentes castigos devidos ao parricídio ou matricídio, diferentes do que deve ser infligido pelo assassínio de um filho ou vizinho" (3.5.7). Há outros exemplos de crimes ou atos imorais a que se dá destaque por causa dos pontos de vista dominantes numa sociedade (cf. 3.5.6). De uma forma geral, as idéias e os nomes de modos mistos escolhem qualidades e ações específicas que são importantes para a vida de uma sociedade, sobretudo para os juízos morais dessa sociedade. A formação de tais idéias e nomes é arbitrária, na acepção de que as características específicas incluídas não são uma função do que ocorre; são "uma coleção voluntária de *idéias*, reunidas na mente independentemente de quaisquer modelos originais na natureza"(3.5.5).

Pode haver um problema para Locke com essas idéias morais que estão contidas na lei da natureza. Quer ele dizer que o status dessas idéias como modos mistos é diferente do de outras palavras e idéias de ação? Caso contrário, pode ser difícil para ele dizer que uma idéia como JUSTIÇA, que se encontra na lei da natureza, é independente de quaisquer modelos originais.

Como a ação é a grande ocupação da espécie humana e "a matéria de que tratam todas as leis", os modos mistos, especialmente os de pensamento e movimento, são parte fundamental da trama da sociedade (2.22.10). As idéias de ações, com seus nomes, ajudam na elaboração de leis, habilitando-nos a reprimir o vício e a desordem.

> Qualquer comunicação tampouco poderia ser bem lograda sem tais *idéias* complexas e seus respectivos nomes; e, portanto, os homens fixaram nomes, e supostas *idéias* estabelecidas em suas mentes, de modos de ações distinguidos por suas causas, meios, objetos, fins, instrumentos, tempo, lugar e outras circunstâncias, e também de seus poderes ajustados a essas ações... (ibid.)

Depois de Locke, o termo "modo misto" não aparece com muita freqüência. Uma boa descrição sucinta do uso dessa expressão por Locke encontra-se na *Cyclopaedia* (1728), de Chambers, no verbete para "modos". John Gay, em "Preliminary Dissertation concerning the Fundamental Principles of Virtue and Morality", adicionada à tradução inglesa de Edmund Law de *De origine mali*, de William King, em 1731, usa o termo e alguns dos exemplos de Locke (p.xii, xv-xvii).

monstros Locke refere-se muitas vezes às "freqüentes produções de monstros" em animais e em seres humanos (*Ensaio*, 3.3.17; 3.6.16;3.6.22, 23). Informa que "por mais de uma vez tem sido debatido se vários fetos humanos devem ser preservados ou recebidos em batismo" por serem deformados (3.6.26). Cita um caso na França em que o bispo foi consultado a fim de se decidir se matar um semelhante feto seria um crime de homicídio (3.6.27). É nesse contexto que ele menciona a história do Abade de St. Martin, que, embora disforme de nascença, foi afortunadamente batizado e resultou ser racional e, por conseguinte, humano. A questão sobre se seria homicídio matar tão estranhas criaturas, insiste Locke, só poderia ser respondida descobrindo-se se elas tinham almas racionais (3.11.20).

A maioria dessas referências baseia-se em relatos de outros, mas Locke afirma ter visto "o fruto de um gato e um rato" (3.6.23). Todas essas referências são usadas para ilustrar a sua tese de que não existem classes reais fixas na natureza; mas também suscitam outras questões a respeito da CADEIA DO SER ou até questões morais como, por exemplo, quando matar seria assassinato.

moralidade Perto do final do *Ensaio*, numa seção sobre o aperfeiçoamento do conhecimento, Locke declara que "*a moral é a ciência adequada e a função da humanidade em geral*" (4.12.11). Numa seção prevista para inclusão no *Ensaio*, "Da ética em geral", diz-se que a moralidade é "a grande função e preocupação da humanidade (§3, p.306, em *The Life of John Locke*, por Peter King, 1829). Esse aditamento previsto para o *Ensaio* prossegue então dizendo que a moralidade "tem sido geralmente classificada como uma ciência distinta da teologia, religião e direito; e que tem sido a legítima província dos filósofos, uma espécie de homens diferentes dos teólogos, sacerdotes e advogados, cuja profissão tem sido explicar e ensinar esse conhecimento ao mundo". O que Locke critica nesses autores que escrevem sobre moralidade (não indica o nome de nenhum) é a omissão deles em derivar as regras que citam do "seu original e em apresentá-las como mandamentos do grande Deus do céu e da Terra, e de acordo com os quais Ele recompensaria os homens depois desta vida; as maiores contribuições que puderam acrescentar ao conceito de moralidade consistiram em repartir os homens, segundo o maior ou menor grau de probidade ou ignomínia, entre a virtude e o vício" (ibid., §4, p.307). O máximo a que tais filósofos seculares puderam recorrer foi à reputação e à desonra.

A fonte essencial de moralidade é Deus, um ponto que Locke sublinha em várias passagens do *Ensaio*. Por exemplo, 1.3.6 diz que "o verdadeiro fundamento da moralidade... só pode ser a vontade e a lei de um Deus, que vê os homens nas trevas, tem à sua mão recompensas e punições, e poder bastante para convocar o mais orgulhoso pecador a prestar contas por seus atos". *Ensaio* 1.3.7 cita, como "o grande princípio de moralidade, *fazer como gostaríamos que nos fosse feito*". Ele reconhece que existem outros alicerces que fazem jus à moralidade. Alguns (ele menciona Arquelau) dizem que "Certo e Errado, Honesto e Desonesto, são definidos unicamente por leis, e não por natureza", enquanto outros afirmam: "Estamos sujeitos a obrigações que antecedem todas as constituições humanas" (4.12.4). Um cristão, um hobbesiano e um filósofo ateu oferecem diferentes razões para dizer: "Os homens devem respeitar seus acordos" (1.3.5). A moralidade requer leis e recompensas e punições. Recorre-se a três tipos de leis: lei divina, lei civil e a lei de opinião ou reputação (2.28.6-7). Que Deus deu ao homem uma lei "pela qual os homens devem governar-se" (a lei da natureza) é uma verdade firmemente aceita por Locke. Essa lei é a lei fundamental da moralidade.

A análise filosófica dos conceitos de moralidade, lei e regra é importante, como a própria explicação de Locke desses conceitos indica, mas ele tem algumas importantes reservas sobre as análises daqueles filósofos que foram vistos como os homens encarregados de conceitos morais. O perigo de tal análise conceitual secular é que, ao mesmo tempo que podemos adquirir uma idéia clara dos termos justiça, temperança, fortaleza, roubo e as ações que descrevem,

> todo o conhecimento de virtudes e vícios a que chegamos desse modo reduzir-se-ia a aceitar as definições ou as significações das palavras em qualquer linguagem, ou por intermédio de homens versados nessa linguagem, ou de uso comum do país, para saber como aplicá-las e designar as ações nesse país por seus nomes corretos; e isso, com efeito, não seria mais do que a habilidade para falar corretamente ou, no máximo, para saber que ações no país onde a pessoa vive são consideradas louváveis ou condenáveis... ("Da Ética em Geral", §4, p.307).

Na ausência de qualquer lei superior, além da lei da sociedade, os professores de moral degenerariam para "mestres de linguagem", ensinando-nos "somente a falar e discutir, e a dar às ações os nomes que eles prescrevem" (ibid., p.308). De igual modo, a ética das escolas, assente na autoridade de Aristóteles, ensina-nos "nada de moralidade, mas tão-somente a entender seus nomes ou a designar as ações pelos nomes que eles ou Aristóteles lhes deram; o que, com efeito, não é outra coisa senão falar corretamente a linguagem deles". Se a moralidade diz apenas respeito a um conjunto de definições, podemos adquirir um entendimento de que ações são consideradas virtuosas ou pecaminosas, mas se falar de virtude não se refere à "lei de um superior" que prescreve virtudes para nós, com o poder de ministrar recompensas e punições, "a força de moralidade está perdida e evapora-se simplesmente em palavras, disputas e sutilezas" (ibid., §9, p.310).

As palavras de ação constituem, na concepção de Locke, modos mistos; contêm critérios para que uma ação seja de justiça, homicídio ou roubo. Ele reconheceu que uma ação pode ser descrita de várias maneiras. A ação de empunhar um revólver e puxar o gatilho, por exemplo, "pode ser rebelião parricida, homicídio, cumprimento do dever, ato de justiça, ato de bravura ou exercício recreativo, e ser assim amplamente diversificada quando todas as circunstâncias reunidas são comparadas a uma regra, embora a simples ação de empunhar uma arma e disparar possa ser exatamente a mesma em todos os casos" (Minuta A em *Drafts*, org. Nidditch e Rogers, §23, p.37). A multiplicidade de descrições de ações, e da natureza da ação humana, foi revigorada na década de 1950, com um caudal de livros e artigos. Um dos primeiros e mais interessantes foi o livro *Intention* (1957), de Elizabeth Anscombe. Uma vez determinada que descrição se ajusta a uma dada ação, precisamos então saber se essa ação é moralmente boa ou má (*Ensaio*, 2.28.4). Bondade moral não é a mesma coisa que bondade; bem e mal "nada mais são do que prazer ou dor", mas, moralmente, bem e mal consistem em "acordo ou desacordo de nossas ações voluntárias com certa lei, por meio da qual o bem e o mal nos são impostos pela vontade e o poder do legislador" (2.28.5). O legislador é claramente Deus. A lei divina assegura e promove o bem geral da humanidade, e essa lei é a lei da natureza, "a qual é a medida comum da virtude e do vício" (2.28.11). Outras seções nesse capítulo sobre relações morais e outras relações enfatizam o mesmo ponto (por exemplo, §§12, 15, 16).

Apesar da crítica de Locke às análises conceptuais de filósofos seculares, essa mesma análise fazia parte de sua descrição da relação de idéias. A análise conceptual de relações morais desempenha um papel em sua sugerida moralidade demonstrativa. Mostrar as conexões conceptuais entre idéias é um modo de demonstrar relações morais, mas a parte mais importante e mais discutível de sua sugestão de uma moralidade demonstrativa foi a pretensão de derivar obrigações morais específicas de certos conceitos e princípios (*ver* DEMONSTRAÇÃO). Apesar da insistência de amigos, Locke nunca apresentou essa parte de uma moralidade demonstrativa. Pode ter mudado de idéia sobre a sua possibilidade, ou pode ter simplesmente voltado sua atenção para outros tópicos. Seja qual for a explicação para não ter ido mais além no que se refere a essa intrigante sugestão, ele tinha uma outra fonte, talvez menos racional, para o conhecimento moral: a Bíblia. Ele instrui o preceptor em *Alguns pensamentos* para fazer a criança ler "nenhum outro discurso de moralidade senão o que ela encontra na Bíblia" e, mais tarde, quando o jovem passa a interessar-se em sistemas de ética, poderia consular *Sobre os deveres* (§185), de Cícero. O estudo da moralidade "faz um cavalheiro, não meramente um homem, mas em função de sua atividade como cavalheiro", aquilo a que hoje chamamos a "ética da profissão". Para esse estudo existem muitos livros de "filósofos antigos e modernos. Mas a moral dos Evangelhos supera de tal forma todos eles que para dar a um homem um pleno conhecimento da verdadeira moralidade, não o remeteria para nenhum outro livro, mas tão-somente para o Novo Testamento" ("Some Thoughts concerning Reading and Study for a Gentleman", reimpresso em *Some Thoughts*, editado por Yolton e Yolton, p.231). Nesse breve parecer, Locke também sugere *Sobre os deveres (De officiis)*, de Cícero, como a melhor obra por um filósofo secular.

O Novo Testamento registra os ensinamentos morais de Jesus: ele escoimou a lei moral "das interpretações corruptas dos escribas e fariseus" (*Reasonableness,* em *Works*, vii. 122). Todos os deveres de moralidade foram ilustrados e inculcados em seus discípulos. Um exemplo de Jesus e o Novo Testamento são fontes mais seguras para o conhecimento moral do que a razão (ibid., p.139). Os filósofos, aqueles homens que não eram profetas, sacerdotes ou advogados, a cujo respeito Locke escreve em "Da ética em geral", são criticados de novo em *Racionalidade:*

> Aquele que pretenda estabelecer-se como membro dessa classe e ter suas regras aceitas como instruções autênticas, deve mostrar que, ou constrói sua doutrina segundo os princípios da razão, evidentes por si mesmos, e que deduz destes todas as partes da doutrina, por clara e evidente demonstração; ou deve mostrar seu mandato recebido do céu, que se apresenta com autoridade oriunda de Deus para transmitir sua vontade e suas prescrições ao mundo. (*Reasonableness*, p.142)

Se é possível agora, depois que Jesus revelou a lei moral, reproduzir ou reforçar por demonstração a verdadeira moralidade, Locke não o diz nessa obra. Talvez fosse essa uma possibilidade que ele tinha em mente com sua sugestão no *Ensaio.* Em *Racionalidade*, a razão ainda concorda com a revelação. No testemunho de Jesus, "a moralidade tem um modelo certo, que a revelação corrobora, e a razão não pode contradizer nem pôr em dúvida; ambas, em conjunto, testemunham que tal modelo provém de Deus, o grande legislador" (p.143).

movimento Enquanto se ocupava em estudar o espaço e em sublinhar que as partes do espaço são inseparáveis, Locke observou que o serem inseparáveis tem como conseqüência o serem também inamovíveis. Fornece então uma breve definição de movimento: "nada é senão a mudança de distância entre duas coisas quaisquer" (*Ensaio*, 2.13.14). Argumentando contra aqueles que negaram um vácuo (ou espaço vazio), Locke insistiu em que a idéia de espaço é dependente da idéia de solidez ou espaço ocupado (2.4.3). A título de ilustração desse ponto, ele sugere que podemos ter uma idéia de movimento de um único corpo enquanto todos os outros estão em repouso, assim deixando para trás um espaço sem corpo. Locke não está dizendo que os corpos podem mover-se desse modo, sozinhos, mas a concepção de um só corpo movendo-se ajuda a elucidar um ponto a respeito do espaço: este é, como afirmaram alguns cartesianos, sinônimo de corpo (2.13.11). O nosso conceito de movimento requer o conceito de espaço: "Movimento não é espaço nem espaço é movimento" (ibid.). Deus poderia "pôr fim a todo o movimento que está na matéria e fixar todos os corpos do universo em silêncio e repouso perfeitos" (2.13.21, bis).

O movimento aparece em muitas listas de qualidades primárias dos corpos: extensão, figura, número, movimento (2.8.12); textura e movimento das partes de objetos, talvez uma referência a corpúsculos (2.6.14); solidez, extensão, figura, número e movimento (2.8.22);

grandeza, figura e movimento (4.3.24). Outras passagens atribuem movimento, a par da grande maioria dessas mesmas qualidades primárias, aos corpúsculos insensíveis de corpos: figura e movimento das partes minúsculas (2.23.13); grandeza, figura, movimento das partículas de água (2.23.26); tamanho, figura, número e movimento (4.2.11); figura, tamanho, textura, movimento (4.3.24); grandeza, figura, movimento (4.6.14).

Uma característica interessante dessas listas é a ocorrência de solidez em apenas uma delas. A solidez é a única qualidade primária que foi discutida num capítulo separado (2.4). Quando Locke está respondendo ao ataque do bispo de Worcester contra a sugestão de que Deus poderia conceder o poder de pensar a alguns sistemas de matéria, Locke delineia uma seqüência de criação na qual Deus cria uma sólida substância extensa e depois delibera se deve adicionar-lhe movimento, um poder de ação (*ver* MATÉRIA PENSANTE). O *Ensaio* também fala de matéria *pura*, matéria sem movimento (4.10.10). Nessa passagem, ele está interessado em afirmar que é impossível para "uma pura matéria não-cogitativa" produzir um ser inteligente, pensante. Descreve a pura matéria como "massa morta e inativa", e diz ser inconcebível que ela "possa adicionar movimento a si mesma, sendo puramente matéria". Movimento e pensamento são adicionados no estágio inicial da criação de substâncias: é adicionado o movimento às substâncias sólidas, extensas, e o pensamento à substância imaterial. Mas o pensamento podia ter sido acrescentado por Deus à substância extensa, sólida, concomitantemente com o movimento.

Há uma diferença entre matéria e corpo. A matéria pode ser "pura", consistindo unicamente em solidez e extensão. Ao corpo é adicionado movimento ou o poder de movimento. "*As* idéias *primárias que temos relativamente ao corpo,* em contraste com o espírito, *consistem na coesão de partes sólidas e*, por conseqüência, separáveis, *e o poder de comunicar movimento por impulso*" (2.23.17). Precisamente como os corpos comunicam movimento por impulso não fica claro para nós, embora saibamos que "quanto movimento é perdido para um corpo, outro tanto é ganho para um outro"(2.23.28). Locke fala da "passagem de movimento de um corpo para um outro", como se o movimento, não apenas o poder mover-se, residisse em corpos. Também faz referência a um fenômeno "observado, ou que se acredita por vezes acontecer", a saber, o "aumento de movimento por impulso" (ibid.). Espíritos, mentes finitas, também dispõem do poder de movimentar corpos pelo pensamento, de movimentar os membros de seus próprios corpos (2.23.17,28). Ele caracteriza tal movimento como "espontâneo", um movimento que os animais também têm. Afirma até a existência de movimento dos próprios espíritos finitos (2.23.29). "Nenhum corpo pode imaginar que sua alma pode pensar, ou movimentar um corpo em *Oxford* enquanto ele está em *Londres*; e não pode deixar de saber que, estando unida ao seu corpo, muda constantemente de lugar, durante toda a jornada entre *Oxford* e *Londres*, à semelhança da carruagem ou do cavalo que o transporta" (2.23.20).

O movimento entra nas considerações de Locke em outras passagens, quando fala sobre o movimento de espíritos animais, aqueles corpos fisiológicos que ativam nervos e músculos e produzem sensações em nós (2.8.21; 2.9.3; 2.33.6; 4.10.19). Também faz uma referência *en passant* à definição de movimento dos atomistas, que ele pensa nada ter de informativa, e à definição cartesiana, que não considera melhor (3.4.9).

O movimento como uma propriedade (por vezes, somente como um acidente) da matéria faz parte das descrições do mundo físico desde Aristóteles ao tempo de Locke e mais além.

Desempenhou um papel fundamental nos *Elementos de filosofia*, de Hobbes, nos *Princípios*, de Descartes, e na ciência do século XVII. Foi importante para Newton; Berkeley fez uma extensa crítica à descrição de Newton (a par do espaço e do tempo). Hume não se ocupa dele, mas recebe alguma análise por parte de Kant. (Para algumas descrições históricas, ver *Motion and Time, Space and Matter*, org. por Peter K. Machamer e Robert G. Turnbull, 1976.)

mulheres Em vários livros de Locke podem ser apreciadas referências, algumas análises e um pequeno número de debates a respeito das mulheres. Como esposas e mães, como membros da sociedade conjugal, as mulheres ocupam uma considerável parte do primeiro dos *Dois tratados* e espaço menor no segundo. As mulheres como mães, alguns comentários sobre meninas e filhas, aparecem em *Alguns pensamentos*. As *Paráfrases* contêm uma interessante interpretação da injunção de São Paulo contra a pregação por mulheres ou sua presença na igreja, descobertas ou sem véu. Também são feitas referências às mulheres no *Ensaio*, principalmente para ilustrar algum princípio ou asserção.

As referências do *Ensaio* não são especialmente significativas; não revelam qualquer das opiniões ou atitudes de Locke em relação às mulheres. Na discussão de idéias e princípios inatos, ele cita como exemplo de princípios morais que se poderia pensar serem inatos, se existissem quaisquer princípios inatos: "Não matar outro homem. Não conhecer mais mulheres além da esposa. Não provocar aborto. Não expor seus próprios filhos" (1.3.19). Um dos casos enigmáticos acerca de identidade pessoal envolve a conjetura de que "um homem nascido de diferentes mulheres e em épocas distantes pode ser o mesmo homem" (2.27.21). Ele também relata, ao que parece com plena convicção, que a história nos conta o caso de mulheres "engravidadas por mandris"; isso relaciona-se com a sua argumentação contra a existência de espécies fixas na natureza (3.6.23). Um exemplo de aquisição de idéias por crianças é o modo como elas não tardam em aprender a distinguir suas mães de estranhos (1.4.3; cf. 4.7.9). As idéias de mãe e de ama são dadas como exemplos de idéias gerais (3.3.7); e a tese que defende a idéia de que os modos mistos são criação do homem é ilustrada pelo comentário segundo o qual, na maioria das sociedades, matar o próprio pai ou a própria mãe é reconhecido como um tipo distinto de ação e merece um nome, ao passo que outros tipos de homicídio não têm qualquer denominação específica (3.5.6, 7). Um outro exemplo de modo misto envolve Adão pondo nomes às ações que presencia; por exemplo, as ações da mulher de Lamec, que Adão confundiu com adultério, introduzindo assim na linguagem uma nova palavra, muito embora essa palavra não tivesse ainda qualquer exemplificação (3.6.44).

As primeiras seções de sua obra sobre educação aconselham os pais sobre a saúde do corpo. As prescrições de Locke são bastante duras: expor os filhos pequenos ao frio e à umidade, habituá-los às condições de vida simples e austeras. No começo de uma série de seções contendo esses conselhos, Locke sugere uma "breve regra, a saber, que os cavalheiros usem seus filhos como os honestos agricultores e os robustos fazendeiros usam os deles. Mas porque as mães poderão talvez pensar que isso é um pouco penoso demais e os pais, brando demais, explicar-me-ei em maior detalhe, apresentando isso como uma generalidade e certas observações para que as mulheres as levem em conta, a saber, que a maioria das crianças tem seu temperamento deteriorado ou, no mínimo, prejudicado pelo excesso de *mimo* e *brandura*" (*AP*, §4). Suas recomendações são principalmente para um rapaz, uma vez que foi para o filho de seus amigos, os Clarkes, que Locke escreveu *Alguns pensamentos*. Ele reconhece que seu rígido regime "não se ajustará tão perfeitamente, em todos os aspectos, à educação de *filhas*" (*AP*, §6), mas pensa que a reação prevista das mães não está inteiramente justificada: "Não é difícil de prever o pouco entusiasmo com que as mães vão receber essa doutrina. Tratar esses tenros bebês desse modo não anda muito longe do infanticídio! O quê? Meter seus pezinhos em água fria, sob o gelo e a neve, quando tudo o que se possa fazer para mantê-los quentes nunca parece ser o bastante?" (*AP*, §7) Locke dá um exemplo tirado de Sêneca para corroborar suas recomendações. A exposição ao vento e à chuva também ajuda a enrijecer o corpo e a manter as doenças a distância. Essa era uma recomendação que Locke acreditava ser importante para rapazes e moças. "E se meu jovem senhor for mantido sempre na sombra, jamais exposto ao sol e ao vento, com receio de prejudicar sua compleição, isso pode ser um bom método para fazer dele um dândi, mas não um homem de ação. E embora maior atenção deva ser prestada à beleza nas filhas, tomarei, no entanto, a liberdade de dizer que quanto mais tempo estiverem ao *ar livre*, sem dano para seus rostos, mais fortes e mais saudáveis serão; quanto mais se avizinharem dos rigores da educação de seus irmãos, maiores vantagens receberão dela por todo o resto de suas vidas" (*AP*, §9). Numa extensa carta à sra. Clarke, Locke responde à solicitação dela de mais conselhos a respeito de suas filhas. Recomenda então que "o alimento, a bebida, os aposentos e o vestuário devem ser organizados da mesma maneira tanto para moças quanto para rapazes" (*Corr.* 809; ii. 686). Uma compleição saudável em moças "requer um estômago capaz de digerir alimentos comuns, e um corpo que possa suportar ocasiões em que predomine o vento e o sol". Nessa carta, ele faz uma concessão:

> Conheceis a minha opinião de que os rapazes devem permanecer muito tempo ao ar livre em todas as estações e condições de tempo, e se fizerem seus jogos e recreações ao sol e ao vento, sem chapéus nem luvas, tanto melhor. Mas como no caso de vossas filhas também cumpre cuidar de sua beleza, tanto quanto a saúde o permita, isso deve envolver para elas algumas restrições, embora eu esteja absolutamente certo de que quanto mais exercício fizerem e mais tempo estiverem ao ar livre, melhor saúde elas terão; mas, no entanto, é preciso levar em conta que suas delicadas peles devem ser protegidas contra a ação dos raios de sol, sobretudo quando são muito quentes e penetrantes; para evitar isso, mas sem deixar de lhes propiciar exercício ao ar livre, algum pequeno e sombreado bosque próximo de vossa casa seria conveniente para o recreio de vossas filhas. (ibid.)

Nessa carta, recomenda-se também para as moças a adoção da maioria das outras prescrições a respeito de sapatos molhados e roupas de reserva (ibid., p.687-9).

Há em *Alguns pensamentos* alguns outros comentários interessantes sobre filhas que podem revelar algo sobre o modo como as jovens eram tratadas nas famílias. Ninguém acredita, diz Locke, que o "isolamento e o recato em que vossas filhas são criadas as torne mulheres menos instruídas, menos hábeis e competentes. A conversação, quando se introduzem na sociedade, não tarda em dar-lhes uma conveniente e decorosa segurança" (*AP*, §70). Dois outros comentários envolvem mães e filhas. "Uma prudente e bondosa mãe de minhas relações foi, numa ocasião [quando a filha era muito recalcitrante], obrigada a vergastar sua filha pequena, no primeiro dia que regressou da casa da ama, oito vezes sucessivamente na mesma manhã, antes de conseguir dominar a *teimosia* dela e obter sua obediência num assunto muito fácil e de somenos importância" (*AP*, §78). Locke opunha-se à punição corporal, exceto em casos muito recalcitrantes. Um exemplo positivo é dado mais adiante: "Não posso deixar de louvar a bondade e a prudência de uma mãe que conheci, que estava acostumada a condescender sempre com suas filhas, quando qualquer delas desejava ter cães, esquilos, pássaros ou qualquer daqueles bichos com que as meninas habitualmente se deleitam" (*AP*, §116). Mas Locke prossegue sublinhando que era freqüente essas jovens não cuidarem bem de seus animais de estimação. Para ele, era importante que "as pessoas sejam acostumadas desde o berço a ser carinhosas com todas as criaturas sensíveis, não as *estropiando* ou *destruindo*" (ibid.).

Locke teve muitas desavenças com Robert Filmer, uma das quais foi acerca do desdém de Filmer em relação às mulheres em sua interpretação de várias passagens da Bíblia. Filmer tentou extrair do Gênesis 1:28 uma base para o domínio exclusivo de Adão sobre a Terra e todos os homens, assim como sobre Eva. Locke contesta que a passagem bíblica não fala de um domínio privado; ela diz "Deus os abençoe", a ambos — Adão e Eva. O domínio que Ele outorgou foi para ser exercido pelo homem e pela mulher e, com efeito, por toda a humanidade. Essa passagem foi também a base para a análise de Locke da propriedade no segundo dos *Dois tratados*. "Se for dito que *Eva* estava submetida a *Adão*, parece que não lhe estava tão submetida ao ponto de impedir seu *domínio* sobre as criaturas ou *propriedade* delas, pois como poderemos dizer que Deus fez uma concessão conjunta a ambos, mas somente um poderá colher os benefícios disso?" (*T*1, §29; cf. §30). Ainda mais discutível é a interpretação de Filmer de Gênesis 3:16, quando Deus se dirige a Eva, depois da Queda, dizendo-lhe que "tornarei penosa a tua gravidez, e entre penas darás à luz teus filhos. Contudo, sentir-te-ás atraída para teu marido, mas este te dominará". Filmer converteu essa passagem numa sanção para a concessão de plenos poderes de governo a Adão, interpretando notoriamente as palavras a respeito do domínio do marido sobre ela como uma declaração política. Locke não teve grandes dificuldades em sublinhar que essa passagem é sobre a punição de Eva. Mesmo quando tomamos Eva como representante de todas as mulheres, a referida submissão das mulheres aos homens não é certamente parte da sociedade civil. Não implica "mais do que a sujeição em que elas comumente se encontram em relação a seus maridos," diz Locke (*T*1, §47). A interpretação que ele dá a essa passagem do Gênesis tem um timbre muito pouco ortodoxo: "Mas, neste particular, há tanta lei que obrigue uma mulher a tal submissão, se as circunstâncias de sua condição ou do contrato com seu marido a isentarem disso, quanto há lei que obrigasse a mulher a dar à luz em dor e sofrimento se pudesse ser descoberto um remédio para evitar esse padecimento" (ibid.). Por outras palavras, tanto a submissão quanto as dores de parto, na interpretação de Locke, não são fixas nem inevitáveis. Ele ainda vai mais longe antes de encerrar essa seção: "Deus, nesse texto, não dá, que eu veja, qualquer autoridade a *Adão* sobre *Eva*, ou aos homens sobre suas mulheres, mas somente prediz qual seria o destino reservado a elas" (ibid.; cf. §67). Conclui a seção comentando que as leis da humanidade e os costumes das sociedades sancionaram, de um modo geral, o que o Gênesis previu. Locke concede até que existe "um fundamento na natureza" para tal disposição. E na seção seguinte modifica a sua interpretação: se "essas palavras aqui ditas a *Eva* precisam ser entendidas como uma lei para submetê-la, a ela e a todas as outras mulheres, então não poder ser nenhuma outra submissão além daquela que toda a esposa deve ao seu marido" (cf. *T*1, §49).

Seja como for que a submissão é interpretada, a referência de passagem de Locke em *T*1, §47, a um contrato matrimonial sugere um acordo entre duas pessoas. Ele caracteriza esse "contrato conjugal" como "pessoal" (*T*1, §98). Aí, o contraste é com a relação pai-filho: "o poder do marido está baseado no contrato, o poder do pai na *procriação*". A "*sociedade de homem e mulher deve ser mais duradoura* do que a de macho e fêmea entre outras criaturas", simplesmente porque uma mulher "é capaz de conceber e de fato fica de novo grávida e dá à luz a mais um filho muito antes que o primeiro se encontre independente dos pais" (*T*2, §80). Mas Locke indaga "por que este *pacto*, por meio do qual a procriação e a educação ficam asseguradas, e se cuida da herança, não pode ficar mais bem determinado, seja por certo tempo ou mediante certas condições por igual a qualquer outro pacto voluntário, não havendo necessidade, na natureza da questão nem nos objetivos, que tenha de ser sempre pela duração da vida" (*T*2, §81). A seção seguinte sublinha que marido e mulher podem ter diferenças de entendimento e de vontades. Há uma certa ambigüidade em seu conceito de um contrato de casamento nesse parágrafo. Uma vez que haverá diferenças, diz Locke, é necessário "que a última determinação, isto é, a regra a ser fixada de algum modo", caiba ao homem, por ser "o mais capaz e o mais forte". A expressão "a regra" refere-se aos termos do contrato? Dá ao marido o direito ou o poder para decidir questões entre os cônjuges? É somente nos casos em que ambos estão de acordo que a mulher tem alguns direitos e liberdade de escolha? A frase seguinte pode ajudar a esclarecer essas interrogações: "Entretanto, estendendo-se a regra somente ao que é de interesse e propriedade comum, deixa a mulher em plena e livre posse de quanto por contrato lhe cabe por direito, não dando ao marido mais poder sobre a vida dela do que dá a esta sobre a dele" (*T*2, §82). O poder do marido é muito diferente do poder de um monarca absoluto (Filmer argumentara que eram idênticos): "Em muitos casos, a *mulher* tem liberdade de separar-se dele se o permite o direito natural ou o contrato entre eles, quer esse contrato tenha sido feito no estado de natureza, quer em conformidade com os costumes ou leis do país em que vivem" (ibid.; cf. *T*1, §62). Procriação e sustento e apoio mútuos são os objetivos da sociedade conjugal, mas o contrato cobre outros aspectos do matrimônio: "Comunidade de bens e do poder sobre eles, assistência mútua e manutenção, e outras condições" (*T*2, §83). Essas podem ser "variadas e reguladas pelo contrato que une homem e mulher nessa sociedade".

Filmer defendeu o direito e o poder do pai no âmbito da família (e, como governante, no âmbito da nação). Locke sempre contestou, com ênfase sobre o pátrio poder, o poder e os direitos de ambos os progenitores (ver *T*1, §§6, 11, 60, 61). No segundo dos *Dois tratados*, o capítulo VI, "Do pátrio poder", insiste em que a mãe partilha do poder sobre seus filhos, o qual inclui alimentação e educação. Na seção inicial, Locke diz que "se consultarmos a Razão ou a Revelação, verificaremos caber à mãe igual direito" (*T*1, §52; cf. *T*1, §55). Não existe qualquer direito da natureza peculiar ao pai em relação a seus filhos. Quando o pai "deixa de cuidar deles, perde seu direito sobre eles" (*T*2, §65). Locke suscita algumas interrogações nessa passagem sobre situações em que uma mulher tem mais de um marido ao mesmo tempo; em que marido e mulher se separam, como ocorre em regiões da América; ou quando o pai morre (*T*1, §123; *T*2, §§182, 183).

Há uma outra área em que Locke apresenta uma opinião mais liberal, menos ortodoxa, a respeito das mulheres do que a da maioria de seus contemporâneos. Em sua epístola aos Coríntios, São Paulo abordou a questão sobre se as mulheres poderiam orar ou profetizar na igreja com a cabeça descoberta. Essa passagem é, como Locke reconheceu, "tão difícil quanto a maioria das Epístolas de São Paulo" (*Paráfrases,* p.200). A extensa nota de Locke interpretando São Paulo nessa matéria começa com vários comentários preliminares. (1) Era "costume, para as mulheres, usar véu quando apareciam em público... Portanto, não estava absolutamente em questão se elas deviam estar com véu quando assistiam às missas... nas assembléias públicas" (ibid.). (2) "É evidente que essa cobertura da cabeça em mulheres está restrita a algumas ações especiais que elas desempenham na assembléia." (3) Se "as mulheres se apresentavam de véu nas assembléias, fossem essas ações quais fossem, as mulheres que nelas participavam ainda tinham que estar necessariamente cobertas". A nota de Locke sugere que profetizar significava falar quando se tinha recebido "um dom espiritual [proveniente] da ação imediata e extraordinária do Espírito Santo". Ele não vê razão alguma para excluir a possibilidade de que as mulheres recebessem tal dom e, portanto, falassem na igreja. Numa passagem ulterior da mesma Epístola, São Paulo recomenda o silêncio às mulheres. Locke interpretou essa injunção como excluindo, para as mulheres, a liberdade de falar "quando tinham um impulso imediato e revelação oriunda do espírito divino" (p.245n).

Wainwright diz-nos que essa interpretação era incomum nos dias de Locke: "A interpretação de Locke, embora pareça ser moderada e cautelosa, significava uma ameaça à prática aceita de restringir a liderança no culto público ao sexo masculino" (p.443; cf. introdução à sua edição das *Paráfrases*, p.68-9).

N

noções Este é um dos termos mais curiosos que se encontra nos escritos ingleses dos séculos XVII e XVIII. É usado por escritores antes e depois de Locke. Ao apresentar o seu termo "idéia", Locke explica que o usa para expressar qualquer coisa que se queira significar com os termos fantasma, noção ou espécie. Todas as quatro palavras eram entendidas por Locke para referir-se "a tudo o que pode ser empregado pela mente pensante" (*Ensaio*, 1.1.8). Um escritor que sublinhou, como é o caso de Locke, o experimento e a observação como o método próprio da ciência, criticou "os *teoremas nocionais* em filosofia", significando teorias não baseadas na observação (Maynwaring, *Praxis medicorum antiqua et nova*, 1671). Culverwel caracterizou os princípios inatos como "Noções alfabéticas" (*An Antidote Against Atheism*, 1655). O Bispo Wilkins observa que a construção do que ele chamou um "caráter real" para a linguagem deve ser feita "*a partir de noções naturais das coisas*" (*An Essay Towards a Real Character and Philosophical Language*, 1668). Um contemporâneo de Locke, John Sergeant, tentou adaptar a realidade objetiva cartesiana de idéias a seus propósitos pessoais, fazendo, das noções, objetos como existem na mente (*Solid Philosophy Asserted*, 1697). As noções de Sergeant eram conteúdos cognitivos, significados, conforme os denominou. O seu uso do termo é técnico; alguns dos usos em outros autores eram apenas modos de falar sobre pensamentos ou opiniões.

O aparecimento de "noção" no *Ensaio* de Locke cobre mais usos do que esses. Em um ou dois lugares, ele tenta oferecer uma definição do termo para um fim muito específico, mas há muitas passagens que empregam o termo "noção" de modo diferente. Por vezes, "idéia" e "noção" são usadas indistintamente (por exemplo, 1.1.3; 2.14.5; 2.22.11). Há outras referências a noções "vulgares" ou ordinárias (2.31.2, 12; 4.10.18). Também encontramos muitas referências a afirmações que Locke acreditava serem falsas ou piores: chama-lhes noções exóticas em 2.1.18 (a de que a alma sempre pensa); noções errôneas influenciadas pelo costume (2.11.2; 2.21.69); pessoas usando suas palavras para noções instáveis e confusas (2.33.9; 3.10.4); e as noções imperfeitas que as crianças têm (3.11.24). Locke menciona certo número de noções específicas. Observa que pessoas cegas não podem ter quaisquer noções de cor ou homens surdos de sons (2.2.2), e sua explicação da memória lembra-nos que, após alguns anos, "não existe mais noção nem memória de cores" (2.10.5). A substância é considerada uma noção importante (2.13.18); nos é dito o que é exigido para ter "noções verdadeiramente distintas das muitas espécies de substâncias" (2.23.7); refere-se a "essa noção de espírito imaterial" (2.23.31); fala das noções de gratidão e poligamia

(2.28.9), de nossas noções de matéria e pensamento (4.3.6), e até de uma noção de Deus (4.8.6). Quando discute as alegações a favor de princípios inatos que envolvem Deus (por exemplo, que Deus é para ser cultuado), ele emprega o termo "noção" mais freqüentemente do que o termo "idéia". Frases tais como "uma noção de Deus", "a noção de um legislador", "a noção de seu criador" ocorrem freqüentemente em 1.4.8-15. Quando trata da descrição de Herbert de Cherbury das noções, princípios ou verdades comuns, o termo "noção" volta a substituir "idéias" (1.3.15; cf. 1.3.16, 17).

Também há lugares em que Locke fala da origem e aquisição de noções. O inatista afirmava existirem no entendimento "certos *princípios inatos*, algumas noções primárias" (1.2.1). Locke, é claro, rejeitava essa afirmação, insistindo em que todas as idéias são adquiridas através de sensação ou reflexão. Algumas noções adquiridas (ele usa a expressão cartesiana "noções adventícias" em 1.2.25) podem influenciar os nossos julgamentos perceptivos (2.9.8). O breve resumo de sua descrição da aquisição de idéias fala das "fontes originais de nossas noções", parecendo sugerir que esses originais são idéias e que as noções são derivadas de idéias (2.12.8), uma sugestão que é explicitamente aplicada à sua análise de causação: "a noção de *causa* e *efeito* nasce das idéias recebidas de sensação ou reflexão" (2.26.2). O capítulo sobre fé e razão afirma que as "idéias simples são a fundação e o único material de todas as nossas noções e conhecimento" (4.18.3). O primeiro capítulo do Livro III sobre linguagem assinala o vínculo entre idéias e palavras, mas usa o termo "noção" em vez de "idéia":

> Podemos também ser mais ou menos orientados na direção das origens de todas as nossas noções e conhecimento, se notarmos como é grande a dependência que nossas palavras têm em comum com as idéias sensíveis; e como as que são usadas para significar ações e noções bem remotas dos sentidos *têm sua origem deles, e de óbvias* idéias *sensíveis são transferidas para significados mais abstrusos*, e formadas para significar *idéias* que não se encontram sob o conhecimento de nossos sentidos...(3.1.5)

Locke pergunta-se nessa mesma passagem "que espécie de noções eram, e de onde derivaram, as que preencheram as mentes dos iniciadores das linguagens".

A ligação em 3.1.5 entre ações e noções leva Locke muito perto da única definição de "noção" em todo o *Ensaio*. Ele contrasta o modo como os nossos conceitos de ação constituem os modelos para ações (as ações são os referentes desses conceitos) com o modo como nossas idéias de objetos naturais devem ser fiéis aos próprios objetos. As essências do que ele designa por "modos mistos" são, diz Locke, "denominadas por um nome mais particular, ou seja, *noções*; assim, por um direito peculiar, dizem respeito ao entendimento" (3.5.12). Ele repete essa observação numa de suas respostas ao Bispo de Worcester; "o termo 'noção' é mais especificamente apropriado para uma certa espécie desses objetos a que chamo modos mistos" (em *Works*, iv. 133). Não há, porém, um uso sistemático desse termo quando se fala de modos mistos ou ações humanas, de modo que se fica perplexo quanto à intenção dessas duas passagens.

Talvez a frase importante na passagem de 3.5.12 seja a observação de que as noções pertencem mais ao entendimento do que aos sentidos ou reflexão (cf. "noções inteligíveis", 4.12.12). Nesse caso, a intenção pode ser mostrar que as noções são termos gerais. As palavras de modo misto são palavras-tipos, designando ações tais como homicídio, gratidão, justiça. Há algumas passagens em que é assinalada a generalidade de noções. Por exemplo, o capítulo sobre termos gerais fala de "naturezas ou noções gerais" como sendo "*idéias* abstratas e parciais de outras mais complexas" (3.3.9), e 3.3.10 diz que os termos "gênero" e "diferença" "harmonizam-se perfeitamente com essas noções a que são aplicados". Diz-se que a maioria das controvérsias gravita em torno de "*proposições gerais* e noções em que a existência não está absolutamente envolvida" (4.4.8). Diz-se que a mente "armazena aquelas noções gerais" que auxiliam a memória (4.12.3).

Tivesse Locke dado mais atenção ao termo "noção"; tivesse encontrado um lugar para ela na área das idéias, poderia ter evitado algumas das críticas feitas contra ele. Na ausência de qualquer tratamento sistemático desse termo, o leitor fica surpreendido com a freqüência e a diversidade de seus usos no *Ensaio*. A história do termo avança até o século XVIII. O Bispo Berkeley é o seu mais conhecido usuário, um termo que ele considerou necessário a fim de explicar o fato de que temos pensamentos acerca das mentes. Ele não pôde dizer "idéias" de mentes, uma vez que restringiu as idéias às experiências sensoriais. Os detalhes de seu uso de noções só recentemente foram analisados. É evidente que, para Berkeley, as noções preenchem um papel não-sensório. Um outro irlandês, Peter Browne (*The Procedure, Extent, and Limits of Human Understanding*, 1728), também recorreu a esse termo. Um importante ataque às idéias de Locke, e a favor de noções, foi publicado em 1728, *Two Dissertations Concerning Sense and the Imagination* (atribuído, sem constatação, a um certo Zachary Mayne). Outro trabalho nessa tradição é *An Essay concerning Rational Notions*, 1733, por Charles Mayne.

nomes Para a ontologia de Locke e para o seu estudo de linguagem, nomes são uma importante classe de palavras. Em sua ontologia particularista, não existem coisas gerais, tudo é particular. Os únicos nomes particulares são aqueles nomes próprios de pessoas, países, rios, montanhas. Alguns animais (Locke menciona cavalos, em *Ensaio* 3.3.5) recebem nomes. A qualquer objeto poderia ser dado um nome próprio, mas os nomes próprios têm uso limitado. O uso de nomes é para a comunicação e o entendimento de idéias e pensamentos. Mesmo que isso fosse possível, ainda assim seria inútil "acumular nomes de coisas particulares"; isso não serviria para comunicarmos nossos pensamentos a outros (3.3.3). A comunicação ocorre quando "por uso ou acordo, o som que faço pelos órgãos da fala estimula, na mente de outro homem, que me ouve, a *idéia* que desejo expressar quando falo" (ibid.). Se emprego nomes cujo significado só eu conheço, a comunicação não ocorre. Pequenos grupos de pessoas poderiam concordar num determinado nome para algum objeto (por exemplo, o seu carro, o seu cavalo, o seu cão, até mesmo objetos numa casa), mas a particularidade dos nomes impediria um entendimento público, mais amplo.

A questão de como se formam as palavras gerais foi respondida por Locke ao ocupar-se da abstração. Na análise de nomes em 3.3., usa alguns exemplos genéticos, descrevendo a formação de idéias gerais desde a infância. Palavras como "babá" e "mamãe" são as primeiras palavras particulares, limitadas a indivíduos específicos. Mais tarde, ao descobrir semelhanças entre seu pai ou mãe e outros homens e mulheres, a criança forma a idéia de homens e mulheres (Locke cita unicamente homens), bem como as palavras para essa classe de indivíduos. O nome "animal" é formado por novas operações de abstração (3.3.8; cf.

3.3.9). Os nomes gerais assim adquiridos são usados para repartir as coisas em diferentes classes.

Locke distingue três diferentes espécies de referentes para nomes: idéias simples, relações e modos mistos, e substâncias naturais (3.4.1). Os nomes para as coisas da primeira e da terceira dessas espécies *significam* imediatamente idéias, mas *sugerem* "*certa existência real*, da qual derivou seu modelo original" (3.4.2). Aos nomes de modos mistos falta essa referência externa; eles "*terminam na* idéia que está na mente, e não levam o pensamento mais adiante" (ibid.). Na linguagem de essência de Locke, os nomes da primeira e segunda espécies significam tanto a essência real quanto a nominal, mas os nomes de substâncias naturais raramente, ou nunca, significam "qualquer coisa *a não ser as meras essências nominais* dessas espécies" (3.4.3). Os nomes de idéias simples são menos duvidosos e incertos do que os outros. No seu caso, "não ocorre uma multiplicidade de *idéias* simples que cumpre reunir, o que promove a ambigüidade nos nomes de modos mistos; nem uma suposta, mas desconhecida, essência real, com propriedades que dependem daquelas, cujo número preciso também é desconhecido, o que causa a dificuldade nos nomes de substâncias"(3.4.15; cf. §16).

Os nomes de modos mistos representam espécies ou classes, principalmente espécies ou classes de coisas. Locke retém a linguagem de essência ao falar sobre modos mistos, dizendo que esses nomes revelam a essência do que denominam (3.5.1). Mas essas essências são feitas pelo entendimento, "feitas *muito arbitrariamente, feitas sem modelos ou referências a qualquer existência real*" (3.5.3). Os nomes de modos mistos "reúnem" as idéias que foram escolhidas para designar uma espécie de ação (3.5.4; cf. §10). Os nomes usados em discursos morais podem perder parte de seu significado quando traduzidos para outras línguas (3.5.8). Os nomes de modos mistos são também úteis para indicar que espécies de ações são observadas numa determinada sociedade. Por exemplo, "matar um homem com uma espada, ou com um machado, não são consideradas duas espécies distintas de ação: mas se a ponta da espada penetra primeiro no corpo, passa para uma *espécie* distinta, quando tem um *nome* distinto, como na Inglaterra, em cuja língua é designada como *stabbing* [dar uma estocada]. Mas num outro país, onde não aconteceu ser especificada sob um nome particular, não se transfere para uma *espécie* distinta" (3.5.11). Os nomes de modos mistos — por exemplo, justiça ou gratidão — "conduzem nossos pensamentos para a mente, e não além disso"; nossos pensamentos "terminam nas *idéias* abstratas daquelas virtudes" (3.5.12). Esse fato acerca dos nomes de modos mistos leva Locke a dizer que a palavra "noção" é uma palavra mais adequada para esses nomes (*ver* NOÇÕES).

Os modos mistos e, por conseguinte, os seus nomes, reúnem freqüentemente uma variedade de idéias sem qualquer relação ou ligação particular entre elas, salvo constituírem e servirem como arquétipo para algumas ações. "Assim, o nome de *procissão*, grande mistura de *idéias* independentes de pessoas, hábitos, velas, ordens, movimentos, sons, está contida nessa idéia complexa que a mente do homem reuniu arbitrariamente para expressá-la por esse nome específico?" (3.5.13). Aprendemos freqüentemente os nomes de modos mistos antes de adquirirmos as idéias que constituem esse modo. No começo das línguas, essa ordem estava invertida. As crianças também aprendem nomes antes de adquirir e entender as idéias (3.5.15).

Com os nomes de substâncias naturais, as idéias de suas qualidades precedem usualmente os nomes que lhes são dados. A formação de idéias de substâncias não é arbitrária; essas idéias devem ser cuidadosamente recebidas dos objetos com que efetuamos observações e experimentos. Mas os nomes para substâncias, assim como para modos mistos, representam o que Locke chama "tipos" (*sorts*). Locke foi enfático em destacar que as espécies de substâncias que distinguimos não se referem a qualquer essência real, como dizem as antigas doutrinas. Nossa ordenação de coleções de qualidades coexistentes em classes está limitada a essas qualidades, daí que essas idéias revelam unicamente a ESSÊNCIA nominal (3.6.1. 2). Os nomes de substâncias naturais permitem-nos distinguir espécies de coisas (3.6.20). De fato, sem nomes gerais e as idéias que eles representam, não haveria estritamente espécies, classes de coisas para nós (3.6.29). Se dispuséssemos apenas do nome "relógio", as diferenças entre relógios silenciosos e relógios que fazem soar as horas não fariam para mim diferentes tipos de relógios. Para uma pessoa que tem nomes diferentes para relógios silenciosos e para os que soam as horas, esses relógios pertencem a espécies diferentes. As diferenças internas de mecanismo, entretanto, não estabelecem diferentes tipos de relógios, salvo se eu dispuser de nomes diferentes baseados no meu conhecimento desses mecanismos internos dos relógios (ibid.). Locke quer dizer o mesmo a respeito de substâncias naturais: tipos, classes ou espécies na natureza também são um resultado do trabalho do entendimento na cuidadosa coleta e denominação de qualidades coexistentes. O exemplo de Adão dando nome a novos objetos, dos quais não tinha qualquer vivência ou experiência anterior, ilustra essa doutrina (3.6.46). Era uma doutrina bastante radical nessa época, mas é coerente com a descrição geral de Locke dos limites do conhecimento humano.

O

Obras póstumas Numa carta para seu primo Peter King, datada de 4 e 25 de outubro de 1704 (Locke faleceu a 28 desse mesmo mês), Locke descreve alguns trabalhos seus sobre "vários assuntos que se propuseram aos meus pensamentos, os quais são pouco mais do que pontos de vista extemporâneos, registrados em súbitos e imperfeitos rascunhos que, embora destinados à futura revisão, tinham sido, seja pela intervenção de outras atividades, seja pela preferência dada a outras investigações, postos de lado e, por vezes, quase esquecidos" (*Corr.* 3648; viii. 412). Locke deixou a critério de King se qualquer desses trabalhos deveria ser publicado. Faz um breve comentário sobre cada um deles, explicando a ocasião em que os escreveu e em que estado se encontravam no momento. Dessa lista, constam: "Of The Conduct of the Understanding", "An Examination of P. Malebranche's Opinion of Seeing All Things in God", "A Discourse of Miracles" e algumas "Memórias" do primeiro Conde de Shaftesbury. Todos esses trabalhos foram impressos nas *Obras póstumas* (1706), com duas páginas de um prefácio, "Advertência ao Leitor", que contém frases e períodos extraídos da carta de Locke, assim confirmando que King era a pessoa responsável pela compilação dessas obras, embora seu nome não apareça em parte alguma como editor. Incluídos também no volume estão dois trabalhos não mencionados por Locke: "Part of a Fourth Letter for Toleration" e "New Method of a Common-Place-Book".

P

pacto ou contrato (*compact* ou *contract*) "Que os homens devem respeitar seus contratos é certamente uma grande e inegável Regra de Moralidade" (*Ensaio*, 1.3.5). Já nos *Ensaios*, cumprir promessas é tido como uma obrigação derivada da natureza, da lei da natureza (p.119). Sem essa obrigação natural, "não é de se esperar que um homem mantenha sua palavra porque assim prometeu fazer" (ibid.). Nesse ensaio, Locke identifica dois "fatores em que a sociedade humana parece estar alicerçada, isto é, primeiro, uma constituição definitiva do Estado e forma de governo; e, segundo, o cumprimento de pactos". Ele também escreve a respeito de "o fiel cumprimento de contratos". A palavra "pacto" tende a ser usada mais freqüentemente do que "contrato", mas há passagens em que ambos os termos ocorrem. Peter Laslett sugeriu que "pacto", no uso de Locke, é mais informal, tendo o sentido de um acordo entre pessoas (uma promessa), ao passo que "contrato" pode ter um significado mais formal e jurídico (ver a sua edição de *Dois tratados*, p.112). Em outra obra, Locke refere-se a um pacto que "celebramos com Deus ou com os nossos semelhantes" (*Two Tracts*, p.225). Os *Ensaios* distinguem contratos *tácitos*, "induzidos pelos interesses e conveniências comuns dos homens, como o livre trânsito de emissários ou enviados plenipotenciários, o livre comércio e outras coisas desse gênero", de "um contrato expressamente declarado, como as linhas fixas de fronteira entre povos vizinhos, a proibição de compra e importação de determinados artigos, e muitas outras coisas tais" (p.161-3). Esses exemplos de contratos tácitos ou expressos não são derivados da lei da natureza: são exemplos de consentimento *positivo*, não *natural*. Estará aí uma sugestão de que "pacto" combinasse com "natural", ao passo que "contrato" está vinculado à lei positiva?

Alguns outros exemplos específicos podem ser encontrados em *Dois tratados*. Ele refere-se a países como a Inglaterra, onde a terra é de propriedade comum por pacto; por conseguinte, "ninguém pode fechar qualquer parte da terra ou dela apropriar-se sem o consentimento de todos os membros da comunidade" (*T2*, §35). Onde a terra é escassa, "as diversas *comunidades* fixaram os limites dos respectivos territórios e, por meio de leis dentro deles, regularam as propriedades das pessoas privadas de sua sociedade e, desse modo, *mediante pacto* e acordo, *estabeleceram a propriedade* que o trabalho e a indústria começaram (*T2*, §45; cf. §28). Ele também menciona o contrato temporário entre senhor e servo; o servo vende uma parcela do seu tempo e serviço (*T2*, §85). Em sua análise da propriedade, Locke mostrou como na sociedade pré-política, onde tudo é comum, a propriedade privada podia ser adquirida sem qualquer "pacto expresso" (§25). Quando o homem passou a atribuir valor ao ouro e à prata, ele encontrou um modo de ter possessões desiguais e desproporcionais mediante um "consentimento tácito e voluntário", mas não por um pacto (§50; *ver* PROPRIEDADE).

Também há exemplos do que não pode ser feito por pacto. Um homem "não está em condições, por pacto ou por consentimento próprio, *de escravizar-se* a qualquer outro, nem pôr-se sob o poder absoluto e arbitrário de outrem, para privá-lo de vida a seu bel-prazer" (§23). O pacto de um pai com um governo não pode obrigar seus filhos (§73). Esse mesmo ponto é enunciado mais vigorosamente capítulos adiante, em *Dois tratados*: "Não há dúvida que, seja qual for o compromisso que alguém assumiu ou a promessa que fez, obriga a quem o formulou, mas *não pode* por qualquer pacto, seja ele qual for, obrigar ao mesmo tempo os *filhos* ou a posteridade" (§116; cf. §118). No primeiro dos *Dois tratados*, o ataque de Locke contra Filmer incluiu a rejeição da noção de que "um homem pode alienar seu poder sobre os filhos, e o que pode ser transferido por pacto pode ser possuído por herança" (*T*1, §100). O poder de um pai sobre seus filhos pode perder-se por negligência ou indiferença (ele cita o exemplo de venda de crianças); não pode ser transferido por pacto.

Um outro exemplo que recebe mais atenção é o pacto ou contrato de casamento. O primeiro dos *Dois tratados* distinguiu o pátrio poder através da procriação do poder de um marido baseado em contrato (*T*1, §78). Na mesma passagem, fala de "contrato conjugal". No segundo tratado, Locke explica que "*a sociedade conjugal* forma-se mediante pacto voluntário entre homem e mulher" (§78). O resto dessa seção completa alguns dos detalhes desse pacto. Embora consista "principalmente na comunhão e direito ao corpo um do outro, como é necessário para o seu mais importante objetivo — a procriação —, esse pacto, entretanto, acarreta igualmente o mútuo apoio, assistência e uma comunhão de interesses". Os cuidados com os filhos e sua educação também fazem parte dos compromissos assumidos sob a égide do contrato conjugal. As seções seguintes detalham a sociedade conjugal formada por tal pacto. Esse pacto não tem necessariamente que ser por toda a vida, a menos que alguma lei positiva "ordena que tais contratos sejam perpétuos" (*T*1, §81). A mulher tem, por contrato, alguns direitos específicos, incluindo a "liberdade de *separar-se*" do marido (*T*2, §82). Locke acrescenta, porém, "desde que o permita o direito natural ou o contrato entre eles", subentendendo-se que a liberdade de separação podia ser estipulada no contrato. A referência ao direito natural com possível exclusão de tal liberdade não é clara. Mais detalhes são fornecidos em §83 (*ver* MULHERES).

É a formação da sociedade política ou civil que usualmente acode à mente quando é mencionado o termo "contrato". Os homens fazem várias promessas e pactos com outros no estado de natureza, assim como dentro da sociedade civil. Um pacto pelo qual os homens concordam, "mutuamente e em conjunto, em formar uma comunidade e fundar um corpo político", transfere-os do estado de natureza para a sociedade civil (*T*2, §14). Tal pacto é descrito como o pacto "original" por meio do qual cada homem incorpora-se com outros "em *uma sociedade*", com obrigações para "todos e cada um nessa sociedade" (§97). Esse pacto ou acordo traz consigo o entendimento de que cada membro renuncia aos poderes que tinha no estado de natureza, cedendo agora esse poder à maioria (§99). É esse pacto que "dá, ou poderia dar, *início* a qualquer *governo legítimo* no mundo"(§§97, 171). Subseqüente ao início da sociedade civil, uma pessoa que viva nesse país está sujeita aos seus benefícios e proteção, mas tal pessoa não é membro dessa comunidade. A filiação só se verifica "por envolvimento positivo e promessa e pacto expressos" (§172).

O conceito de um contrato social é encontrado em autores antes de Locke, remontando até aos antigos gregos (ver o verbete "Social Contract", em Wiener, *Dictionary of the History of Ideas*, vol.IV, 1968). Hobbes, pouco antes de Locke, e Rousseau, no século XVIII, são as duas figuras mais freqüentemente citadas nessa tradição da teoria do contrato social (Hobbes, *Leviatã*, 1651; Rousseau, *Do contrato social*, 1762).

paixões Locke não tem muito a dizer a respeito das paixões. Ele reconhece que crianças e adultos têm paixões e emoções, que agimos freqüentemente sob a influência desta ou daquela paixão. Mesmo as operações da mente acerca de suas idéias são, por vezes, acompanhadas de paixões (*Ensaio*, 2.1.4). Várias paixões estão ligadas ao prazer e à dor ou ao bem e ao mal. Inquietação e desejo são dois outros estados mentais intimamente relacionados com a breve descrição de Locke das paixões. Por vezes, suas descrições de paixões são pitorescas: por exemplo, uma tempestuosa paixão "apressa os nossos pensamentos, como um furacão abala os nossos corpos" (2.21.12). Em outra passagem, refere-se ao poder de uma irrefreável paixão (2.33.4). Restringir e moderar nossas paixões liberta o entendimento e habilita-o a examinar problemas e formar juízos sem predisposições (2.21.52). As paixões podem levar-nos a interpretar mal o significado do que alguém nos diz (4.16.11). Locke apresenta uma breve lista de paixões em sua análise do poder (aversão, medo, ira, inveja, vergonha), assinalando que podem influenciar a vontade (2.21.39). Dá uma outra lista no capítulo sobre prazer e dor: alegria, mágoa, esperança, medo, desespero, ira, inveja (2.20.7-13). Nesse capítulo, ele também fornece algumas definições sucintas de cada uma dessas paixões. Usualmente, paixões como essas não são encontradas sem desejo e inquietação.

Em seus escritos sobre criação e educação dos filhos, Locke aconselha os pais e preceptores sobre o modo de lidar com as paixões das crianças. Devemos lembrar-nos, diz ele, de que a criança, quando crescer, terá as mesmas paixões e desejos que nós temos (*AP*, §41). As crianças têm uma variedade de traços de caráter com que o preceptor e os pais devem aprender a trabalhar; alguns, mas não todos esses traços, podem ser suprimidos; outros precisam ser controlados e usados, especialmente o que Locke chama de "paixões predominantes" (§102). De modo geral, as paixões em crianças devem ser subjugadas, e não encorajadas, certamente (§112). Algumas paixões podem ser úteis: o medo pode estimular e acelerar a atividade da criança. O medo é definido como "uma inquietação sob a apreensão daquilo que está nos atingindo e que nos desagrada" (§115). Mas Locke recomenda cautela no uso do medo, especialmente na correção por castigo. Não se deve exigir da criança que abandone a paixão (§81); e, se o castigo corporal for necessário, devemos permitir que nossa paixão arrefeça antes de castigar a criança (§83). Os espancamentos podem converter-se numa tirania apaixonada se não formos cuidadosos (§112). O preceptor também é instado a não mostrar emoções ou paixões em seu trato com a criança (§84).

Uma "paixão predominante" em adultos pode submeter de tal modo "os nossos pensamentos ao objeto e à preocupação com este, que um homem apaixonadamente enamorado é incapaz de pensar em seus negócios correntes, ou uma bondosa mãe, abatida pela perda de um filho, é incapaz de suportar a participação a que estava tão acostumada na conversação com seus amigos" (*Conduta*, §45).

A atenção dada às paixões por Locke foi relativamente secundária, embora o que ele diz sobre prazer, dor e inquietação esteja intimamente relacionado. Pode ter tido a intenção de falar mais a respeito das paixões. O capítulo no *Ensaio* sobre prazer e dor termina com o comentário: "Eu estaria sendo aqui motivo de equívocos, se o que eu disse fosse interpretado como um Discurso sobre as *Paixões*"(2.20.18). Locke sublinha que existem muito mais paixões do que as por ele mencionadas, e as que mencionou mereceriam uma análise mais extensa e "um discurso mais acurado". Há uma anotação relativamente extensa no seu diário em 16 de julho de 1676 sobre prazer e dor, paixões e emoções (impressa em *Ensaios*, p.263-72). Houve tratados sobre as paixões antes e depois de Locke: Edward Reynolds, *A Discourse of the Passions* (1650); Descartes, *As paixões da alma* (1649); Francis Hutcheson, *An Essay on the Nature and Conduct of the Passions and Affections* (1728); o Livro II do *Tratado* de Hume (1740). Duas enciclopédias muito conhecidas do século XVIII também contêm extensos verbetes sobre as paixões: Chambers, *Cyclopaedia, or, An Universal Dictionary of Arts and Sciences* (1728), e Diderot e d'Alembert, *Encyclopédie, ou Dictionnaire raisonné des sciences, des arts et des métiers* (1750).

Paráfrases Durante os últimos anos de sua vida, Locke dedicou-se a escrever paráfrases das Epístolas de São Paulo. Escreveu sobre Gálatas, Coríntios I e II, Romanos e Efésios, que foram publicadas depois de sua morte. A paráfrase sobre Gálatas apareceu em 1705, com subseqüentes edições em 1706, 1708 e 1718. O comentário sobre Coríntios I foi publicado em 1706, uma segunda edição em 1708. Sobre Coríntios II, a publicação teve lugar em 1706, Romanos e Efésios em 1707. Um importante ensaio sobre como ler as Epístolas foi publicado separadamente em 1707. No mesmo ano, todas as paráfrases e esse ensaio foram compilados num só volume. Houve mais algumas edições da coletânea ao longo do século XVIII, e também uma tradução holandesa de Romanos em 1768 e uma tradução alemã da coletânea no mesmo ano. Temos agora uma edição moderna com uma longa introdução e notas por Arthur W. Wainright (2 vols., Clarendon Press, 1987).

Escrever paráfrases era uma atividade popular nos dois séculos em que Locke viveu. Algumas das paráfrases que se seguiram às de Locke mencionam as dele ou as adotaram como fonte. O seu interesse em São Paulo (um interesse que era compartilhado com Newton) fazia parte de um antigo e profundo envolvimento com os estudos bíblicos. Seu discernente ensaio sobre como ler e entender um antigo texto, como as cartas paulinas, revela seus sensíveis esforços para apresentar o significado do que São Paulo disse numa linguagem que pudesse ser entendida pelos leitores de Locke. Suas notas ao texto e sobre doutrinas específicas elucidam passagens difíceis.

pecado A palavra latina *peccata* (pecados) significa "em geral ações malévolas que provocarão o castigo em quem as cometeu" (*Ensaio*, 1.3.19). Locke estava comentando o suposto inatismo da proposição "*Os homens devem arrepender-se de seus pecados*". Observa que, enquanto não soubermos quantos pecados existem, e no que consiste cada um deles, essa suposta regra inata não será de muito proveito. Entretanto, aceita essa regra: "Com efeito, é uma proposição muito verdadeira e apropriada para ser incutida e recebida por aqueles que, supõe-se, aprenderam que ações de todas as espécies são *pecados*" (ibid.).

Dá uma lista de ações proscritas pela devoção a Deus: "Não matar outro homem; Não conhecer mais de uma mulher; Não provocar o aborto; Não enjeitar seus filhos; Não tomar de outrem o que é dele." Locke refere-se a essas ações como pecados, não apenas como conduta imoral ou condenável. A *Carta acerca da tolerância* descreve a idolatria como um pecado. Seu interesse nessas ações está ligado à tese de que o magistrado civil não tem jurisdição sobre esse pecado; ele não tem por que punir aqueles que praticam a idolatria (em *Works*, vi. 36-7). Também enumera três outros pecados: cobiça, crueldade e ociosidade. Nem mesmo os pecados da mentira e do perjúrio são puníveis pela lei civil. O primeiro do *Dois tratados* diz: "Será sempre um pecado em qualquer homem de posses deixar que seu irmão pereça por faltar-lhe o amparo do que ele tem em abundância" (*T*1, §42).

Alguns pensamentos cita a cobiça, a par do orgulho, como resultante de "aquelas inclinações erradas que devem ser refreadas e reprimidas" [nos filhos] (§52). Também são discutidos os desejos insaciáveis das crianças, embora não caracterize isso como pecado (§§38-9; 106-7). De modo geral, os desejos infantis devem ser suprimidos; o educador e os pais devem ajudar a criança a aprender o autodomínio. É afirmado que a mentira degrada "um homem, rebaixando-o ao nível da mais desprezível vileza e execrável velhacaria, jogando-o na parte mais mesquinha da espécie humana" (*AP*, §131). A primeira vez que se descobrir uma criança mentindo, isso deve ser-lhe descrito como "uma coisa monstruosa" (ibid.; cf. §37). Há muitos outros traços negativos a serem evitados em crianças, muitos defeitos condenáveis, mas não fica claro se Locke os considera pecados.

A questão mais interessante é esta: "Tinha Locke uma opinião formada a respeito do pecado original, da Queda de Adão?" Em *Racionalidade do cristianismo*, ele identificou duas interpretações extremas da Queda, ambas por ele rejeitadas. Num extremo, ponto de vista de Calvino, "toda a posteridade de Adão teria sido condenada à punição eterna, infinita, pela desobediência de Adão, de quem milhões nunca ouviram falar e ninguém autorizara a transacionar por ele ou por seu representante" (em *Works*, vii. 4). A outra interpretação extrema, sustentada pelo deístas, afirma que o castigo eterno para toda a posteridade de Adão era incompatível com a "justiça e bondade do grande e infinito Deus", e que "não havia necessidade de redenção e, por conseguinte, ela não existia". A interpretação de Locke do pecado de Adão é que o que Adão perdeu foi a vida eterna. O estado de paraíso era um estado de imortalidade. Quando o Gênesis 2:17 diz "No dia em que dela comeres, certamente morrerás", Locke sublinha que Adão não morreu realmente nesse dia. Desde esse momento até sua morte real, a vida de Adão começou "a encurtar, a definhar e a ter um fim" (ibid., p.5). Foi introduzida então a morte: a imortalidade foi substituída pela mortalidade. Locke concorda com os que disseram que a morte na sentença de Adão não significava uma vida eterna de infortúnio. Semelhante punição, diz ele, é incoerente com um Deus justo. Também rejeitou a noção de que o pecado de Adão corrompeu "a natureza humana em sua posteridade" (p.7). Em nenhum ponto do Novo Testamento "nos é dito que a corrupção se apoderou de todos, por causa da transgressão de Adão". O mais importante de tudo, para Locke, é ler a Bíblia como dizendo "que o pecado de cada um tem que ser unicamente expiado por quem o cometeu".

Em sua *Paraphrase and Notes upon the Epistles of St. Paul*, é desenvolvida em detalhe essa leitura da Queda de Adão. Por exemplo, São Paulo diz que o pecado entrou no mundo pela ação de um homem, "e a morte pelo pecado; e assim a morte atinge todos os homens, pois que todos pecaram" (*Paraphrases*, p.523). São Paulo também diz que a morte reinou "até mesmo sobre aqueles que não tinham pecado à semelhança do delito de Adão" (ibid.). Entende Locke que São Paulo disse que a posteridade de Adão tornou-se mortal, adicionando uma extensa nota sobre uma passagem anterior em que afirma que sua interpretação de que "todos pecaram", como "tornaram-se mortais", é coerente com o que Paulo diz em I Cor. 15:22, onde se lê "como em Adão todos morrem", na acepção de "tornam-se mortais" (p.247). Em seu comentário sobre essa proposição, Locke escreve: "Pois deve-se a Adão a morte que todos os homens sofrem" (p.250). Numa outra passagem, Locke afirma que "a humanidade, sem a lei positiva de Deus, soube pela luz da natureza que transgrediu a regra de sua natureza, a Razão, a qual detalhou para os homens o que deviam fazer", refletindo a sua confiança geral na razão como guia das nossa ações (p.524). Numa nota à p.533, Locke fornece uma lista de frases sobre o pecado, as quais significam "renunciarmos à conduta de nossos pecaminosos apetites carnais, não permitindo que nenhum deles nos domine". A nota sobre "apetites carnais" fala de "desejos pecaminosos, pelo menos aqueles a que os pagãos estão mais notoriamente escravizados" (p.534, nº13). Ainda sobre desejos carnais, Locke menciona "a lei ou razão correta" e fala da "inclinação natural do homem que o impele para a satisfação de seus irregulares desejos pecaminosos" (p.545, nº18). Quando Paulo diz "liberta-me deste corpo de morte", Locke interpreta a frase como significando: "O estado que ele estivera descrevendo era o da fraqueza humana, no qual, não obstante a lei, mesmo aqueles que a aceitavam e sinceramente se esforçavam por obedecer-lhe eram freqüentemente dominados por seus apetites carnais e levados a infringi-las" (p.546, nº24).

Há muita discussão adicional sobre pecado nessas *Paráfrases*, mas o comentário de Locke adota sempre a mesma forma. Alguns estudos recentes desse aspecto do seu pensamento concentraram a atenção em sua posição sobre a doutrina do pecado original. Ver W.M. Spellman, *John Locke and the Problem of Depravity* (1988), especialmente o capítulo 1, e a introdução de Wainwright à sua edição das *Paraphrases*, p.35-7.

pensamentos Eis um termo que pode parecer inocente e sem necessidade de definição ou explicação; mas, quando seu uso no *Ensaio* é examinado, resulta ser um outro termo no desenvolvimento da linguagem da mente. Faz companhia a outros termos mentais, como "noção", "concepção", "idéias" e "impressão". Em muitas passagens, "pensamentos" é uma alternativa para "idéias"; em outras, é empregado com palavras e estudos de comunicação; ainda em outras passagens, é dito que a mente age sobre seus pensamentos ou de acordo com estes.

A "carta ao leitor" fala de se pôr os próprios "*pensamentos a funcionar, para encontrar e seguir a Verdade*", ou de "*soltar seus próprios pensamentos e segui-los escrevendo*" (*Ensaio*, p.6), de usar "*seus próprios pensamentos em leitura*" (p.7). Locke relata que, enquanto conversava com seus amigos, "*surgiu em meus pensamentos que seguíamos um caminho errado*". Confessa que não escreveu o seu *Ensaio* para "*a informação de homens de grandes pensamentos e fina perspicácia*", e explica modestamente que o que o leitor encontrará nessa obra é o que foi "*desfiado de meus próprios e rudes pensamentos*" (p.8). Ao explicar uma mudança na terminologia introduzida na quarta edição, substituindo idéias "claras e distintas" por "determinadas e definidas", ele diz que estas últimas são "*mais suscetíveis de dirigir os pensamentos dos homens para o significado do que escrevo*" (p.13).

Passagens do Livro I falam de dirigir nossos pensamentos, pondo-os em atividade (1.1.6), e adverte sobre as dificuldades de deixar nossos pensamentos soltos "no vasto oceano do *Ser*" (1.1.7; cf. 2.15.9). Ele também fala de acompanhar e aplicar nossos pensamentos, do labor de nossos pensamentos e dos princípios em que nossos pensamentos assentam (1.2.1, 8, 10; 1.3.24). Refere-se ao emprego de pensamentos "a fim de investigar a constituição e as causas de coisas" (1.4.11), a pensamentos que se ampliam à medida que nos familiarizamos com coisas mais sensíveis (1.4.13). Muitas passagens do Livro II falam de colocar os pensamentos a serviço das operações mentais, de examinarmos nossos pensamentos quando buscamos o entendimento, da memória dos pensamentos e, simplesmente, de ter pensamentos (2.1.5, 7, 15, 17; cf: 2.21.30). Também rejeita os pensamentos inconscientes (1.2.10). Outros enunciados sustentam que nossos pensamentos se estendem para além da mais alta expansão da matéria (2.7.10), que abstraímos pensamentos (2.13.27; cf. 2.15.8), que fixamos nossos pensamentos em algum objeto e refletimos sobre o número e sucessão de pensamentos (2.14.4, 5). Por vezes, escreve sobre a progressão de pensamentos, ponderando que nossos pensamentos "nunca podem chegar a máxima *divisibilidade*" da matéria (2.17.12).

Tais expressões são encontradas do começo ao fim dos outros livros do *Ensaio*. Também há lugares onde pensamentos e idéias (ocasionalmente, noções) estão ligados. Por exemplo, o Livro IV termina com a afirmação de que "a cena de *Idéias* que faz os pensamentos de um homem não pode revelar-se à vista imediata de um outro" (4.21.4). Ao discutir a realidade do conhecimento, insiste conosco para que não confinemos "*nossos pensamentos* e *idéias* abstratas a nomes" (4.4.13). Idéias de substâncias "não devem consistir em *Idéias* reunidas ao bel-prazer de nossos pensamentos, sem qualquer modelo real de onde tenham sido tomados" (4.4.12). Esse mesmo livro começa com a afirmação de que "nosso conhecimento versa apenas sobre nossas idéias... uma vez que a mente, em todos os seus pensamentos e raciocínios, não tem outro objeto imediato" (4.1.1). Se quiser "pensar bem, não é bastante que um homem tenha *idéias* claras e distintas em seus pensamentos... ele deve pensar em seqüência e observar a dependência recíproca de seus pensamentos e raciocínios" (3.7.2). A confusão de idéias pode resultar em desordem nos "pensamentos e discursos dos homens" (2.29.12). Ao ocupar-se das relações, Locke dá-nos um exemplo: "Quando um homem diz que o mel é mais doce do que a cera, é evidente que seus pensamentos nessa relação terminam nesta *idéia* simples: doçura" (2.28.18). Contrastando idéias de modos mistos com as de substâncias, ele sugere o uso do termo "noção" a fim de indicar que essas idéias "tinham o seu original e constante existência mais nos pensamentos de homens do que na realidade das coisas" (2.22.2). No capítulo sobre duração, escreve a respeito de refletirmos sobre a seqüência de idéias que se apresentam "constantemente em nossos pensamentos despertos" (2.14.27).

Palavras, especialmente nomes, também estão associadas em seu texto a pensamentos. Alguns gostos e cheiros complexos não têm nomes e, por conseguinte, "são menos notados e não podem ser registrados por escrito; e devem, portanto, ser deixados sem enumeração, para os pensamentos e experiências do meu leitor" (2.18.5). Dar nomes a idéias complexas "é um método muito breve e expedito de transmitir seus pensamentos de uns para outros" (2.18.7). Em outros lugares, refere-se à "comunicação de pensamentos" por meio de "sinais sensíveis externos, através dos quais essas *idéias* invisíveis, que constituem seus pensamentos", são conhecidas dos outros (3.2.1). Essa mesma seção diz que as palavras são usadas pelos homens como sinais de suas idéias (seu modo usual de falar), mas a seção imediatamente seguinte diz que as palavras são usadas para registrar pensamentos. A seção 4 retorna às palavras como significando idéias, mas acrescenta-se que os homens, "em seus pensamentos, dão uma referência secreta às idéias na mente de outros homens" e a coisas (3.2.4). Também se diz que as palavras "expressam aqueles pensamentos e imaginações" que os homens comunicam entre si (3.2.6). Os nomes de modos mistos "*conduzem os nossos pensamentos para a mente*" (3.5.12).

A mais freqüente locução envolvendo idéias consiste em localizá-las *na* mente, mas numerosas passagens colocam os pensamentos na mente. Por exemplo: "qualquer pensamento decorrente da nossa mente" (2.7.2), "a mente revela grande poder para variar e multiplicar os objetos de seus pensamentos" (2.12.2), embora a seção seguinte use a expressão mais geral "pensamentos do homem" (cf. 2.21.12: "Pensamentos de nossas mentes" ou o poder que a mente tem sobre seus pensamentos). Algumas passagens citam pensamentos específicos: de infinidade (2.17.1), de espaço (2.15.4), de extensão (2.15.2), de duração (2.14.24-8), de loucos (2.11.13), de crianças (1.4.3).

Essas amostras do uso por Locke do termo "pensamentos" indicam a necessidade que sentimos de uma outra palavra para descrever e falar a respeito da mente, seu conteúdo e operações. A terminologia das idéias que impressionou seus contemporâneos como algo novo e radical era apenas parte da linguagem da mente empregada no *Ensaio* (*ver também* CONCEPÇÃO; NOÇÕES).

percepção Locke diz que a melhor maneira de entender o que é percepção é refletir sobre o que fazemos quando vemos, ouvimos, sentimos ou pensamos (*Ensaio*, 2.9.2). Refletimos sobre "o que se passa em nossas mentes", uma das expressões que Locke emprega para referir-se a atos de percepção, de aquisição de conhecimento sobre alguma sensação ou pensamento. Ele também identifica a percepção como a primeira faculdade da mente "exercida" a respeito de nossas idéias (2.9.1). A percepção é, diz ele, o que por vezes se designa como "pensamento"; é uma operação *ativa* da mente, um ato voluntário de prestar atenção (cf. 2.6.2, onde é descrita como o poder do pensamento). Há um nível de percepção, a percepção "vazia", em que "a mente é geralmente passiva, não podendo evitar perceber o que realmente percebe" (2.9.1). Essa restrição, "geralmente", refere-se ao fato de que os estímulos sobre os órgãos sensoriais devem *atingir* a mente, *devem ser notados* e registrados no interior da mente (2.9.3). A sensação de calor ou a idéia de dor devem ser produzidas na mente, mas essa produção não pode ocorrer se não lhe prestarmos atenção. Em que consiste precisamente "prestar atenção" pode não ser muito claro; pelo menos, algo mais do que causação física deve ocorrer para que possamos nos dar conta ou perceber a sensação de calor ou de dor. A percepção, portanto, distingue-se claramente da fisiologia.

Locke lembra algumas experiências que ilustram o papel da atenção na percepção. Por exemplo, estamos nos concentrando em algum objeto ou pensamento e não nos apercebemos de que uma campainha está tocando perto de nós; o som não capta a nossa atenção, a mente "não registra as impressões causadas por corpos sonantes no órgão da audição" (2.9.4). O impulso físico deve chegar à "observação da mente". Na ausência de atenção ao que se passa na mente, nenhuma idéia será "impressa" na mente, nenhuma sensação ocorrerá. As idéias estão "presentes no" entendimento (é freqüente Locke trocar "mente" por "entendimento") quando ocorre a percepção (cf. 2.19.3).

Locke dedica depois três seções às percepções de crianças nos primeiros anos de vida ou mesmo no estado pré-natal (2.9.5-7). Nos adultos, as idéias que recebemos por sensação são, por vezes, alteradas por juízo, mesmo sem que nos demos conta da alteração (2.9.8; cf. 2.9.9). O problema de Molyneux está inserido nessa seção, a questão de saber se um homem que nasceu cego, mas que adquiriu recentemente a visão, poderia identificar pela vista formas que esteve até então identificando pelo tato. A razão para que esse problema apareça nessa seção parece que se deve ao fato de que Locke está sublinhando o papel da experiência na aquisição de idéias. Os inatistas, diz ele, afirmam que algumas idéias não têm causa externa e que nossa percepção dessas idéias não requer quaisquer estímulos causais de natureza física (*ver* PROBLEMA DE MOLYNEUX). É a faculdade de percepção que distingue os animais de "*as partes inferiores da Natureza*"; por exemplo, as plantas. O movimento de algumas plantas (talvez ele queira dizer na direção da luz ou por causa de uma gota de água) é inteiramente causado por mecanismos físicos no interior da planta (2.9.11). Animais de todas as espécies possuem algum grau de percepção (2.9.12). Mesmo as ostras ou uma amêijoa têm alguns pequenos graus de percepção: não têm "tantos nem tão rápidos sentidos" quanto nós ou os animais superiores na escala dos seres (2.9.13). As pessoas idosas registram uma perda de graus de percepção, até em alguns casos virtualmente nenhuma percepção (2.9.14). Poderia ser dito que os graus de percepção são paralelos aos graus de ser.

Num capítulo ulterior do *Ensaio*, Locke distingue três tipos de percepção, usando o termo "entendimento" em vez de "mente": (1) percepção de idéias em nossas mentes; (2) percepção da significação de sinais; e (3) percepção da "conexão ou rejeição" entre idéias. Somente o segundo e o terceiro são propriamente atribuídos ao entendimento. O terceiro tipo de percepção é aquele que produz conhecimento, uma vez que o conhecimento é definido por Locke como a percepção das relações de idéias (4.1.2; 4.3.1-3; 4.4.1; 4.7.2). Esse uso do termo "percepção" é também encontrado em muitas passagens de *Conduta* (por exemplo, §§6, 9, 13 e 31).

pessoa Este termo, conclui Locke em sua discussão de identidade e diversidade, "é um termo forense reservado para as ações e seus méritos; e, assim sendo, pertence unicamente a agentes inteligentes, capazes de elaborar uma lei, e de felicidade e infortúnio" (*Ensaio*, 2.27.26). Qualquer ser racional, inteligente, que está cônscio do valor da felicidade e dos danos causados pelo infortúnio "deve admitir a existência de algo que é *seu próprio eu*, que o preocupa e a quem deseja manter feliz" (2.27.25). Tem consciência de que qualquer ser inteligente possui "esse algo que é *seu próprio ser*", o que também faz esse ser estar cônscio de que o eu "tem existido numa duração contínua por mais de um instante" e pode continuar existindo no futuro. É também essa consciência complexa que habilita esse ser a concluir que "seu próprio eu é o *mesmo* eu que realizou tal ou tal ação alguns anos antes, em conseqüência da qual passou a ser feliz ou infeliz agora" (ibid.).

Os vários termos usados nessas caracterizações do termo "pessoa" revelam o domínio de uma pessoa: é um domínio racional, legítimo, em que os agentes são motivados por uma preocupação com a felicidade e a virtude. Ser uma pessoa é um estado ativo em que as ações são apropriadas e reconhecidas como ações pelas quais o agente é responsável. Estamos sendo claramente dirigidos por Locke para o domínio moral, senão a longo prazo para o escatológico. A curiosa expressão, "ser inteligente", é usada porque Locke está identificando pelo termo "pessoa" um aspecto do homem. Antes, nesse mesmo capítulo, ele distinguiu homem de pessoa. O homem é um organismo biológico; cada indivíduo humano é caracterizado por uma "participação da mesma vida contínua, por partículas de matéria constantemente fugazes, em sucessão vitalmente unida ao mesmo corpo organizado" (2.27.6). Começamos a vida como homens (ou, para não dar preferência a um gênero, como humanos); podemos nos tornar pessoas. É claro que a pessoa não é diferente do homem ou ser humano: o *homem moral* é a bem-sucedida combinação de homem e pessoa, mas minha personalidade distingue-se, em aspectos muito importantes, da minha masculinidade. Eis outra definição do termo "pessoa": "Ser pensante inteligente, dotado de razão e reflexão, que pode considerar-se um eu, ou seja, o mesmo ser pensante em diferentes tempos e lugares, que age apenas de acordo com sua consciência, a qual, na medida em que é inseparável do pensamento, me parece essencial para ele" (2.27.9).

Locke acreditava que os seres humanos precisam trabalhar para manter-se acima dos animais na cadeia de ser, uma atividade que requer de nós que nos tornemos pessoas moralmente responsáveis, vivendo de acordo com a lei da natureza, com a lei de Deus. A nossa humanidade é definida desse modo, uma humanidade que é preservada na família e na virtude cívica, virtude que os pais devem cultivar em seus filhos e que os funcionários do governo devem respeitar e proteger. Para Locke, o processo de educação pode ser visto como um desenvolvimento do homem para pessoa, do ser humano para o agente inteligente, racional e moral. Poder-se-ia dizer que *Dois tratados* foi escrito com pessoas, não homens, em mente, embora esse modo de falar seja artificial demais e pressuponha mais continuidade conceptual desde o *Ensaio* e *Alguns pensamentos* até *Dois tratados* do que pode efetivamente existir. Mas o primeiro e o segundo dos *Dois tratados* fazem freqüente uso do termo "pessoa", e muitos desses usos adotam uma distinção homem-pessoa. Por exemplo, "as Pessoas de Homens" (*T*1, §41); "a Pessoa como um Pai privado" (ibid., §66); "a Pessoa de um Homem" (*T*2, §182). Outras passagens falam de um homem dispor de sua pessoa ou posses (*T*2, §6), de unirmos a nossa pessoa a uma comunidade (§120) e de todo o homem ter um direito à "liberdade de sua Pessoa" (§190), das pessoas dos homens serem livres por direito natural (§194), ou da propriedade que os homens têm em suas pessoas (§173).

A noção de ser dono da minha pessoa, de minha personalidade ser parte de minha propriedade, pode soar estranha aos nossos ouvidos, mas capta uma característica central do conceito lockiano de pessoa: é algo que temos de adquirir. A aquisição de ações de que se fala em uma de suas definições é o processo de acumulação de ações que aceito como minhas, pelas quais assumo a responsabilidade; elas possuem valor moral e influem na minha felicidade e dignidade moral. A definição de propriedade em *Dois tratados* diz que "cada homem tem uma *propriedade* em sua própria *pessoa*" (T2, §27). As várias listas de itens incluídos na propriedade mencionam, com maior freqüência, a vida, a liberdade e os bens ou possessões (*T*2, §§87, 135, 171), mas outras listas incluem as pessoas (por exemplo, §§57, 137). Além da vida, que Deus dá aos homens, os outros itens de propriedade têm que ser adquiridos. Pessoa ou personalidade não são diferentes, se bem que seu método de aquisição seja diferente do de terra ou bens (*ver* PROPRIEDADE).

Existem outros usos mais clássicos do termo "pessoa" nos escritos de Locke, sendo um deles aplicado a quem está investido de autoridade; por exemplo, a pessoa do governante, quando as leis, o povo ou a tradição determinam quem essa pessoa é. Em sua polêmica com Robert Filmer, verifica-se o freqüente uso do termo "pessoa" nesse sentido; por exemplo, precisamos conhecer "a Pessoa a quem pertence de direito esse *poder soberano*" (*T*1, §§81, 107, 127, 162). Essa pessoa está autorizada a governar, ou a fazer o que prefeitos, ou advogados, ou reis fazem. Essa é a pessoa pública ou cívica (*T*2, §§151, 205, 220). Tal pessoa fala em nome do povo ou representa-o. Hobbes tinha feito antes a distinção entre a pessoa *natural*, cujas palavras e ações são consideradas como próprias, e a pessoa *artificial*, cujas palavras e ações representam as palavras e ações de um outro homem ou grupo de homens. Para Hobbes, uma pessoa artificial é semelhante a um ator em cena: suas palavras e ações pertencem a outrem (ver Hobbes, *Leviatã*, Parte I, cap.XVI). Ser dono de suas palavras (por exemplo, por direitos de autor) ou de suas ações (reconhecendo-se responsável por elas) não são noções muito incomuns, mas ser dono de sua pessoa tem algo de insólito.

Não houve muita discussão, nos dias de Locke, em torno dessa característica do seu conceito de pessoa, exceto de um modo indireto: as pessoas achavam a distinção entre homem e pessoa difícil de entender. No século seguinte, o Bispo Butler e Thomas Reid atacaram vigorosamente essa distinção. Há também uma discussão desse tópico nos *Philosophical Essays* (1733, Ensaio XII, p.287-306) de Isaac Watts. Uma importante, mas esquecida defesa do conceito de pessoa, de Locke, foi feita por Vincent Perronet, em dois panfletos publicados em 1736 e 1738 (ver *A Vindication of Mr. Locke* e *A Second Vindication*, este último agora disponível numa reimpressão). Repercussões da ênfase de Locke sobre a consciência como constituindo a identidade pessoal podem ser assinaladas na França, em escritores setecentistas como Condillac, Boulainvilliers, Buffon, Maupertuis e, na Suíça, Charles Bonnet. A tradução francesa do termo *consciousness*, de Locke, criou dificuldades para o tradutor francês de Locke, Pierre Coste, e outros (ver Catherine Glyn Davies, *"Conscience" as Consciousness: The Idea of Self-Awareness in French Philosophical Writing from Descartes to Diderot*, 1990). No tempo de Locke, havia uma noção teológica que tinha algumas semelhanças com essa distinção, a doutrina da Trindade, três pessoas numa só substância. Um teólogo, William Sherlock, empregou até algo como a consciência de Locke como um modo de distinguir as três pessoas da Trindade (ver o seu *A Vindication of the Doctrine of the Holy and Ever Blessed Trinity*, 1690; também, o ataque de South contra Sherlock, *Animadversions upon Dr. Sherlock's Book*, 1693). Locke pode ter tido essa doutrina da Trindade em mente (embora mais provavelmente estivesse pensando apenas na doutrina metafísica da substância anímica) quando jocosamente explorou a possibilidade de diferentes substâncias anímicas terem a mesma pessoa ou de diferentes pessoas residirem na mesma substância (2.27.12.-24; cf. 1.4.4, 5). No nosso próprio tempo, filósofos têm-se mostrado fascinados com esses casos intrincados, acrescentando até alguns aos que foram discutidos por Locke. A construção de complexos casos enigmáticos tornou-se quase uma forma de arte (ver, por exemplo, Derek Parfit, *Reasons and Persons* [Oxford: Clarendon Press, 1984]; Peter Unger, *Identify, Consciousness and Value* [Nova York: Oxford University Press, 1990].

A parte mais séria e perturbadora da descrição de Locke de pessoa e identidade pessoal (perturbadora para os contemporâneos de Locke) foi sua rejeição da identidade da substância, da substância imaterial, como não tendo relação alguma com a identidade da pessoa. Se pessoa *está* ligada a uma substância imaterial (o nosso conhecimento, para Locke, está aquém disso), a substância não faz a pessoa. Os leitores de Locke aceitaram a ontologia clássica de duas substâncias: corpos são substâncias materiais, almas ou espíritos são substâncias imateriais. A análise lockiana de corpo não foi feita em termos de *substância* material, mas por referência a qualidades tais como solidez, extensão, figura e movimento. Sua análise da pessoa foi realizada, de modo semelhante, em termos de qualidades, tais como compreensão, preocupação e responsabilidade.

poderes O mundo, tal como Locke o entendeu e descreveu em várias passagens do seu *Ensaio*, é um universo ativo cheio de processos causais de diferentes espécies: as substâncias são *geradas* por princípios internos ativados por causas externas, insensíveis; os artefatos são *feitos* pela justaposição de partes não previamente conjugadas; as qualidades de objetos são *alteradas* pela adição de novas. Esses tipos comuns de produção causal exemplificam poderes em funcionamento no mundo de Locke, tanto o mundo físico quanto o humano; mas esses poderes empalidecem diante do poder de *criação* de Deus, talvez o arquétipo do poder ativo. Criar aplica-se tanto a Deus quanto ao homem, mas nós só criamos artefatos, como máquinas ou pinturas, ao passo que Deus é o *nosso* criador. O exemplo de criação dado por Locke no capítulo sobre causa e efeito é muito inferior na escala do ser: uma nova partícula de matéria adicionada à natureza (2.26.2). O poder criador de Deus é de tal ordem que ele poderia ter feito o que muitos dos contemporâneos de Locke consideraram, alarmados, ser uma contradição: dar a certos sistemas complexos, organizados, de matéria (talvez um cérebro humano) a propriedade ativa de pensamento.

Quando Locke examina a *idéia* de Deus e como formamos para nós próprios a idéia de um ser infinito, ele liga o poder de Deus à sua sabedoria e bondade. Os atributos de Deus estão "além do alcance de nossas várias capacidades", mas abordamos um entendimento ampliando o número ou extensão "dos Atos ou Objetos do Poder, Sabedoria e Bondade de Deus" (2.17.1). A nossa idéia complexa do "Ser supremo, incompreensível" é composta mediante a reflexão e ampliação de idéias simples: tendo obtido, a partir do "que experimentamos em nós próprios, as *Idéias* de existência e duração, de conhecimento e poder", etc., passamos então a ampliá-las (2.23.33). Um dos poderes da mente é essa capacidade para ampliar algumas das idéias recebidas através da sensação e reflexão. Deus também nos concedeu um outro poder, "o poder sobre numerosas partes de nossos corpos, para movimentá-las ou mantê-las em repouso, como considerarmos apropriado" (2.7.3). A experiência revela que podemos excitar o movimento pelo pensamento, mas entendemos tão pouco como isso funciona quanto ainda menos entendemos o movimento nos corpos por impulso, embora ele pense que o "poder ativo de mover" (motividade) é "muito mais claro no espírito do que no corpo" (2.23.28). A todo o momento, em nossa vida desperta, descobrimos esse poder ativo que o pensamento tem para movimentar corpos. Nessa passagem, Locke suscita mesmo a questão de saber "se o poder ativo não será o atributo próprio de espíritos, e o poder passivo da matéria" (ibid.). Ao movermos nossos braços ou pernas, "nós nos movemos e aos outros corpos contíguos"; em tais movimentos estão contidas "todas as ações do nosso corpo" (2.7.3). O capítulo anterior tinha identificado as "duas importantes e essenciais ações da mente" como sendo "o poder de pensamento" e "o poder de volição" (2.6.2). Este último seria um poder outorgado às nossas mentes por Deus ("o infinito e sábio Autor do nosso ser"), o poder para "selecionar dentre várias de suas idéias a que será examinada, com o fim de prosseguir com a pesquisa deste ou daquele assunto com determinação e atenção" (2.7.3). Mais adiante, em 2.23.30, ele descreve o pensamento como "um poder de ação; isto é, um poder de iniciar ou parar vários pensamentos ou movimentos".

Numa passagem, Locke diz que a idéia de poder vem da descoberta de que movemos as partes de nossos corpos e "dos efeitos produzidos mutuamente pelos corpos naturais" (2.7.8), mas no longo capítulo sobre "poder" ele diz que a idéia mais clara de poder ativo resulta da "reflexão acerca das operações de nossas mentes" (2.21.4). Nessa mesma seção, Locke concentrou-se na análise do poder que temos de iniciar o movimento "apenas por um pensamento da mente"; mas a mente tem outros poderes. No começo do *Ensaio*, ele anuncia um de seus objetivos: procurar descobrir os poderes do entendimento (1.1.4). A seção 7 desse mesmo capítulo diz que podemos "explorar nossos próprios entendimentos, examinar nossos próprios poderes e ver para que coisas foram adaptados". Além dos poderes da mente já mencionados, há o poder de retenção, isto é, "o poder de reviver em nossas mentes aquelas *idéias*" que desapareceram de nossa consciência (2.10.2). Ele reconhece que, por vezes, antigas idéias "surgem subitamente em nossas mentes por iniciativa própria"; e, com muita freqüência, são "despertadas e arrancadas de suas escuras celas para a luz do dia por alguma turbulenta e tempestuosa paixão" (2.10.7). Outras vezes, a "mente... aplica-se na busca de alguma idéia escondida, convergindo para ela com se fosse o Olho da Alma" (ibid.). A mente também tem os poderes de comparar idéias (2.11.5), de repetir idéias (2.13.3; 2.17.3), de ampliar idéias (2.11.5), de abstrair (2.11.9). São dados exemplos específicos da formação de idéias por referência a alguns dos poderes da mente. Por exemplo, a idéia de imensidade é adquirida a partir do "poder que encontramos em nós próprios de repetir, tantas vezes quantas quisermos, qualquer *idéia* de espaço", e a idéia de infinidade é "obtida do poder, que observamos em nós mesmos, de repetir infinitamente nossas próprias *idéias*" (2.17.5, 6). Outras operações mentais citadas e usadas por Locke seriam procedentes "de poderes intrínsecos e próprios" da mente (2.1.24). Numa passagem curiosa, Locke comenta "com que grande *rapidez* as *ações da mente* são desempenhadas" (2.9.10). A mente não ocupa espaço, não é extensa e "suas ações parecem não requerer tempo"; muitas de suas ações "são acumuladas num só instante" (ibid.).

De um modo mais geral, as faculdades e poderes de mover, sentir e raciocinar "fluem da" constituição do homem (3.6.3). Locke encontrou uma semelhança nos poderes do homem nos mundos intelectual e material. Em ambos os mundos, os materiais nos são dados (idéias simples no primeiro, objetos e qualidades no segundo); não podemos criar novos itens nem num nem noutro, mas podemos efetuar novas combinações. Em tais atos de criação no mundo de idéias, temos os poderes ativos de combinar, comparar e separar (2.21.1). A mente é descrita como tendo "um grande poder na variação e multiplicação dos objetos de seus pensamentos" (2.12.2). De forma análoga, no caso dos modos mistos, a mente "*exerce freqüentemente um poder ativo na criação*" das muitas combinações de idéias que são o arquétipo para ações (2.22.2). As idéias mais freqüentes a partir das quais a mente produz modos mistos são as de pensamento, movimento e poder (2.22.10). As primeiras duas dessas são as idéias "que compreendem em si toda a ação". A idéia de poder designa aquilo "donde se concebe que fluem todas essas ações". A expressão "fluir de" é também usada para substâncias materiais: as qualidades fluem da constituição insensível de uma substância. Outros nomes e idéias de ações distinguem uma ação de uma outra por referência a suas causas, meios, objetos, fins, instrumentos, tempo, lugar "e outras circunstâncias; e também... seu poder apropriado para essas ações". Indica a audácia como o poder "para falar e fazer o que pretendemos, diante de outros, sem medo ou desordem". Poderes ou capacidades desse gênero convertem-se, por vezes, em hábitos ou disposições. Irritabilidade é "uma disposição ou propensão para estar irado". Substâncias materiais também têm disposições que Locke trata como poderes. Os paralelos entre os poderes das duas espécies de substâncias apresentam-se com freqüência no *Ensaio*. Afirma-se que o poder em ambas as espécies de substância é "a fonte donde procede toda a ação; as substâncias onde esses poderes estão, quando exercem esse poder convertido em ato, são chamadas *causas*; e as substâncias que assim são produzidas, ou as simples *idéias* que são introduzidas em qualquer assunto pelo exercício desse poder, são chamadas *efeitos*" (2.22.11). O poder no agente intelectual consiste em pensar e querer; em substâncias corporais é modificação de movimento.

Seguindo a tradição, Locke distingue entre poder ativo e passivo, sendo o segundo o poder ou aptidão para receber mudança de algum poder ativo. Sua extensa descrição da origem da nossa idéia de poder em 2.21.1 revela a atividade da mente nessa aquisição.

> Sendo a mente diariamente informada pelos sentidos das alterações das idéias simples que observa nas coisas externas, e averiguando como uma chega ao fim e deixa de ser, e outra começa a existir onde antes não existia; refletindo igualmente acerca do que ocorre consigo mesma, e observando constante mudança entre suas idéias, às vezes pela impressão de objetos externos nos sentidos, outras vezes por determinação de sua própria escolha; e concluindo, de tudo isso, que constantemente observou ter ocorrido que semelhantes mudanças se manifestariam no futuro nas mesmas coisas por semelhantes agentes e por meios semelhantes, considera numa coisa a possibilidade de ter uma das idéias simples modificada, e na outra a possibilidade de fazer esta mudança, adquirindo a idéia que denominamos *poder*.

Locke acreditava que nossa idéia de poder ativo, do início de movimento, decorre apenas ou mais facilmente da reflexão sobre o que "se passa em nós mesmos, descobrindo através da experiência que, simplesmente por querer algo e apenas através de um pensamento na mente, podemos mover as partes de nossos corpos, que antes estavam em repouso" (2.21.4). Nós (Locke escreve "a mente") também temos o poder "para ordenar a escolha de qualquer *idéia*, ou deixar de escolhê-la" (2.21.5). O poder para mover nosso corpo e o poder sobre nossos pensamentos e idéias são designados como "a vontade". A liberdade é identificada como o poder que nós, como agentes, "temos para fazer ou deixar de fazer qualquer ação particular, segundo a determinação ou pensamento da mente" (2.21.8). A questão de liberdade ou necessidade é formulada nesse longo capítulo em torno da idéia de poder. Locke conclui esse capítulo voltando à distinção entre poderes ativos e passivos. Poder ativo para qualquer substância é colocar-se em movimento. Esse poder ativo não está, estritamente, "em nenhuma substância que não possa iniciar o movimento em si mesma, ou numa outra substância em repouso" (2.21.72). A mesma prevenção é válida para as substâncias pensantes: um poder para receber pensamentos é poder passivo.

As substâncias corpóreas satisfarão esse critério de poder *ativo*? Locke levanta a questão, em 2.23.28, sobre se o poder passivo não será a única espécie de poder que a matéria tem. Formula a mesma questão em 2.21.2, sobre "se a matéria não se encontra inteiramente destituída de *poder ativo*". Várias passagens dizem que somente os *agentes* têm poder ativo. Há qualquer espécie de corpo, qualquer substância corporal, que seja ou possa ser um agente, ou somente os humanos (e Deus) se qualificam como agentes e, por conseguinte, os únicos detentores de poder ativo? A sua análise de qualidades secundárias leva à conclusão de que elas são poderes de corpos em relação à nossa percepção (2.21.3). Ele diz, inclusive, nessa mesma passagem, que a idéia de poder é "um ingrediente principal em nossas complexas *idéias* de substâncias". Essa asserção é reafirmada em 2.23.8: "*Os poderes constituem uma grande parte de nossas complexas idéias de substâncias*" (cf. 2.23.10). O poder que tem um ímã para agir nas minúsculas partículas de ferro é citado em 2.23.9. Os poderes do ouro (ativos e passivos) e do Sol são mencionados em 2.23.10. O poder de "*comunicação de movimento por impulso*" é citado em 2.23.28, embora confesse sua ignorância sobre o modo como esse poder funciona. As idéias de brancura, de frieza e de dor são consideradas os "efeitos de poderes em coisas sem nós, ordenadas pelo nosso Criador para produzir em nós tais sensações" (2.30.2). As idéias simples são adequadas porque se propõem "expressar tão-somente o poder em Coisas para gerar na mente tal ou tal sensação" (2.31.12). Não temos idéias adequadas de substâncias porque não conhecemos todos os poderes ativos e passivos que qualquer substância tem (2.31.13). Em 2.32.14, Locke repete o comentário anterior acerca de nossas idéias simples: elas são as percepções que "Deus nos considerou aptos para receber e deu a objetos externos o poder para que as produzíssemos em nós". As idéias simples "respondem" aos poderes de objetos. Por exemplo, a idéia do azul de uma violeta; está na flor "somente o poder de produzi-la pela contextura de suas partes, refletindo as partículas de luz" (§14; *ver também* §15).

No Livro IV, Locke volta a falar dos poderes ativos e passivos dos corpos; eles funcionam por meio da estrutura e movimento de suas partes (4.3.16). Nessa passagem, Locke fala até da "necessária conexão e *coexistência* dos poderes" de corpos. Claro, ele não pensa que nosso conhecimento possa discernir esses poderes: "somos ignorantes dos vários poderes, eficácias e modos de operação" dos corpos (§24).

Das três espécies de qualidades examinadas em 2.8, as qualidades secundárias e aquela terceira espécie a que Locke não deu nome (aquelas que causam mudanças em outros corpos) são descritas como "*simplesmente poderes* e nada mais do que poderes" (2.8.24). Ninguém pensa, observa Locke, que a alvura e maciez da cera, quando a cera é colocada ao Sol, são qualidades do Sol. Os poderes da luz do Sol é que são responsáveis por essas mudanças. Da mesma forma, não devemos pensar que qualidades sensíveis como cor, cheiro, paladar, de que nos apercebemos quando observamos a cera ou quaisquer outros objetos, são qualidades do objeto. No objeto, esses são apenas poderes para produzir as aparências que percebemos. O status de qualidades primárias em objetos não é tão preciso, tão bem definido, mas o caso é que essas qualidades, ou as partículas que compõem qualquer fragmento de matéria, exercem os poderes que resultam nas outras duas espécies de mudanças; mudanças em aparência, para quem as percebe, e mudanças na constituição (e, portanto, indiretamente, nas aparências) de outros corpos (*ver* 2.8.13). Mesmo uma qualidade como "fixidez" no ouro é descrita como "um poder para permanecer no fogo inconsumido" (4.1.6). Naquela intrigante passagem de 4.6.11 em que Locke fala sobre a inter-relação de todas as coisas ("As coisas, por mais absolutas e completas que pareçam em si mesmas, são apenas dependentes de outras partes da natureza"), ele refere-se às "qualidades, ações e poderes observáveis" de objetos que "são devidos a algo externo a eles". Nessa passagem, faz afirmações bastante amplas acerca das qualidades "pelas quais conhecemos e distinguimos" objetos. Presumivelmente, refere-se a qualidades sensíveis. Uma vez que as idéias de qualidades primárias são produzidas da mesma maneira que as idéias de qualidades secundárias (pela estrutura e movimento de partículas), Locke pode ter a intenção de dedicar essa passagem também a elas. As *aparências* de coisas incluem qualidades primárias e secundárias, tanto as formas extensas quanto as cores e os sons. O que está faltando em nosso conhecimento é, por exemplo, "a constituição interna do corpo de uma mosca ou de um elefante, da qual dependem aquelas qualidades e poderes que observamos neles" (ibid.).

Corpúsculos ou partículas são consistentes, têm forma, são extensos, em movimento ou em repouso, e são insensíveis. É a configuração em determinadas massas de matéria que as habilitam a manifestar uma outra propriedade, o poder de causar idéias em quem as percebe e o poder de efetuar mudanças nas propriedades de outros corpos. O poder é, com efeito, uma outra qualidade primária, talvez a principal, da matéria. A usual explicação corpusculariana, ou a usual descrição de matéria corpuscular apresentada por aqueles que querem proteger Deus como o único poder *ativo* referem-se à matéria como passiva, muda, inerte e incapaz de iniciar movimentos; ela não seria dotada de atividade espontânea. A grande batalha no século XVIII em torno da sugestão de Locke de matéria pensante foi travada a respeito da afirmação de que o pensamento adicionado à matéria tornaria esta ativa. É claro que, para os tradicionalistas, essa possibilidade também violava um princípio fundamental: cada uma das duas espécies de substância tinha sua propriedade fundamental, a qual não podia ser permutada ou adicionada à outra. Mas a maioria dos defensores do imaterialismo (o ponto de vista de que existem duas substâncias e de que a matéria não pode pensar) também percebeu que a sugestão de Locke daria à matéria um poder ativo e, por conseguinte, contrariava a noção deles de matéria inerte, passiva (*ver* MATÉRIA PENSANTE).

Não havia a mesma apreensão a respeito dos poderes da matéria lockiana, os poderes que os corpos têm para iniciar novas idéias e novas mudanças de propriedades corporais. "Criativa" seria uma qualificação demasiado forte, mas a matéria de Locke está muito longe da matéria muda, inativa, defendida por aqueles que atacaram a sugestão de matéria pensante. Locke teria sido atacado, de qualquer modo, a respeito do seu conceito de matéria, independentemente da controvérsia sobre matéria pensante. Sua matéria ativa está obviamente ligada a mudanças no conceito de substância que estavam ocorrendo pela mão de Locke. Falta-nos um conhecimento da essência de substância material ou imaterial. Assim, ele pôde deslocar as substâncias extensas e pensantes de Descartes com uma matéria ativa e uma pessoa pensante, consciente e preocupada.

É difícil dizer qual dessas mudanças foi a mais radical. Com a inserção no conceito de matéria da noção de poderes (a nossa principal idéia deles), deve ter parecido um inocente ponto conceptual para Locke comentar sobre a possibilidade de um outro poder — o pensamento — ser adicionado à matéria. Se ele viu a conexão entre os poderes *materiais* da matéria e o poder de pensamento, não está claro em seu texto. Não obstante, mais ou menos ao mesmo tempo em que Newton desenvolvia seu conceito de gravidade, de atração e repulsão, o *Ensaio* de Locke apresentava seu conceito de poder da matéria. Newton foi cauteloso a respeito de *seus* poderes, insistindo que eles não faziam parte da natureza da matéria. Locke pode ter sido protegido do mesmo ataque que Newton temia, porquanto Locke escreveu principalmente acerca da nossa *idéia* de matéria, não sobre a própria matéria. No fim de contas, ele negou qualquer conhecimento da natureza essencial da matéria.

prazer e dor As idéias simples de dor e prazer são recebidas das fontes de idéias — sensação e reflexão. Também são modos simples e, por conseguinte, não podem ser definidos; só podem ser adquiridos através da experiência (*Ensaio*, 2.20.1). Locke explica que por prazer e dor pretende referir-se ao corpo e à mente, mas apressa-se a assinalar que todos os prazeres e dores são "apenas diferentes constituições da mente, ora ocasionadas por desordem no corpo, ora por pensamentos da mente" (2.20.2). Deleite e inquietação são nomes que ele freqüentemente usa para significar prazer e dor (2.7.2). Vários sinônimos são satisfação e felicidade, para um, e sofrimento, tormento, angústia e infortúnio, para a outra. Num registro do seu diário, em 16 de julho de 1676, há uma outra lista de dores da mente: tédio, exaustão, tristeza, pesar, melancolia, angústia, sofrimento. Os prazeres da mente são descritos como alegria, júbilo, deleite, conforto, felicidade (*Ensaios*, p.258). Bem e mal são as causas de prazer e dor — as nossas paixões estão intimamente ligadas a eles (2.20.3). Refletir sobre um prazer passado causa a idéia de amor; por exemplo, a predileção por alguma fruta ou o amor aos filhos ou amigos. O pensamento de algum objeto pode nos causar dor e dar origem a inimizade ou aversão (2.20.4, 5).

É dito que Deus juntou a alguns pensamentos e sensações "uma *percepção* de *deleite*", e Deus anexou "a vários objetos, e às *idéias* que recebemos deles... um prazer concomitante" (2.7.3). De forma análoga, Deus anexou a dor a outros objetos como um modo de advertir-nos sobre possível dano (2.7.4). A vinculação por Deus de prazer e dor a certos objetos e pensamentos está relacionada com o princípio inato que Locke identificou como parte da natureza humana, o desejo de felicidade e a aversão ao infortúnio (1.3.3). Em outras passagens, a "natureza" substituiu "Deus": "coube à natureza ordenar com sabedoria... que a apreensão de várias *idéias* deve ser acompanhada pela dor" (2.10.3). A dor também pode ser um substitutivo para a ponderação e o raciocínio em crianças; age ainda mais depressa do que a ponderação nos adultos, fazendo com que "tanto o velho quanto o jovem evitem objetos dolorosos com a rapidez necessária para a sua preservação" (ibid.).

O medo é uma das paixões que desempenha um papel em tal orientação, mas é também necessário, às vezes para superar nossos temores. Locke faz alguns comentários interessantes a respeito de ajudar as crianças a enfrentar "terrores vãos", como o medo de rãs (*AP*, §115). Também discorre sobre o treinamento de soldados para a guerra, levando-os gradualmente a distinguir entre aquelas coisas que são realmente perigosas e as que não o são (ibid.). Com as crianças, é conveniente habituá-las a alguma dor, sendo a dor a origem do medo infantil. Recomenda até que se provoque em crianças alguma dor como forma de desenvolver nelas certas virtudes espartanas (ibid.). Condena "os prazeres perversos e recomendações maldosas" (§76), assinala que as crianças sentem prazer em ser estimadas e apreciadas (§57), e critica os pais que recorrem à chibata como método de instruir as crianças, uma vez que "essa espécie de punição em nada contribui para o domínio da nossa propensão natural para ceder ao prazer corporal e atual, e evitar a dor a todo o custo; mas, pelo contrário, encoraja-a" (§48). Locke quer que as crianças adquiram "domínio sobre suas inclinações... para *resistir* à importunidade do *prazer ou dor presentes*, no interesse e em benefício do que a razão lhes diz que é apropriado ser feito" (§45).

prerrogativa Locke era favorável à lei escrita para que as pessoas pudessem saber o que elas e seus governantes podiam e não podiam fazer. A lei da natureza, entretanto, não era escrita; mas Locke considerava que seus preceitos eram claros. Há uma outra área onde leis não-escritas (talvez fosse preferível chamar-lhes "sentenças") funcionam no governo. Locke reconheceu, como muitos outros autores, que a lei escrita não poderia cobrir todas as contingências, não poderia ser suficientemente específica para habilitar os governantes ou o órgão executivo a decidir toda e qualquer questão. O ramo executivo do governo tem, assim, um poder "de agir de acordo com a discrição a favor do bem público, sem a prescrição da lei e algumas vezes mesmo contra ela" (*T*2, §160). A esse poder dá-se o nome de "prerrogativa" (ibid.). Tal poder discricionário opera no âmbito das disposições gerais, em função do bem público. A finalidade de governo, repete Locke com freqüência, é a "*preservação de todos*" (ibid., §159). A prerrogativa é um outro aspecto da questão: "é a permissão do povo aos governantes para praticar alguns atos de livre escolha onde a lei silencie, e, por vezes, também diretamente contra a letra da lei, a favor do bem público" (ibid., §164). O povo pode até retomar algumas prerrogativas instituindo leis para cobrir certos atos anteriormente praticados através da prerrogativa do governante, mas haverá sempre necessidade da ação discricionária.

Como julgar que alguma ação realizada por prerrogativa foi para o bem público? Locke reconheceu abertamente que pode haver momentos em que se manifestem discordâncias, mas não existe critério ao qual o povo possa recorrer contra a prerrogativa, pelo menos não na Terra. A própria natureza dos atos realizados através da prerrogativa consiste na inexistência de leis ou critérios que possam ser usados para testar sua correção e oportunidade com vista à promoção do bem da sociedade. Apelar para o céu, sugere Locke, é o único recurso em tais disputas (§168). Na conclusão de *Dois tratados*, quando aborda o tópico da tirania e a dissolução do governo, Locke pronuncia aquela severa conclusão acerca do único apelo ser para o céu, declarando: "*O povo será o juiz*" (§240), o "corpo" (a maioria?) do povo deve ser o árbitro (§241); mas, nesse ponto, ele parece supor um caso em que haveria pouca discordância, entre o povo, de que as ações do governante ou do ramo executivo seriam contra o bem público. As questões neste caso são delicadas e complexas, e têm sido a origem de muito debate.

probabilidade "A própria notação [isto é, o significado central] da palavra" *probabilidade* é, diz Locke, "possibilidade de ser verdadeiro" (*Ensaio*, 4.15.3). Uma proposição provável tem argumentos e provas para "fazê-la passar, ou ser recebida, por verdadeira" (ibid.). Esta última cláusula indica a estreita ligação que existe para ele entre probabilidade e crença ou assentimento. O argumento e provas que sustentam alguma tese ou afirmação "são descobertos para nos persuadir a recebê-la como verdadeira", sem que tenhamos um conhecimento seguro da verdade. Na ausência de certeza, os argumentos e provas fornecem "estímulos" que nos induzam a aceitar essas afirmações como verdadeiras (4.15.3, 4). Algumas idéias têm "uma usual ou provável" concordância. Por vezes, a probabilidade pode ser tão forte que o assentimento "segue-se-lhe tão necessariamente como à demonstração se segue o conhecimento" (4.17.16). Em conversação, há mérito nos "argumentos opostos de homens de talento, mostrando os diferentes lados das coisas e seus vários aspectos e probabilidades" (*AP*, §145). Como a extensão do conhecimento humano é limitada, crenças bem fundamentadas tornam-se a base para a maioria das nossas ações e a probabilidade converte-se em nosso guia (*Ensaio*, 1.1.5; 4.3.6). Locke compara o conhecimento que *temos* à visão "em plena luz do dia"; a probabilidade é o lusco-fusco, "adequado, presumo, para aquele estado de mediocridade e experimentação em que ele [Deus] achou por bem colocar-nos aqui" (4.14.2).

O conceito de Locke de probabilidade não é quantitativo: os argumentos e provas não são argumentos formais (não há lógica de probabilidade em suas considerações), embora ele fale de graus de probabilidade e de preponderância de evidência. Sua exposição poderia ser descrita como uma psicologia da probabilidade, na qual se reconhecem os vários fatores que levam à crença e ao assentimento, e como uma recomendação para o que devem ser as experiências e os relatos que merecem o nosso assentimento. Há regras e critérios para avaliar o peso da evidência ou o grau de probabilidade de que uma dada afirmação é verdadeira, mas a base para proposições prováveis e para lhes darmos o nosso assentimento é a conformidade das afirmações "com nosso próprio conhecimento, observação e experiência" (4.15.4). O testemunho de outros, em condições específicas, pode somar-se aos motivos que nos induzem a acreditar em certas afirmações. É com questões de fato que a experiência e a observação lidam (4.16.5). "Quando qualquer coisa particular, condizente com a observação constante de nós próprios e de outros, em caso semelhante, é atestada pelos relatos concordantes de todos os que a mencionam, recebemo-la tão facilmente e baseamo-nos tão firmemente nela como se tal coisa fosse um conhecimento certo; e raciocinamos e agimos nessa base com pouquíssimas dúvidas, como se estivéssemos diante da mais perfeita demonstração" (4.16.6). Isso é o mais alto grau de probabilidade, o qual "consiste no consentimento geral de todos os homens, em todas as épocas, na medida em que isto pode ser conhecido. Cooperam com a constante e nunca deficiente experiência do homem em casos semelhantes, para confirmar a verdade de qualquer fato particular confirmado por testemunhas imparciais" (ibid.). Exemplos de tais proposições altamente prováveis são: "gelou na Inglaterra o inverno passado", "houve andorinhas no verão", "o fogo esquenta e derrete o chumbo". Essas proposições são quase certezas; assentir nelas é prova de segurança.

O testemunho de historiadores a respeito de certas características da natureza humana, por exemplo, que "a maioria dos homens prefere suas vantagens pessoais às públicas", ajusta-se à nossa experiência; se todos os historiadores dizem ser isso o que Tibério fez, então esse relato é extremamente provável e dá motivo para que confiemos em sua veracidade (4.16.7). O grau seguinte de probabilidade diz respeito a determinadas questões de fato descritas por historiadores; por exemplo, que existe uma certa cidade chamada Roma, que vivia nela um homem chamado Júlio César, que era um general (4.16.8). Tais pessoas e eventos relatados nada têm em si mesmos que confira probabilidade ao relato; é porque são "relatados por historiadores dignos de crédito e não são contraditados por nenhum outro escritor", que não podemos deixar de acreditar neles. Tais relatos "trazem" tanta evidência que esta "naturalmente determina o julgamento e nos deixa pouca liberdade para crer ou descrer" (4.16.9).

O que acontece quando o testemunho ou os relatos históricos colidem com ou contradizem a experiência comum ou mesmo o curso normal da natureza? Devemos prestar especial atenção, ponderar os argumentos e provas a favor e contra o testemunho ou relato. Depois, Locke chama a atenção para os vários fatores em ação no testemunho: uma "grande variedade de observações, circunstâncias e relatos contrários, diferentes qualificações, temperamentos, desígnios, lapsos, equívocos etc., por parte dos informantes" (ibid.). Ele sugere uma lista de considerações que podem nos guiar ao decidir sobre a provável exatidão de algum relato: o número de pessoas que apoiam e corroboram o relato, sua integridade, sua habilidade como testemunhas. Os relatos em segunda mão, relatos baseados no que outros relataram, criam outros problemas: "Paixão, interesse, inadvertência, interpretação errônea do seu significado e um milhar de razões estranhas ou caprichos" podem redundar em relatos enganosos ou falsos (4.16.11).

Isto é tudo o que precisa ser dito no tocante à possibilidade de questões de fato que podem ser observadas e vivenciadas. Existe, porém, uma outra classe de proposições prováveis, de "proposições que recebemos através das instigações da *probabilidade*", a saber, "as referentes a coisas que, estando além da descoberta dos nossos sentidos, não são capazes de oferecer nenhum testemunho semelhante" (4.16.5). Esta classe de proposições prováveis vai desde as asserções sobre a "existência, natureza e operações de seres imateriais, finitos e externos, como espíritos, anjos, demônios etc.", até às indagações sobre a possível existência de "seres materiais que, ou por sua pequenez ou por sua grande distância de nós, os nossos sentidos não podem observar, como se existem quaisquer plantas, animais e habitantes inteligentes nos planetas e em outras mansões do vasto universo" (4.16.12), e às sugestões sobre as causas imaginadas dos eventos e objetos que observamos. Para esta última espécie de situação, a analogia é a base sobre a qual devemos construir nossas hipóteses. Locke dá-nos numerosos exemplos em que "um raciocínio cauteloso a partir da analogia" nos leva a fazer prováveis conjeturas acerca da estrutura corpuscular da matéria e sobre a amplitude da cadeia de ser.

Probabilidade e raciocínio provável foram discutidos brevemente antes de Locke. A lógica de Port Royal de Arnauld e Nicole anteciparam algumas das análises desenvolvidas por Locke (*La logique, ou L'Art de penser*, 1668, Parte I, cap.IV; Parte IV, cap.XV; ver também *John Locke e Port-Royal: il problema della probabilità*, de Luca Obertello, 1964). O Bispo John Wilkins, *Of the Principles and Duties of Natural Religion* (1675), distingue o conhecimento da opinião ou probabilidade. Para mais informação sobre os primórdios da história do conceito de probabilidade, ver Ian Hackings, *The Emergence of Probability* (1975).

problema de Molyneux Locke observa que "*as Idéias que recebemos por sensação são, com freqüência, alteradas* em adultos *pelo juízo*" (*Ensaio*, 2.9.8). Seu exemplo é de uma forma e cor, um globo de ouro, alabastro ou azeviche, onde a cor é uniforme em toda a superfície. Diz ele que a idéia que está "impressa em nossa mente é a de um círculo plano variadamente sombreado, com diversos graus de luz e brilho chegando aos nossos olhos" (ibid.). O termo "impresso" é aplicado à mente, não ao cérebro, de modo que Locke deve estar dizendo que o que vemos nessas condições é um círculo plano e colorido. Não vemos estritamente um objeto redondo. Essa visão estrita estaria limitada, segundo parece, aos nossos primeiros anos de vida ou, talvez, a certas experiências novas na vida adulta. O que vemos, de fato, aquilo de que tomamos conhecimento, é um objeto redondo e dourado (se for feito de ouro). Esse segundo tipo de visão é o resultado de aprendizagem: nós temos que aprender a ver três dimensões. O que experimentamos, o que normalmente vemos, é a *aparência* do globo redondo de uma cor uniforme. "Mas tendo sido acostumados pelo uso a perceber que espécie de aparência corpos convexos costumam nos apresentar, que alterações são introduzidas nos reflexos de luz pela diferença das figuras sensíveis de corpos, o julgamento altera daí a pouco, por um costume habitual, as aparências em suas causas" (ibid.).

É a faculdade de julgar que efetua a alteração, retornando às causas da experiência. As causas a que Locke se refere não são os raios de luz ou os processos fisiológicos no nervo óptico e no cérebro, mas o existente globo redondo. O que se me apresenta é aquilo para o qual sou estritamente instruído para ver: "uma planura variadamente colorida". O que se me apresenta é, de fato, como numa pintura, a "variedade de sombra ou cor acumulando-se na figura". O julgamento faz com que essa forma plana, colorida, sombreada "passe por ser um sinal de figura", a marca de uma figura fora da tela. O julgamento forma para si a percepção de uma figura convexa e de uma cor uniforme.

O que não é explicado por Locke é o que leva nosso julgamento a alterar as aparências. Não pode ser apenas, como ele afirma, a experiência passada (costume), uma vez que nunca percebemos o globo como um círculo plano; pelo menos, nunca nos apercebemos de uma superfície plana. Somos incapazes de recordar de que modo, como crianças de tenra idade, aprendemos a ver objetos. Pode existir uma situação especial em que uma pessoa veria realmente um círculo plano e depois descobriria que sua causa era um globo redondo. Uma pessoa que tivesse tal experiência entenderia então que sua visão original foi alterada da aparência plana para o objeto totalmente corporificado. A situação para testar essa possibilidade era a de um homem cego de nascença que, em resultado de uma operação, passou a ter pela primeira vez experiências visuais. O caso de um homem que nasceu cego e depois, passados alguns anos, pôde adquirir visão, intrigou cientistas e filósofos no século XVIII. Berkeley escreveu a esse respeito; Leibniz, Condillac, Diderot e Voltaire debateram os resultados.

O problema foi apresentado a Locke por seu amigo William Molyneux, autor de uma obra sobre óptica, *Dioptrica Nova* (1692). A descrição de Locke da natureza cambiante de julgamento na percepção visual teve o propósito de ser uma introdução à questão suscitada por Molyneux numa carta para Locke em 2 de março de 1693 (*Corr.* 1609; iv. 651). A resposta que Locke dá a essa questão depende do pressuposto que ele formula de uma diferença entre a aparência visual de um objeto e nosso conhecimento perceptivo desse objeto. A percepção revela como o objeto é, não apenas como parece ser. A aparência visual funciona de um modo análogo a uma pintura: formas planas de luz e sombra levam-nos a ver objetos. O julgamento de Locke aprende, por assim dizer, pela experiência o que o pintor aprendeu a respeito de linhas, sombras e formas numa superfície plana, fazendo os espectadores verem árvores, pessoas, mesas etc. Os pintores e os nossos olhos começam como formas planas, mas acabam com objetos comuns. O problema de Molyneux, como foi denominado, foi um teste para a tese de Locke sobre aparências visuais e o papel da experiência na alteração daquilo de que estamos cientes, na mudança da aparência em sua causa.

Locke apresenta o problema nas palavras que Molyneux usou em sua carta:

> Suponhamos um homem cego de nascença, agora adulto, e ensinado pelo tato a distinguir entre um cubo e uma esfera do mesmo metal [Molyneux escreveu "suponhamos de marfim"], e quase do mesmo tamanho, de modo a dizer, quando sente um e o outro, qual deles é o cubo e qual a esfera. Suponhamos agora que o cubo e a esfera estão colocados sobre uma mesa e que o homem cego foi operado e passou a ver. E pergunto se apenas por sua vista, antes de tocar-lhes, ele poderia agora distingui-los e dizer qual é o globo e qual é o cubo. (2.9.8)

A resposta de Molyneux foi "não", e Locke concordou. O problema, assim enunciado, introduz uma outra modalidade sensorial, o tato, que Locke não mencionou em sua descrição preliminar da visão. Talvez nesses comentários preliminares não pretendesse dizer que a alteração da experiência visual estava baseada em experiências táteis, através do toque, da sensação e da passagem das mãos pela superfície de um globo de ouro ou de alabastro. Sendo assim, temos então alguma informação útil acerca da experiência de ver objetos *como* objetos: tal visão depende, como Berkeley diria, do tato. Onde Berkeley fala de experiência visual *sugerindo* os objetos em que tocamos e de que temos conhecimento, Locke fala de julgamento *alterando* nossas percepções, mas os processos são bastante semelhantes. Berkeley fala de dois "objetos" de visão. Escreve ele: "*Stricto sensu*, não vejo outra coisa senão luz e cores, com seus vários matizes e variações" (*New Theory of Vision*, §130). Por costume e experiências de mover e tocar, aprendemos a "ver" objetos a uma distância, não apenas luz e cores. Berkeley observa que a opinião usual é que "algo mais é percebido pela vista além de apenas luz e cores", citando o comentário de Locke em 2.9.9 de que a vista também transmite para a mente espaço, figura e movimento. Berkeley deixou passar o trecho de 2.9.8 em que Locke distingue duas espécies de objetos visuais.

A resposta negativa de Molyneux à sua questão teve como premissa a crença em que a pessoa que adquiriu recentemente a visão teria que aprender que os objetos que afetam o seu tato de um modo particular também afetam sua vista de maneira peculiar: "*que um ângulo protuberante no cubo, que pressionou sua mão de forma desigual, apresentar-se-á a seus olhos tal como se apresenta no cubo*" (2.9.8). A moral que Locke extrai desse experimento de pensamento é, simplesmente, que o nosso conhecimento perceptivo é dependente da experiência e de "noções adquiridas". Depois prossegue para fazer um comentário que soa muito parecido ao de Berkeley: luz e cores *são* peculiares à vista, mas esses "objetos próprios" da visão "mudam a aparência" como resultado da experiência (2.9.9). Assim, o que julgamos ser o produto somente da sensação é, com freqüência, o produto de sensação, experiência e julgamento agindo em conjunto. O objeto próprio da visão "serve apenas para excitar os outros e mal se apercebe disso". Ele dá como exemplo a experiência de ler um livro ou ouvir alguém falando: damos "muito pouca atenção às letras ou sons, mas estamos atentos às *idéias* que são excitadas em nós por essas letras ou esses sons" (ibid.; cf. Berkeley, *New Theory of Vision*, §51).

A história desse problema entre Locke e Molyneux teve sua origem em 7 de julho de 1688, antes de Molyneux conhecer Locke. Nessa data, Molyneux enviou uma carta aos editores da *Bibliothèque universelle* depois de ter lido o resumo do *Ensaio* que foi publicado nesse mesmo ano (ibid., 8 [1688]: 49-142). O problema foi apresentado nessa carta praticamente nos mesmos termos da carta de março de 1693. Esta última levou Locke a incluir o enunciado do problema e sua discussão do mesmo na segunda edição do *Ensaio* (1694). Em setembro de 1695, Molyneux remeteu a Locke uma carta que tinha recebido de Edward Synge, na qual o missivista oferecia uma resposta positiva à questão de Molyneux. Tanto Locke quanto Molyneux não mudaram de opinião depois de lerem a análise de Synge, uma resposta que traçou uma distinção entre idéias ou noções e imagens. (Para mais detalhes sobre esse curioso debate, incluindo experimentos para testar as respostas, ver K.T. Hoppen, *The Common Scientist in the Seventeenth Century*, 1970, e Nicholas Pastore, *Selective History of Theories of Visual Perception, 1650-1950*, 1971.)

proposições A junção ou separação de sinais faz uma proposição. Como para Locke existem duas espécies de sinais, idéias e palavras, há correspondentemente duas espécies de proposição: mental e verbal. A primeira espécie de proposição "*nada mais é do que uma simples consideração das idéias tal como se encontram em nossas mentes, despidas de nomes*" (*Ensaio*, 4.5.3). As proposições mentais são produzidas "em nossos entendimentos" sem o uso de palavras: as idéias que são os componentes de proposições mentais são "*reunidas, ou separadas*", pela mente que percebe ou julga a respeito de seu acordo ou desacordo" (4.5.5). É difícil trabalhar somente com proposições mentais, uma vez que usamos palavras para falar ou pensar sobre elas. É difícil não colocar palavras em nossas idéias. *Somos* capazes de formar algumas idéias sem palavras; por exemplo, idéias simples como branco, preto, doce ou amargo, triângulo ou círculo; mas ao fazer proposições sobre idéias complexas "substituímos usualmente a *idéia* pelo nome" (4.5.4). Apesar dessas dificuldades, Locke não quer renunciar à noção de que existem proposições mentais. Fazê-lo não estaria longe de negar a existência de idéias, pelo menos, de idéias complexas.

Locke reconhece que a maioria dos homens "faz uso de palavras em vez de *idéias* em seus pensamentos e raciocínios" (4.5.4). As proposições verbais são compostas de palavras que são reunidas ou separadas "*em sentenças afirmativas ou negativas*" (4.5.5). Sempre que percebemos a concordância ou discordância de idéias, ou menos quando supomos que há acordo ou desacordo, a mente "organiza-se tácita e espontaneamente num tipo de proposição afirmativa ou negativa" (4.5.6). A noção de uma proposição tácita (cf. o consentimento tácito em seu pensamento político) é usada quando ele explica que, ao dizer-se por vezes que idéias são verdadeiras ou falsas, é porque se tem em mente "alguma proposição secreta ou tácita" (2.32.1). Idéias são "meras aparências" em nossa mente e não podem ter estritamente um valor de verdade. Quando Locke se refere à "verdade metafísica" (isto é, "a existência real de coisas, em conformidade com as *idéias* a que anexamos seus nomes"), ele invoca de novo a noção de proposições tácitas, uma proposição "por meio da qual a mente associa essa determinada coisa à *idéia* a que tinha sido dado antes um nome" (4.5.11).

As proposições, mentais ou verbais, têm partes: idéias ou palavras combinadas para formar sentenças (3.7.1). Tivessem aqueles que defendem princípios inatos prestado atenção às partes componentes dessas pretensas proposições inatas, eles teriam percebido a impossibilidade de suas alegações (1.4.1). O princípio lógico "é impossível para a mesma coisa ser e não ser ao mesmo tempo" contém idéias que são adquiridas tarde na vida de uma criança: as idéias de impossibilidade e identidade. Quem poderia acreditar que as crianças têm tais idéias complexas antes da experiência e de alguma aprendizagem (1.4.3)? Do mesmo modo, a alegação de inatismo do princípio "Deus é para ser venerado" requer que as idéias de Deus e veneração sejam inatas, idéias que também são adquiridas depois da infância (1.4.7). Numa seção subseqüente, Locke fala da colocação de idéias em proposições pela mente (1.4.22); conhecemos uma proposição quando percebemos as relações entre as idéias em que essa proposição consiste (4.1.8), e consideramos que as proposições contêm idéias (4.1.9). Também fazemos proposições com idéias ou palavras (2.32.19).

O *Ensaio* faz referência a vários tipos de proposições: evidentes em si mesmas (1.1.19; 2.1.9), proposições gerais (2.10.2; 3.9.3), proposições matemáticas e lógicas, e outras que são acerca da realidade (1.1.4; 4.4.6), e proposições particulares (4.11.13). Este último tipo intervém no exame de Locke do nosso conhecimento da existência de um mundo externo, de outras coisas além de Deus e de nós próprios. Temos conhecimento de nossa própria existência por intuição; a razão faz com que "a existência de Deus nos seja claramente transmitida" (4.11.1). A fonte do conhecimento de qualquer outra coisa só pode ser encontrada, ou pode resultar, através da sensação: "nenhum homem pode conhecer a *existência* de qualquer outro ser, exceto quando, por uma ação concreta sobre ele, faz com que se torne percebido por ele" (ibid.). Ter apenas a idéia de algum objeto "não prova a existência dessa coisa, do mesmo modo que o retrato de um homem não evidencia o seu estar no mundo ou as visões de um sonho não fazem disso uma história verdadeira". É o recebimento de idéias através dos sentidos que quase nos dá a certeza, a certeza sensorial de que existe um determinado objeto ou evento nesse preciso momento: conhecimento particular de um objeto particular num momento específico (4.11.2).

Locke está ansioso por bloquear o movimento da idéia para a existência; não é o *ter* uma idéia, mas *recebê-la* em sensação o que justifica tal movimento. Com sua profunda confiança nas idéias, ele quer deixar claro que ter apenas uma idéia não é garantia de que exista um objeto no mundo que corresponda a essa idéia. Há, entretanto, uma classe de idéias não-sensoriais cujos objetos correspondentes podemos aceitar na base de revelação: outros espíritos finitos (4.11.12). Não podemos pretender o conhecimento de tais ESPÍRITOS, mas a proposição que afirma sua existência pode ser aceita como altamente provável.

Locke conclui esse capítulo com uma dupla divisão de proposições. (1) "Há uma classe de proposições *acerca da existência* de qualquer coisa correspondente a tal ou tal *idéia*: tendo em minha mente a *idéia* de um elefante, fênix, movimento, ou anjo, a primeira e natural indagação é esta: será que tal coisa existe em algum lugar, qualquer lugar?" (4.11.13). Se podemos ter um conhecimento de tais objetos, é um conhecimento somente de particulares. (2) "Existe uma outra classe de *proposições*, nas quais é expresso o acordo ou desacordo de nossas *idéias* abstratas e sua dependência recíproca." Essas proposições podem ser universais e certas. Por exemplo: "ao ter a *idéia* de DEUS e de mim próprio, de medo e obediência, não posso deixar de estar seguro de que DEUS é para ser temido e obedecido por mim." (4.11.13). Não podemos concluir que existem homens no mundo a partir da certeza dessa proposição, mas podemos dizer que, seja qual for o mundo onde existam homens, essa proposição aplicar-se-á e será certa. As proposições desse segundo tipo foram chamadas "verdades eternas"; não, apressa-se Locke em acrescentar, para ele, "porque são proposições eternas efetivamente formadas e antecedendo o entendimento" (4.11.14). Nem são verdades eternas porque, como os inatistas pretenderam, "estão impressas na mente" segundo modelos existentes no espírito de Deus. Essas proposições são verdades eternas "porque, uma vez pronunciadas a respeito de *idéias* abstratas como sendo verdadeiras, sempre que se presuma terem sido pronunciadas de novo, em qualquer tempo do passado ou do futuro, por uma mente que nutra essas *idéias*, estas serão sempre realmente verdadeiras".

Pode-se dizer que essas proposições universais aumentam nosso conhecimento, mas não nosso conhecimento da existência, nem mesmo da existência possível. Tais proposições expressam verdades conceituais, lidam com a relação de idéias. As idéias de Deus, homem, medo e obediência são os ingredientes de uma proposição universal que será verdadeira em qualquer mundo onde haja homens, e homens que tenham essas idéias. Essa proposição poderia ser rotulada de "instrutiva", para usar um termo que Locke emprega em *Ensaio* 4.8. Nesse capítulo, e no 4.7 sobre máximas, ele ataca outras classes de proposições universais que, acredita, não podem desempenhar papel nenhum no conhecimento: as proposições "frívolas".

Embora as proposições frívolas sejam certamente verdadeiras, "ainda assim não acrescentam luz ao nosso entendimento, não aumentam o nosso conhecimento" (4.8.1). Algumas dessas proposições frívolas são puramente idênticas: elas limitam-se a afirmar os sabidos termos de si mesmas. Podem ser meramente verbais ou algumas podem até conter "uma *idéia* clara e distinta" (4.8.2). A proposição "O que é, é" pode ajudar a mostrar algum absurdo no argumento de alguém, mas, por si mesma, nada nos ensina. Pode haver um número ilimitado de tais proposições, de cuja verdade podemos estar infalivelmente certos, mas nenhuma delas nos daria qualquer conhecimento de seja o que for no mundo. Essas proposições são evidentes por si mesmas; algumas pessoas "pensam que elas prestam grande serviço à filosofia" (4.8.3). Locke concede que "o fundamento de todo o conhecimento reside na faculdade que temos de perceber que a mesma *idéia* é a mesma" e de discernir sua diferença de todas as outras idéias. Esse ato da mente não funciona a partir de qualquer proposição idêntica, mas percebe e discrimina identidade e diferença. É frívolo pretender que proposições de identidade podem ser usadas "como princípios de instrução" ou "auxiliares do entendimento" (ibid.). Locke tem o cuidado de ser preciso a respeito do que entende por uma proposição "idêntica" ou de "identidade": uma proposição "na qual o mesmo termo, expressando a mesma *idéia*, é a confirmação de si mesmo". Se há outras noções de proposições idênticas, elas não são o objeto do ataque de Locke.

Uma outra espécie de proposição frívola é "*quando uma parte da* Idéia *complexa é predicado do nome do todo*: uma parte da definição da palavra definida" (4.8.4). Tal proposição é encontrada nos exemplos de definição rejeitados por Locke, quando o gênero é predicado da espécie, "ou mais compreensivo de termos menos compreensivos". Por exemplo, "chumbo é um metal". Para um homem que entende a complexa idéia de chumbo, ele já saberá que é um metal. Ou um homem possui e entende a idéia de chumbo ou precisa aprender o seu significado. De acordo com o conceito de Locke de essência nominal, todas as idéias simples que formam a idéia complexa de chumbo ou metal são adquiridas quando aprendemos a idéia. Locke reconhece que se queremos ensinar a alguém o significado da idéia de chumbo, poderemos dizer-lhe que se trata de um metal, na suposição de que a pessoa conhece e entende a significação do termo "metal". Assim, esse tipo de proposição frívola pode desempenhar um papel instrutivo na aquisição de idéias específicas. Torna-se supérfluo, parece, quando usado com alguém que já entende o seu significado: entender o seu significado é conhecer todas as idéias simples que constituem a sua essência nominal; por exemplo, que é um corpo muito pesado, fundível e maleável (4.8.4). Que a frivolidade desse tipo de proposição constitui uma imputação baseada no pressuposto de que as pessoas a quem poderíamos expressar uma dessas proposições já conhecem e entendem a definição, é claramente indicado por Locke: "Antes que uma pessoa forme qualquer proposição, supõe-se que entende os termos que usa nela, ou então fala como um papagaio, apenas emitindo um ruído por imitação, e formando certos sons que aprendeu de outros, mas não como uma criatura racional, usando-os como sinais de idéias que tem em sua mente" (4.8.7). A mesma suposição é válida para o ouvinte.

Um outro exemplo desse tipo de proposição frívola é "Todo o ouro é fundível". Uma vez mais, pareceria útil para alguém que está tomando conhecimento do que é o ouro, talvez uma criança, e que já aprendeu que ele é amarelo e maleável, ser informado de que também é fundível. É claro, se estou falando a alguém que já tem a idéia de ouro e sabe o que ele representa, dizer-lhe que o ouro é fundível ou amarelo é dizer-lhe o que já sabe. Por conseguinte, tal proposição não é instrutiva para essa pessoa. Tentar usá-la nessa situação é frívolo. Uma vez que conhecemos a definição de ouro, chumbo, homem ou cavalo, nada tem de instrutivo afirmar parte dessa definição desse termo (cf. 4.8.6). As próprias definições têm um uso, mas o perigo está em que podemos simplesmente baralhar palavras. Locke estava particularmente preocupado a respeito do discurso moral nesse aspecto; podíamos dominar a linguagem da moral, mas saber apenas que palavras descrevem que ações, sem qualquer entendimento das medidas de certo e errado. Sua rejeição do que chama proposições "frívolas" é motivada por uma preocupação semelhante.

Se ser informado de que o homem é um animal ou um corpo vivo não é instrutivo, qual seria um exemplo de proposição instrutiva? Se me é dito que, "em qualquer coisa, o sentido, o movimento, a razão e o riso estavam unidos, que essa coisa tinha realmente uma noção de DEUS, ou que será lançada no sono pelo ópio", isso seria uma proposição instrutiva. É instrutiva não só porque pôde dar a uma pessoa alguma nova informação; é instrutiva porque, "*não tendo a noção de* DEUS *nem tendo mergulhado no sono pelo ópio*", está contida na idéia enunciada pela palavra "homem" (4.8.6).

Ao atacar as proposições de identidade, como em sua rejeição de máximas e axiomas, Locke estava reforçando seu enfoque do conhecimento e da crença. Estava empenhado em apurar como, de fato, adquirimos conhecimento, e foi insistente em situar essa aquisição nos atos de perceber, entender e julgar. A aquisição de idéias é anterior à aquisição de conhecimento ou crença. O conhecimento pode surgir para alguém somente depois que tem as idéias pertinentes, depois que essas idéias foram colocadas em proposições mentais ou verbais. O conhecimento é propositivo. Ter idéias envolve compreender o seu significado. Conhecer tem lugar nesse meio ambiente, contra o pano de fundo da aquisição de idéias.

Talvez Locke não preste suficiente atenção ao ato de aprender os significados de idéias, quando examina proposições e os atos de julgar e conhecer, mas estava convencido de que tanto aprender o significado de uma idéia quanto adquirir novos conhecimentos são proposições de identidade desprovidas de qualquer utilidade. Quando dizemos a uma criança que chumbo é um metal, isso pode ser instrutivo para a criança, fornecendo-lhe informação sobre uma outra qualidade do chumbo. Nessa situação, tal proposição não é frívola; para essa pessoa, não é uma proposição de identidade.

Havia uma tradição anterior e contemporânea de Locke que encontrou uma utilidade para axiomas e proposições de identidade. Essa tradição fazia parte do que Locke considerou ser uma superformalização do conhecimento: acompanhou a ênfase sobre o silogismo como método para o conhecimento. A distinção entre conhecimento e saber, de que depende a análise de Locke, nem sempre foi reconhecida dentro dessa tradição. Leibniz foi favorável a essas noções, mas distinguiu entre a ordem de saber e a ordem natural ou lógica da verdade (ver o seu *Nouveaux Essais*, a sua detalhada análise do *Ensaio* de Locke, as seções sobre 4.7 e 4.8 de Locke). O princípio lógico ou epistêmico mais básico para Leibniz era a proposição de identidade. Sua defesa dessas proposições em seu *Nouveaux Essais* não é extensa, mas sua análise do capítulo de Locke sobre máximas (4.7) é mais detalhada. As opiniões de Leibniz são, é claro, refinadas e respeitáveis, embora não atingissem a principal finalidade de Locke em sua descrição psicológica do conhecimento. Houve autores menos requintados que fizeram uso de proposições de identidade de um modo que ilustra o que nelas era motivo de preocupação para Locke. *The Method to Science* (1696), de John Sergeant, tem uma extensa discussão do juízo e das proposições que empregam a espécie de proposições frívolas contra as quais Locke escreveu (Book II, Lectures I-IV, p.113-63). O ataque de Sergeant a Locke, *Solid Philosophy Asserted* (1697), também recorre a proposições de identidade, às quais Locke reagiu com muitos comentários marginais, alguns sobre proposições frívolas (ver a reimpressão de Garland, 1984, que é uma reimpressão do exemplar de Locke com sua marginália). Desenvolvimentos ulteriores dessa tradição usaram o rótulo de "analíticas" para as proposições cujos predicados estavam contidos em seus termos do sujeito, contrastando estes com as proposições "sintéticas"; o mais famoso usuário dessa distinção foi Kant.

Discussões sobre a natureza e o status de proposições têm uma longa história anterior a Locke e subseqüentemente em fins do século XIX e começos do século XX. Bertrand Russell, G.E. Moore e o primeiro Wittgenstein deram às proposições um status ontológico algo semelhante às proposições mentais de Locke. Para uma descrição do tratamento de proposições e juízos nos séculos XVII e XVIII, com algumas referências a autores anteriores, ver Gabriel Nuchelmans, *Judgment and Proposition from Descartes to Kant* (1983).

propriedade O capítulo de Locke sobre propriedade no segundo dos *Dois tratados* foi tema de muita discussão por parte dos que escreveram sobre sua filosofia política. Propriedade é um conceito central em seu estudo do governo civil. Poder político é definido como "o direito de fazer leis com pena de morte e, conseqüentemente, todas as penalidades menores para regular e preservar a propriedade" (*T2*, §3). Grande parte do primeiro dos *Dois tratados* foi escrita contra as teses de Robert Filmer a respeito de propriedade em seu *Patriarcha, or the Natural Power of Kings* (1680). Filmer defendeu a tese de que Deus concedeu a Adão e seus herdeiros o domínio sobre a Terra e seus habitantes. Como Locke interpretou Filmer, essa afirmação era surpreendente: Adão tinha "um divino e inalterável direito de soberania, pelo qual um pai ou um príncipe dispunha de um poder absoluto, arbitrário, ilimitado e ilimitável sobre as vidas, liberdades e bens de seus filhos e súditos" (*T*1, §9). Filmer, na opinião de Locke, disse que Adão era monarca do mundo: Deus outorgou-lhe propriedade e domínio sobre animais e filhos (*T*1, §23). Locke contesta a afirmação de Filmer de que a Bíblia deu a Adão ou a qualquer dos seus descendentes o domínio exclusivo de propriedade. Uma das passagens controvertidas, Gênesis 1:28, situa a espécie humana acima das outras criaturas e confere-lhe o domínio sobre essas criaturas, mas Locke insiste em que essa passagem também confirma "a comunidade original de todas as coisas entre os filhos dos homens" (*T*1, §40).

A diferença de interpretações reside aí: direito exclusivo de propriedade ou um direito a usar parte do que é comum. Há uma diferença entre *ter domínio*, "o que um pastor pode ter", e *ter plena* propriedade como dono (*T*1, §39). Na interpretação de Filmer, Deus deu a Adão e *sua* posteridade não apenas o domínio, mas a propriedade de terras e animais. Locke não afirma que a propriedade seja imprópria. "A *justiça* dá a cada homem o direito ao produto de seu trabalho honesto" (*T*1, §42). Uma ressalva, que se tornou importante para a análise do segundo tratado de Locke, diz que uma outra virtude, a caridade, "dá a todo o homem o direito a uma parcela da abundância de um outro homem que o proteja da extrema penúria, quando não disponha de outros meios de subsistência" (ibid.). Locke assegura que Deus não daria a ninguém uma propriedade que negasse a "seu irmão necessitado o direito a uma parcela excedente de seus bens". O que um homem adquire através de seu trabalho passa para seus filhos, de tal modo que a propriedade é herdada; se não há filhos, essa propriedade retorna, numa sociedade, à comunidade ou à "reserva comum da humanidade" (*T*1, §88-90). A questão sobre como alguém *podia* adquirir propriedade é uma das que Locke diz que será tratada mais tarde, embora a referência ao trabalho de um homem, em §42, pareça dar, pelo menos, uma resposta parcial. A seção 92 apresenta uma explicação adicional: a origem da propriedade decorre do "direito de um homem a fazer uso de qualquer das criaturas inferiores, com vista à subsistência e conforto de sua vida".

Locke abre o capítulo sobre propriedade no segundo dos *Dois tratados* (capítulo V), reiterando sua convicção de que, como diz o Salmo 115:16, Deus "*deu a terra aos filhos dos homens*, concedendo-a em comum a toda a humanidade" (*T*2, §25). A questão é "como alguém teria chegado a obter a *propriedade* de qualquer coisa". Esta questão é apresentada como um problema conceptual. Comenta que "parece ser, para alguns, uma dificuldade muito grande". Sublinha que, se a interpretação de Filmer está correta, o resultado seria que só "um monarca universal teria qualquer propriedade", porquanto Filmer supõe que "Deus deu o mundo a *Adão* e a seus herdeiros em sucessão, excluído todo o resto de sua posteridade". Locke informa-nos, então, que o que ele fará nesse capítulo é mostrar "como os homens podem chegar a ter uma propriedade em várias partes daquilo dado por Deus à humanidade em comum, e isso sem qualquer pacto expresso entre todos os membros da comunidade". A expressão "podem chegar a ter" reflete a natureza conceptual, talvez até a natureza conjetural, da análise que se segue.

As etapas da descrição de Locke de como os homens *podem* chegar a ter propriedade são as seguintes:

1. Deus deu o mundo aos homens em comum, a par da faculdade da razão, "a fim de que fosse usado para maior proveito da vida e da própria comodidade pessoal" (*T2*, §26).
2. Os frutos que "a natureza produziu espontaneamente", e os animais que a terra alimenta, foram destinados ao uso da humanidade em comum.
3. Ninguém tem "um domínio privado, com exclusão do resto da humanidade", sobre qualquer das produções da natureza, em seu estado *natural*.
4. Como os produtos da mão da natureza nos foram dados para nosso uso, "deve haver necessariamente um meio de *apropriá-los* de algum modo antes que possam ser usados ou vir a beneficiar de qualquer maneira um indivíduo em particular".
5. A apropriação, no caso de alimento, requer, para que este seja de algum proveito para o homem (Locke fala de um índio selvagem), que "ele se torne parte deste".

Nada há de excepcional nestas etapas, com exceção talvez da etapa 5. A noção de que a propriedade comestível torna-se parte da pessoa que a consome é correta, mas a sugestão parece ser que essas classes de artigos passam a ser minha propriedade por comê-los. Quando eles são, no sentido biológico, "parte de mim, são meus". Ao fazê-los desaparecer, consumindo-os, acrescenta Locke, também impedi que outrem tivesse direito a esse alimento. Até aqui, portanto, Locke não mencionou o trabalho do índio como dando-lhe direito ao alimento que colhe.

O passo seguinte de Locke acrescenta uma noção ainda mais original.

6. Embora "a Terra e todas as criaturas inferiores sejam comuns a todos os homens", existe, mesmo antes de qualquer apropriação, alguma propriedade privada: "cada homem tem uma *propriedade* em sua própria *pessoa*" (§27). A noção de direito também está presente neste passo: ninguém tem qualquer direito sobre a minha pessoa.

Locke estava, por vezes, obsessivamente preocupado com a possibilidade de que alguém tivesse domínio sobre outros. Fustigou severamente Filmer por sua tese favorável ao domínio absoluto sobre outros. A noção de parte de *minha* propriedade ser a minha PESSOA pode soar estranha a nossos ouvidos, mas está vinculada ao significado especial que Locke atribui à "pessoa", o agente moral que dá às suas ações uma finalidade própria e assim constitui a sua personalidade.

7. A etapa seguinte na explicação de Locke é de como os homens puderam chegar a ter propriedade daquilo que é comum (é, claro, a pessoa não faz parte do comum), algo mais que eu, como pessoa, possuo, que é fruto do meu trabalho, trabalho do meu corpo e fruto das minhas mãos. Também isso não faz parte do que é comum (§27).
8. O inverso de o índio fazer dos produtos da natureza parte de si mesmo constituirá agora o passo seguinte. Ao usar o corpo e as mãos de que sou o dono (ou a obra de que sou dono através do uso de meu corpo e de minhas mãos), misturo meu trabalho aos produtos da natureza, junto o meu trabalho ao que a mão da natureza produz. Assim como o índio faz do alimento sua propriedade ao fazer desse alimento parte de seu próprio corpo, também agora, ao fazer do meu trabalho parte do que a natureza fornece, estou tornando minha propriedade uma porção do que é comum. Consumir o alimento que a natureza fornece é um modo em que uma parte do que é comum é retirada do comum. Misturar o produto do trabalho com os produtos da natureza é

um outro modo de retirar parte do que é comum. De ambas as formas, ninguém mais tem direito ao que juntei, pelo menos (e aqui temos uma importante ressalva já prevista pelo §29 do primeiro tratado) "enquanto houver o bastante e igualmente de boa qualidade em comum para terceiros" (*T2*, §27).

9. Locke combina agora os dois modos de apropriação, comer e trabalhar. Diz ser a colheita de frutos, não o comê-los, que faz com que eles sejam meus. Não é o *tomá-los* da árvore que os faz meus, embora, é claro, o alimento que recebi da natureza seja meu (§28). É o *adicionar* à natureza que faz com que o alimento que cultivo e como seja meu, dando-me um "direito privado" ao alimento. Há uma diferença significativa entre *tomar de* e *adicionar à* natureza mais do que havia nela.

Locke nem sempre sublinha a adição à natureza em seus exemplos, mas é claro que toda a apropriação envolve alguma adição de trabalho. Segue-se rapidamente o passo seguinte na descrição de privatização sugerida por Locke (de como é possível converter o que Deus deu a toda a humanidade em propriedade privada).

10. Apropriar-se de algo que é comum não requer o "consentimento de toda a humanidade" (§28). Ele até afirma que a lei da natureza sanciona tal apropriação (§30).
11. A mesma lei da natureza que permite a apropriação do modo que Locke indicou (adicionar e tomar) tem uma ressalva: posso apropriar-me e fruir de algo desde que não o deteriore ou o inutilize. A aquisição ilimitada de propriedade é proibida pela lei da natureza. Esse princípio foi modificado mais tarde, quando Locke trata da invenção do dinheiro.
12. A seção 32 aplica as considerações acima à terra. A propriedade de terra é adquirida da mesma maneira que os produtos da natureza. Aí, a *adição* de trabalho é mais proeminente. "*A extensão de terra* que um homem lavra, planta, melhora, cultiva, e cujos produtos usa, essa constitui a sua *propriedade*."

Para Locke, o significado de adicionar à natureza é enfatizado pelo que ele diz em seguida, nessa e nas seções seguintes. Ao entregar a terra a toda a humanidade, Deus "ordenou também aos homens que a trabalhassem"; Deus ordenou que o homem "dominasse a terra", isto é, que "a melhorasse para benefício da vida e dispusesse do que lhe pertencia, o seu trabalho" (§32). Arrotear a terra adiciona-lhe algo que já é propriedade do agricultor, o seu trabalho. Ele também tem propriedade em sua pessoa, pelo que pessoa e trabalho se conjugam para adquirir propriedade adicional.

A descrição do como o que foi originalmente dado a todos é coerente com a apropriação individual de parte do que é comum tem lugar dentro dos dois parâmetros especificados nos passos 8 e 11: há sempre bens e terra suficientes para outros privatizarem, e o que é tomado não se degrada nem destrói. Desde que essas duas condições sejam respeitadas, a "tomada" é negada: "Pois quem deixa tanto quanto outro pode utilizar procede tão bem como se nada tomasse" (§33). O que Deus deu não se destinava a permanecer comum e não cultivado. Talvez Deus não tenha realmente dado a terra e suas criaturas a *toda* a humanidade, no fim de contas: "Ele deu-a para uso dos diligentes e racionais": o trabalho era o título que dava a cada homem o direito à terra (§34). Ao ordenar-nos que dominemos a terra, Deus "concedeu-nos autoridade para a *apropriação*; e a condição da vida humana, que exige trabalho e materiais com que trabalhar, introduziu necessariamente as *propriedades privadas*" (§35). As regras básicas para a aquisição, a que Locke chama as "medidas de propriedade" (passos 8 e 11), funcionam bem nas "primeiras idades do mundo"; talvez funcionem até no mundo da época de Locke, embora reconheça que a maior parte do mundo já estivesse, por essa altura, povoada (§36). Locke estava convencido de que "a mesma *Regra de propriedade*, a saber, que cada homem deve ter tanto quanto possa utilizar, valeria ainda no mundo sem prejudicar a ninguém, desde que existisse terra bastante para o dobro dos habitantes" (ibid.).

A frase seguinte nessa seção diz-nos por que as regras de aquisição de propriedade foram perturbadas: "se a *invenção do dinheiro* e o tácito acordo dos homens, atribuindo um valor à terra, não tivessem introduzido (por consentimento) maiores posses e o direito a elas." Mas não foi apenas a invenção do dinheiro que perturbou as modestas regras para adicionar e tomar do que era comum e provocou mudanças bastante drásticas nos conceitos de justiça e caridade descritos em *T*1, §42. Essas mudanças foram também devidas ao surgimento de um desejo específico que, obviamente, não estava presente no homem das primeiras idades do mundo: "o desejo de ter mais do que se precisa" (*T*2, §37). Esse desejo levou à invenção do dinheiro; também "alterou o valor intrínseco das coisas, o qual depende unicamente da utilidade delas para a vida do homem" (§37). A importância da atividade laboriosa, de se adicionar à terra o valor de uso ao cultivá-la, é reforçada por numerosas seções em que Locke discorre sobre o valor. A terra não cultivada é menos valiosa do que a cultivada. A apropriação da terra pela atividade laboriosa aumenta "as reservas comuns da humanidade" (ibid.). É o trabalho que "*provoca a diferença de valor* em tudo quanto existe" (§40; cf. §§41-43).

Na seção 39, Locke conclui que mostrou como pode explicar e justificar a propriedade sem a suposição excludente do domínio privado de Adão sobre o mundo inteiro. Ele resume a sua alternativa na seção 44:

> De tudo isso, é evidente que, embora a natureza tudo nos ofereça em comum, o homem, sendo senhor de si próprio e *proprietário* de sua *pessoa* e das ações ou do *trabalho* que executa, teria ainda em si mesmo a base da *propriedade*; e o que forma a maior parte do que aplica ao sustento ou conforto do seu próprio ser, quando as invenções e as artes aperfeiçoaram as comodidades da vida, era perfeitamente dele, não pertencendo em comum a outros.

As duas modificações nesta descrição são a introdução de dinheiro e a regulamentação da propriedade por consentimento na sociedade civil. As leis civis regulamentaram "as propriedades dos homens particulares da sociedade, e, dessa maneira, por meio de acordo e *pacto, estabeleceram a propriedade* que o trabalho e a indústria tinham começado" (§45). A introdução de dinheiro é o mais sério desafio à explicação de Locke, porquanto leva a uma quantidade de possessões maior do que normalmente seria possível. Com o dinheiro, o valor de "imaginação ou acordo" substitui o valor de uso real "e o necessário sustento da vida" (§46). A introdução do dinheiro é precedida do comércio e da troca. Se um homem, sendo mais diligente ou mais hábil do que um outro, adquire mais frutas do que pode usar, pode negociá-las trocando por outros bens que ele não trabalhou para adquirir. Os itens em circulação ainda são o produto do trabalho humano, mas agora o que um homem possui pode não ser o produto direto de seu trabalho. Tal homem nada gastou das reservas comuns nem prejudicou quaisquer possessões de outrem. A etapa seguinte no caminho para a criação do dinheiro foi alguém "trocar suas nozes por um pedaço de metal cuja cor lhe agradou, ou seus carneiros por conchas, ou a lã por uma pedra cintilante ou diamantes. Mesmo que guardasse as nozes, conchas ou diamantes durante toda a sua vida, não teria invadido "os direitos de terceiros" e poderia "acumular qualquer quantidade que quisesse desses bens duráveis". Os limites "justos" de sua propriedade não foram excedidos porque, pelo menos, uma das medidas de propriedade não foi violada: o metal ou diamante não se deterioram (§46). Diferentes quantidades de propriedade acompanham a invenção e uso de bens duráveis como metais e diamantes. Assim como "diferentes graus de indústria eram suscetíveis de dar aos homens posses em proporções diferentes, também a *invenção do dinheiro* deu-lhes a oportunidade de continuar a ampliá-las" (§48). Uma vez que o dinheiro "só tem seu *valor* por consenso dos homens", eles efetivamente "concordaram com a posse desproporcionada e desigual da terra" (§50).

A análise de Locke do conceito de propriedade foi escrita contra um rico *background* de estudos anteriores. A maioria de seus predecessores e alguns de seus contemporâneos são figuras exemplares na história da teoria política: Suarez, Grotius, Selden, Pufendorf. Locke escreveu tendo Filmer mais diretamente em mente, mas é provável que, como sugere o Professor Tully, James Tyrrell também fosse lembrado. O livro de Tully, *A Discourse on Property* (1980), pode ser utilmente consultado para o material histórico, assim como para uma detalhada apresentação da teoria lockiana de propriedade, a qual, em conjunto com as outras idéias de Locke sobre governo civil, tem sido um componente principal da teoria política do século XX e, por vezes, o centro de impetuoso debate.

propriedades O uso desta palavra por Locke é bastante curioso, assistemático, mas de certa importância. Só ocorre no *Ensaio* a partir de 2.23, o capítulo sobre substâncias, e sua análise das espécies de substâncias. Ele usa "tipos" (*sorts*) e, por vezes, "espécies" (*species*), em vez de "gêneros"(*kinds*). Entre esse capítulo e 3.6.6, o termo "propriedades" aparece com freqüência, muitas vezes em associação com "qualidades", ou até como tendo ambos os termos o mesmo significado. Em 3.6.6, anuncia que as propriedades pertencem a "*espécies*, não a indivíduos". A distinção entre exemplos de particulares (isto é, indivíduos, este pedaço de ouro, esse homem) e gêneros ou espécies está presente ao longo desses capítulos e suas numerosas seções. A observação de que as propriedades referem-se a espécies, não a indivíduos, suscita várias questões: (1) "As propriedades diferem das qualidades?"; (2) "Que termos devemos usar para descrever indivíduos?"; e (3) "São as descrições de indivíduos dadas na linguagem de gêneros, a linguagem que caracteriza a espécie que um indivíduo, um particular, representa?" Estas questões são conturbadas por numerosas dificuldades, sendo uma delas o aparecimento tardio de "propriedade" no *Ensaio*, sendo uma outra a asserção muito firme de Locke de que os gêneros ou tipos são criados pelo homem, não pela natureza, e sendo assim uma terceira o modo assistemático como são usados "propriedades", "qualidades" e até, ocasionalmente, "idéias". Vale a pena registrar o uso dessas palavras desde 2.23.6 até o final do *Ensaio* em 4.21.2. O aparecimento da palavra "idéia" em muitas dessas passagens ilustra a confissão de Locke feita em 2.8.8 (a discussão de diferentes gêneros de qualidades de corpos) de que tinha freqüentemente escrito "idéia" quando devia ter usado "qualidade", sobretudo nos lugares onde fala de idéias "como nas próprias coisas". Pede aí, ao seu leitor, para entender que ele se refere às "qualidades nos objetos que produzem" as idéias que temos.

Em *Ensaio* 2.23.6, ele está falando das idéias que temos ou formamos sobre "*espécies particulares e distintas de substâncias*". Pensa que as combinações de idéias (!), coexistindo e aderindo num substrato que é a causa da união dessas idéias, não são claras por causa do conceito de substância. Os exemplos que ele usa ao longo dessas passagens são muito variados; na seção acima citada, são homem, cavalo, sol, água, ferro, ouro, vitríolo, pão. Fala de observar idéias simples em combinação, de qualidades sensíveis que se supõe serem inerentes numa substância; a seção termina usando todos os três termos, falando da "observação dessas qualidades, *idéias* ou propriedades, as quais estão nessa coisa a que chamamos o *Sol*". É claro que o tópico nessa seção são as *espécies* particulares de substâncias. A seção 14 desse mesmo capítulo volta a falar de idéias "*consideradas como unidas em uma coisa*". O exemplo neste caso é um cisne. Ele muda para "propriedades" depois de dar uma lista de cores, pescoço longo, bico vermelho, capacidade de nadar e "algumas outras propriedades, as quais terminam todas em simples *idéias* sensíveis, todas unidas em um sujeito comum". Em 2.23.30, refere-se de novo a "qualidades primárias, ou propriedades do corpo".

Numa outra seção, as idéias de modos são "coleções voluntárias de *idéias* simples, as quais a mente reúne, sem referência a quaisquer arquétipos reais, ou modelos permanentes" (2.31.3). Essas idéias são, elas próprias, arquétipos "feitos pela mente para classificar e dar nomes às coisas". O exemplo é de uma figura como um triângulo. Locke contrasta essa espécie de idéia com as idéias de substâncias, assinalando que gostaríamos de "representar para nós mesmos essa constituição, da qual todas as suas propriedades dependem", um feito que está muito além do nosso conhecimento. Passa depois a descrever aqueles homens que pensam os nomes de substâncias para representar certas essências reais: eles "pressupõem certas essências específicas de substâncias, com as quais cada indivíduo, em sua respectiva espécie, está em harmonia" (2.31.6). É claro que esses homens, conforme descritos por Locke, presumem que a essência pertence a uma espécie, não a um indivíduo. Acreditam que classificam as coisas por referência a essas supostas essências reais. Locke fala da observação de coleções de idéias simples que "constantemente existem juntas", comentando que "tal *idéia* complexa não pode ser a essência real de qualquer substância; pois nesse caso as propriedades que descobrimos nesse corpo dependeriam dessa *idéia*, e seriam dedutíveis dela, e sua necessária conexão com ela seria conhecida; como o são todas as propriedades de um triângulo" (ibid.). Depois retorna às "qualidades". O exemplo é o ferro: "um corpo de uma certa cor, peso e dureza; e uma propriedade que lhe consideram pertencente é a maleabilidade." O termo "propriedade" aplicar-se-á somente à maleabilidade? Diz ele: "Essa propriedade não tem conexão necessária com essa *idéia* complexa, ou qualquer parte dela" (a idéia de ouro). Locke entende que esses homens estão referindo-se a *tipos* de coisas e às suas presumidas essências reais. O exemplo é de novo o ouro, com algumas qualidades adicionais: "amarelo brilhante; um peso superior ao de qualquer coisa que conheço do mesmo volume; e a capacidade para ter sua cor mudada pelo toque de mercúrio". Essas características são mencionadas então como "propriedades": "a constituição interna, da qual essas propriedades dependem" (2.31.6). Mas algumas linhas mais adiante, reverte às "qualidades".

Nesta última passagem, Locke introduziu uma particular peça de ouro, o anel em seu dedo. Reitera a noção de que a essência real consiste numa forma substancial e não na estrutura corpuscular. A seção 8 desse mesmo capítulo fala de qualidades e poderes de substâncias que compõem as nossas idéias complexas, sublinhando que essas idéias não contêm todas as qualidades e poderes das substâncias. Usa a linguagem de idéias simples unidas nas coisas. Discute as idéias inadequadas. Acaba mesmo por dizer: "É impossível que tenhamos *idéias* adequadas de qualquer substância, composta de uma coleção de todas as suas propriedades." Faz também, de passagem, uma referência à sua proposição de que todas as idéias simples de nossas idéias complexas de substâncias são poderes, exceto "somente a figura e o tamanho de alguns tipos", indicando assim que ainda continua falando sobre tipos, gêneros, espécies, e não de um determinado anel. Não obstante, ele movimenta-se entre o discurso sobre idéias, qualidades e, por vezes, propriedades. Essa vacilação sobre qual dos termos usar observa-se em 2.31.10, onde comenta: "Mas ninguém que tenha considerado as propriedades de corpos em geral, ou desta espécie em particular", pode duvidar de que o ouro tem muitas outras propriedades. Locke fala "desta espécie", e continua usando o termo "propriedades", dizendo que todos eles são inseparáveis de sua constituição interna. Também se refere às propriedades de um triângulo. Parece nunca aludir às "qualidades" de figuras geométricas. Seu intuito nessa seção é assinalar que existem provavelmente milhares, talvez um número infinito de propriedades numa espécie de substância como o ouro. Até mesmo nossas idéias de figuras matemáticas seriam inadequadas se tivéssemos que reunir todas as suas propriedades; felizmente, dispomos de toda a essência através da definição de tais figuras: podemos "descobrir essas propriedades e ver demonstrativamente como elas fluem de" suas essências, suas definições (2.31.11).

Quando trata de idéias verdadeiras e falsas, o termo "propriedades" reaparece: "Quando a mente *refere* qualquer de suas *idéias* a essa constituição *real* e à *essência* de qualquer coisa, da qual todas as suas propriedades dependem" (2.32.5). Mais adiante, Locke diz que a nossa idéia complexa de ouro não contém a essência real, porquanto "contém apenas algumas poucas de suas propriedades, as quais fluem de sua real essência e constituição" (2.32.24). Essas propriedades consistem "sobretudo nos poderes ativos e passivos" que os objetos têm em relação a outras coisas (ibid.). Passa depois a falar da "*idéia* complexa dessa espécie de coisas", lembrando-nos que não está discorrendo acerca de indivíduos, mas de espécies de indivíduos. O exemplo agora é um triângulo, cujas propriedades fluem de sua essência. Locke conclui essa seção dizendo: "Assim, imagino ser nas substâncias que as suas reais essências residem num reduzido âmbito; embora sejam infinitas as propriedades que dimanam dessa constituição interna" (2.32.5). Quando ele trata com nomes gerais, o termo "propriedades" é usado de novo. Uma nova idéia de homem pode ser obtida "pela exclusão da forma e algumas outras propriedades compreendidas pelo nome *homem*" (3.3.8). Quando, nessa seção, contrasta sua noção de essência real com a tradicional, argumenta que esta última é deturpada pela existência de monstros, uma vez que, como escreve logo adiante, "é impossível que duas coisas participem exatamente da mesma *essência* real tendo diferentes qualidades, do mesmo modo que duas figuras participando da mesma essência real do círculo tenham diferentes atributos" (3.3.17). O triângulo é também usado como um exemplo cujas propriedades estão baseadas em sua essência. A situação é muito diferente com pedaços de matéria; por exemplo, a porção de ouro com que se fez o anel em seu dedo. Não se trata aí de uma definição, mas das "partes insensíveis de que dependem todas as propriedades de cor, peso, fusibilidade, fixidez etc.", que serão encontradas nele (3.3.18). A diferença entre figuras matemáticas e substâncias naturais não é que as propriedades das segundas não fluem da essência, da constituição interna de partículas, mas que, diferente do triângulo, não temos um conhecimento dessa constituição. O termo "qualidades" é usado nessa passagem mas, em 3.3.19, onde os exemplos são relva, carneiro e homem, é o termo "propriedades" que é usado. Ele também comenta nessa última passagem que "a *essência* de uma *espécie* [sua essência nominal] permanece a são e salvo, sem a existência de mais ou menos um indivíduo dessa espécie", parecendo dar a essas essências algo como o status das essências de modos mistos.

As semelhanças entre as idéias de modos mistos são desenvolvidas em 3.5.16. As idéias de modos mistos e seus nomes significam uma essência real (uma vez que não existe diferença, no seu caso, entre essência real e nominal), e são "a obra da mente". Esta é a mesma linguagem que ele usa quando fala sobre as espécies de substâncias (3.5.14). Todas as propriedades das espécies de ações (modos mistos) dimanam e dependem das idéias complexas dessas ações. Em ambos os casos, de modos mistos e substâncias, as fronteiras de cada classe ou espécie são determinadas pela idéia abstrata. Ao contrastar as idéias de modos mistos com as de substâncias naturais, Locke usa "qualidades" e "propriedades" (3.6.2). A essência real ou constituição interna de substâncias é "o fundamento de todas essas propriedades que lá estão combinadas e que constantemente descobrimos coexistir com a *essência nominal*" (3.6.6). Ele continua referindo-se nessa seção a propriedades em relação com as espécies de substâncias, embora o termo "qualidades" também apareça no exemplo do ouro. Essa é a seção onde ele diz que o termo "propriedades" pertence a espécies, não a indivíduos. Insiste em que o conceito de "essencial" (não diz "essência") pertence a um objeto "como uma condição, de acordo com a qual ele é desta ou daquela espécie". Mas, uma vez mais, ocorre a mudança para "qualidade", e Locke dá exemplos de enxofre, antimônio e vitríolo. Assinala que se estes fossem distinguidos em espécies, "de acordo com suas essências reais, seria impossível encontrar propriedades diferentes em quaisquer duas substâncias individuais da mesma *espécie*, tanto quanto encontrar propriedades diferentes em dois círculos ou dois triângulos eqüiláteros" (3.6.8). Na seção seguinte, ele reverte à linguagem de "idéias", falando da coleção de idéias sensíveis que observamos e formam a essência nominal, mas logo retorna à linguagem da qualidade quando usa exemplos de plantas, animais, ferro e chumbo (3.6.9). Uma seção mais adiante usa a linguagem de propriedades quando fala sobre a espécie de espíritos (3.6.17), e uma outra seção usa a linguagem de propriedades decorrentes de diferentes essências reais (3.6.19). A mistura de qualidades e propriedades é encontrada ainda em seções ulteriores desse capítulo (por exemplo, 3.6.47, 49; cf. 3.9.12). Em 3.9.13, afirma-se que as idéias simples coexistem e encontram-se "unidas nas numerosas espécies de coisas"; convertem-se nos modelos que os nomes se referem (3.9.13). O resto dessa seção usa "qualidades" e "propriedades" de modo semelhante, como padrões para classificar espécies de coisas.

Essa investigação parcial do uso do termo "propriedades", a par de "qualidades" e, por vezes, "idéias", é representativa de muitas passagens subseqüentes no Livros III e IV do *Ensaio*. Algumas dessas passagens examinam espécies de coisas, mas não existe um modelo de uso de "propriedades" somente quando se fala de tipos e espécies. Em alguns pontos de sua controvérsia com Stillingfleet, a linguagem é "modos e propriedades" (*Mr. Locke's*

Letter to the Bishop of Worcester, em *Works*, iv. 25-7). Essa discussão não nos ajuda a resolver a questão a respeito de propriedades e qualidades: ambas se relacionam a espécies, ou coisas particulares, *como particulares*, têm qualidades, não propriedades? Esta questão não é resolvida na base dos textos. Seu uso de "propriedades" pode ser apenas uma sobrevivência dos autores escolásticos e aristotélicos, mas se, como esses textos de Locke parecem sugerir, ele não traçou uma distinção significativa entre qualidades e propriedades, poderia ter dito com igual desembaraço, em 3.6.6, que as qualidades são pertinentes a espécies, não a indivíduos? Semelhante linguagem teria sido insólita, teria deixado a descrição de particulares sem um vocabulário; exigiria, pelo menos, reformulação: a noção de qualidades *essenciais* relaciona-se com espécies. Parece ser esse o ponto que Locke quer frisar, quando discute nossas idéias abstratas de espécies de coisas, ou quando falamos de qualidades ou propriedades que são essenciais. Uma vez que não podemos descobrir a essência real (para Locke, a constituição interna de qualquer pedaço de matéria, orgânica ou inorgânica), tampouco podemos dizer que qualquer conjunto de qualidades ou propriedades é essencial para qualquer pedaço de matéria. "Essencial", para nós, só pode referir-se à essência nominal que formamos, àquela coleção de qualidades ou propriedades que identificamos como tipos de coisas, como os padrões para qualquer particular ser um exemplo do que chamamos ouro, chumbo, prata, água, cavalo, homem, planta. Qualidades ou propriedades definem tipos ou gêneros; e as nossas idéias gerais abstratas e seus nomes são gerais de gênero, e os gerais de gênero são obra do homem, não da natureza (*ver* TIPOS, GERAIS DE GÊNERO).

prova O conhecimento demonstrativo para Locke envolve uma intuição do acordo ou desacordo de idéias. Essa intuição necessita, com freqüência, ser mediada por outras idéias que ligam as idéias entre as quais estamos tentando discernir a conexão. A essas idéias intervenientes, as idéias que fazem a mediação entre duas outras idéias, deu Locke o nome de "provas" (*Ensaio*, 4.2.3, 7). A "prova" da conexão entre uma idéia e outra reside em alguma idéia que está imediatamente relacionada com cada uma das idéias sob exame. Em demonstrações complexas, é requerida uma "longa série de provas", uma seqüência de idéias intervenientes entre duas outras idéias, até que a relação entre a primeira e a última possa ser "vista" ou percebida (4.2.6). O conhecimento por provas intervenientes não é tão claro quanto o conhecimento intuitivo, e demonstrações complexas podem levar a equívocos, mas tanto a intuição quanto a demonstração geram certeza (4.2.3, 4, 5).

Assim como uma demonstração "consiste no acordo ou desacordo de duas idéias, pela intervenção de uma ou mais provas", também "a probabilidade nada mais é do que a manifestação de tal acordo ou desacordo pela intervenção de provas" (4.15.1.). Portanto, uma prova parece ser *parte de* ou um *componente de* uma demonstração. Como, por vezes, Locke usa exemplos geométricos quando fala sobre demonstração (por exemplo, a relação entre igualdade, os três ângulos de um triângulo e dois ângulos retos), poderíamos pensar que as provas são argumentos formais, como as demonstrações de Euclides. Talvez fôssemos tentados a dizer que Locke tinha um conceito matemático ou geométrico de prova. Mas seu uso do termo "prova" para referir-se a idéias intervenientes numa demonstração devem nos levar a fazer uma pausa, antes de extrair essa conclusão. Além disso, quando examinamos o que ele tem a dizer sobre DEMONSTRAÇÃO, descobrimos que seu conceito dela é bastante mais informal. Uma demonstração *mostra-nos* a conexão de idéias, habilita-nos a "ver" ou perceber essa conexão. Tal percepção resulta de intuição e provas, habilitando-nos estas últimas a ampliar nossas intuições a outras idéias afins. Locke admitiu que os silogismos "revelam a conexão das provas", mas acreditava que a mente podia descobrir essa conexão sem a formalidade do silogismo e suas regras (4.17.4). A ênfase em sua discussão de demonstração, probabilidade e prova recai sobre o modo como somos levados a perceber e a dar o nosso assentimento a alguma proposição ou asserção como verdadeira ou provável. Existem argumentos, demonstrativos e prováveis, que incluem evidências resultantes da experiência e observação, o depoimento de testemunhas entendidas e uma apresentação mais formal de conexões conceptuais.

O termo "prova" é também usado em todo o *Ensaio* e no primeiro dos *Dois tratados* de um modo menos técnico e mais comum: por exemplo, o fato de que nem todas as nações têm uma idéia de Deus prova que essa idéia não é inata; ou a incapacidade para dizer o que determinada palavra significa é prova de que nos falta uma idéia para essa palavra; ou provas extraídas das Escrituras.

punição Uma definição sucinta de punição é, um homem fazendo legitimamente, mal a um outro (*T*2, §8). Locke está escrevendo aí sobre aqueles que, no estado de natureza, transgridem a lei da natureza. A palavra "transgredir", e uma outra usada que lhe é próxima, "violar", teriam implicações religiosas para Locke e seus leitores. Esse matiz é reforçado por suas descrições de um homem que viola os ditames da lei da natureza:

1. O "ofensor declara viver por outra regra que não a da *razão* e da eqüidade, que é aquela medida fixada por Deus para as ações dos homens" (ibid.).
2. Ele "torna-se perigoso para a humanidade".
3. Sua ação é "uma transgressão contra toda a espécie".
4. Por sua ação, ele "torna-se degenerado e declara abandonar os princípios da natureza humana" (§10).
5. Ele é uma "criatura nociva" (§10).
6. Ele "declarou guerra contra toda a humanidade" (§11).

Nesta última passagem, são obviamente os atos de homicídio que Locke tem em mente; fala da "injusta violência e morticínio que ele [o criminoso] cometeu". Por tais atos, o delinqüente "pode ser destruído como um leão ou tigre, um daqueles animais selvagens com os quais os homens não têm sociedade nem segurança" (§11; cf. §16). Locke menciona o assassinato de Abel por Caim, seu irmão. Na seção sobre o estado de guerra, até o roubo parece colocar o transgressor à margem da humanidade. Um homem pode encontrar-se num estado de guerra com um outro se tem "um calmo e inalterável desígnio com relação à vida de outrem" (§16). O uso de força ou violência contra outro homem é uma tentativa para colocar esse homem sob o nosso poder absoluto. A partir dessa caracterização, Locke infere a assustadora conclusão de que é "legítimo *matar um ladrão*" porque, embora o ladrão não tenha feito mal à pessoa que roubou, nem tenha manifestado qualquer desígnio contra a vida da vítima, "fazer uso da força quando não tem nenhum direito de apoderar-se dela" é motivo suficiente para supor que "quem *nos tira a liberdade* nos arrebataria tudo o mais, logo que nos tivesse em seu poder" (§18). Portanto, Locke conclui ser legítimo "matá-lo, se se puder".

Todos esses comentários sobre punição são feitos a respeito do estado de natureza, anterior à formação da sociedade civil e suas leis. É de se presumir que uma sociedade civil lide de um modo diferente com seus criminosos. É importante ter presente que Locke está falando sobre a violação da lei (ou leis) da natureza, as leis de Deus para o homem. Essas leis ocupam-se de valores humanos básicos, como vida e propriedade; elas definem o que é ser humano, o que é ser um agente moral, uma pessoa no sentido técnico lockiano desse termo. Essas considerações moderam algo o tom severo e punitivo das injunções de Locke a respeito daqueles que transgridem essas leis. Seu tom, mesmo nesses trechos de *Dois tratados*, nem sempre é tão rigoroso, tão implacável. Recomenda a razão serena quando punindo delinqüentes, não "a cólera exacerbada ou a extravagância ilimitada da própria vontade" (§8). A punição deve ser proporcional ao crime, embora forneça poucos detalhes sobre como isso poderia ser decidido. Ele também inclui a noção de "reparação": "aquele que recebeu qualquer dano... tem o direito particular de procurar *reparação*" (§10).

Repressão do delinqüente e exemplo para outros são dois dos motivos para punir os que violam a lei da natureza. O conceito de punição nessas passagens é retributivo, tomando talvez por modelo a crença de Locke sobre o modo como Deus nos tratará no dia do Juízo Final. Deus "vê os homens nas trevas, tem em Sua mão prêmios e punições, e poder bastante para chamar a prestar contas o mais orgulhoso pecador"(*Ensaio,* 1.3.6). Um dos argumentos de Locke contra princípios práticos inatos é que os homens violam as leis da natureza. Tivessem eles princípios práticos inatos, saberiam o que esses princípios dizem; se possuíssem um conhecimento inato deles, não os infringiriam, certamente sem pudor ou medo (1.3.11). Locke quer sublinhar um ponto conceptual e um ponto muito prático. O ponto conceptual é que não podemos entender "o que é Dever... sem uma Lei; nem uma Lei ser conhecida, ou pressuposta, sem um legislador, ou sem prêmios e punições" (1.3.12). Assim, as idéias de "Deus, de Lei, de obrigação, de punição, de uma vida depois desta" estão todas conjugadas entre si. O ponto prático que Locke quer destacar é que "a ignorância ou dúvida da lei, as esperanças de escapar ao conhecimento ou poder do legislador, etc., podem fazer os homens ceder a um apetite atual" (1.3.13). Se, como os inatistas afirmam, todos os homens sabem qual é seu dever, agir contra uma tal lei conhecida seria agir no pleno conhecimento de que "a Mão do Todo-Poderoso [está] visivelmente erguida e preparada para a Vingança" (ibid.). A infinita felicidade ou infinita infelicidade é o prêmio ou a punição que aguardam o homem; essas são as imposições para fazer com que se cumpra a sua lei (2.21.70).

Assim, o pano de fundo para a discussão de Locke da punição no estado de natureza é essa doutrina escatológica. No âmbito de uma sociedade política, o poder de punir, que cada pessoa no estado de natureza tem, é transferido para a comunidade e seus representantes. Se a comunidade determina punições do mesmo tipo que Locke recomenda para violações da lei da natureza, se a punição civil inclui violações da lei da natureza, são detalhes que Locke não examina. De modo geral, a lei civil não deve conflitar com a lei da natureza, mas as leis da sociedade civil podem prescrever diferentes punições para alguns crimes. A lei civil poderia proibir a morte de um ladrão, por exemplo? A sociedade civil consideraria ou deveria considerar um assassino no mesmo plano de um animal selvagem? As respostas a essas perguntas não são encontradas nos escritos de Locke, mas não devemos esquecer o fato de que seus severos comentários acerca dos violadores da lei da natureza foram dirigidos à situação na sociedade pré-civil.

Quando nos voltamos para o que Locke diz a respeito de punição em *Alguns pensamentos referentes à educação*, descobrimos uma atitude e um tom muito diferentes. Não nos deve surpreender essa diferença de atitude, porque Locke está preocupado nessa obra com a criação e educação de crianças, ajudando-as a que se tornem pessoas morais responsáveis. *Dois tratados* dirige a atenção para adultos que tinham deixado de ser pessoas; *Alguns pensamentos* trata do desenvolvimento de crianças para que se tornem pessoas. Locke mostra um profundo entendimento prático do que será eficaz com crianças: "*grande severidade* de punição não faz senão pouquíssimo bem; ou melhor, causa grande dano em educação" (*AP*, §43). Oferece até uma asserção de caráter geral: "aquelas crianças que foram mais *castigadas* raramente fazem os melhores homens." A punição corporal, o uso da vara, não é muito necessário; é geralmente ineficaz e contraproducente para ajudar a criança a aprender, e pode ser muito nocivo para o caráter da criança. A única exceção que Locke concede para se bater numa criança é a obstinação ou "rebeldia", mas, mesmo nesse caso, é "a vergonha das vergastadas e não a dor [que] deve constituir a maior parte da punição" (§78; cf. §§79-80). A punição psicológica é mais eficaz com crianças do que o castigo físico. Seja qual for a forma que a punição adota, deve ser coerente, aplicada com compreensão e ter o objetivo de corrigir erros e faltas; jamais deve ser simplesmente punitiva.

Há uma outra área onde o conceito de punição entra nos escritos de Locke, a saber, em suas várias *Cartas* acerca da tolerância. O seu antagonista nessa área, Jonas Proast (por exemplo, *The Argument of the "Letter concerning Toleration"*, 1690), defendeu o uso de força e penalidades para os dissidentes da "verdadeira" religião. A punição para aqueles que têm diferentes opiniões religiosas foi justamente aquilo contra o qual Locke escreveu. As recomendações de Proast também misturavam Igreja e Estado, uma condição que Locke queria igualmente evitar. Ele respondeu em detalhes a Proast em suas segunda e terceira *Cartas acerca da tolerância* (em *Obras*, vi).

Q

qualidades Na metafísica tradicional, o termo "qualidade" acompanha o termo "substância". Substância foi definida como algo capaz de existir por si mesma. As qualidades requerem uma substância para a sua existência. Elas foram divididas em qualidades que são essenciais a uma espécie de substância (de fato, elas definem a natureza de uma substância; por exemplo, material definido por extensão) e qualidades acidentais, as que não são essenciais a essa espécie de substância. Surgiram problemas a respeito de qualidades essenciais: se elas definem a espécie de substância, como diferem da substância? Pode esta existir sem qualidade essencial? Locke evita esses problemas, uma vez que a substância está rebaixada em sua ontologia; pelo menos, o nosso conhecimento de substância é limitado às qualidades que podemos descobrir, as essências reais não podem ser conhecidas. Quase poderíamos dizer que a ontologia lockiana é unicamente de qualidades, desde que acrescentemos, a título de corolário, que nosso conhecimento está limitado às qualidades observadas e experimentadas. Uma outra ressalva precisa ser feita a fim de indicar que Locke não estava convertendo coisas em qualidades, dizendo apenas que nosso *conhecimento* da natureza, de corpos, consiste na descoberta de qualidades sensíveis coexistentes. Coisas, objetos, tanto comuns quanto metafísicos, habitam o mundo de Locke, mas nosso conhecimento de sua natureza está restrito à experiência e observação, ajudado talvez por meia dúzia de hipóteses tais como a teoria corpuscular da matéria.

Ele discorre fácil e freqüentemente na linguagem dessa teoria, falando, por exemplo, das partes (partículas) insensíveis de alguns objetos dos quais as qualidades dependem (*Ensaio*, 3.6.2, 8). Essas partículas insensíveis são elas próprias descritas em função de certas qualidades: duras, redondas, extensas, em movimento ou em repouso. Também têm poderes específicos. Cientistas como Robert Boyle (cujos escritos Locke conhecia bem) e Isaac Newton usaram essa teoria corpuscular. Boyle de um modo bastante extenso; mas o programa geral anunciado da *Royal Society* propunha-se ampliar e refinar as observações e descrições de fenômenos. No nível comum, Locke fala-nos de árvores, água, casas, metais, alimento. Há freqüentemente referências no seu *Ensaio* a tais objetos, às qualidades por meio das quais identificamos e descrevemos essas espécies de objetos (por exemplo, 2.23.4, 7). Também há referências a qualidades familiares e ordinárias, a palavras como os nomes de qualidades, de qualidades coexistentes, de qualidades dominantes ou características (3.11.20, 21).

Para a metafísica tradicional, o contraste era entre substância e qualidade. Para Locke, o contraste é entre idéias e qualidades. O Livro II do *Ensaio* descreve a origem de muitas de nossas idéias, incluindo as nossa idéias de qualidades. Em 2.8.8, "qualidade" é definida como "o poder para produzir quaisquer *idéias* em nossa mente". Ele emprega a linguagem de objetos que têm esses poderes, o poder de uma bola de neve "para produzir em nós as *idéias* de *branco, frio* e *redondo*". Fala de idéias (sensações, percepções) que estão *no* entendimento; diz que as qualidades (poderes) estão *em* a bola de neve, *em* corpos. Um corpo, um pedaço de matéria, na teoria corpuscular, é um certo agrupamento de corpúsculos insensíveis. Esses corpúsculos são, principalmente, poderes na análise de Locke: o seu conceito de matéria pode conflitar com o conceito corpuscular, o qual considera a matéria passiva e inerte. Entretanto, força e poder não tardariam em substituir, na teoria científica da MATÉRIA, o conceito corpuscular passivo (*ver* PODERES). Se os corpos são essencialmente poderes, o que é a bola de neve, na qual se diz que estão localizadas as qualidades?

Talvez não haja uma resposta clara a essa questão. Em sua explicação de "qualidade", Locke continua falando como se existisse um referente para palavras-objetos. Distingue duas principais espécies de qualidades. As primeiras são chamadas "primárias"; recebem várias descrições.

1. Elas são "totalmente inseparáveis do corpo, seja qual for o estado em que este se encontra";
2. permanecem inalteráveis através de todas as mudanças, até as mudanças feitas pela força (golpear, esmagar);
3. os nossos sentidos descobrem constantemente essas espécies de qualidades em "toda e qualquer partícula de matéria que tenha volume suficiente para ser percebida"; e
4. a mente considera essas qualidades inseparáveis de "toda e qualquer partícula de matéria, embora menos do que para tornar-se separadamente percebida pelos nossos sentidos; por exemplo, pegue num grão de trigo, divida-o em duas partes; cada parte tem ainda *solidez, extensão, figura* e *mobilidade*; divida-o de novo, e ele conservará ainda as mesmas qualidades" (2.8.9). Mesmo quando estendemos essa divisão, em nossos pensamentos, para além do nível sensível, a mente ainda atribui essas qualidades às partes divididas. Conceptualmente, qualquer parte de matéria, sensível ou insensível, possui as qualidades primárias.

Locke fornece diferentes listas de qualidades primárias da matéria, mas elas incluem, pelo menos, as seguintes: solidez, extensão, figura, movimento, repouso (2.8.9), volume e contextura (2.8.10). Um outro termo para designar essas qualidades é "original", significando provavelmente as qualidades que a matéria possui antes de serem percebidas pelos humanos, embora o cenário de criação de Locke fale de matéria "pura", matéria sem algumas dessas qualidades primárias (*ver* MATÉRIA PENSANTE). Ele também chama "real" a essa primeira espécie de qualidade, para indicar que "o *volume, número, figura e movimento das partes de fogo ou neve* estão realmente nelas, quer qualquer dos nossos sentidos as perceba ou não"(2.8.17).

A outra espécie principal de qualidades do corpo é chamada "secundária"; estas qualidades "nada são nos próprios objetos senão poderes para produzir várias sensações em nós por suas *qualidades primárias*" (2.8.10, 14). A lista dessas qualidades secundárias inclui cores, sons, gostos, cheiros. Também são chamadas qualidades "sensíveis", um rótulo algo enganador, se entendermos que isso significa que as qualidades primárias também não são sensíveis quando os corpos são suficientemente grandes para ser percebidos.

Há um terceiro tipo de qualidades do corpo; num certo sentido, são uma subclasse das secundárias. Essas qualidades também não são mais do que poderes nos corpos. A diferença é que as chamadas "secundárias" produzem sensações em quem as percebe, enquanto que esse terceiro tipo produz mudanças em outros objetos que podem ou não ser percebidas. O terceiro tipo é um resultado da causação objeto-a-objeto; o segundo é causação objeto-a-receptor. A segunda e a terceira espécies são poderes em objetos. A luz e o calor do sol, o poder de derreter a cera, todos são "igualmente poderes no Sol, dependendo de suas qualidades primárias, por meio dos quais é capaz, num caso, de alterar de tal modo o volume, figura, textura ou movimento de algumas das partes insensíveis de meus olhos, ou mãos, como para produzir em mim a *idéia* de luz ou calor; e, no outro, é capaz de alterar de tal modo volume, figura, textura ou movimento das partes insensíveis da cera como para habilitá-la a produzir em mim as distintas *idéias* de branco e fluido" (2.8.24).

Ao chamar às segunda e terceira espécies de poderes de qualidade, Locke refere-se a elas como "meros" poderes, ou "puramente" poderes, mas considera que elas estão *no* objeto. Pondo de lado a questão do que é o objeto que tem essas qualidades (o que pode reduzir-se à questão de saber o que são os corpúsculos), devemos reconhecer que os poderes são um tipo de qualidade residente no objeto. Os corpos, sensíveis ou insensíveis, têm qualidades primárias, secundárias, e esse terceiro tipo de qualidades. O segundo e terceiro tipos são poderes, mas são poderes *de* e *em* o objeto. Pode ser importante notar que Locke atribui esses poderes às "insensíveis *qualidades primárias*" ou à "particular constituição" das qualidades primárias de um corpo, não é sua estrutura corpuscular (2.8.23). Os corpos *têm* as qualidades primárias independentes dos percebedores, e eles ou suas qualidades primárias têm ambas as espécies de poderes, manifestos ou não. O químico Robert Boyle reconheceu tais qualidades disposicionais (a sua palavra era "dispositivas"). A descrição de Locke corresponde de muito perto à de Boyle, como se verifica em *The Origine of Forms and Qualities* (1666), de Boyle.

A noção de qualidades ou poderes disposicionais, decidindo sobre seu status de realidade, tem criado dificuldades para filósofos, mas o texto de Locke parece deixar claro que os poderes a que ele se refere estão *em* corpos ou são, por assim dizer, qualidades das qualidades primárias de corpos. Pensar em qualidades ou poderes como independentes do observador não gera mais dificuldades. Não está inteiramente claro no texto de Locke se as qualidades ou poderes primários de um corpo ou grupo de corpúsculos são independentes de outros corpos. Há uma extensa e impressionante passagem onde ele sugere uma estreita interdependência entre objetos. Locke descreve, em linhas gerais, os processos pelos quais os seres vivos, plantas e animais, são dependentes da luz, do ar e da água, e depois de afirmar que, se colocarmos "uma peça de ouro em qualquer lugar isolado, separada do alcance e influência de todos os outros corpos, ela perderá imediatamente toda a sua cor e peso, e talvez a maleabilidade também; a qual, até onde me é dado saber, seria convertida numa perfeita friabilidade". Oferecendo outros exemplos semelhantes, Locke conclui:

> Isto é certo: as coisas, por mais absolutas e completas que pareçam em si mesmas, são apenas dependentes de outras partes da natureza, através das quais são por nós observadas. Suas qualidades, ações e poderes observáveis são devidos a algo exterior a eles; e

> não existe parte tão completa e perfeita que conheçamos da natureza que não deva o ser que possui, e as excelências do mesmo, aos elementos circundantes; e não devemos limitar nossos pensamentos dentro da superfície de qualquer corpo, mas olhar para bem mais longe, a fim de compreender perfeitamente aquelas qualidades que lhe pertencem. (4.6.11)

Esta passagem e os exemplos que ele cita podem conflitar com a sua anterior asserção, no *Ensaio*, de que "a constituição particular [a sua estrutura corpuscular] que cada coisa tem dentro de si mesma" é tida por essa coisa "sem qualquer relação com qualquer coisa fora dela" (3.6.6). Possivelmente contribuindo para o conflito potencial é a menção de Locke às qualidades e poderes de coisas "fluindo" de suas constituições internas (por exemplo, 2.23.3; 2.31.13; 3.6.19). Essa constituição é também o que Locke denomina a "real ESSÊNCIA" das coisas, a sua substituição científica (isto é, corpuscular) para o mais antigo conceito de essências reais como espécies naturais fixas. O conceito de "fluir de" tem conotações causais, mas também está ligado à noção lockiana de um conhecimento dedutivo da natureza, pelo qual estamos aptos a conhecer a real estrutura corpuscular interna, mas insensível das coisas. Uma passagem ilustra a relação "fluir de" por referência à geometria: as propriedades de um triângulo fluem de sua definição, "três linhas incluindo um espaço" (2.32.24). As definições em geometria desempenham um papel em relação ao que pode ser derivado delas, semelhante ao papel das essências reais de Locke em relação às qualidades e poderes de objetos, pelo menos das *espécies* de objetos. Poderiam essas possíveis deduções a partir da estrutura corpuscular dos corpos ser feitas sem referência a outros objetos?

R

Racionalidade do cristianismo (Reasonableness of Christianity) Esta obra foi publicada em 1695. Teve uma segunda edição em 1696. Locke escreveu duas respostas aos ataques desfechados contra a obra por John Edwards (*Some Thoughts concerning the Several Causes and Occasions of Atheism*, 1695, e muitos outros ataques). As respostas de Locke a Edwards foram duas *Vindications of the Reasonableness* em 1696 e 1697. Houve também duas edições de uma tradução francesa de seu *Racionalidade* em 1696 e 1715. No prefácio para esse livro, Locke diz que achou insatisfatórios os sistemas de teologia que pretendem interpretar as Escrituras. Com freqüência, esses sistemas são até inconsistentes entre eles próprios, pelo que Locke decidiu voltar-se para as Escrituras e ver o que, de fato, elas diziam. O resultado de sua "atenta e imparcial pesquisa" está contido no livro em epígrafe. Seu tema de abertura é a doutrina da redenção. Uma vez que essa doutrina está "baseada na suposição da queda de Adão", fazia-se necessário para Locke entender "o que as Escrituras mostram que perdemos por Adão" (em *Works*, vii. 4). Nos sistemas teológicos, ele encontrou dois extremos de interpretação da queda de Adão, nenhum dos quais parecia coadunar-se com o que a Escritura diz. Um extremo "sacudiu os alicerces de toda a religião", o outro "reduziu o cristianismo a quase nada". A segunda alternativa parece ser representada por aqueles que acharam a primeira interpretação a tal ponto severa que negaram a necessidade da redenção e fizeram de Jesus "nada mais do que o restaurador e pregador da pura religião natural, deturpando assim o teor do Novo Testamento" (p.4-5). O primeiro extremo tem "toda a posteridade de Adão condenada à punição infinita, eterna, por causa da transgressão cometida por Adão, de quem milhões nunca tinham ouvido falar e a quem ninguém autorizara a entabular negociações em seu nome ou a ser o seu representante" (p.4). De onde Adão caiu, diz Locke, "foi do estado de perfeita obediência" (p.5). O estado de paraíso era um estado de imortalidade, de modo que o que Adão perdeu por sua desobediência foi a "vida sem fim". A morte foi o resultado.

A questão seguinte para Locke foi: o que se entende por morte? Também neste caso houve interpretações diferentes. Alguns descrevem-na como "um estado de culpa, no qual não só ele, mas toda a sua posteridade estavam tão envolvidos que todos e cada um dos seus descendentes mereceram interminável tormento no fogo do inferno"(p.6). Locke acha essa interpretação corrente deveras estranha, porquanto diz, com efeito, que "morte" significa "vida eterna de sofrimento". A morte, para ele, significa morte, não-existência. Sem a redenção propiciada pelo Cristo, não haveria vida depois da morte, no sofrimento ou na felicidade. Locke não encontra um só lugar no Novo Testamento que nos diga que a corrupção contamina tudo por causa do pecado de Adão. Cada um de nós é responsável por seus próprios pecados (p.7), "embora todos morram em Adão, ninguém é verdadeiramente punido, entretanto, a não ser por seus próprios atos" (p.8).

Jesus Cristo é o segundo Adão; ele "restaurou a vida de novo; assim, por culpa do pecado de Adão, ninguém viria a perder nada daquilo a que pudesse ter direito por sua vida proba e virtuosa" (p.9). A responsabilidade que cada um de nós tem pelas ações que desempenhamos como agentes morais era uma importante noção para Locke, consubstanciada em seu conceito de pessoa no *Ensaio*. Nenhuma pessoa ímproba deve estar no paraíso e, por conseguinte, não será redimida e recompensada pela vida eterna. Mas como é determinada a virtude, a probidade? Em que consiste isso? Consiste, diz Locke, em "uma exata obediência à lei". É "a eterna e estabelecida lei do certo e do errado" a que todas as nossas ações devem sujeitar-se (p.10). Essa lei é a lei de Deus, a lei da natureza. Sua violação acarreta a morte; até mesmo uma única violação, uma só transgressão. Em *Dois tratados* o violador da lei da natureza no estado de natureza é não só um criminoso, mas é como um animal selvagem que pode ser caçado e morto. Esse implacável conceito de punição em sua obra política estriba-se em sua leitura das Escrituras sobre a lei de Deus: "quem quer que seja culpado de qualquer pecado deve certamente morrer e deixar de ser" (p.11).

A lei de Deus compreende a lei das obras e a lei da fé. A primeira é de suma importância; é também a lei que pode ser conhecida pela razão (p.13). Locke sugere aqui uma conexão conceptual: "Onde não há lei, não há pecado; todos são igualmente íntegros, com ou sem fé" (p.11). A fé pode salvar-nos se falharmos em algum aspecto da lei das obras. O que é requerido pela lei da fé? Para Locke, devemos aceitar Cristo como o Messias, sua ressurreição, seus milagres, batismo e a moralidade exposta pela vida e o exemplo de Jesus.

O resto de *Racionalidade* está dedicado aos detalhes da vida e obras de Jesus. Perto do final, levanta dúvidas sobre uma sugestão que fez no *Ensaio*, a de que poderíamos ser capazes de construir uma moralidade demonstrativa (p.141).

Os vários ataques de John Edwards contra a *Racionalidade* de Locke também foram ataques contra doutrinas específicas do *Ensaio*, especialmente a rejeição de verdades inatas. A principal queixa de Edwards acerca de *Racionalidade* era que omitia muitas das doutrinas que ele considerava necessária para ser cristão. Edwards não era um bom leitor de textos. Deixou escapar o que Locke diz sobre uma outra vida para os justos, estando mais interessado em acusá-lo de ser um sociniano. Em suas duas *Vindications*, Locke rejeita com veemência essa acusação (em *Works*, vii).

razão Locke abre o capítulo sobre razão em seu *Ensaio* distinguindo três diferentes sentidos (significados) para esse termo: (1) princípios claros e verdadeiros, (2) "deduções claras e corretas em decorrência desses princípios" e (3) a causa, especialmente a causa final (4.17.1). Em vez de qualquer desses significados, Locke usa o termo para designar "uma faculdade do homem, aquela faculdade pela qual se presume que o homem se distingue das bestas, e pela qual é evidente que as supera de muito" (ibid.). Reconhece que a sua descrição do conhecimento, na medida em que se baseia em "sentido externo e percepção interna", suscita uma indagação: até que ponto há necessidade de uma outra faculdade como a razão? Ele dá uma resposta firme: "Há uma necessidade enorme, tanto para a ampliação de nosso conhecimento quanto para a organização do nosso assentimento" (4.17.2). A razão trabalha com o conhecimento e a opinião e assiste a todas as outras faculdades, incluindo essas duas operações, a saber, a sagacidade e a ilação, tão importantes em demonstrações. Entre essas duas funções, a razão torna-se responsável pela inferência, demonstração, raciocínio e a descoberta de idéias que ela pode usar na elaboração de argumentos. Há quatro "graus" de razão: (1) "a descoberta e verificação de provas"; (2) a disposição metódica de provas; (3) a percepção da ligação existente entre as provas; e (4) a dedução das conclusões corretas (4.17.3). Grande parte desse capítulo do *Ensaio* está dirigida para a questão: é o silogismo o instrumento adequado da razão? A resposta de Locke é "não". Acredita ele que raciocinamos melhor quando "observamos apenas a ligação entre as provas, sem reduzir nossos pensamentos a qualquer regra de silogismo" (4.17.4).

Das várias faculdades identificadas por Locke, a faculdade da razão recebe o mais exaltado louvor. Pode-se afirmar sem receio de equívoco que a razão é a faculdade dominante na filosofia de Locke. Em *Conduta*, a razão é qualificada como faculdade "natural", sendo caracterizada como uma pedra de toque de que todos dispomos para "distinguir o ouro substancial dos ouropéis, a verdade das falsas e brilhantes aparências" (§3; em *Works*, iii, 211). A utilidade dessa pedra de toque "só é prejudicada e perdida quando se acolhem preconceitos e suposições presunçosas que limitam nossas mentes" (ibid.). A descrição no *Ensaio* do que a razão pode fazer é ainda mais fulgurante: "Embora penetre nas profundezas do mar e da terra, eleve nossos pensamentos às alturas estelares e nos conduza através de espaços infinitos e dos amplos compartimentos desta poderosa estrutura, ela fica, entretanto, muito aquém da real extensão até mesmo do Ser corpóreo" (4.17.9). Passa a enumerar em seguida as condições em que a razão nos trai. (1) A primeira não é diretamente culpa da razão, mas uma falha de nossa parte em ter as idéias necessárias que permitissem à razão contar com uma base para suas operações. (2) Se nossas idéias são obscuras, confusas ou imperfeitas, a razão será estorvada. Um exemplo é a nossa falta de qualquer "*idéia* perfeita da menor extensão de matéria, nem de infinito, assim como nossa perplexidade e incerteza sobre a divisibilidade da matéria" (4.17.10). Tampouco dispomos de uma idéia suficientemente boa das operações de nossa mente e do início de movimento ou pensamento para nos permitir descobrir "como a mente produz ambas as coisas em nós". (3) A razão também se imobiliza quando é incapaz de perceber as idéias que podem mostrar o "*certo ou provável acordo ou desacordo de quaisquer duas outras* idéias" (4.17.11). (4) Uma outra falha da razão ocorre quando emprega falsos princípios: resultam absurdos e contradições (4.17.12).

A razão é a pedra de toque para a verdade e o conhecimento; é também o guia para a ação. Neste último papel, Locke usa as expressões "luz da Razão" (*Ensaio*, p.115) ou "razão certa" (ibid., p.111). Desta forma, a razão é a fonte de "certos princípios definidos de ação, da qual dimanam todas as virtudes e tudo o que se fizer necessário, seja o que for, para a adequada modelagem da moral" (ibid.). A referência é à lei da natureza que a razão pode descobrir. Essa noção de modelagem da moral é um tema central em *Alguns pensamentos referentes à educação*. A razão é para controlar desejos na criança ou, em alguns casos, para autorizar desejos específicos. A vontade da criança deve estar submetida à razão (*AP*, §33, 34, 36, 39). Em seus primeiros anos, as crianças devem seguir a razão dos adultos até que "cresçam e se capacitem para julgar por si mesmos e descobrir o que é certo por sua própria razão" (§61). A razão pode aconselhar e orientar os pais sobre o melhor método para criar seus filhos (§94). A criança deve ser ensinada a como guiar-se pelos ditames da razão, a como deixar que a razão lhe controle as paixões, a "como obter um domínio sobre suas inclinações e *submeter seus apetites à razão*" (§200; cf. §§77, 108). O objetivo da educação deve ser converter a criança numa pessoa moral, racional.

Para Locke, a razão não é o único, embora seja o dominante guia para como viver e no que acreditar. A fé em matérias de religião é um outro guia. A razão descobre a certeza ou a probabilidade por deduções que faz a partir de idéias que adquire através do "uso de suas faculdades naturais, ou seja, por sensação ou reflexão" (*Ensaio*, 4.18.2). Fé "é o assentimento a qualquer proposição não estabelecida pelas deduções da razão, mas com base no crédito do proponente, como oriunda de DEUS, em algum extraordinário meio de comunicação. Esse meio para desvendar a verdade aos homens denominamos *revelação*" (ibid.). No capítulo sobre fé e razão no *Ensaio* (4.18), Locke tem o cuidado de apontar os domínios de uma e de outra; também estabelece alguns critérios rigorosos para determinar quando alguma verdade está acima da razão e que eventos podem valer como uma REVELAÇÃO. A razão também é caracterizada como "*revelação* natural, por meio da qual o eterno Pai da Luz e Fonte de todo o Conhecimento comunica à humanidade aquela porção de Verdade que ele colocou ao alcance de suas faculdades naturais" (4.19.4).

recreação Está faltando a informação biográfica que nos diga o que fazia Locke para recrear-se, embora tenha sustentado opiniões muito firmes e explícitas sobre o valor e até mesmo os efeitos terapêuticos da recreação. Se queremos fazer bom uso de nossa vida, "devemos reservar considerável parte dela à recreação" (*AP*, §197). Este conselho é especialmente pertinente para os jovens: a recreação, num espírito correto, ajudá-los-á a permanecerem jovens por mais tempo. "A fraqueza de nossas constituições, tanto a da mente quanto a do corpo, requer que espaireçamos o espírito com certa freqüência" (ibid.). Não devemos levar a recreação demasiado a sério; ela é importante, mas deve ser realizada com prazer, com alegria. Locke elogia os antigos por seu entendimento do valor da recreação: eles entenderam muito bem "como conciliar o trabalho manual e os negócios do Estado, e não pensaram que incorresse em diminuição de sua dignidade o fato de fazerem do primeiro a recreação para os outros" (*AP*, §205). Agricultura e jardinagem era o que homens como Gedeão, Cincinato, Catão e Ciro exaltavam e praticavam. As artes manuais, como lavrar o ferro, o bronze ou a prata, mesmo como passatempo, quando não se está envolvido em negócios, podem desempenhar um papel recreativo (*AP*, §209; cf. §201). Recreação não é apenas estar ocioso (a ociosidade era, para Locke, quase um pecado; a "vadiagem" em crianças é redondamente condenada), "mas serve para aliviar, por uma mudança, a parte mais fatigante e enfadonha na rotina de trabalho" (§206). O fato de que a nossa natureza é tal que "não podemos ser perfeitamente ociosos" é evidenciado pelo modo como "pessoas de condição, sobretudo senhoras, consomem muito de seu tempo" em formas de recreação, algumas das quais produzem pouco ou nenhum prazer; por exemplo, "a jogatina não deixa satisfação alguma depois que terminou para aqueles que refletem sobre ela e concluem que não houve, em absoluto, qualquer proveito para o corpo ou o espírito" (§207). A recreação é equiparada aos negócios; ela "não se coaduna com pessoas que são estranhas aos negócios, e estão se sentindo desaproveitadas e enfastiadas com o emprego de suas vocações" (ibid.). A recreação acalma e revigora "a parte que foi exercitada e está fatigada".

Alguns tipos de recreação não são recomendados; alguns são até perigosos. Baralho, dados e bebida são exemplos de passatempos populares, mas perigosos (perigosos para o caráter): inúmeras pessoas "esbanjam suas horas livres entregues a eles, através do predomínio do costume e da falta de melhor emprego para preencher os períodos de lazer, mais do que por qualquer prazer real que encontrem neles" (ibid.). A melhor maneira de evitar o desperdício de tempo com cartas ou dados é "nunca aprender qualquer jogo com eles, e assim ficar imune a essas perigosas tentações e aos convites dos ociosos e dissipadores de tempo útil" (§208). O tempo de lazer deve ser adequadamente preenchido, mas só no contexto, e como um antídoto ou uma correlação, das horas de trabalho. Os "passatempos comuns, perniciosos, inúteis e perigosos" devem ser postos fora de moda: "Os homens, desde sua mocidade", devem ser "afastados desse humor ocioso, no qual alguns, pela força do costume, deixam que uma boa parte de suas vidas se esvaia inutilmente, sem trabalho nem recreação" (§208). A música não é mencionada como perigosa, mas também não é recomendada; ela, tal como a dança, "dissipa o tempo de um jovem, que obtém apenas uma moderada habilidade nela; e ele envolve-se freqüentemente em tão estranhas companhias que muitos pensam que muito melhor seria evitá-las" (§197). Locke confere à música o último lugar em sua lista de dotes recomendados para um cavalheiro. A pintura está muito melhor situada, mas "a pintura grosseira é uma das piores coisas do mundo" (§203). Esgrima e equitação também estão incluídas como partes da educação de um cavalheiro (§198). A pintura é uma recreação sedentária que envolve mais o espírito do que o corpo; Locke preocupava-se com as recreações ativas envolvendo o corpo — a atividade corporal "espairece o pensamento e reforça a saúde e o vigor".

Assim como os negócios e as ocupações profissionais, os assuntos de Estado e a lavoura, ou o trabalho manual, podem ser recreação em relação uns aos outros, também Locke insiste com os pais e preceptores para que façam da aprendizagem "tanto uma recreação para jogos [infantis] quanto estes devem ser usados para instruir as crianças" (§74). Brincar pode converter-se em algo que uma criança abomina, se lhe for ordenado que "passe tantas horas da manhã e da tarde" com um de seus brinquedos, por exemplo, surrando a cabeça de um boneco (§73; cf. §§124, 128, 129). A lição que se extrai dessa observação é que a aprendizagem pode tornar-se detestável do mesmo modo, impondo-a à criança como uma tarefa. Desencorajamos as crianças a estudar ao fazer do estudo um trabalho, imposto a elas, ou "motivo de provocações e admoestações" (§76; cf. 148). Locke confessa que "sempre tive um sonho, o de que o *ensino* pudesse ser administrado às crianças como jogo e recreação; e elas pudessem ser levadas a desejar ser ensinadas, se isso lhes fosse proposto como uma atividade de honra, crédito, prazer e recreação, ou como um prêmio para fazer alguma outra coisa; e se elas nunca fossem recriminadas ou corrigidas por falta de empenho ou negligência" (§148). Ele oferece algumas sugestões específicas para usar brinquedos como forma de tornar a aprendizagem divertida; aprender o alfabeto, por exemplo, empregando um dado e outros brinquedos que tenham letras pode fazer "desse tipo de *aprendizagem* uma diversão para as crianças".

> Estratagemas podem ser usados para *ensinar as crianças a ler*, embora pensem estar somente brincando. Por exemplo, se aproveitarmos uma *bola de marfim* semelhante à da *Royal-Oak Lottery*, com 32 lados, ou então uma de 24 ou 25 lados; e em vários desses lados colada a letra A, em muitos outros B, em outros C e ainda em outros D. Eu faria o

> professor começar com essas quatro letras, ou talvez apenas duas no começo; e quando a criança estiver perfeita nelas, acrescentam-se outras; e assim por diante até que cada lado tenha uma letra e todo o alfabeto esteja representado. (§150)

Mais tarde, as letras podem ser substituídas por sílabas, habilitando a criança a aprender a ler "sem saber como o fez". Locke observou que as crianças empenham-se muito para aprender algum jogo. Ele coloca essa energia em ação na aprendizagem da leitura, convertendo-a num jogo. Relata um caso em que "uma pessoa de grande qualidade" colocava vogais em seis lados de um dado (incluindo o Y), dezoito consoantes nos lados de três outros, e comprovou que seu filho pequeno "*brincava* de *soletrar* com grande empenho, sem que nem uma só vez tivesse sido repreendido ou forçado a fazê-lo" (§151; outras sugestões são dadas em §§152-4). O mais ambicioso plano para fazer da aprendizagem uma atividade lúdica foi a idéia de ilustrar um livro com imagens inspiradas em *Fábulas* de Esopo ou em *Reynard, the Fox* (§156).

O jogo pode ser instrutivo de um outro modo; se a criança pode ser observada enquanto está brincando, sem se aperceber de que a observam. Os pais e o preceptor podem aprender muito sobre os traços naturais da criança e usar esses traços ou mudá-los mais tarde. Locke oferece essa sugestão particularmente para identificar apatia, desinteresse ou o hábito de gazetear. Se, quando deixada inteiramente livre para usar seu tempo de lazer como lhe agradar, a criança senta-se ociosamente, sem brincar ou fazer qualquer outra coisa de sua própria iniciativa, isso é prova de uma tendência para a conduta indolente. Pela maneira como a criança usa seus tempos de liberdade, "perceberemos facilmente se será *apática* e *negligente* por temperamento, ou por aversão aos livros, o que a faz gazetear e ficar vadiando em suas horas de estudo" (§125).

Locke reconheceu a importância dos jogos para as crianças, não relacionados com a aprendizagem. Embora recomende que os desejos e apetites das crianças sejam cuidadosamente controlados e até silenciados, em certas ocasiões, o desejo de recreação constitui uma exceção. Neste caso, "deve permitir-se que a imaginação fale mais alto e também que seja ouvida com atenção. A *recreação* é tão necessária quanto o trabalho ou o alimento. Mas como não pode haver *recreação* sem prazer, o que nem sempre depende da razão, mas, com mais freqüência, da imaginação e da fantasia, deve ser permitido às crianças não só que se divirtam, mas que façam à sua própria maneira, desde que inocentemente e sem prejudicar a saúde" (§108). Brincadeiras e tolices inocentes em "*ações pueris serão* perfeitamente livres e *irrestritas*, na medida em que condigam com o respeito devido àqueles que estão presentes; e isso com a maior tolerância" (§63). As crianças devem ter brinquedos de diferentes tipos, mas eles devem ser guardados pelo preceptor e dados à criança "somente um de cada vez, e não se deve permitir que tenha outro enquanto não tiver restituído o anterior" (§130). O excesso de brinquedos pode ser prejudicial e não convém que sejam comprados para a criança. Encoraja a criança a fazer ela própria os seus brinquedos ou, pelo menos, a tentá-lo. Objetos comuns também podem servir muito bem como brinquedos: "Pedras roladas, pedaços de papel, o molho de chaves da mãe, ou qualquer coisa com que não possam machucar-se, servem tanto para divertir crianças pequenas quanto os mais dispendiosos e curiosos brinquedos das lojas, que daí a pouco estarão sendo danificados e quebrados" (§130).

reflexão A segunda de duas fontes de idéias é a "percepção das operações de nossa própria mente dentro de nós, tal como é empregada a respeito das idéias que obteve" (*Ensaio*, 2.1.4). Essas operações da mente são "*por nós mesmos percebidas e refletidas*" (2.1.2); a alma reflete sobre essas operações e "pondera-as" (2.1.4). Tais reflexão e ponderação fornecem o entendimento com "uma outra série de *idéias* que não poderia ser obtida de coisas externas" (ibid.). Exemplos de idéias adquiridas através da reflexão sobre as operações da mente são perceber, pensar, duvidar, acreditar, raciocinar, querer "e todos os diferentes atos de nossas próprias mentes". Somos solicitados a ter "consciência" dessas idéias e a "observá-las" em nós próprios. Perceber, estar cônscio de, são termos usados para indicar nossa percepção dessas (ou de quaisquer) idéias. "Consciência" é definida como a "percepção do que se passa na própria mente de um homem" (2.1.19). O que se processa em nossas mentes são idéias de sensibilidade assim como idéias de reflexão. Estar cônscio de e ter idéias são processos que se conjugam, no entender de Locke. "Estar cônscio de não é o mesmo que reflexão. Refletir e ponderar identificam as operações ou ações da mente (ele escreve, em algumas passagens, "alma" ou "entendimento"), as quais geram idéias das "diferentes operações de nossas próprias mentes". Também podemos refletir sobre ou considerar os atos de reflexão e ponderação, como Locke está fazendo nestas passagens. "Estar cônscio de" é mais passivo, refletir é ativo e diretivo. Mas essa distinção pode ser difícil de manter. A reflexão também é caracterizada como "a mente observando suas próprias operações, como estas se formam e como se convertem nas *idéias* dessas operações no entendimento" (2.1.4). "Observar" pode não ser muito diferente de "estar cônscio de" ou até de "perceber". Dir-se-ia que a reflexão pressupõe observação, ter consciência de ou a percepção de algo.

Locke também fala de "considerar" as operações da mente. Ao considerá-las, "não podemos deixar de ter *idéias* simples e claras" dessas operações, mas, "a menos que dirijamos nossos pensamentos para essa via e os consideremos *atentamente*", não teremos idéias claras e distintas de todas as operações ou de "tudo o que pode ser ali observado"(2.1.7). Ao atacar a noção cartesiana de que a alma pensa sempre, Locke confessa que possui uma dessas "almas apáticas, que nem sempre tem percepção de si mesma ao considerar idéias", como se uma forma de pensar seja considerar (2.1.10). Também se refere a idéias que "a mente pode receber e considerar sem a ajuda do corpo" (2.1.15). Refletir sobre o passado inclui "raciocinar e considerar" (ibid.). Em seu mais extenso estudo da memória, Locke distingue entre retenção real e potencial: "Dizem-nos que temos todas essas *idéias* em nossas memórias quando não as estamos realmente considerando, significando com isso apenas a capacidade que temos de revê-las, fazendo-as aparecer de novo"(2.10.2). O Livro IV abre com a reafirmação de que a mente considera as suas próprias idéias; elas são os únicos objetos imediatos que ela pode considerar (4.1.1). O último capítulo do *Ensaio* diz que podemos considerar os nossos próprios eus, uma vez que o eu está presente no entendimento; por outro lado, tudo o que está presente no entendimento são sinais, os sinais e representantes de outros objetos e que nós podemos considerar (4.21.4). Mas 2.19.1 diz que a mente "volta-se para si mesma e considera suas próprias ações". Locke sublinha então que se as idéias são mantidas "sob atenta consideração", esse poder de pensar é chamado "contemplação".

Assim, contemplação está claramente relacionada com reflexão, mas não é a mesma coisa. "Estar atento" é uma ação mais sistemática do que apenas contemplar. Assim como um homem não terá "todas as *idéias* particulares de qualquer paisagem ou das peças e movimentos de um relógio se não voltar para aí seus olhos e não prestar atenção a todos os seus pormenores", também devemos prestar atenção e observar cuidadosamente todas as operações da mente, se quisermos aprender tudo o que pudermos sobre o seu funcionamento (2.1.7). Considerar atentamente é um processo requerido em relação a objetos externos e internos. Uma outra frase que Locke usa para a observação interior é "voltar-se para si mesmo"; "voltar-se para si mesmo precede a reflexão" (2.1.8; 2.6.1). Locke está escrevendo sobre crianças nessa seção: É "bem mais tarde que a maioria das crianças adquire *idéias* das operações de suas próprias mentes". Idéias nítidas e duradouras dessas operações mentais só ocorrerão depois que "o entendimento se volta para si mesmo e reflete sobre suas próprias operações, tornando-se o objeto de sua própria contemplação" (2.1.8). Sentido e reflexão oferecem idéias à mente "para sua contemplação" (2.1.24); as simples idéias de reflexão são "tão capazes de ser objetos de sua contemplação quanto qualquer daquelas que a mente recebeu de coisas exteriores" (2.6.1; cf. 2.19.3).

As idéias "abordam nossas mentes" através de um único sentido, por mais de um sentido, algumas derivam apenas da reflexão e outras são sugeridas à mente "*por todos os meios de sensação e reflexão*" (2.3.1). As idéias de percepção ou pensamento, e volição ou vontade (e, presumivelmente, as várias formas destas, cf. 2.19.2), derivam só da reflexão (2.6.2). A lista de idéias que "abordam" nossas mentes de uma ou outra fonte ou de uma combinação de ambas é curta. Ao examinar sua discussão dessa breve lista, podemos encontrar alguns detalhes sobre o funcionamento da reflexão.

Prazer ou deleite e o seu oposto são as primeiras idéias simples de sensação e reflexão da lista. Neste caso, não são as duas fontes trabalhando em conjunto que produzem a idéia, mas a idéia pode surgir de uma fonte ou outra. Sua descrição em 2.7.2 trata de deleite ou inquietação. Locke fala das "percepções de nossos sentidos que chegam do exterior" ou de "qualquer recôndito pensamento guardado em nossa mente", dizendo que essas percepções e esses pensamentos "produzem em nós *prazer* ou *dor*". É a percepção ou o pensamento, não alguma atividade da mente, que produz essas idéias. Uma outra frase: essas idéias "dimanam" do pensamento ou percepção. Quando prazer ou dor são idéias de reflexão, elas não resultam do pensar, mas de pensamentos que temos. Parece não ser requerido considerá-las. Ao "infinito e sábio autor de nosso ser" agradou "juntar aos vários pensamentos e sensações uma *percepção* de *deleite*" (2.7.3). É o deleite que está associado a certos pensamentos e sensações o que nos leva a prestar-lhes atenção. O "atentar para" (uma forma de reflexão) parece ter lugar depois da sensação de prazer ou deleite. Locke parece querer dizer que a *idéia* de deleite resulta da atenção ao prazer que vivenciamos, retendo assim a noção central de reflexão como uma atividade da mente que descobre ou adquire idéias. A experiência de prazer ou dor "instiga-nos a agir", levando-nos a ter direção e desígnio em nossas ações, ajudando-nos na preservação de nossa vida (2.7.4). A seção 6 descreve a anexação por Deus do prazer e da dor às nossas *idéias*, não à *experiência* ou sensação de prazer e dor, de modo que essas idéias de reflexão parecem nos ser dadas; mas, é claro, devemos estar cônscios dessas idéias, e essa consciência é do conteúdo de nossas mentes.

Duas outras idéias que Locke enumera são existência e unidade. Deus não anexou essas idéias a outras idéias; elas são "sugeridas ao entendimento por cada objeto externo e cada *idéia* interna" (2.7.7). Mas, com essas idéias, a consideração (uma forma de reflexão) desempenha um papel: "consideramo-las como estando realmente lá, tanto quanto consideramos estarem as coisas realmente fora de nós, isto é, que elas existem, ou têm *existência*" (ibid.). O poder, outra das idéias na lista de Locke de idéias simples recebidas da sensação e da reflexão, envolve a observação da mente: observamos "em nós mesmos que podemos pensar, e que podemos mover à vontade várias partes de nossos corpos que estavam em repouso" (2.7.8), e adquirimos a idéia de poder através da reflexão e da observação. A aquisição da idéia de poder é um pouco mais complexa, envolvendo as operações mentais de observação, atenção, reflexão e conclusão (2.21.1). Uma outra idéia, não em sua lista inicial em 2.7.1, "nos é constantemente mostrada em virtude do que ocorre em nossas mentes", a saber, a idéia de sucessão. Adquirimos essa idéia se "nos examinarmos imediatamente" e refletirmos sobre "o que existe de observável em nós mesmos" (2.7.9). O que descobrimos é que "as nossas *idéias* (se estivermos despertos ou com algum pensamento) movem-se sempre em sucessão, uma indo e outra vindo, sem interrupção". Refletir sobre o "aparecimento de numerosas *idéias* uma após outra em nossas mentes é o que nos fornece a *Idéia de sucessão*" (2.14.3).

As idéias na curta lista de Locke apresentam-se para nós quando observamos, consideramos ou prestamos atenção ao que se passa em nossas mentes quando estamos conscientes. Surgem duas interrogações: (1) Não temos que prestar atenção também às idéias de sentido? (2) Essas idéias em sua lista apresentam-se à mente através da percepção ou reflexão sobre as operações da mente? Existe um aspecto passivo nas idéias de prazer e dor que Deus agrega a quase todas as idéias, tal como somos predominantemente passivos ao recebermos muitas idéias de sensação. Em ambos os casos, as idéias prendem a nossa atenção, "alcançam a mente" e adquirimos consciência delas. Se as impressões de sensação "não são notadas de dentro" da mente, a idéia não se formará, mas não podemos ter uma idéia e não estar cônscios dela (2.9.3). A diferença reside na fonte ou de que direção veio a idéia que chega à mente: dos sentidos externos num caso, de operações internas da mente no outro. Mas a distinção interno-externo aplica-se somente às fontes (aos estímulos físicos na sensação, à percepção interna na reflexão), não à localização das próprias idéias. Todas as idéias são internas, para usar a linguagem espacial que Locke emprega; todas são conteúdo da percepção consciente. Assim, a resposta à primeira interrogação é "sim"; mas aquilo a que prestamos atenção, num caso, é uma idéia de sentido; no outro, uma idéia não-sensória de reflexão. O que a breve análise de Locke da simples idéia de sensação e reflexão revela é que algumas idéias de reflexão são o resultado da ação de Deus, outras resultam de nossa ação de prestar atenção à nossa capacidade para mover nosso corpo, e ainda outras à nossa consciência da sucessão de idéias (todas as idéias, não apenas as da reflexão). Nenhuma das idéias na lista de 2.7 resulta de nossas reflexões sobre as *operações* de nossa mente. Podemos concluir, portanto, que a definição de reflexão dada em 2.1.2 e 2.1.4, que falava apenas das operações mentais, deve ser emendada para incluir essas outras idéias de dor, prazer, poder, existência, unidade e sucessão. Não adquirimos consciência dessas idéias refletindo sobre as operações da mente.

Locke dedica alguns capítulos a operações mentais específicas; por exemplo, percepção (2.9), retenção (2.10), discernimento, comparação, ampliação, abstração (2.11), mas há muito pouca informação aí sobre o modo como a reflexão nos fornece idéias dessas operações. Que a reflexão é uma importante ação da mente é indicado ainda por seu papel na descrição de Locke da identidade pessoal: uma PESSOA é um "Ser pensante, inteligente, que tem razão e reflexão". Refletir sobre nossas vidas, sobre nossa ações, é um modo em que nos tornamos conscientes de ações morais e responsáveis por elas.

relações A idéia de relações é um dos três gêneros de idéias complexas, sendo os outros dois representados pelos modos e pelas substâncias. A idéia de relação é formada pela "reunião de duas idéias (simples ou complexas), reguladas reciprocamente a fim de que tenhamos imediatamente uma visão delas, sem, contudo, unificá-las numa"(*Ensaio*, 2.12.1). No capítulo prévio sobre várias operações da mente, Locke fala dessa "grande tribo de *Idéias*" chamadas "relações", as quais são formadas quando "comparadas entre si a respeito de extensão, graus, tempo, lugar ou qualquer outra circunstância" (2.11.4; cf. 2.12.7). O capítulo dedicado à relação usa igualmente os termos "relativos" e "referente". As relações são expressas por termos "*que têm outros respondendo-lhes, com uma indicação recíproca*", como pai e filho, maior e menor, causa e efeito (2.25.2). Ao ouvir um desses termos, "o pensamento logo será levado para além da coisa assim chamada". Algumas relações não são "tão claramente percebidas" como relativas, e alguns termos ou nomes que são relativos podem ter num determinado idioma um termo correlativo (por exemplo, "concubina"). Todos os nomes significam idéias. Quando a idéia é de algo no objeto denominado, é uma idéia positiva. Se a idéia "surge da referência que a mente encontra nele [no objeto], leva o pensamento até algo distante dele e designando algo distinto dele", então temos uma palavra ou idéia relativa (ibid.). Idéias e nomes relativos são chamados, por vezes, "denominações externas", indicando alguma característica que não se encontra nos objetos designados. Alguns termos parecem ser positivos quando são implicitamente relativos, por exemplo, velho, grande, imperfeito (2.25.3). Podemos concordar com a idéia de alguma relação, embora discordando a respeito da natureza dos relacionados (2.25.4).

Relações e idéias de relações, portanto, resultam de algo, ou consistem em referir ou comparar duas coisas, "a partir de cuja comparação uma ou ambas as coisas passam a ser denominadas" (2.25.5). No caso de os objetos que são comparados deixarem de ser, ou apenas um deles deixar de existir, a relação também cessa. Se um filho morre, a relação de pai-de entre esses dois homens não mais existe. Uma coisa (idéia, substância ou modo) pode ter ou estar em muitas relações diferentes. Locke fornece uma lista de 32 relações que um homem pode ter, desde pai, filho, irmão, avô, até inglês, servo, patrão, proprietário, capitão, contemporâneo.

Há tantas relações quantos modos de comparar coisas (2.28.17). Todas as relações terminam em simples idéias de sensação ou reflexão (2.28.18; cf. 2.15.9, 11). Não é freqüente podermos desfazer uma complexa idéia relacional a fim de exibir todas as idéias simples aí contidas, mas a análise revela facilmente alguns dos itens na coleção. Por exemplo, a palavra "pai": *Primeiro*, refere-se àquela espécie particular, ou à *Idéia* coletiva, significada pela palavra Homem; *segundo*, aquelas *Idéias* simples e compreensíveis significadas pela palavra Geração; e, *terceiro*, os efeitos dela e de todas as *Idéias* simples, significadas pela palavra Filho (2.18.18). Ou a palavra "amigo": como é "empregada para um homem, que sente afeição e está disposto a fazer o bem ou ser prestável a um outro, todas as seguintes *Idéias* contribuem para formá-la. *Primeiro*, todas as *Idéias* simples compreendidas na palavra Homem, ou Ser inteligente. *Segundo*, a *Idéia* de Afeto. *Terceiro*, a *Idéia* de Boa Vontade ou Solicitude. *Quarto*, a *Idéia* de Ação, que é qualquer espécie de Pensamento, ou Movimento. *Quinto*, a *Idéia* de Bem, o que significa qualquer coisa que possa promover a sua Felicidade" (ibid.). As relações dependem das idéias simples de que são compostas. Normalmente, temos "*uma noção tão clara da relação quanto temos das* Idéias *simples em que estão fundamentadas*" (2.28.19). O entendimento de uma relação entre dois indivíduos aplica-se a todos os indivíduos que exemplificam essa relação. Assim, as relações são universais. Locke dá um exemplo divertido dessa característica:

> Se eu sei o que é para um homem ser nascido de uma mulher, por exemplo, *Semprônia*, sei o que é para um outro homem ser nascido da mesma mulher, *Semprônia*, e assim, tenho uma noção tão clara de Irmãos quanto de Nascimentos, e talvez mais clara. Pois se eu acreditasse que *Semprônia* extraiu *Tito* do canteiro da salsa (como é costume dizer às crianças pequenas) e dessa maneira se tornou sua Mãe; e que depois, da mesma forma, sacou *Caio* do canteiro da salsa, eu teria uma noção tão clara da relação de Irmãos entre eles como se eu tivesse toda a habilidade de uma parteira: a noção de que a mesma mulher contribuiu, como mãe, igualmente para o nascimento de ambos (embora eu fosse ignorante ou estivesse equivocado quanto ao processo de vir ao mundo), sendo aquela em que baseei a Relação (ibid.).

Uma vez que as relações são universais e como Locke defende uma ontologia de particulares, existe um problema a respeito do status de relações. Análises anteriores de relações favoreceram uma interpretação subjetiva. Locke adere a esse ponto de vista. As relações (não a idéia de relações) "não estão contidas na existência real das coisas, mas são algo extrínseco e sobreposto" (2.25.8). As relações são como modos mistos; elas "não têm outra *realidade* salvo a que possuem nas mentes dos homens" (2.30.4). O que está nas mentes dos homens são idéias, pelo que a distinção entre relações e idéias de relações é algo imprecisa. Uma dificuldade semelhante rodeia sua análise de MODOS mistos. Pode-se dizer que uma idéia de uma relação é real se existe a "possibilidade de existência de algo em conformidade com ela". As idéias tanto de modos mistos quanto de relações são "elas mesmas arquétipos", elas especificam que características se ajustarão à idéia (ibid.). Pela mesma razão, ambas as espécies de idéias são adequadas, ou seja, "nada mais representam senão a si mesmas" (2.31.3). Mais adiante, ainda no mesmo capítulo, ele chama essas idéias de "originais e arquétipos; não são cópias nem feitas de acordo com os modelos de qualquer existência real, com os quais a Mente pretende que sejam condizentes e constituam uma réplica exata" (2.31.14). As idéias de modos mistos e relações são idéias complexas, "coleções de *idéias* simples que a própria mente reuniu" (ibid.). Assim como as ações de um homem podem condizer com as idéias que designamos por justiça ou latrocínio, também o próprio homem pode "participar", "exemplificar" ou "adequar-se" às idéias que chamamos de pai, filho ou irmão. A mesmíssima ação a que chamamos roubo pode ocorrer numa outra sociedade onde a idéia e a palavra inexistem. A certos traços de pessoas que envolvem outras pessoas podem faltar, numa determinada sociedade, as idéias relacionais e os nomes que empregamos para caracterizar esses traços. Faz sentido dizer que, nesses países, as ações de justiça e latrocínio não existem, e que certas relações não são encontradas em tal ou tal país, uma vez que lhe faltam os nomes e as idéias pertinentes àquelas relações. Assim, as relações são dependentes de idéias e nomes específicos; quando essas idéias faltam, estão faltando também as relações que elas identificam. *Nós* podemos observar pessoas nessas sociedades e descrever suas ações, embora essa sociedade não disponha de tais idéias e palavras relacionais. Locke exemplifica isso a respeito de "apunhalar": num país onde não existe a palavra "apunhalar" (e sua idéia significada), um homem não pode apunhalar um outro embora possa, é claro, executar a ação a que *nós* chamamos "apunhalar" (3.5.11).

Esses exemplos podem captar parte do que Locke quer significar quando diz que as relações só têm realidade nas mentes dos homens. Também quer dizer, segundo parece, que "irmão de", por exemplo, não se refere a uma qualidade dos homens a quem chamamos de "irmãos". A palavra "irmão" refere-se, entretanto, a algo diferente de si mesmo ou de suas idéias: descreve uma característica específica que dois homens têm em comum, neste caso, como um resultado da biologia. Tal relação "existe", quer a assinalemos com um nome ou não. O mesmo é válido para funções sociais como "prefeito" ou "senador": as funções podem ser preenchidas, quer uma determinada sociedade tenha os nomes para elas ou não. Qual é, então, a diferença entre os nomes e as idéias de modos ou relações e os nomes de substâncias? Como diferem em realidade e adequação? Locke gosta de chamar às idéias complexas de substâncias "ectipos" ou cópias do que existe, embora nossas idéias de substâncias sejam inadequadas, porquanto não podemos estar certos de que "correspondem exatamente" a todas as propriedades e poderes de uma substância (2.31.13). Podemos estar certos de que nossas idéias complexas de modos e relações são adequadas porque *nós* as construímos; elas especificam o que queremos que se harmonize com as nossas idéias. A mesma coisa no tocante à realidade de nossas idéias de substâncias: elas são feitas "em referência a coisas que existem fora de nós e pretendem ser representações de substâncias, tal como realmente são" (2.30.5). A coleção de idéias simples que formam a nossa idéia complexa de uma substância deve refletir as qualidades coexistentes dessa substância.

Em ambos os casos — o de idéias de substância e o de idéias de modos ou relações —, a idéia descreve ou caracteriza traços de objetos, pessoas e ações. Assim, a relação de "harmonia" entre idéias e o que elas designam é a mesma. Nossa confiança em que as idéias descrevem ou caracterizam corretamente o que designam é mais forte a respeito de idéias de modos ou relações do que com idéias de substâncias. Essa confiança resulta do fato de que *nós decidimos* o que participa das idéias de modos e relações, ao passo que a natureza ou as próprias coisas determinam o que participa de nossas idéias de substâncias. A diferença é quase a que existe entre "contingente" e "necessário": para que uma ação seja de regicídio ou de adultério, ela *deve* ajustar-se às nossas idéias, enquanto aquilo que é incluído em nossa idéia de ouro, por exemplo, é em parte (mas para Locke somente em parte) determinado por que propriedades usaremos para denominar ou designar ouro. A outra parte é que qualidades existem em conjunto para formar o que chamamos "ouro".

Também existem algumas propriedades inobserváveis que Locke atribui a substâncias, a saber, PODERES que causam mudanças em corpos e em observadores. Os poderes são parte da coleção de qualidades coexistentes que formam as nossas idéias da essência nominal do ouro, mas tais poderes são uma característica do ouro, assim como o poder para derreter chumbo é uma característica do fogo. O poder não é uma propriedade ou característica observável. Objetos, assim como pessoas, encontram-se claramente em relações específicas. De fato, a divisão das ciências com que termina o *Ensaio* identifica a primeira das áreas que ficam ao alcance do entendimento humano como "A Natureza das Coisas, como elas são em si mesmas, suas relações e suas maneiras de operação" (4.21.1). Temos, nesta observação, três aspectos das coisas: como são elas em si mesmas (sem relação com outros objetos), suas relações e suas operações? Sendo assim, então podemos dizer que as relações não fazem parte da *natureza* das coisas ou da maneira como as coisas são em si mesmas; mas Locke não parece negar aqui, como faz alhures, que as coisas (objetos e pessoas) *têm* relações, estão relacionadas com outras coisas. Assim, as relações parecem ter alguma espécie de realidade independente de nossas idéias e nomes; pelo menos, algumas relações têm. Relações instituídas podem ser impostas ou sobrepostas pelos homens, mas outras relações, especialmente de objetos, dir-se-ia estarem ligadas mais estreitamente às *naturezas* dos objetos. De fato, Locke diz que as relações de sangue, como em pai, irmão, filho, são relações *naturais* (2.28.2); de modo que ele pode ter querido referir-se ao que mais tarde receberia o nome de relações "internas", aquelas relações que resultam de processos naturais. Sua meta, nessa última passagem, era simplesmente mostrar que animais encontram-se em relações naturais semelhantes e recíprocas, mas nem sempre damos nomes a essas relações: "raramente é dito que este touro é o avô deste bezerro; ou que estes dois pombos são primos-irmãos" (2.28.2). Assim, quer a ontologia de Locke lhe permita ou não dizer que algumas relações são propriedades reais no mundo, pode haver ao longo de sua discussão uma distinção implícita entre relações naturais e instituídas. Essa distinção é explícita em 2.28.3. A formação de idéias de relações não é tão livre nem está tanto sob o nosso controle quando ele, por vezes, parece dizer.

Note-se também que o que incluímos em nossa idéia ou nome de justiça ou regicídio não é, num sentido muito importante, algo que caiba a nós decidir: "Com efeito, assim como qualquer delas [das relações] tem um nome que lhe é atribuído numa linguagem conhecida, nome pelo qual aquele que o tem em mente o dá a conhecer aos outros, também a simples possibilidade de existir não é bastante; a relação deve estar em conformidade com a significação comum do nome que lhe é dado, para que não seja vista como fantasiosa: como se um homem desse o nome de Justiça àquela *idéia* a que o uso comum chama liberalidade" (2.30.4).

Muitas relações diferentes são mencionadas em várias partes do *Ensaio*; mas três são suficientemente importantes para doutrinas específicas expostas nessa obra para merecerem uma análise mais extensa. Locke conclui 2.25.11 dizendo, a respeito da primeira dessas três — a relação de causa e efeito —, que ela é "a relação mais ampla, mais abrangente, em que todas as coisas que existem, ou podem existir, estão envolvidas". A descrição da construção pela mente dessa idéia é bastante complexa, resultando da nossa experiência de mudanças (2.26.1; *ver* CAUSA). Nesse capítulo, algumas seções estão dedicadas a tempo e lugar, "os alicerces de vastas relações... [em que] todos os seres finitos estão implicados" (2.26.3). O capítulo seguinte aborda a segunda das três citadas relações: IDENTIDADE e diversidade. Essas idéias surgem porque a mente compara freqüentemente coisas em função do seu "próprio ser", de sua "existência em qualquer tempo e lugar determinados" (2.27.1). A terceira e talvez a mais importante espécie de relação a receber um tratamento extenso é a das relações morais. Esta espécie de relação "é a conformidade ou desacordo das ações voluntárias dos homens com uma regra, para a qual se remetem e pela qual são julgados" (2.28.4).

Há uma outra relação de grande importância para Locke, a relação de conhecimento. O conhecimento é definido em termos de percepção das relações de idéias. Há quatro tipos principais de relações de conhecimento.

Hume também deu às relações um lugar de destaque em seu estudo do conhecimento e da crença, enumerando sete relações, algumas das quais tratam de relações de idéias que conduzem à certeza e ao conhecimento, outras que constituem a base para as nossas crenças. Para Hume, algumas idéias introduzem naturalmente outras idéias. A comparação também é para ele o modo de adquirir idéias de relações (*Tratado*, Livro I).

O tema das relações gozou de um período muito vigoroso no começo do século XX, graças aos trabalhos de G.E. Moore, Bertrand Russell e outros. Também foi importante para a teoria lógica. (Ver *Encyclopedia of Philosophy*, org. Paul Edwards, 1967, verbete para "relações". Para a história de relações antes de Locke, ver J.R. Weinberg, *Abstration, Relation and Induction*, 1965.)

religião Locke tinha um amplo e persistente interesse em assuntos de religião. O maior grupo de livros em sua biblioteca particular (870 títulos, 23,8% de sua coleção total) pertence a essa categoria, que Harrison e Laslett catalogaram como "teologia" (*The Library of John Locke*, 1965; 2ª ed., 1972). Nessa coleção havia muitos livros sobre vários assuntos religiosos e teológicos, livros sobre diferentes movimentos religiosos (por exemplo, socinianismo, unitarismo), muitos exemplares da Bíblia em diferentes idiomas e livros de interpretação bíblica. Os seus próprios escritos refletem o mesmo interesse. Suas *Paráfrases das Epístolas de São Paulo* foram o último livro que escreveu; foi precedido por *A Racionalidade do cristianismo* (e por certo número de respostas a críticas a essa obra), assim como por várias *Cartas* sobre tolerância. Há também um *Discurso de Milagres* que só foi publicado após sua morte. Questões teologicamente aparentadas encontram-se em várias partes dos *Dois tratados* e nos *Ensaios sobre a lei da natureza*. Diversos capítulos do *Ensaio acerca do entendimento* tratam de temas de interesse religioso. Sua obra sobre educação, *Alguns pensamentos referentes à educação*, recomenda com instância, aos pais, como um fundamento para a virtude, que "imprimam" na mente da criança "uma verdadeira noção de *Deus*, como o Ser Supremo independente, Autor e Criador de todas as coisas, de quem recebemos todo o nosso bem, que nos ama e nos concede todas as coisas" (*AP*, §136). Nessa mesma passagem, revela-se a preferência de Locke pelo simples e o prático em matérias de religião: "Sou propenso a pensar que manter as crianças entregues, de manhã e à tarde, a atos de devoção a Deus, como seu Criador, Preservador e Benfeitor, em alguma forma simples e breve de oração, conveniente para sua idade e capacidade, será muito mais proveitoso para elas em religião, conhecimento e virtude, do que distrair seus pensamentos com indagações curiosas sobre Sua insondável essência e ser" (ibid.). Uma outra e firme convicção é indicada por seu conselho numa seção ulterior da obra, onde ele diz que "os princípios de religião devem ser extraídos" das Escrituras, mas, no caso das crianças, a leitura da Bíblia deve ser adequada à sua compreensão (§158).

Com freqüência, religião e moralidade são conjugadas; por exemplo, "os verdadeiros princípios de moralidade e religião" (*AP*, §200); "*a dignidade de princípios* em religião ou moralidade" (*Ensaio*, 1.3.22); "Virtude e Religião são necessárias" para a felicidade (2.21.60); a existência de Deus é uma verdade fundamental de que "depende toda a religião e a genuína moralidade" (4.10.7). Em outras passagens do *Ensaio*, Locke louva a linguagem simples e direta, a fim de evitar que "Moralidade e Religião fiquem ininteligíveis" (3.10.13). Numa outra seção que desafia uma doutrina corrente do cristianismo ortodoxo, ele afirma que "todos os grandes fins da Moralidade e da Religião são suficientemente inexpugnáveis para não necessitar de provas filosóficas sobre a imaterialidade da alma" (4.3.6). O estreito vínculo entre moralidade e religião vem com a lei da natureza, que é a lei divina. "a Lei que Deus estabeleceu para as ações dos homens"; essa lei é "a única verdadeira pedra de toque da *retidão moral*" (2.28.8). Sua *Carta acerca da tolerância* dá uma simples definição de religião: "o governo das vidas dos homens de acordo com as regras da virtude e da devoção" (em *Works*, vi. 6).

Para suas crenças religiosas, Locke recorria à Bíblia e recomendava aos outros que fizessem o mesmo. Evitou os sistemas de teologia, queixou-se de que encontrava neles pouca satisfação e ainda menos consistência (*Racionalidade*, em *Works*., vii. 3). Muitas doutrinas que outros afirmavam estar na Bíblia ou serem por ela sustentadas, Locke não pôde encontrá-las aí. Considerou que o Novo Testamento exigia que, para se ser um cristão, era necessária a aceitação do Cristo como o Messias. Isso era, para ele, o fundamental artigo de fé (ibid., p.57). Esse artigo, entretanto, acarreta alguns outros, como "a ressurreição, autoridade e segunda vinda de Jesus para julgar o mundo" (ibid., p.151; para uma clara e sucinta descrição das crenças religiosas de Locke, ver a introdução de Arthur Wainwright à sua edição das *Paraphrases*, p.28-59). Ele também aceitou os milagres realizados por Jesus e talvez alguns efetuados por seus discípulos, mas o *Ensaio* suscita algumas questões duras acerca do critério para algo ser um milagre (*ver* REVELAÇÃO; *ver também* MILAGRES). David Hume disse que Locke "parece ter sido o primeiro cristão que se atreveu a afirmar abertamente que a *Fé* não era outra coisa senão uma espécie de *Razão*, que a Religião era apenas um ramo da filosofia, e que uma cadeia de argumentos, semelhante àquela que estabelecia qualquer Verdade em moral, política ou física, era sempre empregada para descobrir todos os princípios de teologia, naturais e revelados" (*Dialogues concerning Natural Religion*, org. John V. Price, Oxford, 1976, p.156). Hume pode ter tido em mente a fala de Locke a respeito de uma moralidade demonstrativa, mas não há um só lugar onde Locke sugerisse que os princípios de teologia poderiam ser derivados por meio de cadeias de argumentos. A razão tem proeminência nos escritos de Locke, mas ele também identificou algumas verdades que estão acima da razão; por exemplo, a ressurreição dos mortos (*Racionalidade*, em *Works*, vii. 4, 18, 23).

Os sistemas de teologia que Locke achou contestáveis e freqüentemente ininteligíveis apoiavam-se em algumas doutrinas metafísicas que ou eram contrárias à razão (por exemplo, a transubstanciação, que requeria que um corpo estivesse em dois lugares simultaneamente), ou socorriam-se de conceitos que Locke acreditava estarem além do nosso conhecimento. Acreditava que nosso conhecimento é suficiente para nossas necessidades, mas está aquém de um conhecimento adequado de toda a realidade. Os limites do conhecimento eram o que preocupava muitos dos leitores ortodoxos de Locke. Sua afirmação de que ignoramos a real estrutura interna da matéria (embora aceitasse como útil hipótese a teoria corpuscular); sua limitação do que podemos saber sobre experiência e observação; sua rejeição de verdades inatas; sua tese de que a imaterialidade da alma não é necessária para a imortalidade; sua sugestão de que Deus podia dar a certos sistemas de matéria a propriedade de pensamento;

seu questionamento sobre se o mesmo corpo seria ressuscitado — tudo isso foi considerado pernicioso na medida em que abalava a fundação metafísica da religião. Sua análise da identidade pessoal como identidade de consciência também incomodou seus leitores porque rejeitava a crença comum numa substância anímica, imaterial, como constituinte da pessoa. Tanto no texto de *Racionalidade*, quanto em suas respostas às acusações de Stillingfleet, Locke jamais afirmou sua aceitação da doutrina da Trindade. Suas evasivas sobre esse ponto levaram Stillingfleet e outros a suspeitar de que ele era simpático aos antitrinitários (os socinianos e unitaristas). Em todas essas afirmações, rejeições e omissões, Locke foi considerado perigoso para a religião. Ele contornou a maior parte das categorias metafísicas que geralmente eram cegamente aceitas.

Locke escrevia numa época em que vários novos movimentos não-ortodoxos em religião e teologia estavam aparecendo na Europa, sobretudo na Holanda, onde ele passou os anos de 1683-88. Fez amigos entre esses novos grupos religiosos, socinianos, unitaristas e deístas. Faustus Socinius (1539-1604) tornou-se popular na Polônia, depois suas idéias propagaram-se à Holanda e Inglaterra. Os socinianos foram alvo de virulentos ataques. O termo "latitudinário" era aplicado inicialmente aos platônicos de Cambridge, mas depois ampliou-se para incluir a maioria dos pensadores heterodoxos, homens que enfatizavam a racionalidade da religião e sustentavam outras idéias liberais. (Para um bom exame desses vários grupos, ver C.R. Cragg, *From Puritanism to the Age of Reason*, 1950.) Um dos atrativos para Locke dessas novas abordagens era a ênfase sobre a racionalidade e uma leitura crítica das Escrituras. A doutrina da Trindade era abertamente rejeitada por alguns; uma atitude de tolerância para com diversos pontos de vista caracterizava os grupos na Holanda. Os pensadores que passaram a ser chamados de "deístas" compreendiam diferentes tipos de pessoas, mas Herbert de Cherbury (a quem Locke examinou no primeiro livro do *Ensaio* como um dos que sustentavam a doutrina de verdades inatas) é usualmente classificado entre eles, assim como Charles Blount (1659-93), para citar apenas dois deles. Anthony Collins, um amigo de Locke nos primeiros anos do século XVIII, é uma figura mais notória e melhor conhecida entre os qualificados como deístas. Suas obras, *Essay concerning the Use of Reason* (1707) e *Discourse of Free-Thinking* (1713), foram alvo de maciço ataque na Inglaterra e na França. *Christianity Not Mysterious* (1696), de John Toland, recorreu a muitas doutrinas do *Ensaio* de Locke, que se viu em apuros e passou por alguns dissabores em conseqüência do uso feito por Toland dessas doutrinas. Deísta ou não, Toland tipificou para muitos os malefícios da filosofia de Locke para a religião.

O rótulo de "platônicos de Cambridge" refere-se a um grupo também importante de escritores para o entendimento do ambiente metafísico e teológico em que Locke viveu e escreveu. Esses escritores podem ser caracterizados como teólogos filosóficos. Escreveram sobre vários tópicos de interesse para Locke; alguns defenderam uma versão de inatismo, outros escreveram sobre tempo e espaço e seu relacionamento com Deus. Esse grupo foi influenciado por Descartes, como o próprio Locke também foi. Locke tinha em sua biblioteca a maioria dos livros de membros desse grupo: por exemplo, Ralph Cudworth, *The True Intellectual System of the Universe* (1678); Henry More, *An Antidote against Atheism* (1653), e muitos outros livros, inclusive alguns poemas filosóficos; John Smith, *Select Discourses* (1660). *An Elegant and Learned Discourse of the Light of Nature* (1654), de Nathanael Culverwel, também pertence a esse grupo.

Como ocorre quase sempre em qualquer período da história, havia uma pequena coleção de rótulos que os defensores da tradição pespegavam nos que eles consideravam ser autores de ataques que ameaçavam abalar doutrinas tidas como necessárias para a moralidade e a religião. "Sociniano" e "deísta", nas mãos dos tradicionalistas do tempo de Locke, eram usados para dar a entender ateísmo. É indiscutível que nenhum desses rótulos servia para Locke, e certamente não o de "ateu". Compartilhou de alguns dos mais novos pontos de vista desses diferentes grupos, mas não pode ser licitamente classificado como sociniano ou deísta. Como ele próprio gostava de dizer, seu cristianismo era o das Escrituras, mas não se cansava de insistir em que muitas das doutrinas que aqueles que o atacavam afirmavam ser baseadas na Bíblia não estavam nela. Além disso, sublinhou a importância de entender as Escrituras, de lhes dar um nexo, tanto quanto possível. As misteriosas e ininteligíveis doutrinas dos sistemas teológicos não eram necessárias para constituir um cristão, nem faziam parte das Escrituras (*ver* BÍBLIA; para uma análise da relação das doutrinas de Locke com as controvérsias religiosas dos séculos XVII e começos do XVIII, *ver* John W. Yolton, *Locke and the Way of Ideas*, 1956).

representação Este termo e seu cognato, "representar", têm um certo número de diferentes usos nos escritos de Locke (principalmente no *Ensaio*). Numa passagem, ele fala de uma mulher chorando a morte de seu filho, incapaz de pensar em qualquer outra coisa, impotente para deixar de lamentar tamanha perda. A "consolação da razão" era improfícua; "todas as representações, embora nunca tão razoáveis, são em vão" (2.33.13). Numa outra passagem, após comparar o modo como as idéias na memória desaparecem gradualmente com o desvanecimento das cores de uma tela, Locke observa que "nossas mentes representam para nós aqueles túmulos de que nos estamos aproximando, onde o bronze e o mármore subsistem, mas as inscrições são apagadas pelo tempo" (2.10.5). Num tom menos sombrio, menciona algumas pessoas "cujas mentes foram favorecidas com vívidas representações das indescritíveis alegrias do Céu" (2.21.37). Ele também se refere à consciência de alguma ação passada não ser outra coisa "senão uma representação atual" dessa ação; sugere em seguida (isto no capítulo sobre identidade pessoal) que é possível alguma ação ser representada para uma pessoa, mesmo que tal ação nunca tenha existido. É exposta a questão: "Por que uma substância intelectual não pode ter representado para ela como se tivesse sido feito por si mesma, o que ela nunca fez, o que talvez tenha sido feito por algum outro agente?" (2.27.13) Locke pensa ser possível que ocorra, tal como em sonhos, que "muitas representações" de ações ou eventos nunca realmente aconteceram, de modo que representações feitas para uma pessoa desperta podem ser destituídas de realidade.

Em sua crítica do silogismo como ferramenta do raciocínio, reprova os "discursos retóricos" com suas "representações metafóricas" que tumultuam e obscurecem as idéias das quais a inferência depende (4.17.4). Um outro abuso de linguagem, desta vez de palavras, refere-se aos que foram "criados na filosofia peripatética" e estão persuadidos de que termos tais como "formas substanciais", "almas vegetativas" e "espécies intencionais" são reais, de que "são as representações de alguma coisa que realmente existe" (3.10.14).

O mais freqüente uso das palavras "representar" e "representação" relaciona-se com idéias (e com as palavras que significam idéias). Diz-se que algumas idéias *representam*; outras vezes são descritas como *representações*. Há cinco referentes diferentes para essa relação de representação de idéias: Deus, substância, modos mistos, objetos ou coisas (às vezes ações) e classes.

Enquanto discorria sobre quando as crianças adquirem a idéia de Deus, Locke diz que, com muita freqüência, essa idéia assemelha-se mais "à opinião e noção do professor" do que a uma representação do verdadeiro Deus (1.4.13). Até mesmo a idéia de Deus dos adultos está aquém de uma avaliação correta da natureza de Deus, que é simples e de uma extrema pureza: juntamos a idéia de infinito às "nossas *idéias* de existência, poder e conhecimento". É assim que formamos "aquela *idéia* complexa com que representamos, para nós mesmos, da melhor maneira possível, o Ser Supremo" (2.23.35). A idéia de Deus, tanto para crianças quanto para adultos, é o que Locke, numa outra passagem, caracteriza como uma idéia "inadequada", a qual é "apenas uma representação parcial ou incompleta" do arquétipo que a inspira (2.31.1). As idéias adequadas "representam perfeitamente esses arquétipos, dos quais a mente supõe que elas são derivadas; tais idéias são concebidas [pela mente] como símbolos dos arquétipos em que se apoiam" (ibid.).

Uma outra classe importante de idéias inadequadas é a de substância. Se aceitamos essas idéias como referência a "uma suposta essência real da cada espécie de coisas" (a que o nosso conhecimento não tem acesso), ou se as nossas idéias de substâncias "pretendem ser unicamente imagens ou representações na mente de coisas que existem" (onde o referente é para aquelas qualidades que se revela existirem juntas), em ambos os casos as nossas idéias são imperfeitas e inadequadas (2.31.6). Locke usa nessa passagem o termo "cópia": fracassamos em nossa tentativa para fazer de nossas idéias de substância cópias dos originais ou arquétipos. Nossa intenção é "copiar coisas tal como realmente existem; e representar para nós mesmos sua constituição, da qual todas as suas propriedades dependem" (2.31.3, 7). Os nomes para substâncias sofrem de uma deficiência semelhante, uma vez que são "anexados às *idéias* que não são nem essências reais nem representações exatas dos modelos aos quais se referem" (3.9.20). Se ficarmos com a idéia tradicional de substância como suporte não-sensorial para propriedades, ou mesmo se trabalharmos com o conceito científico da estrutura corpuscular de objetos materiais, nossas idéias serão inadequadas. Se adotarmos a noção de Locke de essência nominal como a coleção de qualidades que descobrimos, podemos não formar ainda uma idéia adequada porque algumas qualidades serão deixadas de fora da nossa idéia: a essência nominal incluiria a coleção real e a possível de qualidades. O que podemos dizer sobre essa idéia lockiana de substância é que aquelas idéias são reais, uma vez que "pretendem ser representações de substâncias tal como realmente são"; ou seja, nossas idéias são uma combinação de qualidades coexistentes (2.30.5). Nesse sentido de substância, as idéias consistem "em combinações de *idéias* simples assumidas para representar distintas coisas particulares que subsistem por si mesmas" (2.12.6). Foi esse conceito de substância que Adão assumiu quando deu nomes às coisas (3.6.46).

A falsidade de idéias resulta, por exemplo, de uma tentativa para aceitar uma idéia de substância "como a representação das essências desconhecidas das coisas" (2.32.18). Uma idéia por si mesma, tal como uma idéia que temos em nossa mente e que não é considerada representando alguma outra coisa, não é verdadeira nem falsa. Mesmo que seja "concordante... com a existência de coisas", mesmo que seja uma "representação exata de coisas", não pode ser dito que seja falsa. Quaisquer idéias que possam diferir de "a realidade das coisas" não podem "ser propriamente consideradas representações falsas", nem pode uma dessas idéias ser tida na conta de uma idéia de algo que ela não é capaz de representar (2.32.20). A falsidade reside no juízo que formulamos na base de alguma idéia complexa; também devemos pretender que a nossa idéia se refira a algum objeto ou ação (2.32.21-4). Da mesma forma, é impróprio dizer que "quando construo uma *idéia* das pernas, braços e corpo de um homem, e junto a isso a cabeça e o pescoço de um cavalo", fiz uma idéia falsa, uma vez que "nada representa fora de mim" (2.32.25). Tal idéia será falsa se eu "lhe chamo um *homem*, ou um *tártaro*, e imagino que ela representa algum ser real fora de mim, ou é a mesma *idéia* que outros chamam pelo mesmo nome" (ibid.).

Há uma outra espécie de idéia que não pode ser falsa: as idéias complexas, exceto as de substâncias, e especialmente as de ações. Estas são descritas como os "*arquétipos*" criados pelas nossas mentes, não designadas para serem cópias de algo nem referidas à existência de qualquer coisa, como para os seus originais (4.4.5). Uma tal idéia não está "destinada a representar seja o que for, exceto ela própria; logo, é incapaz de uma representação errada (ibid.; cf. 2.32.2). A noção de uma idéia que se representa a si mesma é algo estranha; o que isso quer dizer é que uma tal idéia fixa as normas para ações. Poderíamos querer dizer que tais idéias são sempre verdadeiras porque são construídas por nós, não tomadas de coisas no mundo. Por exemplo: "Aquele que pela primeira vez juntou a *idéia* de perigo percebido, ausência de sobressalto resultante do medo, consideração ponderada do que tinha de ser precisamente feito e sua execução, de forma imperturbável, sem ser dissuadido pela ameaça de perigo", tinha uma idéia complexa específica em mente, a qual não pretendia ser "outra coisa senão o que é" (2.31.3). O nome "coragem" foi dado a essa idéia, "a fim de transmitir seu significado a outros e denominar daí em diante qualquer ação que ele percebesse concordar com a idéia". Quando Locke imagina Adão formando idéias complexas por meio da observação e dando nomes às ações, ele diz que Adão selecionou características específicas que desejou identificar pelo nome de "deslealdade": "Tendo sua própria escolha feito essa combinação, esta tinha tudo o que ele pretendia que tivesse e, por conseguinte, não poderia deixar de ser perfeita, não poderia deixar de ser adequada, não sendo referida a nenhum outro arquétipo além daquele que se presumia representar" (3.6.44). Outro exemplo de construção de idéia complexa de uma ação é fornecido em 2.32.17: "Assim, quando tenho a *idéia* da ação de um homem que se abstém de proporcionar-se as carnes, bebidas, vestuário e outras comodidades da vida que sua riqueza e copiosos bens seriam suficientes para fornecer, e sua posição na sociedade justificaria, não tenho nenhuma *falsa idéia*." O valor de verdade é uma função do nome dado a essa descrição: "Quando dou o nome de *frugalidade*, ou *virtude*, a essa ação, então pode ser chamada uma *idéia falsa*, se desse modo se presume que concorda com aquela *idéia*, à qual, em propriedade da fala, o nome *frugalidade* pertence; ou para estar em conformidade com essa lei que é o modelo de virtude e vício" (ibid.). É mais fácil e mais comum para as pessoas trabalharem mais com nomes do que com idéias, especialmente no caso de idéias de tipos de ações, uma vez que tantas características estão incluídas na idéia: "O *Nome* ocorre com muito maior facilidade do que a própria *Idéia* complexa, a qual requer tempo e atenção para ser relembrada e representada com exatidão para a mente" (4.5.4).

Um outro modo de apresentação de idéias é quando uma determinada idéia é usada para representar uma classe ou espécie. Pela operação mental de abstração, "*idéias* extraídas de seres particulares tornam-se representações gerais de uma mesma espécie" (2.11.9). Por abstração, idéias particulares tornam-se "capazes de representar mais do que um indivíduo" (3.3.6). Pela combinação de várias idéias simples, "representamos espécies particulares de *substâncias* para nós mesmos" (2.23.6). Tudo na ontologia de Locke é particular, incluindo idéias e palavras. Palavras particulares tornam-se gerais quando se convertem em sinais de idéias gerais. Idéias particulares tornam-se gerais quando são "estabelecidas como representantes de muitas coisas particulares" (3.3.11). "Significar" ou "representar" muitos particulares estão, nesta última passagem, estreitamente ligados; o "ou" parece assinalar uma equivalência. Representar é significar; uma representação é um significante. Numa outra passagem, Locke fala de idéias particulares específicas, às quais "mais de uma coisa particular pode corresponder e ser representada por ela" (4.17.8). Ainda numa outra seção, "representação" é unida a "imagem": idéias de substâncias coletivas, como um exército ou o mundo, são consideradas *uma* idéia, "sendo suficiente, para a unidade de qualquer *idéia*, que ela seja considerada uma representante, ou imagem, embora constituída de nunca tantos particulares" (2.24.1).

A questão sobre se a relação de representação é uma que envolve figurar, corresponder ou significar, torna-se importante quando se considera a última das maneiras como as idéias representam, e são elas próprias representações: a relação idéia-objeto. Todas as três locuções para a relação de representação encontram-se no *Ensaio*. O termo "cópia" é usado com "representação" e "representar" e, 2.31.3, 6, 7 e em 4.4.5. "Imagem" ocorre na passagem acima citada (2.24.1) e é também usada em 2.30.2: As idéias simples são reais e "concordam com a realidade das coisas. Não que sejam todas elas imagens, ou representações do que efetivamente existe". Locke lembra ao leitor sua descrição anterior a respeito de qualidades, segundo a qual as idéias de qualidades são semelhanças das qualidades de corpos. A frase "imagens ou representações" significará aqui que as idéias de qualidades secundárias não são as imagens nem as representações de qualidades? Estará ele dizendo que ser representação de uma qualidade requer que a idéia se assemelhe à qualidade? A linguagem de semelhança é também usada em sua primeira resposta ao ataque do Bispo Stillingfleet contra o *Ensaio*. Tinha argumentado o bispo que as idéias de cores, sons e gostos são, na explicação de Locke, somente efeitos de corpos e, por conseguinte, não podemos adquirir qualquer conhecimento de corpos a partir dessas idéias. Locke parafraseia Stillingfleet como segue:

> Pois suponho que Sua Senhoria argumenta, com base na minha opinião a respeito das idéias simples de qualidades secundárias, o pouco conhecimento real que devemos receber delas, se é verdade que não são representações ou imagens de qualquer coisa nos corpos, mas somente efeitos de certos poderes existentes em corpos para produzi-las em nós; e, nesse sentido, tomo a liberdade de interpretar assim as palavras de Sua Senhoria: de modo que não podemos realmente entender nada com certeza, exceto essas idéias, pelos efeitos que esses poderes exercem sobre nós. (*A Letter to the Right Rev. Edward Lord Bishop of Worcester*, em *Works*, iv. 76).

Locke responde sublinhando que "certamente conhecemos e distinguimos coisas por meio de idéias, no pressuposto de que elas nada mais são do que efeitos produzidos em nós por esses poderes, como se representações fossem". Ele está dizendo, evidentemente, que o sermos capazes de distinguir objetos pela cor ou pelo gosto produzidos em nós por tais objetos é semelhante, em termos de função, à atividade baseada em representações: "É como se essa cor e esse gosto fossem representações e semelhanças de algo existente nesses corpos" (ibid., p.75). Locke também diz ao bispo que, no seu *Ensaio*, afirma que "as idéias simples de qualidades primárias são as imagens ou representações do que existe fora de nós".

Entretanto, quando escreve sobre verdadeiras e falsas idéias, diz que idéias simples como azul, amarelo, doce, amargo "correspondem" ao poder em corpos que as produzem *e* afirma que elas representam esse poder (2.32.16). Nenhuma menção é feita nessa passagem a imagens ou semelhanças. A locução "corresponde a" é também usada em 4.4.4, onde ele se refere à "*idéia* de brancura ou de amargor, tal como se encontra na mente, correspondendo exatamente a esse poder que está em qualquer corpo para produzi-la aí". É afirmado que essas idéias "representam para nós coisas sob aquelas aparências que estão aptas a produzir em nós", habilitando-nos assim a distinguir e usar os objetos de que necessitamos. Em 2.32.19, Locke explica que, estritamente falando, as idéias não são verdadeiras ou falsas: é "algum juízo formulado, ou supostamente formulado, pela mente" que tem o valor de verdade. Um juízo ou proposição é a junção ou separação de sinais: "Os sinais que usamos principalmente ou são *Idéias* ou Palavras, com as quais produzimos proposições ou mentais ou verbais. A *verdade* reside em juntar ou separar essas representantes conforme as coisas que representam concordem ou discordem entre si; e *falsidade* é o inverso" (2.32.19).

O uso da palavra "sinal" indica o que pode ser a principal característica de idéias como representações. A relação palavra-idéia é elaborada no terceiro livro do *Ensaio*, em especial no curto Capítulo II, "O significado das palavras". As palavras são sinais sensíveis dos pensamentos ou idéias de locutores e ouvintes. Locke diz que as idéias são "apreendidas das coisas que elas presumivelmente representam" (3.2.2). Palavras significam idéias, concepções ou pensamentos (ele usa todos esses termos). As idéias representam (significam) objetos e qualidades. Quando Locke trata dos nomes, diz que essas palavras "não são simplesmente colocadas por nossas idéias", mas são usadas, "em última análise, para representar coisas", fazendo *dessa* relação representativa uma clara relação de significação (3.11.24). A significação dessas palavras, nomes para substâncias, "deve concordar com a verdade das coisas, assim como com as *idéias* dos homens". No final do *Ensaio*, Locke fala brevemente da doutrina dos sinais. Diz ele que os sinais mais usuais são palavras. A função da doutrina dos sinais (também lhe chama *lógica*) consiste "em considerar a natureza dos sinais que a mente utiliza para o entendimento das coisas, ou transmitir o conhecimento a outros" (4.21.4). Faz então uma observação muito importante, mas potencialmente enganosa: "Pois uma vez que nenhuma das coisas que a mente contempla está, para além de si mesma, presente no entendimento, é necessário que algo mais, como o sinal ou a representação da coisa considerada, se faça presente no entendimento: esse algo mais são as *idéias*." "Sinal" e "representação" parecem ser sinônimos nessa passagem. A relação de representação ou de significação aplica-se principalmente a idéias, mas também, como é dito em 3.11.24, a palavras. A frase potencialmente enganosa desse comentário de 4.21.4 é "presente no entendimento". É uma frase que posteriormente recebeu assíduo uso por Hume. Malebranche e Arnauld tinham debatido antes a análoga noção cartesiana de "existência na mente" (uma noção que mais tarde se destacou na obra de Berkeley). O conceito de Descartes da realidade objetiva de idéias identificou o papel representativo de idéias. Descartes explicou a realidade objetiva de idéias como o *ser* do objeto (o objeto que é conhecido) na mente. Arnauld esforçou-se para convencer Malebranche de que o que Descartes quis dizer foi que o ser (realidade) de objetos na mente era o seu "ser conhecido". "Representação", "ser conhecido" e "ser na mente" referem-se, insistiu Arnauld, à cognição e significação.

Há dois trechos no *Ensaio* que sugerem que Locke tinha em mente essa noção cartesiana. Ele estava familiarizado com o debate Arnauld-Malebranche, especialmente com *Des vrayes et des fausses idées* (1683), de Arnauld. Na quarta edição do *Ensaio*, Locke diz que os termos que usou em edições anteriores, "claro" e "distinto" (termos cartesianos), era preferível substituí-los por "definido" e "determinado" ("Epistle to the Reader", p.13). Esses termos referem-se, diz ele, a "*algum objeto na mente*". Assim, uma idéia "definida" ou "determinada" é uma que está "objetivamente, em qualquer tempo, na mente". O termo "representação" não aparece nessa passagem da Carta ao leitor. A outra evidência textual que sugere um contexto cartesiano para a menção de Locke de "presente no entendimento" é um comentário que ele faz quando insiste em que nenhuma verdade ou princípio pode estar na mente (como os inatistas estavam afirmando) de que não estejamos conscientes: "Pois se essas palavras (*estar no entendimento*) têm qualquer propriedade, elas significam ser entendidas" (1.2.5). Esse comentário é quase idêntico a uma das definições usadas por Arnauld enquanto tentava provar a Malebranche que este tinha confundido presença cognitiva com presença espacial. Naquela passagem de 4.21.4 sobre a doutrina de sinais, Locke diz que a mente usa sinais "para o entendimento de coisas". Arnauld insistiu em que "estar no entendimento" significa simplesmente "ser conhecido ou entendido". Atacou a noção de Malebranche de que as idéias são objetos separadamente existentes que representam objetos no mundo, mas concordou que as idéias (os sinais de Locke) são os nossos meios para conhecer objetos. As idéias na mente eram as próprias coisas, mas as coisas só podem existir na mente cognitivamente, como conhecidas.

representativo Há uma passagem no *Ensaio* em que esse termo é aplicado a idéias ou, como Locke aí diz, a aparências: a mente transforma uma determinada cor em "representativa de todas as dessa espécie" (2.11.9). Mas o termo "representativo" e o seu plural são aplicáveis, sobretudo, ao conceito de Locke de sociedade política, à sua versão de governo representativo. Quando os homens se juntam para formar uma sociedade política, renunciam ao direito e poder que cada um tinha no estado de natureza para julgar e punir violações da lei da natureza. Esse poder é outorgado à sociedade, mas, como os homens constituem uma sociedade por escolha e consenso, os julgamentos instaurados pela sociedade contra a prática de delitos são, na realidade, os próprios juízos de cada membro, emitidos diretamente por eles ou através de seus representantes (*T*2, §88). No assunto de tributação, o conceito de um representante dos membros é também invocado. Os governos custam dinheiro para funcionar e é "natural que todos quantos gozam de uma parcela de proteção paguem do que possuem a proporção necessária para mantê-lo" (§140). O pagamento deve ser "com o seu próprio consentimento". Neste caso, "consentimento" significa "o consentimento da maioria, dando-o por si mesmos ou pelos representantes que eles escolheram".

Em certas sociedades políticas (ou comunidades [commonwealths], termo que Locke usa freqüentemente), o legislativo está combinado com o executivo numa só pessoa; mas Locke sublinha a importância de que a pessoa seja vista como "a pessoa pública investida com o poder da Lei", a qual foi conjuntamente formada por essa pessoa e os membros. Essa pessoa pública "será considerada como a imagem, sombra ou representação da comunidade, atuando por vontade da sociedade" (§151). Em outras sociedades, o legislativo pode ser composto, no todo ou em parte, de representantes escolhidos pelo povo para determinados períodos de tempo, e disposições devem ser tomadas para futuros representantes eleitos (§154). Com as mudanças na população, essa representação escolhida pelo povo pode tornar-se "muito *desigual* e desproporcionada aos motivos que levaram a estabelecê-la de início" (§157). Essa desproporção pode resultar através do crescimento ou declínio de cidades, de modo que aquilo que em determinada altura foi uma grande área habitada pode ter agora apenas alguns reduzidos grupos de pessoas. Seria um erro conservar os mesmos números de representantes para essa população diminuta (ibid.). Locke tinha um conceito de representação proporcional. Ele não dá quaisquer números para determinar o que chama "a verdadeira proporção" ou uma "verdadeira razão" para decidir sobre o número de representantes para cada região, mas refere-se a um direito que o povo tem de "ser distintamente representado" (§158). Uma outra frase é uma "justa e *igual representatividade*", e Locke fala do "poder de instituir novas corporações e, com elas, novos *representantes*" (ibid.). Esse processo de estabelecimento de um novo grupo de representantes "importa na suposição de que, com o tempo, as *medidas de representação* possam variar, e os lugares que não tinham anteriormente direito a representação podem adquiri-lo; e pela mesma razão cessam de tê-lo os que anteriormente o possuíam se se tornam pouco importantes para privilégio de tal ordem" (ibid.). Livre consentimento e seleção de seus representantes são as bases para um governo legítimo (§192).

Ao analisar as condições em que um governo pode ser dissolvido, as condições que o tornam ilegítimo, Locke supõe um corpo legislativo composto de três grupos distintos: "uma única pessoa hereditária", "uma assembléia de nobreza hereditária" e "uma assembléia de representantes escolhidos *pro tempore* pelo povo" (§213). Uma das maneiras como tal governo poderia violar a confiança do povo é se a pessoa hereditária (o rei) "emprega a força, o tesouro ou os cargos da sociedade para corromper os *representantes* e atraí-los a seus próprios fins" (§222). Solicitações, ameaças, promessas poderiam ser usadas para comprar os votos antes do debate sobre questões de interesse público e contra os desejos daqueles que elegeram os representantes. O aliciamento e suborno dos representantes do povo é uma forma de destruir "o governo pelas raízes e envenenar a própria fonte da segurança pública" (ibid.). A escolha de representantes pertence unicamente ao povo.

O conceito de pessoas eleitas servindo como representantes de outras pessoas é concomitante com a ênfase de Locke sobre a comunidade e sua metáfora para a estrutura política de um corpo vivo, dotado de uma vontade e de uma alma dirigindo o todo (*ver* COMUNIDADE). Hobbes desenvolveu a noção de representantes mais cedo em *Leviatã* (1651). Quando as palavras e ações de uma pessoa são consideradas suas próprias, Hobbes chama a essa pessoa "natural", mas quando essas palavras e ações são "consideradas representativas das palavras e ações de outrem, então ela é qualificada como *pessoa fictícia* ou *artificial*" (Parte I, cap.XVI). Hobbes aplicou a distinção a atores em cena, assim com às arenas política e social. Numa passagem, esteve muito próximo de antecipar-se à noção de Locke de corpo político: "Uma multidão de homens é transformada em *uma* pessoa quando é representada por um só homem ou pessoa, de maneira que tal seja feito com o consentimento de cada um dos que constituem essa multidão. Porque é a *unidade* do representante, e não a *unidade* do representado, que faz a pessoa ser *una*" (ibid.). A ênfase de Locke sobre a maioria atuando pela totalidade também ocorre em Hobbes. "E se o representante for constituído por muitos homens, a voz do maior número deve ser considerada a voz de todos eles."

ressurreição Em uma de suas respostas a Stillingfleet, o Bispo de Worcester, Locke afirmou: "Reconheço que a ressurreição dos mortos é um artigo de fé cristã" (*Mr. Locke's Second Reply*, em *Works*, iv. 303). Nessa e em outras passagens dessa resposta, Locke diz ao bispo que lê "as sagradas Escrituras com a plena certeza de que tudo o que elas nos transmitem é verdadeiro" (ibid., p.341). Quando Stillingfleet acusou as doutrinas de Locke no *Ensaio* de serem inconsistentes com uma outra doutrina, a da Trindade, Locke protestou que sua Bíblia nada dizia a respeito de "três pessoas numa só natureza, ou... duas naturezas e uma pessoa" (ibid., p.343). Locke nunca disse se a Trindade era ou não um artigo de fé para ele, mas, como baseou seu cristianismo no que a Bíblia diz, talvez possamos concluir que essa doutrina não figurava em sua religião. Para Locke, o que era necessário para ser um cristão era, basicamente, crer que o Cristo era o Messias. Acreditar nisso acarretava, é claro, a crença em que ele se ergueria dentre os mortos; a sua ressurreição era uma prova de ser o Messias. Essas crenças também envolviam a noção de que o Cristo devolveu a vida a todos os homens, a vida que "receberam de novo na ressurreição" (*Racionalidade*, em *Obras*, vii. 9).

O bispo não acusou Locke de rejeitar a doutrina da ressurreição, mas apenas que a explicação lockiana do conhecimento em função de idéias e o seu conceito de identidade pessoal eram incompatíveis com essa doutrina. Stillingfleet entendeu, como outros teólogos ortodoxos também entenderam, que a ressurreição envolvia o *mesmo* corpo. Locke disse ao bispo que não encontrou na Bíblia qualquer referência ao mesmo corpo; tudo o que ele pôde encontrar foram alusões à ressurreição dos mortos. De fato, nas primeiras três edições do seu *Ensaio*, Locke referiu-se à ressurreição "de nossos corpos" (4.3.29), e disse: "Os corpos dos homens erguer-se-ão de novo" (4.18.7). Alterou essas duas passagens após a terceira edição, as quais passaram a ter esta redação: "A Ressurreição dos Mortos" e "os mortos erguer-se-ão e viverão de novo". Segundo parece, foi a crítica de Stillingfleet que levou Locke a fazer essas mudanças, mudanças numa interpretação da ressurreição que serviria de motivo para o ataque do Bispo de Worcester. "Quando escrevi esse livro, considerava a idéia como ponto pacífico, pois não duvidei, ao contrário de muitos outros, de que a Escritura tinha mencionado em termos explícitos 'a ressurreição do corpo'; mas graças à oportunidade que Vossa Senhoria me concedeu em sua carta para analisar um pouco mais minuciosamente o que a revelação declarou a respeito da ressurreição, e não tendo encontrado tais palavras expressas na Escritura como 'o corpo erguer-se-á ou será erguido', ou 'a ressurreição do corpo', mudarei essas palavras na próxima edição do meu livro" (*Mr. Locke's Second Reply*, em *Works*, iv. 333-4). Locke declara em seguida que não pôs em dúvida "que os mortos levantar-se-ão com corpos"; a questão era: com que corpos? Mesmo no acréscimo introduzido na segunda edição do *Ensaio*, no capítulo sobre identidade e diversidade (onde Locke desenvolve o seu conceito de pessoa), ele diz que uma pessoa na ressurreição teria um corpo "não exatamente em forma ou com as partes que ela tinha aqui" (2.27.15). Assim, Locke nunca disse, mesmo nessas outras passagens das primeiras três edições, que o *mesmo* corpo aparecerá na ressurreição.

Era justamente essa a interpretação que Stillingfleet rejeitava: ele adotou a interpretação corrente de que o mesmo corpo unir-se-ia com a mesma alma, como na vida mortal. Stillingfleet não entendeu inteiramente a distinção de Locke entre homem e pessoa, com a localização da identidade da pessoa na inalterabilidade da consciência e não, como no ponto de vista comum, numa substância imaterial. Para Stillingfleet, essa noção da mesma pessoa tinha a conseqüência de que não importa que corpo uma pessoa tenha em qualquer momento dado, esse corpo não faz parte da condição essencial da pessoa de um homem. Locke também tinha repartido as mudanças na consciência de cada um entre diferentes substâncias, ou até mesmo uma PESSOA diurna e uma noturna na mesma substância. Esses quebra-cabeças eram a sua maneira de mostrar a irrelevância da substância para a identidade da pessoa. Não era um defensor do conceito de substância, mas em nenhum momento sugeriu que uma pessoa pudesse ser separada de um corpo, nem mesmo na ressurreição. O que acontece exatamente a uma pessoa na morte não é discutido por Locke, mas, presumivelmente, as pessoas deixam de existir até o momento em que Deus as chama a prestar contas. Não obstante, na vida mortal e na outra vida, temos corpos, corpos terrenos agora, celestes depois. Num ensaio escrito em 1699, Locke observa que a Bíblia diz muitas vezes que os homens serão ressuscitados. "Mas como, ou com que corpos isso ocorrerá, a Escritura, até onde me foi dado verificar, é perfeitamente silenciosa" (impresso em *Paraphrases*, p.684). O comentário de Locke sobre a Epístola de São Paulo aos coríntios (1 Cor. 15) fala de corpos celestes e terrenos: "aqueles que são elevados a um estado celestial terão outros corpos" e esses corpos celestes serão belos e excelentes, "de constituição e qualidades muito diferentes das que tinham antes" (ibid., p.252). Numa outra parte do seu comentário sobre Coríntios 1, Locke interpreta São Paulo da seguinte maneira: "Isto vos digo, Irmãos, para satisfazer aqueles que perguntam com que corpos os mortos virão: que não teremos na ressurreição os corpos que temos agora, pois carne e sangue não podem entrar no Reino que os santos herdarão no Céu. Nem coisas tão efêmeras e corruptíveis quanto os nossos atuais corpos são adequadas para esse estado de imutável incorruptibilidade" (ibid., p.255).

Locke também escreveu muitas e extensas notas explicativas a respeito da mesma Epístola, dando alguns detalhes acerca da ressurreição, conforme descrita em linhas gerais por São Paulo. Ela acontecerá em etapas: "Primeiro que tudo, ergue-se o Cristo; depois, seguem-se por ordem os santos, os quais serão todos ressuscitados, porquanto a ressurreição dos justos é aquilo de que Ele se ocupa e de que dará contas no final do seu discurso" (ibid., p.252). Locke sublinha até que "não morreremos, em absoluto, mas todos seremos mudados num abrir e fechar de olhos ao soar a última trombeta, pois a trombeta soará e os mortos erguer-se-ão, e quantos de nós, crentes, estiverem então redivivos, serão mudados" (ibid., p.255).

Ao argumentar que é o mesmo corpo na ressurreição, Stillingfleet admitiu que por "mesmo corpo" não quis dizer as mesmas partículas de matéria que uma pessoa, por exemplo, um pecador, tinha num determinado momento (i.e., quando pecou), uma vez que perdemos e mudamos partículas da matéria do nosso corpo ao longo da vida. Mas, comprometido como estava com a metafísica de substâncias, Stillingfleet insistiu em que a mesma substância material que estava unida à alma nesta vida tinha que estar presente e reunida com sua alma na ressurreição. Locke examina alguns dos argumentos empregados pelo bispo para sustentar sua tese, reduzindo-os, em sua maioria, ao absurdo ou a contradições internas. Existem algumas boas análises conceptuais nas páginas da *Segunda*

Resposta de Locke; há também uma certa dose de humor e zombaria à custa do bispo. Por exemplo: se, como Stillingfleet cita de João 5:28-9, "todos os que se acham nos túmulos ouvirão a sua voz e sairão", então Stillingfleet deve acreditar que a alma como uma substância deve também estar no túmulo: somente o que estava no túmulo pode sair do túmulo (em *Works*, iv. 306). Se ignorarmos o problema de onde está a alma quando o corpo morre, um outro problema com que o bispo se defronta é: que partículas acha ele que saem do túmulo? Por outro lado, essas partículas não podem ser diferentes daquelas que compunham o corpo quando este foi sepultado, de modo que todas as partículas que estavam unidas à alma em vida não saem do túmulo na ressurreição (ibid., p.306-7).

Locke passa depois a assinalar que temos diferentes corpos em diferentes épocas, ao longo da vida, mas seja qual for o corpo que temos em qualquer momento ou período específico, é o *nosso* corpo: "Sua Senhoria verá facilmente que o corpo que tinha quando embrião no ventre materno, quando criança brincando pelado, quando homem unindo-se à sua esposa, quando, decrépito, agonizando de tísica pulmonar e, por último, o que será após sua ressurreição, são, cada um deles, seu corpo, embora nenhum deles seja o mesmo corpo, em conjunto" (p.308). Seja qual for o corpo que tivermos na ressurreição, será o *nosso* corpo. Uma outra dificuldade para o bispo é a do caso de um homem que pecou durante um longo período de tempo (um "velho pecador", chama-lhe Locke); a totalidade das partículas de tão "velho pecador" seria grande demais para aparecer na ressurreição (p.308-9). A resposta do bispo foi que apenas *algumas* das muitas partículas que o corpo de um homem tinha precisavam estar unidas à alma na ressurreição. Locke deu a resposta óbvia a esse argumento: "De modo que tanto faz tomar as partículas numéricas que formam seu corpo aos cinqüenta ou em qualquer outra estação da vida; ou reuni-las promiscuamente de entre aquelas que em diferentes épocas foram sucessiva e vitalmente unidas à sua alma, como do mesmo corpo que era o seu, no qual foram realizadas algumas de suas ações, mas que tem apenas metade dessas mesmas partículas" (p.310). Locke sugere que as partículas de um "corpo decrépito, definhado e ressequido" de um velho enfermo às portas da morte "seriam extremamente escassas ou impróprias para formar um corpo tão bem proporcionado, forte, vigoroso e nédio como o que agrada ao pensamento de Sua Senhoria, que pretende proporcionar tal coisa a todos os homens na Ressurreição" (ibid.). Ainda mais convincente, contra o conceito do bispo: "O que deve fazer um embrião que, morrendo poucas horas depois que seu corpo foi vitalmente unido à sua alma, não tem partículas de matéria, as quais estivessem antes vitalmente unidas a ela, em quantidade bastante para formar seu corpo do tamanho e proporção que Sua Senhoria parece exigir na Ressurreição?" (p.311). O resultado é que um embrião que morre no ventre "pode ser muito pequeno, nem uma milésima parte de um homem comum", e esse embrião "permaneceria por toda a eternidade como um homem com menos de uma polegada de comprimento, porque não há partículas de matéria, anteriormente unidas à sua alma, para fazê-lo maior; e nenhuma outra [matéria] pode ser usada para esse fim".

O químico e amigo de Locke, Robert Boyle, ao abordar o mesmo tema, concluiu que "não há um volume ou tamanho determinado que seja necessário para fazer um corpo humano ser aceito como o *mesmo*, e que uma porção muito pequena de matéria servirá, por vezes, para a mudança: como, por exemplo, um embrião no ventre, um bebê recém-nascido, um homem de elevada estatura e um ancião decrépito, talvez rondando os cem anos, não obstante a enorme diferença de dimensões, ainda continuam sendo considerados a mesma pessoa" ("Some Physico-Theological Considerations about the Possibilities of the Ressurrection", 1675, reimpresso em *Selected Philosophical Papers of Robert Boyle*, org. M.A. Stewart, 1979, p.199). Boyle estava refletindo sobre a questão da identidade de um corpo desde o ponto de vista de um químico. Ele encarou a sério aquilo de que Locke escarnecia no Bispo Stillingfleet, embora Boyle estivesse mais interessado em apurar que partículas e quantas que desciam à sepultura seriam necessárias a Deus para as ampliar e formar um corpo completo na ressurreição. Boyle debruçou-se sobre a mesma Epístola de São Paulo, Coríntios 1, que Locke parafraseou: Para a questão: "Como ressuscitaram os mortos?", Boyle menciona várias possibilidades: "um poder plástico em alguma parte da matéria de um corpo morto, pelo qual, ao ser divinamente excitado, pode ficar apto a tomar para si matéria nova, e assim dominá-la e aperfeiçoá-la para então se restaurar ou aumentar suficientemente"; ou uma analogia com o fermento na massa do pão (ibid., p.195-6). Não se compromete com qualquer hipótese explicativa, mas diz que o que São Paulo afirma é consistente com a noção de que "uma porção da matéria de um corpo morto, ao unir-se a uma porção muito maior de matéria fornecida do exterior pelo próprio Deus, e completada num corpo humano, pode ser considerada a *mesma* que antes estava morta" (p.197).

Outros autores sustentaram a mesma tese de Stillingfleet de que o mesmo corpo seria ressuscitado, embora nenhum deles apresentasse o gênero de detalhes que Boyle sugere para explicar como isso poderia ser realizado: Matthew Hale, *The Primitive Origination of Mankind* (1677); Thomas Browne, *Religio Medici* (4ª ed., 1656). Dois escritores vieram em defesa de Locke sobre esse tópico: Samuel Bold *A Discourse concerning the Resurrection of the Same Body* (1705); Catharine Cockburn, *A Letter to Dr. Holdsworth, Occasioned by His Sermon Preached before the University of Oxford, on Easter Monday* (1726) e "A Vindication of Mr. Locke's Christian Principles", em *Works* (1751). O sermão de Holdsworth a que Cockburn respondeu foi publicado em 1720; ele replicou a defesa dessa autora em 1727. Holdsworth acusou Locke de ser sociniano, por causa de sua rejeição do mesmo corpo na ressurreição. Um outro teólogo, Daniel Whitby, também atacou Locke, pondo-se ao lado de Stillingfleet (*Paraphrase and Commentary on the New Testament*, 1703). Whitby e Locke trocaram algumas cartas em 1699 e 1702, mas Locke recusou-se a ser arrastado para um debate (*Corr.*, 2533, vi. 545; 2536, vi. 548-9; 3188, vii, 676-7; 3203, vii. 697-8). Numa carta para Whitby, Locke disse simplesmente: "Pois estando eu inteiramente persuadido da ressurreição e de que teremos corpos adequados a esse estado, é-me indiferente se qualquer um conclui que eles serão os mesmos ou não" (2536).

revelação Algumas verdades podem ser descobertas e alguns conhecimentos adquiridos por revelação. Os primeiros *Ensaios sobre a lei da natureza* enumeram três espécies ou fontes de conhecimento: inscrição, tradição e experiência sensorial. Uma quarta espécie, não muito discutida nesses ensaios, é a "revelação sobrenatural e divina" (p.123). Nos escritos de Locke, há duas fontes de revelação: "a luz da natureza e a revelação direta" (*Ensaio*, 2.28.8). Nessa passagem, ele estava discorrendo sobre a lei divina, "aquela lei estabelecida por Deus com vista às ações humanas". A lei da natureza é freqüentemente descrita como conhecimento obtido por nossas faculdades naturais (1.3.13), embora nessa mesma seção ele rotule de "extrema" a negação de uma lei da natureza "cognoscível mediante a luz da natureza, isto é, sem a ajuda de revelação positiva". A lei a que ele se refere aí, entretanto, é a pretensa lei inata, de modo que Locke pode estar querendo apenas dizer que não poderíamos conhecer uma lei inata (ou saber que ela é inata) sem a ajuda da revelação positiva. Sem dúvida, os primeiros *Ensaios* afirmam de forma inequívoca que a lei da natureza "pode ser conhecida pela luz da natureza", isto é, uma lei ou verdade "que um homem pode alcançar por si mesmo e sem a ajuda de um outro, se fizer uso apropriado das faculdades com que foi dotado pela natureza" (p.123). Esse ensaio é dedicado a dar uma resposta afirmativa à questão: "Pode a lei da natureza ser conhecida pela luz da natureza?" Locke também diz que podemos conhecer a vontade de Deus pela luz da natureza ou por homens inspirados por Deus" (p.187). No *Ensaio*, a razão é caracterizada como "revelação natural", a faculdade "pela qual o eterno Pai da Luz, e Fonte de todo o Conhecimento comunica à humanidade aquela porção de verdade que Ele colocou ao alcance de suas faculdades naturais" (4.19.4).

A menção da luz da razão ou da natureza no desvendar de verdades sobre a vontade e as leis de Deus tende a desaparecer em escritos ulteriores. Era uma frase invocada pelos inatistas. A metáfora da luz, por meio da qual "vemos" verdades especiais, era também linguagem lockiana fortemente criticada nos escritos dos chamados "entusiastas" (4.19). A luz da razão é substituída pela própria razão na maioria dos escritos de Locke. Durante muito tempo, pelo menos desde o *Ensaio* até *Racionalidade* (da década de 1680 até 1695), ele manifestou a esperança de que a razão fosse capaz, pelos meios próprios dessa faculdade (o raciocínio ou mesmo a demonstração), de descobrir as leis morais de Deus. Ao chamar à razão "revelação natural" enquanto escrevia contra o entusiasmo, ele pretendeu preservar sua convicção de que as nossas faculdades, especialmente a razão, são dadas por Deus, embora evitando cair na armadilha dos entusiastas de converter a razão num meio não-racional de descoberta de verdades importantes. A razão como revelação natural é também um meio de eliminar a brecha entre fé e razão, entre razão e religião.

Outro aspecto dos esforços de Locke para harmonizar razão e revelação é indicado por sua caracterização da revelação (ainda no capítulo sobre entusiasmo) como "*Razão* natural ampliada por um novo conjunto de descobertas comunicadas imediatamente por Deus, cuja verdade é atestada e corroborada pela *Razão*, pelo testemunho e provas que esta fornece de que elas dimanam de Deus" (4.19.4). Qual é o papel desempenhado pela razão nas descobertas comunicadas por Deus? De que modo a razão atesta a verdade dessas comunicações? Podemos determinar como a razão garante essas verdades em casos específicos atribuídos por Locke à revelação?

Os "ditames da Natureza e da Razão, assim como seu comando revelado [de Deus], requerem que preservemos" os nossos filhos (*T*1, §56). Nesse caso, Locke apenas afirma que a razão concorda com o instinto natural para a preservação de nossos filhos e do que Deus ordena. Numa outra passagem dessa mesma obra, Locke cita textos bíblicos em apoio de sua tese sobre o poder de pais e mães (não, como argumentou Filmer, só dos pais) sobre os filhos ou o respeito que lhes é devido por seus filhos (*T*1, §61). Como Locke considera a Bíblia a palavra revelada de Deus, essas injunções (por exemplo, que os filhos devem obedecer a seus pais) constituem verdades reveladas. As citações da Bíblia apresentam-se sob o título de "testemunho", como o modo usado pela razão para corroborar essas verdades.

No segundo dos *Dois tratados*, o capítulo sobre propriedade diz que a revelação (isto é, a Bíblia) nos fala das "concessões feitas do mundo por Deus a Adão, e a Noé e seus filhos" (*T2*, §25). Deus, acrescenta Locke, citando o Salmo 115, "*deu a terra aos filhos dos homens*, concedeu-a em comum a toda a humanidade". Presumivelmente, a razão atesta essa verdade porque também a razão aceita a Bíblia como palavra revelada de Deus. Os *Ensaios* dizem: "Devemos acreditar que a religião torna-se conhecida dos homens menos pela luz da natureza do que por revelação divina" (p.167). O papel da razão nessa revelação um tanto abstrata não fica claro.

Outra informação que Locke nos diz ser proporcionada por revelação é a existência de espíritos, de ESPÍRITOS diferentes de nós próprios e de Deus. *Ensaio* 4.11.12 diz que a existência de tais espíritos *não* é conhecimento; apenas porque temos idéias de tais espíritos (como Locke acreditava que temos), não se segue que possamos dizer que sabemos que eles existem. Não obstante, diz que, "pela revelação e outras razões, temos bases para acreditar, com segurança, que tais criaturas existem". Nessa seção, ele mostra que a posse de idéias não é *per se* razão suficiente para dizer que os referentes dessas idéias existem; não podemos, pelo menos, afirmar que conhecemos sua existência. Locke é um pouco mais positivo em 4.12.12, onde resume os limites do conhecimento humano, observando que "o que esperamos saber sobre distintos espíritos neste mundo, devemos, penso eu, obter somente através da revelação". Uma passagem anterior do *Ensaio* diz que "não temos informação segura, quanto à existência de outros espíritos, exceto por revelação", o que sugere que a revelação nos dá informação *certa* sobre espíritos (4.3.27; cf. *AP*, § 190). Há também duas passagens que dizem que, se chegarmos a ter acesso a tal e tal conhecimento, isso somente nos será facultado por revelação. Por exemplo, é "impossível para nós, pela meditação sobre nossas próprias *idéias*, sem revelação, descobrir" se Deus concedeu a certos sistemas de matéria o poder de perceber e pensar (4.3.6). Ou é impossível conhecermos "todos os efeitos da matéria" sem revelação (4.6.14). Até que ponto a razão aceitaria tais revelações não é esclarecido.

É possível que a afirmação de Locke de que a razão garantirá a verdade do que Deus ou homens inspirados por Deus nos revelam consista numa afirmação mais geral sobre critérios. No *Ensaio*, ele distingue revelação *original* de revelação *tradicional*. As *Paráfrases* falam de revelação *imediata* como distinta da revelação *mediada* pela Escritura (4.18.3; cf. *Paraphrases*, p.623n.). Por original, explica ele, "entendo a primeira impressão que é feita imediatamente por Deus sobre a mente de qualquer homem", enquanto que a revelação tradicional é fruto daquelas "impressões distribuídas a outros por Palavras, e pelos meios ordinários de transmitir reciprocamente nossas concepções" (4.18.3). A revelação original é não-verbal? Dois exemplos sugerem que sim. Locke fala de "coisas" desvendadas a São Paulo quando foi "arrebatado até o Terceiro Céu": ele recebeu novas idéias em sua mente naquele estado (ibid.). Um outro exemplo: "Suponha-se que Deus revele sobrenaturalmente a alguém a existência de uma espécie de criaturas que habitam, por exemplo, Júpiter ou Saturno... e têm seis sentidos" (ibid.). Essa pessoa seria incapaz, usando palavras, de produzir nas mentes de outros "aquelas *idéias*, gravadas por esse sexto sentido". Em geral, "sejam quais forem as impressões que alguém recebe diretamente da mão de Deus, essa revelação, se é de novas *idéias* simples, não pode ser transmitida a outrem, quer por palavras, quer por outros sinais quaisquer" (ibid.). O problema não está em receber novas e simples idéias de coisas nunca vistas ou experimentadas antes; o problema reside na incapacidade para comunicar essas idéias a outros. A revelação original pode produzir idéias numa mente sem passar pelos canais da sensação e da reflexão.

A revelação tradicional poderia descobrir para nós verdades que estamos aptos a descobrir por nossa faculdades naturais; por exemplo, as verdades em Euclides; mas tais revelações são desnecessárias, uma vez que, para tal fim, dispomos das faculdades que nos foram dadas por Deus. Além disso, verdades descobertas "através do conhecimento e profundo exame de nossas próprias *idéias* sempre serão mais infalíveis, para nós, do que aquelas que nos são transmitidas pela *revelação tradicional*" (4.18.4). Mesmo que Deus nos revelasse imediatamente (ou seja, por revelação original) verdades que obtemos, ou poderíamos obter por "intuição imediata, ou em proposições axiomáticas, ou por deduções evidentes da razão", a nossa certeza dessas verdades "não pode ser maior do que o nosso conhecimento de que isso é uma *revelação* de Deus" (4.18.5). Mesmo quando temos conhecimento de que alguma verdade é revelada por Deus, se ela contradiz "a clara evidência" do nosso entendimento, essa verdade não "prevalecerá racionalmente com qualquer homem" (ibid.). O "não prevalecerá" não é substituído por "não devia prevalecer", de modo que Locke talvez esteja meramente descrevendo como funciona a mente, o que ela pode e não pode fazer, mas o tom implícito sugere que ele está realmente fazendo uma recomendação quando diz que "nunca poderemos receber como verdade qualquer coisa que contradiga o nosso claro e intuitivo conhecimento". Dá em seguida, como um exemplo, a transubstanciação como algo que contradiz nossa clara percepção de que um corpo não pode estar em "dois lugares distantes ao mesmo tempo".

Esse exemplo (e Locke rejeita-o em vários lugares) não é revelado, não é encontrado na Bíblia. Se alguém alega "a autoridade de uma *revelação* divina" para essa doutrina (Locke está realmente dando suas alfinetadas na doutrina da Igreja), ela nunca obterá (e talvez nunca deva obter) o assentimento de homens racionais: "Porquanto a evidência, *primeiro*, de que não nos iludimos ao atribuí-la a Deus; *segundo*, de que a entendemos corretamente, nunca pode ser tão grande quanto a evidência de nosso próprio conhecimento intuitivo, por meio do qual discernimos ser impossível, para o mesmo corpo, estar em dois lugares ao mesmo tempo" (4.18.5). Se proposições como essa fossem aceitas como verdadeiras, ou mesmo inteligíveis, "isso seria subverter os princípios e fundamentos de todo o conhecimento, evidência e assentimento"(ibid.). A força de qualquer proposição tida como revelada "depende do nosso conhecimento de que Deus a revelou", mas, no caso dessa pretensa verdade revelada contradizer o nosso conhecimento e a nossa razão, "é impossível concebermos que ela dimane de Deus, o dadivoso autor de nosso Ser, e que, se acolhida como verdadeira, deve derrubar todos os princípios e fundamentos do conhecimento que Ele nos deu" (ibid.). Mesmo no caso da revelação imediata ou original, "um homem tem uso da razão e deve escutá-la" (3.18.6). Entretanto, Locke parece admitir a possibilidade de que algumas proposições reveladas possam ter "maior evidência" do que os princípios da razão (3.18.5). A revelação pode também sobrepor-se às "*prováveis conjeturas da Razão*"; a mente, diz ele, "é propensa a dar seu assentimento a um testemunho que lhe satisfaça porque provém de alguém que não pode errar e não decepcionará" (4.18.8). A razão deve ainda julgar sobre "a verdade de ser uma revelação e sobre a significação das palavras em que ela foi transmitida" (ibid.). Com a revelação tradicional, revelação em segunda mão transmitida em linguagem, à razão cumpre julgar as proposições como uma "matéria de razão". Mas por que meios a razão decide que certo conjunto de palavras *é* uma revelação?

Quando Locke escreve sobre a distinção entre fé e razão, diz haver algumas proposições que estão acima da razão: essas são os próprios objetos de fé, mas devemos estar certos de que essas proposições *estão* "para além da descoberta de nossas faculdades naturais" (4.18.7). Dá como exemplo, "essa parte dos anjos que se rebelou contra Deus e por isso perdeu sua inicial condição de bem-aventurança; e o morto que ressuscitará e viverá de novo" (ibid.). Estas são proposições relatadas na Bíblia, uma fonte que Locke aceitou como revelação mediada. Ele estava especialmente ansioso por rejeitar as pretensões de revelação direta e imediata por indivíduos que se diziam inspirados por Deus, mas que, na realidade, apenas simulavam receber tal revelação a fim de fazer valer suas opiniões e crenças (4.19.5). De tais pretendentes a beneficiários de revelação imediata dimanada de Deus, Locke exige uma forte comprovação: "Como sei que foi Deus quem me revelou isso? Que foi o seu Espírito Santo quem inculcou isso em minha mente e que, portanto, devo obedecer-lhe?" (4.19.10). Se afirmo que Deus me revelou alguma verdade, devo *saber* "que Deus é o seu revelador e que o que eu considero ser uma Revelação certamente foi posto por Ele em minha mente e não se trata de uma ilusão gerada por algum outro espírito ou nascida da minha própria fantasia" (ibid.).

A resposta de Locke às questões que levantou é firme: se Deus "quis o nosso assentimento para" alguma proposição por "sua Autoridade, e convence-nos de que essa [proposição] emanou d'Ele, por alguns Sinais inconfundíveis para a Razão", então sabemos que se trata de uma revelação autêntica (4.19.14). Cita, como exemplo, "os santos homens de antanho, que tinham *Revelações* vindas de DEUS, [mas] tinham algo mais, aquela luz interior em suas próprias mentes que lhes atestava com inteira segurança que elas provinham de Deus" (4.19.15). Também falou de "sinais" quando discutiu como podemos distinguir os falsos MILAGRES dos verdadeiros; por exemplo, a bíblica sarça ardente, o fato de que as serpentes de Moisés comeram as serpentes dos magos. Os discípulos de Jesus divulgaram Seus milagres a fim de testemunhar que Ele era o Messias. Esses sinais referem-se a revelações originais, em primeira mão. Tomamos conhecimento deles através da palavra escrita, da Bíblia. Que critérios a razão usa para garantir que a Bíblia é inspirada por Deus? Locke não dá uma resposta satisfatória; diz simplesmente que "temos a Razão e as Escrituras, regras infalíveis para saber se é obra de Deus ou não" (4.19.16).

O papel da razão na autenticidade da revelação mediada pode ser menos importante para Locke do que seu papel em habilitar-nos a dar nosso assentimento a proposições reveladas. Temos que entender, considerar inteligível, qualquer alegada verdade revelada, mesmo aquelas que estão visivelmente acima da razão, para além dos limites de nossas faculdades naturais. As *Paráfrases* interpretam São Paulo como ampliando o âmbito de verdades que superam os limites de nossas faculdades naturais. As verdades dos Evangelhos chegam ao nosso conhecimento "pelo espírito divino que as revelou"; elas podem até parecer "tolas e absurdas" a alguém que conta unicamente com as faculdades naturais para obrar (p.176-7). Locke cita São Paulo dizendo em Coríntios 1: "Pois quem, pelo simples uso de seus dotes naturais, pode chegar a conhecer a mente do senhor nos desígnios do Evangelho, de modo que [o homem espiritual] fique apto a instruir-se nele? Mas eu, que ao renunciar a todo o saber e conhecimento humano prego somente o que recebi por revelação divina, estou certo de contar aí com o espírito de Cristo" (ibid.). Mas quando escreve seu comentário sobre a Epístola de São Paulo aos efésios, explica numa nota que a "*Revelação*, conforme usada por São Paulo, nem sempre implica uma inspiração imediata, mas o que se pretende aqui, e na maioria de outras partes, é sublinhar que tais verdades não poderiam ter sido descobertas pela razão humana, mas tiveram sua primeira descoberta pela revelação, embora homens viessem a adquirir depois o conhecimento dessas verdades através da leitura da Sagrada Escritura, onde elas foram registradas para informação deles" (p.623n. h; para um exame da revelação nas *Paráfrases*, *ver* Wainwright, p.29-33).

S

semelhança A importância deste termo reside em seu uso em ligação com o exame, por Locke, da relação entre idéias e qualidades, concentrado principalmente em *Ensaio* 2.8. Ocorrem alguns outros usos desse termo e do seu afim "imagem", que nos ajudam a entender a relação de semelhança.

Há muitos trechos em que Locke cita a noção bíblica, ou ele próprio a emprega, de ter sido o homem feito à imagem e semelhança de Deus (por exemplo, *T*1, §30). Quando trata do tópico de idéias inatas de Deus, refere-se a países e povos que têm imagens de uma deidade (*Ensaio*, 1.3.6). Uma dessas passagens refere-se a "suas imagens e representações de suas deidades" (1.4.15). As imagens podem ter um papel representativo. Num verbete manuscrito sobre idolatria, ele comenta sobre a injunção contra a adoração de imagens, de ídolos (impresso em *Essays*, p.261). É duvidoso que alguém tenha alguma vez pretendido dizer que tais imagens eram semelhantes à de um Deus, mas podem ter desempenhado um papel representativo.

As passagens em que idéias são referidas como imagens envolvem usualmente analogias. Boa parte da descrição lockiana de idéias e percepção faz uso da linguagem visual e ótica. Em *Ensaio* 2.1.15, é um espelho que é usado para atacar a noção de que a nossa alma sempre pensa, mesmo quando não temos consciência de o fazer nem lembrança de o fazer sempre: "*Pensar freqüentemente, e nunca reter qualquer pensamento por mais de um momento, é uma espécie deveras inútil* de pensar; e a alma num tal estado de pensar em muito pouco ou nada supera um espelho, que constantemente recebe grande variedade de imagens, ou *idéias*, mas não retém nenhuma; elas desaparecem e dissipam-se sem deixar qualquer vestígio de sua passagem; o espelho nunca é o melhor para tais *idéias*, nem a alma para tais pensamentos." Uma seção ulterior desse mesmo capítulo usa de novo a analogia do espelho, desta vez para dizer que o entendimento é passivo em termos de sensação: "Assim como um espelho não pode recusar, alterar ou obliterar as imagens ou *idéias* que aí são produzidas pelos objetos colocados diante dele, tampouco *o entendimento* pode recusar-se a ter, nem pode alterar, quando estampadas nele, ou apagá-las e substituir por outras novas em si mesmo, essas *idéias simples*, quando oferecidas à mente" (2.1.25). Uma analogia diferente é usada quando Locke caracteriza a memória e o modo como idéias não permanecem para sempre na mente. Assim como as inscrições em lápides são apagadas com o tempo, e "as estátuas tumulares se desintegram", também "*as imagens traçadas em nossas mentes são expostas em cores que gradualmente se desvanecem* e que, se não forem uma vez por outra reavivadas, acabam por se dissipar e desaparecer" (2.10.5). Ainda uma outra analogia é usada para descrever a sucessão de idéias em nossa consciência. Locke pergunta "se não é provável que as nossas *idéias*, quanto estamos despertos, se sucedam umas às outras em nossas mentes a certas distâncias, não muito diferente do que ocorre com as imagens no interior de uma lanterna mágica, dando voltas em conseqüência do calor de uma vela" (2.14.9).

As analogias nunca pretenderam ser semelhanças literais. Locke não estava dizendo, é claro, que a mente *é* um espelho, ou que as idéias estão na mente tal qual as imagens estão num espelho. Tampouco quis dizer que as idéias estão pintadas na mente do modo como imagens e quadros são pintados na lanterna. Existe *alguma* comparação, alguma semelhança, entre a rotação da lanterna projetando seus quadros para nós os vermos e a mente ou entendimento, que está ciente do fluxo de idéias. "Estar consciente" de pensamentos e idéias não é o mesmo que ter a percepção visual das formas e figuras projetadas pela lanterna giratória aquecida. O problema surge quando tentamos dizer precisamente como essas analogias e comparações se aplicam à consciência e seu conteúdo. Se Locke não pretendia que as idéias fossem literalmente representações pictóricas, o que o termo "imagem" transmite? Que trabalho ele realiza? A "representação" com que a "imagem" está emparelhada em algumas passagens é um termo mais neutro, mas talvez não menos difícil para especificar como idéias representam coisas ou qualidades.

O termo "semelhante" cria problemas parecidos. Um uso mais ou menos direto desse termo é encontrado quando Locke sugere que um modo de explicar o sabor de alguma fruta pouco conhecida é dizer que se assemelha a alguma outra fruta que a pessoa já provou, embora os gostos não sejam os mesmos (3.4.11). Quando aludimos a plantas como "sensitivas" porque "a influência diversa de outros corpos sobre elas altera com extrema rapidez suas figuras e movimentos", fazemo-lo porque o movimento delas "tem alguma semelhança com o que ocorre em animais em conseqüência da sensação" (2.9.11). Mas Locke sugere que essa semelhança é enganadora, porque o movimento de plantas "é todo ele puro mecanismo". Um outro exemplo bastante claro: se formamos a idéia de "pernas, braços e corpo de um homem, e junto a isso a cabeça e o pescoço de um cavalo", e chamo-lhe então um homem, ou um tártaro, fazemos uma tácita proposição mental falsa, porquanto não existe "conformidade nem semelhança" entre essa idéia complexa e qualquer ser vivo no mundo (2.32.25).

"Semelhança" e "imagem" estão juntas na discussão de qualidades primárias e secundárias. Usando a expressão "idéias ou percepções", Locke diz que não devemos pensar que sejam "exatamente as imagens e *semelhanças* de algo inerente" nos corpos (2.8.7). "Percepção", nesse uso (há muitas dessas ocorrências no *Ensaio*), não é o ato de perceber, mas um estado de consciência, pelo que poderíamos dizer: "Eu percebo (vejo, toco) uma cadeira no canto", e depois falar da percepção da cadeira. Esse termo não se presta tão facilmente a uma imagem ou percepção de semelhança quanto o termo "idéia". Locke dá um exemplo. Trabalhando com a teoria corpuscular como a explicação causal da produção de idéias sensoriais, ele diz-nos que a cor e o aroma de uma violeta são causados pelo "impulso de tais partículas insensíveis de matéria, de figuras e volumes peculiares, em diferentes graus e modificações de seus movimentos" (2.8.13). Uma alternativa à linguagem da causação é a de anexação por Deus de "tais *idéias* a tais movimentos com que não têm qualquer semelhança", sublinhando que essa anexação não é mais impossível de conceber do que a anexação da "*idéia* de dor ao movimento de uma lâmina de aço rasgando a nossa carne, com a qual essa *idéia* não tinha nenhuma semelhança" (ibid.). A violeta reaparece numa passagem muito mais adiante, quando é levantada a questão sobre "se a *idéia* de azul está na própria violeta ou apenas em nossa mente" (2.32.14). Sua intenção aí não é responder à questão, mas dizer que não faz diferença alguma se acharmos que o azul é "apenas uma textura peculiar de partes, ou então que é a própria cor, a *idéia* da qual (que está em nós) é a semelhança exata" (ibid.). Não faz diferença distinguirmos violetas ou a cor azul de outras flores ou cores porque o fazemos na base da aparência a que chamamos "azul". A palavra "azul" "não diz propriamente nada, a não ser esse sinal de distinção que está numa violeta e só é discernível por nossos olhos" (ibid.). Está acima de nossas capacidades saber que características da violeta correspondem a esse sinal. Não obstante, Locke expõe uma teoria a respeito dessa correspondência.

São usadas várias palavras para caracterizar a relação idéia-qualidade. As idéias de qualidades primárias são consideradas semelhanças dessas qualidades; mas, em 2.8.15, Locke usa a palavra "modelo": "seus modelos existem realmente nos próprios corpos." As idéias de qualidades secundárias "*não têm semelhança*" nenhuma com qualidades; "não há nada como as nossas *idéias* existindo nos próprios corpos", presumivelmente nem mesmo os seus "padrões". O que corresponde a essas idéias é "apenas um Poder para produzir em nós essas sensações" (ibid.). A seção seguinte diz que as qualidades "são comumente consideradas as mesmas nesses corpos, que essas *idéias* estão em nós, uma a perfeita semelhança da outra, como num espelho" (2.8.16). Essa é a opinião comum, uma opinião que não aborda a questão de como uma sensação ou idéia podia ser a imagem especular de uma qualidade num objeto. Berkeley afirmaria mais tarde que nada podia ser como uma idéia, salvo uma outra idéia, o princípio ontológico de que não pode haver interação causal entre o ser mental e o ser físico ampliada à relação de semelhança.

Além das qualidades primária e secundária, Locke distingue um terceiro tipo: "O *poder* que reside em qualquer corpo, *em* virtude da constituição específica de *suas qualidades primárias*, para promover uma *mudança* tal no *volume, figura, contextura e movimento de qualquer corpo* que o faça agir sobre os nossos sentidos de um modo diferente de como agia antes" (2.8.23). Passa depois a explicar a diferença no nosso pensamento entre qualidade secundária e esse terceiro tipo de qualidade (poderíamos chamar a este último "o indiretamente secundário"). Não acreditamos que a mudança na cor ou na flexibilidade da cera, causada pelo Sol, se assemelhe a qualquer coisa no Sol; entretanto, não é difícil pensar que nossas idéias de calor ou luz *são* qualidades reais do Sol. Mas meu ser aquecido pelo Sol não é diferente das mudanças feitas na cera pelo Sol: "Todos eles são igualmente poderes no Sol" (2.8.24). Na seção seguinte, Locke explica que, como nossas idéias de cores, sons, etc., "não contêm nelas absolutamente nada de volume, figura ou movimento, não podemos pensar nelas como os efeitos" das qualidades primárias. Por causa disso — "Uma vez que a sensação nada descobre de volume, figura ou movimento de partes" na produção dessas idéias, nem a razão pode mostrar como isso funcionaria —, "estamos tão dispostos a imaginar que as nossas *idéias* são as semelhanças de algo realmente existente nos próprios objetos".

Esta é uma análise deveras interessante. A razão por que pensamos que os corpos são coloridos é que a idéia ou sensação não inclui as idéias de volume, figura etc., de modo que não somos levados a acreditar que sejam os efeitos de tais qualidades. Supomos, então, que sejam os efeitos da cor em corpos? Parece ser isso o que Locke está sugerindo a respeito do ponto de vista comum. Com o terceiro tipo de qualidades, "ao mudar umas qualidades por outras nas operações do corpo, descobrimos simplesmente que a qualidade assim produzida não tem comumente nenhuma semelhança seja com o que for na coisa que a produz; em conseqüência do que a consideramos um mero efeito de Poder" (2.8.25). "Descobrimos simplesmente" porque podemos ver que o Sol não manifesta, não parece ter, as qualidades que a cera tem quando exposta ao calor do Sol: "quando vemos cera, ou um rosto claro, receber mudança de cor por causa do Sol, não podemos imaginar que isso seja a recepção ou a semelhança de qualquer coisa no Sol, porque não encontramos essas cores diferentes no próprio Sol" (ibid.). Descobrimos uma semelhança ou dessemelhança entre diferentes qualidades sensíveis, e basta olhar para o Sol e a cera ou um rosto claro para descobrir a ausência de semelhanças. No nosso próprio caso, "sendo incapazes de descobrir qualquer dessemelhança entre a *idéia* produzida em nós e a qualidade do objeto que a produz, estamos dispostos a imaginar que nossas *idéias* são semelhanças a algo nos objetos".

O fato de que Locke está se deslocando, de modo flagrante, da teoria para as crenças comuns pode confundir e perturbar. Mas se reconhecermos que, de uma forma não muito diversa do que fez Hume no seu *Tratado*, I, IV, II, Locke estava tentando explicar como surge a crença ordinária acerca de objetos, a confusão e a perturbação desaparecem. Como disse Hume, os filósofos supõem que "os objetos externos se assemelham a percepções internas" (*Treatise*, p.216, org. Selby-Bigge); a pessoa comum rejeita noção de uma dupla existência, de idéias e objetos. A pessoa comum, disse Hume, acredita que as coisas que vê e toca são os objetos no mundo, não algumas idéias semelhantes internas. A descrição de Locke da crença comum pode englobar a noção de existência singular e dupla quando diz: "estamos inclinados a pensar, isto é, uma percepção e semelhança de tal qualidade no Sol" (ibid.). Se é uma percepção da qualidade, isso avizinha-se da descrição de Hume da crença ordinária, mas se "percepção" for aceita como uma semelhança, como o "e" sugere, então a análise de Locke situa a noção comum do lado dos filósofos de Hume. A questão que iria consumir tanto tempo e atenção dos filósofos ao longo do século XVIII, especialmente Berkeley, Hume, Leibniz e, mais extensamente do que todos, Kant, começa em *Ensaio* 2.8.

sinais Na classificação das ciências no final do *Ensaio*, Locke identifica a terceira classe como a doutrina dos sinais. Essa ciência é também chamada "lógica": sua tarefa é "considerar a natureza dos sinais que a mente utiliza para o entendimento das coisas, ou transmitir seu conhecimento a outros" (4.21.4). Essa definição de lógica desvia-se do ponto de vista tradicional; indica o interesse de Locke mais numa lógica de uso do que numa disciplina preocupada com a forma e a validade. A doutrina dos sinais nos ajudaria a entender "coisas", um termo vago que pretende cobrir os referentes de nossas idéias, tais como objetos ou eventos físicos e ações humanas. A doutrina dos sinais também ajudará a transmitir nosso conhecimento a outros. O fato de que "a cena das idéias que formam o pensamento de um homem não pode estar inteiramente aberta à visão imediata de outrem" torna importante que os sinais de idéias sejam claros e inequívocos. Entender e comunicar são as características essenciais de tal doutrina.

Locke sugere nessa mesma seção que uma doutrina adequada de sinais poderia dar-nos "um outro tipo de lógica e crítica" diferente daquele que foi até hoje produzido. Representa o *Ensaio* algum progresso na elaboração de tal LÓGICA nova? Locke dedica certamente muita atenção aos sinais ao longo de toda essa obra: no Livro III, faz questão de mostrar em detalhe o que é necessário para entender e comunicar, e para descrever a natureza e função de sinais lingüísticos. Gosta de caracterizar as idéias como "invisíveis e escondidas dos outros"; elas não podem manifestar-se por si mesmas (3.2.1). Por meio de sinais públicos, visíveis, idéias e pensamentos podem apresentar-se e tornar-se conhecidos dos outros. Ele liga essa necessidade de sinais públicos de idéias ao "bem-estar e vantagem da sociedade", os quais dependem da "comunicação de pensamentos" (ibid.). Para a comunicação, são requeridos "alguns sinais sensíveis externos, por meio dos quais essas *idéias* invisíveis, das quais seus pensamentos são formados", possam ser conhecidas. Essa significação de idéias por palavras é convencional, não natural. Se existisse uma conexão natural entre palavras e idéias, haveria apenas uma única linguagem universal.

As palavras como sons ou como sinais escritos são desprovidas de significado enquanto não estiverem vinculadas por convenção ou costume a idéias específicas (1.2.23). As crianças só dão seu assentimento a proposições depois de terem aprendido as conexões entre sons e idéias. A partir de repetidas sensações, as crianças adquirem idéias; depois, gradativamente, "aprendem o uso de sinais", formando sons articulados e adquirindo assim o uso de palavras (2.11.8). De um modo mais geral, "antes que um homem forme qualquer proposição, supõe-se que entende os termos que usa nela, ou então fala como um papagaio, apenas emitindo um ruído por imitação, e formando certos sons que aprendeu de outros, mas não como uma criatura racional, usando-os como sinais de idéias que tem em sua mente" (4.8.7). A distinção entre sons e palavras é ilustrada com a lista de Locke dos componentes de modos mistos. Numa palavra como "mentira", esses componentes são: "1. Sons articulados. 2. Certas *idéias* na mente do locutor. 3. Aquelas palavras que são sinais daquelas *idéias*. 4. Aqueles sinais reunidos por afirmação ou negação" (2.22.9). É a conexão entre o som e a idéia que transforma o som (ou caracteres escritos) numa palavra. O som "homem" representa "um animal de uma certa forma" (2.27.8); palavras como "justiça", "gratidão" ou "glória" representam idéias nas mentes daqueles que as usam ou as ouvem e entendem (2.32.11).

As palavras não são as únicas espécies de sinais. As idéias também são sinais, mas, no seu caso, a significação não resulta de convenção ou costume. A verdade é definida como a junção ou separação de idéias ou palavras "segundo as coisas que elas representam concordem ou discordem em si mesmas" (2.32.19). As palavras representam idéias (embora seja freqüentemente admitido, observa Locke, que se referem a coisas); as idéias representam coisas. Essas duas espécies de sinais funcionam em duas diferentes espécies de proposições, verbais e mentais, resultando em duas espécies de verdade (4.5.2).

Palavras individuais significam idéias particulares, proposições verbais expressam ou significam proposições mentais. Os componentes de proposições verbais e mentais são sinais. Os sinais significam e têm significado. O que é que idéias significam? Os termos "significar" e "significação" estão principalmente restritos no texto de Locke a palavras (por exemplo, 2.13.18; 2.3.3, 6; 3.1.6; 3.2.2; 3.3.10). Há uma passagem que pode usar "significação" em referência a idéias, mas é uma passagem ambígua (2.32.1). O que significa nessa passagem podem ser os termos "verdadeiro" e "falso". Em outras circunstâncias, as idéias não são caracterizadas como significantes. Existe, pelo menos, uma passagem que vincula "representar" a palavras (3.3.10); mas, usualmente, "representar" é uma característica de idéias, não de palavras. Será, pois, a função de sinal de idéias melhor caracterizada como representante do que como significante? Há outros termos que Locke usa para indicar a relação entre idéias e coisas: correspondência, semelhança, cópia. Mas a característica geral de todos os sinais é sua função significadora. Assim, sinais-palavras e sinais-idéias devem significar, representar, simbolizar ou veicular um significado. A relação de significação para palavras é *convencional*. A relação significadora ou representativa para idéias não pode ser convencional; as idéias não significam por convenção. Podemos dizer que a significação de idéias é *natural*? As idéias sensórias são o resultado natural de seqüências causais do objeto ao percebedor. Há também um sentido em que são universais: todos tendemos a receber as mesmas idéias de objetos — por certo, as mesmas espécies de idéias simples de cores, sons, extensão, solidez, movimento. As variações em gostos ou sons, ou formas e tamanhos específicos, são ainda experiências da mesma espécie de idéias. A relação de significação entre idéias e coisas é muito importante para a teoria da percepção de Locke. É também importante para o entendimento da natureza de suas idéias. A teoria causal da percepção é coroada por uma relação significadora: as idéias podem ser causadas por objetos (embora Locke admitisse ignorar como funcionava esse processo causal); entretanto, o mais importante para a cognição é que as idéias significam, representam, suas causas.

A atenção dedicada por Locke à linguagem e às palavras como significantes foi um substancial estímulo ao interesse pela linguagem entre seus contemporâneos, mas sua interpretação das idéias como significantes, como sinais, foi talvez de maior importância (*ver* IDÉIA; *ver também* REPRESENTAÇÃO). Berkeley, no século seguinte, elaborou a noção de sinais-idéias na linguagem de Deus, deixando de fazer das idéias modos da mente. Os sinais-idéias passaram até a ser para ele os próprios objetos. Kant usa o termo "representações" para o que Locke, Berkeley e Hume chamaram "idéias". Thomas Reid também desenvolveu uma noção de sinais naturais.

sociedade Locke refere-se em muitos lugares a "uma certa propensão da natureza" que leva os homens a optarem por "uma vida em sociedade" (*Essays*, p.157). O *Ensaio* diz-nos que Deus "designou o homem como criatura sociável", dotando-o com "uma inclinação e uma necessidade que se cifravam em ter boas relações com os de sua própria espécie" (3.1.1). *Dois tratados* aborda o mesmo tema: "Tendo Deus feito do homem uma criatura tal que, em Seu próprio juízo, não seria bom deixá-lo só, colocou-o sob fortes obrigações de necessidade, conveniência e inclinação para conduzi-lo à *sociedade*" (*T2*, §77). Em cada um desses textos, a sociabilidade está ligada à linguagem. Nesta última passagem, diz-se que o homem está equipado com entendimento e linguagem. Na passagem do *Ensaio*, o homem é dotado de "linguagem, a qual passou a ser o grande instrumento e o laço comum da sociedade" (3.1.1). O anterior *Ensaios* diz que o homem está preparado "para a manutenção da sociedade pelo dom da fala e através do intercurso lingüístico"(p.157). O *Ensaio* também diz que "a linguagem... foi-nos dada para o progresso do conhecimento e união da sociedade" (3.10.13). A fala é considerada o "grande elo que mantém a sociedade unida e coesa" (3.11.1). Por essa razão, aqueles que empregam "requintes lógicos ou curiosas e vazias especulações" afetam negativamente "os grandes interesses da vida e da sociedade humanas" (3.10.12). A linguagem pouco clara, o abuso de palavras podem "destruir os instrumentos e meios de discurso, conversação, instrução e sociedade" (3.10.10). A ênfase que Locke deu à linguagem no Livro III do *Ensaio* não era apenas para garantir um pensamento claro: a linguagem também tinha importância social. Era considerada um aspecto fundamental da sociedade; para ele, era uma das numerosas características essenciais do seu conceito de sociedade.

A inclinação que temos para ser sociáveis é reforçada por certas condições no estado de natureza. Esse estado não é inteiramente associal, mas as pessoas, na descrição de Locke desse estado, tendem a permanecer em pequenas unidades, como a família, ou mesmo a agir independentemente. As condições no estado de natureza não são inteiramente propícias à felicidade e segurança, duas outras características em seu conceito de sociedade. Deus estabeleceu uma "conexão inseparável" entre "*virtude*" e "felicidade pública". Assim, a prática da virtude é "necessária à preservação da sociedade" (1.3.6). A sociedade humana assenta sobre dois fatores, "uma constituição explícita do Estado e forma de governo e, segundo, o cumprimento de pactos" (*Essays*, p.119). As próprias eqüidade e justiça, não sua utilidade, fazem do cumprimento de promessas uma das salvaguardas da sociedade (ibid., p.219). Escrevendo contra a tese dos inatistas, favorável a princípios morais inatos, Locke observa que a história nos mostra que "dificilmente existe um princípio de moralidade" que não tenha sido desprezado algures, com exceção daqueles que "são absolutamente necessários para manter a sociedade coesa"; e mesmo esses são ignorados com freqüência nas relações entre sociedades (*Ensaio*, 1.3.10). Ele reconheceu que virtude e louvor estão unidos na mente da maioria dos homens, a tal ponto que, mais do que a verdadeira virtude, são as leis da moda que tendem a dominar (2.28.11). Louvor e respeito pelos próprios companheiros são poderosas forças em sociedade: ninguém "pode viver em sociedade sob o constante desagrado e a opinião hostil de seus familiares e daqueles com quem se relaciona" (2.28.12).

As leis e regras da sociedade devem funcionar para o bem do todo (*T*1, §93; cf. *T*2, §§136, 137). O objetivo da sociedade humana deve ser a paz e a tranqüilidade (*T*1, §106). O conceito de governo inclui "o estabelecimento da sociedade com base em certas regras ou leis que exigem conformidade a elas" (4.3.18). As leis devem estar "em harmonia com as leis da natureza" (*T*1, §97), mas, em qualquer caso, uma sociedade requer a concordância dos membros às leis positivas. A "*liberdade do homem, em sociedade*, não deve ficar sujeita a qualquer outro poder legislativo senão o que é estabelecido por consenso" (*T*2, § 22). Nessa passagem, Locke está escrevendo sobre sociedade política ou civil, cuja finalidade é a preservação da propriedade (*T*2, §138). Em seu exame da sociedade civil, aparecem constantemente termos tais como "comunidade", "o corpo do povo" e "governo". A seção final de *Dois tratados* ilustra a interação desses termos e frases: "O *poder que cada indivíduo deu à sociedade*, quando para ela entrou, não pode nunca retornar aos indivíduos de novo, enquanto a sociedade durar, ficando sempre na comunidade; pois sem isso ela deixará de existir, o que é contrário ao acordo original. Assim, também quando a sociedade colocou o poder legislativo em qualquer assembléia de homens, para continuar neles e em seus sucessores, com instruções e autoridade para indicar seus sucessores, *o legislativo não pode retornar ao povo* enquanto durar o governo" (*T*2, §243).

A sociedade política ou civil não é a única sociedade identificada por Locke. A família tem uma certa semelhança "em sua ordem, ofícios e número... com uma pequena comunidade, conquanto esteja muito longe dela em sua constituição, poder e fins" (*T2*, §86). Se for sugerido que uma família poderia assemelhar-se a uma monarquia, "e o *Paterfamilias* ao monarca absoluto, cumpre assinalar que a monarquia absoluta só possuirá um poder bastante fragmentado e limitado, quando é evidente, pelo que ficou dito antes, que o *chefe da família* dispõe de um *poder* muito distinto e diferentemente limitado quanto ao tempo e extensão sobre as várias pessoas que fazem parte dela" (ibid.). A sociedade política é caracterizada pelo poder que tem para preservar a propriedade de seus membros, um poder que cada pessoa tinha no estado de natureza, mas concorda, por consenso e contrato, em abdicar dele e colocá-lo "nas mãos da comunidade" (*T2*, §87). A comunidade torna-se o árbitro por regras fixas estabelecidas e aplicadas igualmente a todas as partes em disputa. É a unificação num só corpo, e ter "uma lei comum instituída e uma judicatura a quem recorrer, com autoridade para decidir controvérsias entre as partes e punir os infratores", que define e constitui uma sociedade civil (ibid.). É importante compreender que o poder natural que cada homem tem no estado de natureza não é concedido àqueles que governam, mas ao "público", ao "corpo político", o qual, por sua vez, autoriza indivíduos como seus representantes a fazer leis para "o bem público da sociedade" (*T2*, §89). O ato de formação de uma comunidade vem primeiro, seguindo-se-lhe então a criação de um corpo político com forma e estrutura. O poder que é delegado a legisladores na sociedade civil retorna ao povo quando a confiança depositada neles foi violada (*T2*, §§240-42).

Locke não diz que uma família deve ter leis, mas qualquer outro tipo de sociedade se dissolverá "e se despedaçará se não for regida por algumas leis e todos os seus membros consentirem em respeitar alguma ordem" (*Carta acerca da tolerância*, vi. 13). Aí, cita como sociedades, "filósofos para o estudo e o saber... mercadores para o comércio, ou... homens de lazer para mútua conversação e discurso", um conjunto que não se caracteriza por sua densidade (ibid.). Uma igreja é uma sociedade bem definida, "uma sociedade voluntária de homens reunidos por iniciativa própria para o culto público de Deus, da maneira que julgam aceitável por Ele e eficaz para a salvação de suas almas" (ibid.). Locke insiste em que, sobretudo numa sociedade eclesiástica, "o direito para formular suas leis não pode pertencer a ninguém em particular, mas à própria sociedade ou, pelo menos, o que dá no mesmo, àqueles a quem a sociedade a isso autorizou por mútuo consenso" (ibid., p.12-3; *ver também* COMUNIDADE; GOVERNO).

solidez Solidez é uma das qualidades primárias. É freqüentemente mencionada em conjunto com extensão, número e movimento (por exemplo, *Ensaio*, 2.8.9; 2.23.2, 3, 15; 2.31.2; 3.6.5). Entre as qualidades primárias é a única a ter um capítulo dedicado a ela, *Ensaio* 2.4. A linguagem usada em 2.8 para caracterizar todas as qualidades primárias, aquelas que a mente e os sentidos consideram inseparável da matéria, é a que Locke emprega em sua análise da solidez. A idéia de solidez é a idéia que parece "mais intimamente ligada e essencial ao corpo" (2.4.1). Sua essencialidade talvez seja mais forte do que a de outras qualidades primárias. "Essencial" não se refere a "essência", como Descartes disse, ou seja, que a extensão é em relação à matéria. Locke não acreditou que pudéssemos descobrir a essência da mente ou do corpo, mas há mais em seu uso do termo "essencial" em relação a solidez do que apenas "essencial para a nossa idéia de solidez". Para ele, os corpos são duros, sólidos e impenetráveis. A teoria corpuscular da matéria, que Locke aceitou como a teoria mais provável, estendeu a solidez também aos corpúsculos. Assim, a essencialidade da solidez para o corpo é mais do que epistêmica, mais do que essencial para a nossa idéia de corpo. Recebemos essa idéia do tato ou de experiências de espremer uma bola de futebol. É uma idéia que é reforçada pela sensação de estarmos sendo sustentados sempre que nos movemos ou descansamos (2.4.1). É uma propriedade ilustrada pela resistência que um corpo mostra ao manter outros corpos fora do seu espaço. Até uma gota de água manifesta solidez: "Todos os corpos do mundo, pressionando uma gota de água por todos os lados, jamais serão capazes de superar a resistência oferecida por ela, apesar de ser tão mole, a uma aproximação recíproca" (2.4.3). Dureza não é o mesmo que solidez, como este exemplo mostra: "*A solidez diferencia-se também da dureza*, já que a solidez consiste em repleção e, por conseguinte, numa completa exclusão de outros corpos do espaço que ele ocupa, ao passo que a dureza consiste numa firme coesão das partes da matéria, formando massas de volume sensível de tal modo que o todo não modifica facilmente sua figura" (2.4.4).

Reorganizar as partes de matéria, os corpúsculos, não fará com que um corpo seja mais ou menos sólido. Duas placas de mármore "aproximam-se mais facilmente uma da outra quando há entre elas apenas água ou ar do que quando estão separadas por um diamante", mas isso não é porque "as partes do diamante são mais sólidas do que as da água, ou resistem mais" (2.4.4). A razão para essa diferença na aproximação de duas placas de mármore de um diamante, ou de uma gota de água de permeio entre elas, é que, "sendo as partículas de água separáveis com mais facilidade, basta um movimento lateral para removê-las e permitir o contato das duas placas". Se fosse possível impedir esse movimento lateral, a água "impediria para sempre, do mesmo modo que o diamante, o contato dessas duas placas de mármore". Duro e mole são irrelevantes para a solidez. Locke menciona vários exemplos comuns para ilustrar esse fato; por exemplo, quem encher "completamente de ar ou água um corpo mole", ou uma bola de futebol com ar, logo descobrirá sua resistência; mas o exemplo mais interessante é o experimento que Locke informa ter sido realizado em Florença "com um globo oco de ouro cheio de água, e rigorosamente fechado". Quando esse globo cheio de água foi colocado numa prensa, "que era movida pela máxima força dos parafusos, a água saiu pelos poros desse compacto metal e, não encontrando espaço para uma aproximação maior de suas partículas no interior, passou para o lado de fora do globo, onde subiu como orvalho, para voltar a cair em gotas antes que as partes do globo pudessem ser refeitas para impedir a violenta compressão da máquina que o espremia" (ibid.). A idéia de solidez também inclui a noção de ESPAÇO de enchimento.

substância Quando pensamos ou falamos sobre os objetos que tocamos, vemos ou usamos em nossa experiência ordinária, pensamos naqueles objetos (por exemplo, uma bola de futebol, uma mesa, uma peça de ouro) como possuidores ou sujeitos de qualidades, poderes e capacidades que descobrimos em nosso uso ou exploração dos mesmos. Nunca nos ocorreria pensar que a bola de futebol ou a mesa resume-se apenas às qualidades que descobrimos, ou poderíamos descobrir. Achamos normalmente obscura, senão destituída de sentido, a noção de que esses objetos não passam de uma coleção de qualidades. Quando instados a dizer o que o objeto é, se não é apenas um grupo de qualidades, temos certa dificuldade em responder. Usamos palavras tais como "isso", "eles", "coisa". A palavra "maçã" aplica-se em referência a algo que tem propriedades específicas: uma cor, um gosto, um formato e uma contextura. Pensamos que a palavra refere-se àquilo que tem essas qualidades ou propriedades. Mas o "isso" ou "aquilo que" parece evasivo, parece nunca chegar ao alcance de nossa experiência.

Filósofos, antigos e modernos, formularam esse modo comum de pensar sobre objetos na linguagem técnica de substância, modo, atributo e propriedade. Referindo-se a propriedades como pensar, querer, acreditar, Descartes usou a sentença "nada possui nenhum atributo ou qualidade", significando com isso que as qualidades ou atributos pertencem a algo, a alguma *coisa* ou (o termo técnico) *substância* (*Princípios de filosofia*, Parte I, §11). A definição geral de substância com que Descartes trabalhou é a clássica: "uma coisa que existe de tal modo que não depende de outras coisas para a sua existência" (*Princípios*, Parte I, §51). A definição de Spinoza é um pouco mais precisa e complexa: "Por substância entendo o que existe em si e por si é concebido, isto é, aquilo cujo conceito não carece do conceito de outra coisa do qual deve ser formado" (*Ética*, Parte I, Def.III). A substância de Spinoza resulta ser Deus, a única substância que existe, mas tem todos os atributos — infinitos atributos, de fato —, dois dos quais (extensão e pensamento) "o intelecto percebe da substância como constituindo a sua essência" (ibid., Def.IV). Para Descartes, Deus é também a única substância propriamente dita, mas o conceito de substância é aplicado num sentido derivativo à mente e ao corpo, a substâncias materiais e imateriais. Estas qualificam-se como substâncias porque são os sustentáculos de qualidades ou atributos, aquilo a que pertencem qualidades específicas. Assim como para Spinoza, os dois atributos que podemos entender, pensamento e extensão, habilitam-nos a adquirir algum conhecimento de substância, também para Descartes tornamo-nos conscientes dessas substâncias derivativas através de qualidades ou atributos específicos. Essas substâncias não têm por si mesmas nenhum efeito sobre nós. É somente através dos atributos que experimentamos que podemos "inferir que deve também estar aí presente uma coisa ou substância existente" (*Princípios*, Parte I, §52). Cada uma dessas duas espécies de substâncias tem um atributo ou propriedade essencial ou principal "que constitui sua natureza e sua essência, e à qual todas as outras propriedades são referidas, extensão para o corpo, pensamento para a mente" (ibid., §53).

Com a doutrina da substância descrita em suas linhas gerais até aqui, duas questões surgem: (1) "podemos dizer qualquer coisa a respeito da natureza da substância, à parte seus atributos?" e (2) "baseia-se o nosso conceito de substância unicamente na inferência que derivamos da sentença de que as qualidades não podem existir isoladas, que elas devem ter uma substância à qual pertencem?" Descartes enfrentou dificuldades com essas questões. Num ponto, parece responder à primeira questão na negativa; fica perto de identificar a substância com o seu atributo essencial. O princípio 63 diz-nos que os atributos essenciais da mente e do corpo realmente são, ou pensa-se que são, as próprias substâncias: o pensamento "deve, portanto, ser considerado nada mais do que a própria substância pensante" A mesma observação é feita acerca da extensão e da substância extensa. Não ficou claro se ele pretendeu que esses comentários fossem interpretados de um modo ontológico (as substâncias são o mesmo que propriedades essenciais) ou apenas como pertinentes ao nosso conhecimento. Diz Descartes ser "muito fácil para nós ter um entendimento de substância extensa ou substância pensante do que é entendermos a substância *per se*, deixando de fora o fato de que ela pensa ou é extensa" (ibid.). Mas a questão permanece sem resposta: "pode *existir* uma substância sem algum atributo essencial?"

A doutrina da substância em Descartes e Spinoza é complexa e sutil, mas este rápido esboço é suficiente para fornecer-nos o *background* contra o qual Locke escreveu. Ele reflete a admissão de Descartes de que a palavra "substância" não se aplica univocamente a Deus, mentes e corpos finitos, mas esse fato leva Locke a criticar o termo e o conceito. Interrompe a sua explicação dos modos simples de espaço para indicar suas dúvidas sobre a expressividade de "substância". Se aplicada a Deus, às mentes e aos corpos no mesmo sentido, pode desvalorizar importantes diferenças (*Ensaio*, 2.13.18). Se for afirmado que se aplica a cada um desses casos, mas com sentidos diferentes, então esses filósofos deveriam usar três palavras diferentes "para impedir numa tão importante noção a confusão e os erros que naturalmente resultarão do uso promíscuo de um termo tão dúbio" (ibid.). A seção seguinte sugere que foi a aceitação de acidentes (isto é, de propriedades não-essenciais) "como um tipo de seres reais que necessitavam de algo que lhes fosse inerente", que forçou filósofos mais antigos "a descobrir a palavra *substância* para as sustentar" (2.13.19). O tom crítico de Locke torna-se mais estridente nesse ponto. Referiu-se à história do filósofo indiano que pensava que a Terra precisava de sustentáculo e sugeriu que um elefante a sustentava e uma tartaruga sustentava o elefante (abrindo assim uma infinita regressão). Locke diz que essa forma de falar não é mais destituída de sentido do que o discurso dos filósofos europeus a respeito de substância como sustentáculo para qualidades (cf. 2.32.2, onde diz que uns e outros estão falando como crianças). A noção de substância sustentando qualidades ou de qualidades inerentes na substância é igualmente obscura (2.13.20).

Quando Locke volta a sua atenção para a descrição da idéia de substância, exemplifica o modo como usualmente pensamos e falamos sobre objetos. São as *idéias* de substâncias que ele descreve como "combinações de idéias simples assumidas para representar distintas coisas *particulares* e que subsistem por si mesmas, sendo a suposta e confusa idéia de substância, tal como é, sempre a primeira e principal" (2.12.6). O extenso capítulo sobre nossas idéias complexas de substâncias reafirma essa descrição: observamos que certas idéias (isto é, qualidades) andam sempre juntas naquilo que chamamos de "objetos externos". Mas não podemos imaginar "de que modo essas idéias simples [qualidades] podiam subsistir por si mesmas, [pelo que] nos acostumamos a supor um certo *substrato* no qual elas subsistem, e do qual resulta, por conseguinte, o que denominamos *substância*" (2.23.1.). Se tentarmos formar uma idéia da própria substância, independente de suas qualidades (o que designamos por "substância pura em geral"), podemos encontrar apenas uma suposição de não saber o que sustenta essas qualidades (2.32.2). As idéias de espécies particulares de coisas, substâncias, são formadas pela combinação dessas idéias simples que "são descobertas pela experiência e observação dos sentidos humanos como existindo unidas" (2.23.3). Dá exemplos de um homem, cavalo, ouro, água, ferro, diamante. Todas essas idéias são de qualidades coexistentes, com a adicional e "confusa *idéia* de *algo* a que pertencem e no qual subsistem" (ibid.).

A mesma descrição é oferecida de nossa idéia de espírito, a suposta substância imaterial, a *res cogitans* de Descartes: trata-se também da idéia completa de várias ações e poderes da mente, como pensar, raciocinar, temer, que somos levados a supor que pertencem a algo chamado "espírito" ou "mente" (2.23.5). Assim, as noções gêmeas de substâncias materiais e imateriais são igualmente pouco claras, uma vez que ultrapassamos a coleção de propriedades associadas a algum tipo particular dessas "coisas" físicas ou mentais. A seção seguinte deixa claro que Locke está falando sobre as nossas *idéias* dessas coisas, não da própria e suposta substância. "Portanto, seja qual for a natureza secreta e abstrata da *substância* em geral, todas *as nossas idéias das espécies particulares e distintas das substâncias* nada mais são do que várias combinações de *idéias* simples" (2.23.6). Locke não diz que as substâncias são apenas coleções de qualidades, mas insiste repetidamente em que as nossas idéias de substâncias particulares nada mais são do que tais coleções. A expressão "nada mais do que" é usada numerosas vezes, mas sempre em relação às nossas idéias de espécies particulares de substâncias (cf. 2.23.14). Nem mesmo à idéia de substância em geral é dada essa formulação: essa idéia é sempre citada como a idéia confusa de um suposto sustentáculo para qualidades. A natureza de tal sustentáculo está além do nosso conhecimento.

Para um filósofo tradicional exercitado na linguagem de substância, propriedade e acidentes, especialmente se essa pessoa alimentar interesses teológicos, Locke poderia ser visto como aquele que estava solapando os alicerces da ontologia tradicional. Assim foi visto por Edward Stillingfleet, o Bispo de Worcester. Em sua *Carta ao Bispo de Worcester*, Locke menciona o fato de Stillingfleet ter concluído da limitação de idéias à sensação e reflexão que a substância não entra na esfera da razão humana. Stillingfleet acusara aqueles que empregavam essa nova linguagem de idéias (o novo conceito de idéias, como ele caracterizou isso) de "ter quase descartado a substância da parte razoável do mundo" (citado por Locke em sua *Carta*, em *Works*, iv. 5; ver, de Stillingfleet, *A Discourse in Vindication of the Doctrine of the Trinity*, 1697, p.233-5). Stillingfleet aproveitou o exemplo do elefante usado por Locke, sobretudo o comentário em *Ensaio* 2.32.2., de que aqueles que usam essa linguagem da substância falam como crianças. A resposta de Locke é dizer que não sabe o que seja descartar substâncias para fora do mundo. Cita então do *Ensaio* 2.32.4-6 em apoio de sua distinção entre falar sobre substância e falar sobre a idéia de substância. Afirma que todas essas passagens "dão a entender que a substância [física] pressupõe sempre alguma coisa, além de extensão, número e solidez" (ibid., p.7). Também diz que, enquanto houver qualquer qualidade sensível ou idéia simples, a substância não pode ser descartada, uma vez que idéias e qualidades contêm a suposição de um substrato. Locke confessa a Stillingfleet que afirmou ser confusa a idéia de substância, mas não encontrou quaisquer definições claras dela, nem mesmo nos livros de lógica consagrados (ibid., p.8). Também sublinha que dizer que uma idéia é inadequada ou confusa não acarreta necessariamente uma negação daquilo a que, em princípio, a idéia se refere (ibid., p.18-21). Afirma até que a mente percebe uma conexão necessária entre qualidades e inerência numa substância, mas isso pode ser uma afirmação destinada mais a tranqüilizar o bispo do que a refletir uma convicção do próprio Locke.

A mais vigorosa passagem no *Ensaio* que sugere que Locke aceitou a existência real de substâncias no mundo encontra-se em 2.23.29, uma conclusão resumida de seções anteriores nesse capítulo. Aí diz ele: "A sensação convence-nos de que existem substâncias sólidas e extensas; e a reflexão, de que existem substâncias pensantes; a experiência assegura-nos da existência de tais seres, e de que um tem o poder de mover o corpo por impulsos, o outro por pensamento; não podemos duvidar disso." A frase "a existência de tais seres" não é uma asserção a respeito de nossas idéias, mas sobre a realidade. O período seguinte diz, inclusive, que a experiência "nos supre a todo o momento com essas *idéias* claras" de ambas as espécies de "seres", mente e corpo. As "idéias claras", entretanto, não podem referir-se à substância componente, uma vez que ele declarou tão firme e repetidamente que a idéia é, na melhor das hipóteses, confusa. Assim, o que são os "seres" cuja existência nos é assegurada pela experiência? As idéias são identificadas como aquelas "recebidas de suas próprias fontes", as quais estão "fora do alcance das nossas faculdades" (ibid.). As "próprias fontes" podem ser apenas a sensação e a reflexão, mas evidencia-se nesse capítulo (e em outras partes do *Ensaio*) que Locke tem em mente, para as idéias de corpos, as causas dessas idéias, causas que, para ele, são expressas pela teoria corpuscular da matéria (*ver* HIPÓTESE CORPUSCULAR).

Logo na seção 3 desse capítulo, ele fala de idéias coexistentes (quer provavelmente dizer "qualidades"; ver 2.8.8) que "se presume derivarem de específica constituição interna ou da essência desconhecida dessa substância". A presença das palavras "presume-se" e "essência desconhecida" sugere um estreito, talvez intencional, paralelo com a linguagem que usa para falar sobre o suposto substrato de qualidades que está fora do alcance de nossas faculdades. Podemos suspeitar de que a teoria corpuscular está substituindo as vagas noções de substrato e sustentáculo que caracterizaram a doutrina tradicional de substância. "Derivar de" (uma noção causal) substitui a vaga idéia de um "sustentáculo" e "essência desconhecida" substitui o suposto substrato. Diz-nos ele em 2.23.8 que nossos sentidos não nos ajudam "na descoberta do volume, textura e figura das partes minúsculas de corpos, das quais suas reais constituições e diferenças dependem". A seção 10 é clara: considera-se que as qualidades secundárias observadas são poderes num objeto (como 2.6 explica) "que funcionam pelo movimento e número de suas partes insensíveis" e nos levam a ter idéias específicas de calor, som, etc. A essência desconhecida dessa teoria científica da matéria é a estrutura e organização específicas dos corpúsculos insensíveis.

Esse movimento discreto do conceito tradicional de substância para o conceito de corpo como uma combinação de qualidades causada por corpúsculos insensíveis produz uma descrição de corpos que ainda lhes dá dois componentes, um conjunto observável de qualidades e uma estrutura corpuscular interna, insensível, como a causa das qualidades observáveis (assim com a causa de nossas idéias dessas qualidades). Assim, podemos dizer que o bispo estava correto se pretendeu acusar a análise de Locke de rechaçar o *conceito* de substância que ele e muitos filósofos tinham aceito; mas os corpos de vida cotidiana, as substâncias com que químicos como Boyle trabalhavam em seus laboratórios, estão todos preservados com o novo conceito científico que Locke juntou aos objetos fenomenais da experiência ordinária. Assim, os "seres" cuja realidade Locke atesta são os tipos particulares de objetos no nosso mundo. Para nós, esses objetos são apenas uma coleção de qualidades, mas Locke concorda em que não podemos conceber os objetos como meras qualidades, pelo que emprega a hipótese científica usada pela maioria dos membros da comunidade científica para completar nosso conceito de objetos físicos. Quando ele usa o termo "substância", como continuou fazendo, a maior parte do seu significado e toda a sua referência estão esgotadas pelas qualidades coexistentes observadas. Nosso conhecimento dos corpos está limitado ao que podemos descobrir por experiência e observação. Aquilo a que chamamos a "essência nominal" de corpos é o conjunto de qualidades que descobrimos ocorrerem juntas. Por exemplo, a palavra "ouro", ou a nossa idéia de ouro, refere-se ao conjunto de qualidades que descobrimos acompanhar sempre os objetos desse tipo. Mais precisamente, "ouro" significa a coleção de qualidades tais como maleável, solúvel em certas soluções, amarelo etc. Nenhuma referência à substância ou a algo acima dessas qualidades. O mesmo vale para outras coisas: chumbo, madeira, mercúrio. Ao formarmos nossas idéias de essências nominais, devemos ter o cuidado de ajustar nossas idéias às qualidades que são compatíveis entre si na nossa experiência. As descrições científicas são mais detalhadas e precisas na enumeração das qualidades e poderes componentes do ouro, chumbo, madeira etc., mas qualquer idéia dessas "substâncias" deve estar em conformidade com esses grupos de qualidades. Os nomes, para Locke, são sinais de idéias, e as idéias são sinais de coisas, mas as suas "coisas" tendem a dissolver-se em coleções de qualidades, na ESSÊNCIA nominal.

O que acontece à segunda das duas substâncias de Descartes, a alma pensante, imaterial? Não havia qualquer alternativa disponível para a descrição da alma como aquilo que pensa em nós. Era considerada imaterial imortal ou indivisível; também excluiu a extensão corpórea, embora para alguns a alma tivesse uma extensão de sua própria espécie (como também ocorre com o espaço). Locke surpreendeu filósofos ortodoxos e teólogos ao afirmar que a imaterialidade não era necessária para a imortalidade. Também enfureceu muitos de seus leitores com a sugestão de que Deus poderia dar a certa matéria organizada o poder de pensamento. Essas duas características na concepção lockiana da alma perturbaram os tradicionalistas, mas foi a sua original descrição da pessoa o que mais confundiu e intrigou a todos. A identidade da pessoa é independente da identidade da alma. "Mente" é um termo que Locke usa com mais freqüência do que "alma"; entretanto, seja qual for o termo que escolhemos, Locke insiste em que nosso conhecimento é limitado ao que podemos descobrir refletindo sobre nós próprios quando pensamos, queremos ou percebemos. Se existe uma contraparte com alma ou mente para a teoria corpuscular para corpos, pode ser a fisiologia dos nervos e do cérebro. Se ele aceitou a explicação usual de espíritos animais ativando nervos e músculos, ou se ampliou a teoria corpuscular à matéria biológica do corpo vivo, ambas a alternativas eram, predominantemente, teoria e hipótese, de modo que não ampliariam o nosso conhecimento da mente ou alma além da experiência. Problemas especiais também surgem quando tentamos explicar a causação fisiológica de eventos mentais. Não podemos dizer positivamente que a "pessoa" lockiana substitui a mais tradicional "alma"; no entanto, na medida em que assume algumas das mais antigas funções da ALMA, a PESSOA resulta ser uma coleção de ações e de operações mentais, uma espécie de contraparte para os corpos como coleções de qualidades.

O conceito de corpo na descrição de Locke presta-se facilmente à sua extensão de "substância" a corpos coletivos como um exército, uma cidade, o mundo. Assim como substâncias particulares são coleções de qualidades, também esses grupos são uma coleção de substâncias particulares: "a *idéia* de uma tal coleção de homens como a que forma um exército, embora consistindo num grande número de substâncias distintas, é tanto uma *idéia* quanto a *idéia* de um homem" (2.24.1). Essas idéias coletivas de substâncias têm a mesma característica de unir num só conceito numerosos particulares que se observa nas idéias de qualquer uma das substâncias que constituem um exército, um bando, o universo.

A eliminação ou preterição do conceito tradicional de substância acelerou depois de Locke. Berkeley rejeitou até a noção científica de estrutura insensível, favorecendo a noção de objetos físicos como combinações de qualidades. Hume proclamou o conceito de substância desprovido de significação (não há impressão de sentido ou reflexão para essa idéia), e desafiou a noção de alma imortal. O "eu" de Hume não é, como por tanto tempo foi apresentado, apenas uma série de percepções: ele identificou firmemente "a verdadeira idéia da mente humana... como um sistema de diferentes percepções ou diferentes existências, as quais estão concatenadas pela relação de causa e efeito, e mutuamente se produzem, destroem, influenciam e modificam" (*Treatise,* I, IV, VI, p.261). Não obstante, mesmo reconhecendo a ênfase sobre um sistema de existências causalmente relacionadas, estamos provavelmente corretos em ouvir em Hume um eco ou extensão do conceito de Locke de pessoa.

T

tabula rasa Esta expressão, que no *Ensaio* não aparece na forma latina, é popularmente usada para caracterizar o que costuma ser descrito como o "empirismo" de Locke. A noção de alma como tábula em branco ou vazia ao nascer foi usada por Locke para dois fins: (1) como o oposto da tese favorável a caracteres inatos gravados na alma ou mente, e (2) como forma de iniciar sua explicação da aquisição de idéias. Trata-se de uma metáfora com uma história ilustre, que teve seu começo com *De Anima*, de Aristóteles. Ao assinalar que, "num certo sentido, a mente é potencialmente tudo o que é pensável, embora nada seja, na realidade, enquanto não tiver sido pensado", Aristóteles prossegue dizendo: "O que é pensado deve estar na mente tal qual pode ser dito que os caracteres estão numa tábula, na qual nada ainda está realmente escrito; é isso o que acontece precisamente com a mente" (*De Anima*, 429b, 30-430a3). A mente, nesse uso da comparação da tábula, tem potencialidade para receber toda a sorte de pensamentos; esse é um modo como podemos expressar que ela tem pensamentos, mas não reais enquanto não se manifestarem. Santo Tomás de Aquino referiu-se a essa passagem de Aristóteles, interpretando-a como dizendo que a mente (o "intelecto", diz ele) é "no início *como uma tabula rasa em que nada está escrito" (Summa Theologica* I, Q.79). A mesma metáfora é usada por Gassendi (a par de outros precursores de Locke), e o platônico de Cambridge, Nathanael Culverwel, usa-a em oposição à sua própria versão de inatismo; conta-nos que Aristóteles diz que o seu "*entendimento* chegou *nu* ao mundo. Mostra-nos uma... *abrasa tabula*, uma *alma virgem*" (*An Elegant and Learned Discourse of the Light of Nature*, 1654, p.73-4). Leibniz caracterizou uma das diferenças que tinha com Locke sobre a natureza da alma: é ela "inteiramente vazia como tabuínhas de escrever, nas quais ainda nada foi escrito (*tabula rasa*) segundo Aristóteles e o autor do *Ensaio*"? Ou a alma, como alegou Leibniz, já se encontra na posse de certos princípios ou noções cujo conhecimento lhe foi proporcionado por objetos externos (*Nouveaux Essais*, Raspe, p.4)?

A expressão *tabula rasa* aparece nos primeiros *Ensaios sobre a lei da natureza*, de Locke, onde diz que os "recém-nascidos são simplesmente *rasae tabulae*" (p.137). Também usou a frase no Rascunho B do *Ensaio*: "Parecendo-me provável, pois, que não existe noção, idéia ou conhecimento de qualquer coisa originalmente na alma, mas que no início ela é perfeitamente rasa tabula, inteiramente vazia, mas capaz de receber aquelas noções ou idéias que são os objetos apropriados do nosso entendimento" (*Drafts*, org. Nidditch e Rogers, §12, p.128). No próprio *Ensaio*, inicia o seu programa de aquisição de idéias dizendo:

"Suponhamos, pois, que a mente é, como dissemos, uma folha de papel branco, desprovida de todos os caracteres, sem quaisquer *idéias*" (2.1.2). Uma outra passagem refere-se à mente como um quarto escuro: sensação e reflexão, diz ele, são "as janelas pelas quais a luz é introduzida nesse *quarto escuro*. Pois parece-me que o *entendimento* não difere muito de um armário totalmente vedado contra a luz, com apenas algumas pequenas aberturas que permitem a entrada de imagens visíveis externas, ou *idéias* de coisas existentes do lado de fora" (2.11.17). Outra versão dessa metáfora é apresentada anteriormente: "Os sentidos, no começo, permitem a entrada de determinadas *idéias* para guarnecer o armário ainda vazio" (1.2.15). O recém-nascido, tabula rasa do rascunho B, sofre uma ligeira modificação no *Ensaio*: "Se observarmos atentamente *crianças* recém-nascidas, teremos poucas razões para pensar que trazem com elas muitas *idéias* para o mundo" (1.4.2). Não muitas, mas talvez umas poucas: "algumas vagas *idéias* de fome, e sede, e calor, e algumas dores, que elas podem *ter* sentido no ventre materno" (ibid.). Essas idéias (sensações) ainda resultam da experiência, de estímulos intra-uterinos e, é claro, nada se parecem com as idéias morais ou lógicas específicas pretendidas pelos inatistas. Talvez seja necessário modificar um pouco a comparação da tabula rasa, ou fazê-la recuar até o feto. Uma outra comparação afim é feita com a aprendizagem pelo bebê. Em seus primeiros dias neste mundo passam dormindo a maior parte do tempo (2.1.22). À medida que vai ficando mais tempo acordado, o bebê adquire cada vez mais idéias. O movimento de dormir para o estado de vigília é comparado à aprendizagem. Locke também concluiu *Alguns pensamentos* dizendo que considera o filho de um cavalheiro, quando muito pequeno, como um papel branco ou cera, a ser moldado e formado (*AP*, §217).

Apesar dos vários usos da tábula em branco e metáforas associadas, é importante não deixar que essas metáforas nos equivoquem. O que o uso delas por Locke nos mostra é que faltam idéias e verdades na mente; nenhum princípio moral ou lógico está inscrito na alma ou na mente antes do nascimento. Mas a tábula (a mente), é claro, aí está; tem potencialidade para adquirir idéias e conhecimento. A mente possui também várias faculdades esperando para ser usadas e desenvolvidas. Existe, inclusive, um princípio inato de busca de prazer e aversão da dor, e as crianças nascem com certos traços de caráter. Além disso, embora a mente seja passiva (como a metáfora da tábula em branco sugere) em seus primeiros dias, não tarda em tornar-se ativa de muitas maneiras. Essas metáforas da tabula rasa, armário vazio e quarto escuro não são oferecidas nem refletem a explicação completa da mente apresentada no *Ensaio* de Locke; elas têm um papel limitado a desempenhar na descrição total do entendimento humano no *Ensaio*.

temperamentos Este é um termo usado por Locke em *Alguns pensamentos referentes à educação* para disposições da mente, aquilo a que chamamos "traços de caráter". Era uma palavra em uso nesse sentido nos começos do século em tratados sobre educação (por exemplo, *The Compleat Gentleman*, 1678, de Jean Gailhard). Também teve um uso mais geral. Ocasionalmente, Locke fala sobre "o temperamento de corpo e mente" (*AP*, §63), ou sobre o temperamento do cérebro (*AP*, §67), mas são os temperamentos da mente, sua constituição e inclinações, que são destacados para a atenção do preceptor. Ele refere-se à idade, temperamento e inclinação da criança (§81); diz que as crianças têm todos os tipos de temperamento (§87), "vários temperamentos, diferentes inclinações e determinadas deficiências" (§217).

Alguns temperamentos são naturais, outros adquiridos. Ambos são importantes para a educação; os naturais para indicar ao preceptor a melhor maneira de trabalhar com cada indivíduo; os temperamentos adquiridos são importantes para o caráter desenvolvido. Locke fala do "gênio e constituição naturais da criança" como importantes para a devida "consideração numa educação correta"; mas, adverte, "não devemos esperar uma total mudança dos temperamentos originais" (§66). Por exemplo, não podemos tornar "sério e melancólico o indivíduo alegre, nem jovial e frívolo o circunspecto, sem o deteriorar". Afirma até que "Deus imprimiu certos caracteres nas mentes dos homens, os quais, à semelhança de seus corpos, talvez possam ser um pouco corrigidos, mas dificilmente poderão ser totalmente alterados e transformados no seu oposto" (§66). Numa seção ulterior, fala da "constituição natural da *mente* que inclina a criança para certas disposições ou temperamentos" (§101). Também escrevendo aí a respeito de homens, diz que "alguns homens, pela estrutura inalterável de suas constituições, são *robustos* e *intrépidos*, outros *franzinos* e *tímidos*, alguns *confiantes*, outros *modestos*, *dóceis* ou *obstinados*, ou *descuidados*, *sagazes* ou *lerdos*" (ibid.). Esta lista fornece-nos alguns exemplos de temperamentos ou traços, aparentemente devidos a inclinações naturais. Observa que o que ele diz aí ser "a peculiar *fisionomia da mente* é plenamente discernível em crianças, antes que a astúcia e práticas ardilosas lhes tenham ensinado a ocultar suas deformidades e esconder inclinações malévolas sob uma fachada hipócrita e dissimulada" (ibid.). Talvez nem tudo nessa lista seja inteiramente devido à natureza, mas a passagem parece sugerir que sim.

Outros exemplos são dados na seção 102: "Violento ou conciliador, valente ou medroso, compassivo ou cruel, franco ou reservado." Negligente e "volúvel" também são mencionados na lista de temperamentos (§§123, 125). Locke recomenda ao preceptor ou aos pais que observem a criança brincando, quando "ela está sob menos restrições", pois assim é possível discernir seu temperamento natural (cf. §108). Refere-se aos temperamentos como "*propensões natas*, esses predomínios da constituição"; podem ser "corrigidos e orientados para bons propósitos", mas "o desvio será sempre secundário, a natureza ocupará sempre o primeiro lugar" (§102). Uma seção ulterior comenta que "poucos dos filhos de *Adão* são tão ditosos que não tenham nascido com algum desvio em seu temperamento natural, competindo à educação eliminá-lo ou contrabalançá-lo" (§139). Tendo observado "os caracteres de sua mente" nas "primeiras cenas de sua vida, [os pais] estarão daí em diante aptos a julgar para que caminho seus pensamentos se inclinam e que objetivos persegue, mesmo depois, quando, como indivíduo adulto, os planos se multiplicam e o filho assume inúmeras formas e disfarces para executá-los" (§102). Outras referências a temperamentos naturais podem ser encontradas nas seções 115, 116, 131 e 167.

O valor de se saber quais são os temperamentos naturais da criança está em habilitar o preceptor ou os pais a adaptarem seus métodos de criação e educação a esse indivíduo em particular. Há épocas em que a criança é mais receptiva à aprendizagem, "estações de aptidão", que o preceptor pode descobrir se chegar a conhecer os temperamentos naturais da criança (§§74, 88). Para decidir sobre a melhor maneira de expor o jovem cavalheiro aos vícios do mundo sem o influenciar indevidamente, o preceptor necessita "ajuizar do temperamento, inclinação e lado fraco de seu aluno" (§94). Orgulho, obstinação e "brandura da mente" podem ser corrigidos pelo conhecimento do "temperamento particular da criança" (§114). Até mesmo uma tarefa específica, como ensinar à criança uma língua estrangeira, pode ser ajudada se o preceptor entender o temperamento e as inclinações da criança para tal aprendizado (§115). É sumamente importante para a educação moral que, "à medida que vai crescendo, a tendência de sua inclinação natural seja observada; a qual, se se inclina mais do que é conveniente para um ou outro lado do reto Caminho da Virtude, deve receber os remédios apropriados" (§139).

O conceito de temperamentos naturais, portanto, indica que Locke reconheceu que as crianças não são inteiramente tabulas rasas a serem formadas e moldadas pelo ambiente e a educação. Além das várias faculdades da mente, a criança também possui alguns traços naturais de caráter, temperamentos da mente, os quais influenciarão seu desenvolvimento subseqüente.

tempo "Para entender *tempo* e *eternidade* corretamente, devemos considerar com atenção a idéia que temos de *duração* e como a obtemos" (*Ensaio*, 2.14.3). O tempo é, como o título desse capítulo indica, um dos modos de duração. Locke apresenta a duração como "um outro tipo de distância, ou comprimento, cuja idéia não apreendemos das partes permanentes do espaço, mas das transitórias e perpetuamente perecedouras partes da sucessão" (2.14.1). Refere-se à perplexidade de Santo Agostinho a respeito do tempo, mas pensa que pode mostrar como adquirimos uma clara e distinta idéia de tempo a partir de suas duas fontes, a sensação e a reflexão (2.14.2). A idéia de duração origina-se em nossa percepção consciente de uma "seqüência de *idéias*" que passa pela nossa mente. Ao refletirmos sobre o sucessivo aparecimento de idéias em nossa mente, adquirimos a noção de *sucessão* (2.14.3). Locke aplica então a noção de distância à sucessão de idéias, "a distância entre quaisquer partes [idéias] dessa sucessão". O resultado é a idéia de duração definida em termos de sucessão e do intervalo entre as partes dos membros dessa seqüência de idéias ou (como às vezes escreve) pensamentos.

Uma vez adquirida assim a idéia de duração, podemos aplicá-la a coisas que existem, embora não tenhamos consciência de qualquer fluxo de idéias. Podemos ter pensado na contínua existência do mundo enquanto dormíamos a noite passada (2.14.5). Uma vez que conhecemos por experiência própria as revoluções de dias e noites, podemos aceitar o mundo existente durante o intervalo em que não temos consciência disso. Essa experiência prévia é necessária para uma tal extensão da duração; caso contrário, não teríamos base alguma para afirmar a duração do mundo enquanto não estamos conscientes dele. Locke sugere que se Adão e Eva dormissem as primeiras 24 horas após sua criação, "a duração dessas 24 horas teria sido irrevogavelmente perdida para eles, e ficaria para sempre fora de sua contagem do tempo" (ibid.). Também podemos multiplicar comprimentos de duração para formar idéias de horas, dias, meses. Podemos até ampliá-lo "para além da existência de todos os seres corpóreos, e todas as medidas de tempo, tomadas dos grandes corpos do universo e seus movimentos" (2.15.3). Não podemos, entretanto, estender a duração para além de todo o ser, porque Deus preenche toda a eternidade. A eternidade, segundo parece, é duração sem fim, talvez sem partes ou intervalos.

Locke sugere a possibilidade, reclamada por alguns escritores, de que a idéia de duração tivesse sido adquirida a partir da "nossa observação do movimento pelos nossos sentidos", mas sublinha que o movimento de objetos produz uma seqüência de idéias em nossa mente (2.14.6). Sem a seqüência de idéias, não poderíamos adquirir a idéia de duração. Podemos obter a idéia de sucessão mesmo quando não dispomos de qualquer movimento observável, como quando envoltos pela calmaria em alto-mar; os nossos pensamentos ainda se sucedem uns aos outros, embora nada pareça mover-se à nossa volta. Locke também observa que há movimentos que estão fora de nosso âmbito de percepção, movimentos lentos demais ou velozes demais para serem percebidos. Assim, a seqüência de idéias é a fonte mais fundamental para as noções de sucessão e duração. Há também uma sugestão de que a seqüência de idéias é mais regular do que alguns movimentos observáveis. Ele compara a sucessão de idéias na mente ao aparecimento regular de imagens numa lanterna mágica iluminada por uma vela, cujo calor produz naquela um movimento giratório (2.14.9).

Por causa da "*constante e regular sucessão de Idéias* num homem desperto", essa sucessão funciona, por assim dizer, como "*a medida* e o modelo *de todas as outras sucessões*" (2.14.12). É a medida em função da sucessão regular de idéias, "a constatação da duração estabelecida por certos períodos", que é o que pode ser adequadamente denominado *tempo* (2.14.17). Mas há uma dificuldade: diferente da medição da extensão, onde podemos aplicar a medida padrão ao objeto que queremos medir, "isso não pode ser feito na medição da duração, porque não há duas partes diferentes da sucessão que possam juntar-se para medição recíproca" (2.14.18). Não temos uma medida padrão de duração, salvo a experiência de uma constante e fugaz sucessão de idéias (ibid.). Esse fato levou pessoas a adotarem o movimento do Sol como padrão para a duração, um padrão que está fora da sucessão de idéias. O resultado foi uma tendência para confundir tempo com movimento (2.14.19). O movimento só é pertinente para medir a duração desde que "ocasione o retorno de certas *idéias* sensíveis" (2.14.22). Também podemos aplicar a duração em nossos pensamentos a eventos anteriores aos movimentos regulares do Sol; por exemplo, "além da duração de corpos ou movimento", porquanto podemos aplicar a medida de uma milha "ao espaço para além dos mais longínquos corpos" (2.14.25). Duração sem movimento, espaço sem corpo: é esse o paralelo traçado por Locke.

A independência da duração (pelo menos, o nosso conceito dela) em relação ao movimento recebeu uma outra ilustração: "Posso imaginar que a luz existiu três dias antes que o Sol fosse, ou tivesse, qualquer movimento, apenas pensando isso" (2.14.30). Do mesmo modo, "posso ter uma idéia do *caos*, ou de anjos, sendo criados antes que houvesse luz, ou qualquer movimento contínuo, um minuto, uma hora, um dia, um ano ou 1.000 anos" (ibid.). Locke distingue entre a "própria duração e as medidas de que fazemos uso para avaliar o seu comprimento" (2.14.21). A duração "segue um curso constante, igual e uniforme". Locke tem várias frases descritivas para ela e para espaço: "esses infinitos oceanos de eternidade e imensidade", os "infinitos oceanos de duração e espaço"; ambos são descritos como "uniformes e sem fronteiras" (2.15.5). Tempo e lugar são porções de duração e espaço, são "porções determinadas e distinguíveis desses infinitos abismos de espaço e duração" (2.15.6). *Stricto sensu*, tempo é somente aplicado a eventos que começam e terminam dentro do nosso mundo sensível, mas, *lato sensu*, "aplica-se ainda a partes dessa duração infinita" (2.15.7). Espaço e duração têm partes: "cada parte da duração também é duração; e toda e qualquer parte da extensão [isto é, a extensão de espaço, expansão] é extensão, sendo ambas passíveis de adição e divisão *in infinitum*" (2.15.9). Locke fala depois da ínfima parte de espaço ou tempo que podemos discernir e da qual formamos uma idéia clara e distinta.

A duração também é descrita como "*o comprimento de uma linha reta*", enquanto que o espaço forma figuras tridimensionais (2.15.11). Essa linha reta temporal é uma "medida comum de toda a existência". O tempo é parte da duração; a nossa idéia de tempo é a de uma "*distância perecível, da qual não há duas partes que existam juntas*" (2.15.12). Em contraste, a expansão (o espaço) é "*distância duradoura, da qual todas as partes existem juntas*". A relação entre espaço e duração não é apenas que ambos são caracterizados em termos de comprimento e distância: "Expansão e Duração incluem-se mutuamente, estando cada parte do espaço em cada parte da duração, e cada parte da duração em cada parte da expansão" (ibid.). É isso um conceito de espaço-tempo? Há uma outra passagem que liga um ao outro. Ao dar exemplos de modos de movimento, como deslizar, rolar, tombar, caminhar, rastejar, correr, dançar, saltar, pular, Locke diz que esses modos "correspondem aos de extensão" (2.18.2). O termo "extensão" está claramente se referindo aqui a espaço; ele disse-nos antes que o espaço é extenso, sugerindo a palavra "expansão" para ele como forma de o distinguir da extensão do corpo. Ele continua nessa passagem: "*Veloz* e *lento* são duas *idéias* diferentes de movimento, cujas medidas são feitas da distância de tempo e espaço somados, pelo que são *idéias* complexas que compreendem tempo e espaço com movimento."

A discussão subseqüente de espaço e tempo por autores como Berkeley, Hume e Leibniz, em debate com o newtoniano Samuel Clarke, tende a concentrar-se na questão de conceitos absolutos *versus* relativos de ambos. O ponto de vista de Locke pertence ao lado absoluto desse debate, mas não no sentido de tempo ou espaço ser uma substância. O que ele inquiriu a respeito do espaço — por que deve adequar-se à categoria tradicional de substância e modo? — pode ser também indagado para o tempo. Não obstante, podemos dizer que Locke está com os newtonianos ao sustentar que espaço e duração existem, quer estejam preenchidos ou não. Ninguém parece ter aproveitado sua sugestão de que espaço e tempo "incluem-se" mutuamente. O que é curioso é que, no seu extenso comentário sobre Locke, Leibniz (*Nouveaux essais*) tenha encontrado muito pouco a dizer sobre a descrição lockiana de tempo ou duração, mas, em seu debate com Clarke, tenha dedicado muita atenção ao tópico. Chambers, em sua *Cyclopaedia* (1728), dá alguma atenção a Locke e também descreve parte da história antecedente da noção de tempo. Mais tarde, no século XVIII, Kant prestou muita atenção a espaço e tempo como conceitos que juntamos à experiência de fenômenos. A análise de Kant eclipsou claramente a de Locke no tocante a esses dois conceitos.

tipos, gerais de gênero (*sorts, sortals*) O único uso da palavra *sortal* citado pelo *Oxford English Dictionary* é no *Ensaio* de Locke. Explica Locke que a derivou da mais comum *sort* (tipo), com a conotação de *kind* (gênero ou classe) (3.3.15). Essa é a única vez que ele usa *sortal* em toda a obra. Tipo e geral de gênero designam um nome que, por sua vez, significa uma idéia complexa que representa um conjunto de qualidades coexistentes. Usualmente, ele escreve sobre tipos ou sobre o ato de classificar em gêneros de coisas. Embora sustente a noção de que modos mistos têm ou são essências nominais (no caso delas, não existe essência real), a maior parte de seu exame da classificação relaciona-se com coisas físicas, como, por exemplo, ouro, prata, chumbo. Esses exames e discussões envolvem outros conceitos, como idéias gerais abstratas, essências e a ontologia de particulares. A abstração separa a particularidade de alguma idéia de seu papel representativo como padrão para classificar existências reais em tipos ou gêneros (2.11.9). Essas idéias, com seus nomes, designam também tipos de qualidades, como, por exemplo, brancura. Com substâncias, as nossas idéias de tipos "nada mais são do que várias combinações de *idéias* simples, coexistindo numa, embora desconhecida, causa de sua união, fazendo com que o todo subsista por si mesmo" (2.23.6). Locke era cético quanto à nossa capacidade para conhecer a natureza interna de substâncias como o ouro, embora aceitasse a teoria corpuscular como a hipótese mais provável sobre a matéria. Seu ponto de vista era que as nossas idéias e nomes para gêneros de coisas, como homem, cavalo, sol, água, ferro, significam não a estrutura corpuscular interna, mas as qualidades observáveis de tais objetos (ibid.). Incluídos naquelas qualidades designadas por nossos nomes de gerais de gênero (*sortals*) estão alguns inobserváveis, os poderes ativos e passivos creditados à estrutura corpuscular em sua versão dessa teoria. Dá o exemplo de "o poder de atrair o ferro" como parte da idéia complexa do que chamamos uma pedra-ímã (magneto), "e um poder para ser assim atraído é uma parte daquele complexo a que chamamos *ferro*" (2.23.7). Estritamente, esses poderes não são parte das coexistências observadas; o fato de que o ferro é atraído para um ímã, o fato de que a cera derrete quando exposta ao calor são razões para dizer que o ímã tem poder para atrair ferro, ou que o ferro tem o poder passivo de ser atraído, ou que o poder para derreter cera ou converter a madeira em carvão ou cinzas é uma propriedade do Sol ou do fogo. A descrição de qualidades apresentada em *Ensaio* 2.8 expõe as idéias que recebemos de qualidades primárias e secundárias para os poderes dos corpúsculos insensíveis (pelo menos, para as qualidades primárias desses corpúsculos). Assim, nossas idéias e nomes gerais de gêneros incluem os poderes não-observáveis de objetos. Algumas das qualidades observáveis a que se refere nossa idéia de ouro não são estritamente propriedades do próprio ouro: "Amarelo, muito peso, ductilidade e solubilidade em água-régia" não são "nada mais do que tantas relações de outras substâncias e nenhuma estando realmente no ouro, considerado simplesmente em si mesmo, embora dependam das qualidades primárias reais de sua constituição interna, por meio da qual tem uma só adequação para operar, mas está apta a ser operada por várias outras substâncias" (2.23.37; cf. 2.31.6).

Ser classificado sob um nome geral *é* ser de um tipo particular: "as *essências* dos *tipos*, ou (se agrada mais a palavra latina) *species* das coisas, nada mais são que essas idéias abstratas" que os nomes gerais significam (3.3.12). Locke repete essa observação: "ter as essências e ter concordância" com a idéia complexa são a mesma coisa. Os gerais de gênero (*sortals*) compartilham de uma característica com os modos mistos: ambos servem como padrões para o que se inclui na idéia, um gênero num caso, uma ação no outro. O nome e a essência da espécie ou gênero são os mesmos. Modos mistos e gêneros são, como ele diz mais adiante, "*o trabalho do entendimento*" (3.3.14). A diferença entre idéias de ações de modo misto e idéias gerais abstratas para gêneros de coisas é que as segundas baseiam-se no fato de existirem semelhanças entre substâncias naturais que estão refletidas nos gerais de gênero (*sortals*). A natureza, afirma Locke num esforço para não ser mal interpretado, "na produção de coisas, faz várias delas semelhantes: não há nada mais óbvio, especialmente nas raças de animais e em todas as coisas propagadas por semente" (3.3.13). A cláusula "especialmente" não parecia excluir o fato de as produções naturais de ouro ou madeira também serem semelhantes em diferentes casos. A denominação e classificação são feitas pelo entendimento, não pela natureza, mas a classificação funciona a partir das semelhanças descobertas através da experiência.

É o fato de que "várias substâncias particulares concordam, ou poderiam concordar", o que as torna "capazes de ser compreendidas numa concepção comum e ser entendidas por um único nome" (3.6.1). Assinalar as semelhanças, selecionar as características a ser reunidas numa idéia complexa a que se atribui um nome, são obviamente atividades que empreendemos. Nesse sentido, é lícito dizer-se que a classificação, na linguagem de Locke, é o trabalho do entendimento. O que captamos em nossos nomes para tais substâncias não inclui todos os aspectos em que exemplos de homem, cavalo, água, madeira ou ouro têm semelhanças com outros homens, cavalos, água, etc. Em alguns casos, o que os nomes de gerais de gênero designam é um conjunto de qualidades coexistentes que consideramos importantes ou úteis. Pessoas diferentes podem discordar, por diferentes razões, sobre o que incluir na idéia de um tipo classe de coisas (3.6.30). Assim, a idéia abstrata com seu respectivo nome é chamada por Locke uma *essência nominal*, a essência com um "nome" particular, o termo sob o qual a classificação será conduzida (3.6.2). O contraste não é com alguma essência real que, por assim dizer, classifica ela própria as coisas em espécies; é, antes, com a essência real de Locke, a qual é "a constituição das partes insensíveis de" algum corpo, das quais dependem as qualidades observadas "e todas as outras propriedades" (ibid.; cf. 3.6.6).

Locke estava ansioso por evitar qualquer implicação de que a sua essência real classificava naturalmente as coisas em espécies, principalmente porque queria distinguir o seu conceito de essência real da mais antiga noção de um número fixo de espécies naturais — "moldes", como ele caracterizou essa noção —, nos quais propriedades e qualidades eram despejadas (3.3.17; cf. 4.4.13). Mas reconheceu que as suas essências reais estavam relacionadas a tipos, porquanto eram as bases para as qualidades e propriedades que usamos para classificar coisas. Foi uma conseqüência de sua negação de espécies naturais que "não existem porções individuais de matéria, às quais quaisquer dessas qualidades estejam anexadas de tal modo que se tornem *essenciais* ou inseparáveis delas" (3.6.6). O termo "essencial" "pertence a qualquer objeto como uma condição pela qual ele é deste ou daquele tipo". Essa distinção entre indivíduos ou particulares e classes ou tipos de particulares recebe uma convincente ilustração com o exemplo do próprio Locke: "É-me necessário ser como sou — Deus e a natureza me fizeram assim; mas não há nada que eu tenha que me seja essencial. Um acidente ou doença pode muito bem modificar minha cor ou forma: uma febre ou queda pode tirar minha razão ou memória, ou ambas; e uma apoplexia não perdoa nem os sentidos, nem o entendimento, nem a vida" (3.6.4). Tornar essencial qualquer dessas qualidades que tenho, para que eu seja um homem, exige que eu forme uma idéia abstrata de "homem". Assim, se perguntam a Locke "se é *essencial* para mim, ou para qualquer outro ser corpóreo particular ter razão, digo não, do mesmo modo que não é *essencial* para esta coisa branca onde escrevo ter palavras nela" (ibid.). Chamar ao primeiro um homem ou à segunda um tratado, cada coisa deve adequar-se a certos critérios que selecionamos e às idéias a que damos nomes. De modo geral, "seria absurdo perguntar se uma coisa realmente existente necessita de algo que lhe é *essencial*" (3.6.5).

É difícil não pensar em termos de distintas espécies e gêneros de plantas, animais, metais, minerais, na natureza. A asserção de Locke de que as classes são o trabalho do entendimento faz parecer que, de fato, agrupamos qualidades ou propriedades em diferentes espécies de coisas. Ele não quis dizer, é claro, que o homem faz plantas e animais, ou ouro ou diamantes, mas endossou a ontologia de particulares: tudo o que existe são particulares. Estava Locke fazendo simplesmente uma afirmação epistêmica, a saber, *nosso* conceito de espécies *é* um produto daquelas qualidades que agrupamos? Um dos amigos de Locke, William Molyneux, formulou o problema que nos perturba a respeito da explicação de Locke. Numa carta para Locke de 22 de dezembro de 1692, Molyneux disse que o que Locke afirmou "a respeito de gêneros e espécies é indiscutivelmente verdadeiro", mas passa depois a explicar sua hesitação: "Parece-me difícil afirmar que não existe na natureza tal espécie de criaturas como os pássaros, pois ainda que ignoremos de que essência particular é feito um pássaro, ou o que determina e distingue um pássaro de uma besta, ou quais os limites e fronteiras entre uns e outros, entretanto, duvidar de que um pardal é um pássaro, e um cavalo é uma besta, seria o mesmo que não podermos dizer que esta cor é branca e aquela é preta, embora por matizes elas possam gradualmente desvanecer-se uma na outra ao ponto de sermos incapazes de dizer onde cada uma se delimita" (*Corr.* 1579; iv. 601). A resposta de Locke a Molyneux é instrutiva: "Na objeção que suscita acerca de espécies, receio que se defronte com a mesma dificuldade em que freqüentemente eu próprio me vejo quando escrevo sobre esse assunto, sendo muito capaz de supor que poderia falar sobre distintas espécies sem mencionar nomes" (ibid.,1592; iv. 626). Pergunta a Molyneux o que ele pretendeu dizer quando afirmou que não podemos duvidar de que um pardal é um pássaro? Locke sugere a resposta: "A combinação de idéias simples que a palavra pássaro representa será encontrada nessa coisa particular a que chamamos um pardal." O comentário seguinte é ainda mais significativo: "E, portanto, espero não ter que dizer em momento algum que *não existe tal espécie de criaturas na natureza a que chamemos pássaros*; se o tivesse que dizer, seria contrariando a verdade e a minha opinião." Assim, existem na natureza espécies de criaturas. Reafirma que as simples idéias que recebemos provêm da constituição real das criaturas, e também "que existem distinções e diferenças reais pelas quais essas constituições reais se separam umas das outras, quer pensemos ou não nelas e em seus nomes". O que Locke nega é que "classifiquemos substâncias particulares em espécies e gêneros" por meio dessas "essências reais ou constituições internas". Classificamos por meio das qualidades (ele escreve aqui "idéias") que observamos nos objetos à nossa volta.

O esclarecimento de Locke para Molyneux é uma afirmação inequívoca de que existem espécies de animais na natureza com diferentes constituições internas. O fato de que não podemos descobrir essas estruturas internas significa que não podemos classificar animais (e outros objetos) por meio dessas estruturas. Tal como no conhecimento em geral, estamos limitados à experiência e à observação. Assim, quando enumeramos as características que constituem um pardal ou um pedaço de ouro, estamos confiando unicamente nas qualidades coexistentes observadas. Podemos inferir diferenças de estrutura interna a partir de diferenças observadas em qualidades, mas essa inferência é parte da teoria, não um conhecimento baseado na observação (3.6.22). Poder-se-ia dizer, portanto, que Locke admite a existência de espécies naturais, mas que essas espécies são um produto de estruturas corpusculares ou outras partes internas (biológicas) diferentes, não um produto da desacreditada doutrina de espécies fixadas por um número finito de tipos ou formas.

Se o esclarecimento de Locke a Molyneux é comparável com a noção lockiana de cadeia do ser sem quaisquer lacunas ou hiatos, e com os seus alegados exemplos de cruzamentos de animais *inter species*, não ficou muito claro. Tampouco podemos dizer até que ponto ele achou que seu compromisso com a ontologia de particulares é coerente com sua asserção de espécies de criaturas na natureza, a menos que queira apenas dizer que "tipos" ou "espécies" não são parte da natureza, o que parece ser correto: não encontramos classes acima dos membros de classes. Assim, poderíamos sugerir que Locke aceita as seguintes proposições:

1. Existem na natureza espécies de pássaros, cavalos e minerais.
2. Essas espécies têm diferentes tipos de constituições internas que são a fonte de nossas idéias simples, as quais compõem as nossas idéias complexas de substâncias.
3. As diferenças internas entre animais não impedem a mistura de espécies.
4. As nossas descrições de pássaros, cavalos, ouro, água, são formuladas na linguagem de qualidades observadas, de qualidades coexistentes.
5. Classificamos objetos em função dessas qualidades coexistentes observadas; logo, as classificações que temos e com que trabalhamos são as que fazemos mediante a identificação de grupos de qualidades e a atribuição de um nome.

O interesse pela análise de Locke de termos gerais de gêneros ou típicos destacou-se em tempos muito recentes em obras como as de Putnam e Kripke. Para uma discussão do seu interesse e análise, ver J.L. Mackie, *Problems from Locke* (1976) e Michael Ayers, *Locke* (1991). vol.II (*ver também* ESSÊNCIA; PROPRIEDADES).

tolerância *ver* CARTAS ACERCA DA TOLERÂNCIA.

V

verdade Locke define verdade como "*a união ou separação de sinais, e de que modo as coisas significadas por elas concordam ou discordam entre si*" (*Ensaio*, 4.5.2). Ele explica que os referidos sinais são componentes de proposições. Assim, estritamente, a verdade diz respeito a proposições. Há duas espécies de proposições: mentais e verbais. As primeiras consistem em idéias relacionadas de certas maneiras, as segundas são compostas de palavras. A melhor maneira de analisar o conceito de verdade seria separar verdades de pensamento de verdades de palavras, mas isso é muito difícil de se conseguir, uma vez que é quase impossível lidar com proposições mentais sem recorrer ao uso de palavras. Se pudéssemos fazer a separação, uma proposição mental "não seria mais do que simples consideração das *idéias* tal como se encontram em nossas mentes, despojadas de nomes" (4.5.3). A maioria dos homens, senão todos, "faz uso de palavras em vez de *idéias*", em especial quando o assunto de sua meditação contém idéias complexas (4.5.4). Pode ser o caso de que, ao pensar ou raciocinar sobre idéias simples e suas proposições (por exemplo, proposições sobre branco, doce, amargo), "podemos formar e freqüentemente formamos em nossas mentes as próprias idéias sem refletir sobre os nomes" (ibid.). Mas quando se trata de proposições que envolvem idéias complexas (por exemplo, um homem, vitríolo, fortaleza), substituímos usualmente a idéia pelo nome. Ainda assim, Locke preserva a distinção entre proposições mentais e verbais, caracterizando as mentais como as que usam ou separam idéias sem o uso de palavras: "Quando as *idéias* estão assim reunidas, ou separadas na mente, de modo que elas, ou as coisas que elas representam, concordam ou não"(4.5.6). A verdade verbal, a verdade de palavras, é caracterizada como "a afirmação ou negação mútua de palavras, conforme as *idéias* que representam concordem ou discordem" (ibid.).

Locke reconheceu que uma questão pode ser suscitada sobre a realidade da verdade, uma questão semelhante à que ele discutiu brevemente a respeito de sua definição de conhecimento em termos da relação de idéias: é ele real ou meramente verbal, apenas uma questão de expressar "as *quimeras* do cérebro humano", um mundo visionário em nossa imaginação? Sua resposta é que uma verdade meramente verbal ou "apenas nominal" seria uma proposição em que às idéias que as palavras representam falta "uma concordância com a realidade das coisas" (4.5.8). Locke pensa ter respondido anteriormente aos céticos a respeito do conhecimento (*ver* CETICISMO; *ver também* PROPOSIÇÕES).

Há dois tipos diferentes de verdades, particulares e gerais (4.6.2). As verdades gerais são de gêneros ou classes, pelo que requerem um conhecimento de espécies. Em substâncias, conhecimento e verdade referem-se unicamente à essência nominal, às classes que formamos para nossos fins mediante a identificação de qualidades coexistentes (4.6.4. 5; *ver* TIPOS, GERAIS DE GÊNERO). Mesmo limitando nossas asserções de verdade a qualidades coexistentes observáveis para coisas, não podemos estar certos de qualquer outra coisa que não seja o fato de nossas proposições descreverem corretamente as qualidades coexistentes. Se a certeza requer necessidade, não temos essa espécie de certeza em ciência ou na experiência cotidiana (4.6.6; cf. 4.6.7-11).

Locke também menciona verdades morais, que não significam verdades sobre moralidade, mas opiniões, "falando coisas de acordo com a persuasão de nossas próprias mentes, embora a proposição que enunciamos não concorde com a realidade das coisas" (4.5.11). Um outro tipo de verdade é "metafísica", "a qual nada mais é do que a existência real de coisas, em conformidade com as *idéias* a que anexamos seus respectivos nomes" (ibid.). A verdade metafísica não é proporcional; é simplesmente um modo de referir-se ao que existe. Sugere Locke que essa espécie de verdade envolve uma proposição tácita "pela qual a mente une essa coisa particular à idéia que tinha antes estabelecido com um nome para ela" (ibid.). Chambers, em sua *Cyclopaedia* (1728), relata que essa espécie de verdade era chamada, por vezes, "verdade transcendental"; dá o exemplo de um relógio: pode ser considerado verdadeiro "quando responde à idéia ou intenção da pessoa que o fez" (ver o seu verbete para "Verdade").

A verdade era importante para Locke. Louvou a busca da verdade e contrastou essa busca com a existência à custa "*das migalhas de opiniões mendigadas*" a outros: "*cada momento de sua busca recompensará seus esforços com algum prazer*" (*Ensaio*, "Carta ao leitor", p.142). Diz ao leitor que "*neste tratado da verdade nada existe de que eu não esteja inteiramente persuadido*" (ibid.). Também diz que "Justiça e Verdade são os vínculos comuns da sociedade" (1.3.2). Sua obra sobre educação sublinhou a importância de dizer a verdade às crianças (*AP*, §§37, 139, 150; cf. *Essays*, p.129). Pais e preceptores são instados para que sejam verdadeiros quando falam com crianças (*AP*, §120).

O tópico da verdade não recebeu especial atenção por parte de autores subseqüentes, embora alguns falem sobre a verdade no decorrer do exame de outros conceitos. Hume acolhe e repete várias descrições lockianas da verdade, Chambers cita numerosas passagens do *Ensaio*, Berkeley dá muito pouca atenção ao conceito. As teorias da verdade, por exemplo, baseadas na coerência e na correspondência, ou no pragmatismo, entraram em voga muito mais tarde.

virtude Tendo distinguido três leis que são usadas para justificar a "retidão ou improbidade" de ações (a lei divina, a lei civil e a lei de opinião ou reputação), Locke sublinha que, sob a terceira delas, as palavras "virtude" e "vício" são "nomes pretendidos e pressupostos em toda a parte como indicadores das ações em sua própria natureza corretas ou erradas" (*Ensaio*, 2.28.10). Essas palavras são aplicadas "às ações consideradas por cada país e sociedade como probas ou desonrosas". A medida "daquilo que em toda a parte se denomina e se considera como *virtude* e *vício* consiste em sua aceitação ou rejeição, em seu louvor ou condenação, que por um secreto e tácito consentimento estabelece-se nas várias sociedades, tribos e agremiações de homens no mundo" (ibid.). Essa medida comum e predominante é contrastada com "a única e verdadeira pedra de toque da *retidão moral*", que é a lei divina, a lei da natureza (2.28.8). Locke ficava perplexo e um tanto irado quando era mal interpretado, como se identificasse a verdadeira medida da virtude com a medida comum. Acreditava, com efeito, que as duas concordavam freqüentemente ou não apresentavam grandes diferenças sobre o que era considerado virtude ou vício; mas é muito claro e firme em identificar a lei divina como a verdadeira medida. James Lowde, em *A Discourse Concerning the Nature of Man* (1694), fez essa leitura errônea de Locke. Locke acrescentou um longo comentário no prefácio da quarta edição do *Ensaio* para responder a Lowde, assinalando os muitos lugares onde identificou a "eterna e inalterável natureza de certo e errado, e o que chamo de *virtude* e *vício*" com a lei de Deus, a lei da natureza (ver a nota na edição de Nidditch para 2.28.11; cf. 1.3.6).

Em outras passagens, Locke caracterizou a Regra de Ouro como a "mais inabalável regra de moralidade e fundamento de toda a virtude social" (1.3.4). A dimensão social da virtude é sublinhada em outras passagens. Respeitar pactos (contratos, promessas) é uma "inegável Regra de Moralidade", a justificação dessa regra para o cristianismo: "Porque Deus, que tem o poder de eterna Vida e Morte, exige isso de nós" (1.3.5). Essa mesma passagem diz que "os antigos filósofos pagãos" invocavam essa regra porque sua violação é desonrosa e abaixo da dignidade do homem; é também "contrária à virtude", a qual constitui "a suprema perfeição da natureza humana". De um modo mais geral, Deus, "por uma inseparável conexão, uniu a virtude à felicidade pública", tornou a prática da virtude "necessária à preservação da sociedade e visivelmente benéfica para todos aqueles com quem o homem virtuoso tem que relacionar-se" (1.3.6) *Alguns pensamentos* também observa que a virtude torna um homem apreciado e amado por outros (*AP*, §135; cf. §200).

Mas os primeiros ensaios sobre a lei da natureza advertem para que não se faça da utilidade ou benefício social o único valor da virtude: "De fato, um grande número de virtudes, e as melhores delas, consiste apenas nisto: que fazemos o bem a outrem em nosso próprio detrimento" (*Essays*, p.207). Cita as ações heróicas de Hércules, Marco Cúrcio (362 a.C.), ou o líder romano, G. Fabrício Luscino (ibid., p.209). Autopreservação é também excluída como fundamento da lei da natureza: se fosse o seu fundamento, a "virtude pareceria ser menos um dever do homem do que a sua conveniência" (p.181). Locke reconheceu que os homens exaltam freqüentemente o vício e as ações vergonhosas, em vez da virtude (p.167), e considera as causas que nos afastam da virtude, da piedade e da religião (*Ensaio*, 2.21.57). Não obstante, permaneceu confiante em que a virtude e a religião são necessárias à felicidade. A virtude, com freqüência, acompanha ou até inclui sabedoria, boa criação e cultura (*AP*, §134).

A virtude é, talvez, o mais importante tópico em sua obra sobre educação. Sua preocupação é com o desenvolvimento do caráter moral, a "formação da mente para a virtude", criando os filhos de tal maneira que a virtude e a vida virtuosa tornem-se seu objetivo maior (*AP*, §142). Percebeu que, como disse, "a virtude é mais difícil de adquirir do que um conhecimento do mundo" (*AP*, §70), mas acabou reconhecendo que o conhecimento da virtude não é suficiente para motivar crianças e adultos a ambicionar a virtude (*Ensaio*, 2.21.35). Criticou o modo usual como os pais criavam seus filhos: "se observarmos a condição corrente da educação infantil, teremos boas razões para perguntar, na grande dissolução de costumes de que o mundo sofre, se ainda existe algum espaço para a virtude" (*AP*, §37). Os programas por ele recomendados envolviam muito repúdio de desejos e fazê-los subservientes da razão: "o princípio de toda a virtude e excelência reside no poder de negarmos a nós mesmos a satisfação de nossos desejos, quando a razão não os autoriza a manifestarem-se" (*AP*, §38). Aquele que "não tem o domínio de suas inclinações, aquele que não sabe como *resistir* à importunidade do *atual prazer ou dor*, a bem do que a razão lhe diz que deve ser feito, carece do verdadeiro princípio de virtude e indústria; e corre o perigo de nunca ser bom para coisa nenhuma" (*AP*, §45; cf. §§52, 107; *ver também* MORALIDADE; BEM E MAL).

Bibliografia

A. OBRAS DE LOCKE

Edição completa: *The Works of John Locke,* nova edição corrigida, 10 vols. (Londres: Impressa para Thomas Tegg, 1823; repr. fac. Aalen, Alemanha: Scientia Verlag, 1963).

A edição Clarendon das Obras de John Locke (Oxford: Clarendon Press, 1975 até à data) tem edições definitivas de obras individuais. As seguintes obras apresentam-se em ordem cronológica:

1 . *Epistola de tolerantia, ad clarissimum virum T.A.R.P.T.O.L.A. scripta à P.A.P.O.I.L.A.* (Goudae: Apud Justum ab Hoeve, 1689).

Obra publicada anonimamente, endereçada a Philipp Limborch. Reimpressa em Amsterdã em 1705. Todas as "cartas acerca da tolerância" (esta edição latina, sua tradução inglesa descrita abaixo, a segunda, terceira e parte de uma "quarta") foram reimpressas juntas por Thomas Hollis em 1765.

2 . *A Letter concerning Toleration* (Londres: Impressa para Awnsham Churchill, 1689).

Publicada anonimamente. Tradução da *Epistola de tolerantia* por William Popple. Houve uma segunda edição em 1690, e freqüentes reimpressões na Inglaterra, Escócia e América do Norte de 1740 a 1800. Houve quatro edições de uma tradução holandesa e quatro de uma tradução alemã, com apenas uma edição francesa publicada separadamente (em 1764). Para uma moderna edição bilíngüe, ver *Epistola de Tolerantia/A Letter on Toleration*, org. por R. Klibanski, trad. de J.W. Gough (Oxford: Clarendon Press, 1968). Latim e inglês em páginas opostas.*

3 . *Two Treatises of Government; in the Former, The False Principles and Foundation of Sir Robert Filmer and His Followers are Detected and Overthrown. The Latter is an Essay concerning the True Original, Extent, and End of Civil Government* (Londres: Impresso para Awnsham Churchill, 1690).

Publicação anônima. Houve mais duas edições publicadas em vida de Locke, em 1694 e 1698. Cerca de 28 novas edições e traduções (em holandês, francês, alemão, italiano e sueco), principalmente do segundo tratado, apenas, tinham vindo a lume até por volta de 1800. A edição definitiva é a de Peter Laslett (Cambridge: Cambridge University Press, 1960; 2ªed., 1971).**

* Edição brasileira: Volume *Locke*, Col. "Os Pensadores", 1973.

** Idem.

4 . *An Essay concerning Humane Understanding: in Four Books* (Londres: Impresso por Eliz. Holt para Thomas Basset, 1690).

Uma segunda tiragem tem a indicação: Impresso para Thomas Basset, e vendido por Edw. Mory. Locke preparou para a gráfica as primeiras cinco edições (1690, 1694, 1695, 1700 e 1706). Para a sexta edição (1710), a ortografia do título foi mudada para "Human". Houve novas edições e traduções (para o latim, francês e alemão) até um total de 48 por volta de 1800. Pierre Coste traduziu a obra para o francês e sua edição tinha sido revista pelo menos três vezes até 1742. Uma condensação (principalmente dos Livros 2-4) foi realizada por John Wynne em 1696, a qual foi revista e reimpressa umas dezessete vezes até 1800 e serviu de base para numerosas traduções francesas, alemãs, italianas e gregas. A edição definitiva foi organizada por Peter Nidditch para a edição Clarendon das Obras de John Locke (Oxford: Clarendon Press, 1975). Dois volumes suplementares intitulados *Drafts for the Essay and Other Philosophical Writings* foram editados por Peter Nidditch e G.A.J. Rogers (vol.1, 1190; vol.2).*

5 . *A Second Letter concerning Toleration* (Londres: Impresso para Awnsham e John Churchill, 1690).

Escrita em resposta a *The Argument of the "Letter concerning Toleration" Consider'd and Answer'd,* de Jonas Proast (Oxford: Impressa por H. West e A. Clements, 1690). Publicada anonimamente. Reimpressa em edições de *Works* e na edição Hollis das "cartas acerca da tolerância" (ver nº1 acima). Uma tradução holandesa foi publicada em conjunto com a da primeira *Carta* em 1774.

6 . *Some Considerations of the Consequences of the Lowering of Interest, and Raising the Value of Money: in a Letter to a Member of Parliament* (Londres: Impresso para Awnsham e John Churchill, 1692).

Resposta anônima de Locke à controvérsia da "Grande recunhagem" na década de 1690. Uma segunda edição foi publicada em 1696 e é usualmente encontrada na coletânea, *Several Papers Relating to Money, Interest and Trade etc.* Uma tradução italiana foi publicada em Florença em 1751. A edição definitiva da obra, de *Short Observations* (nº9 abaixo) e de *Further Considerations* (nº11 abaixo) preparada por Patrick Kelly para a edição Clarendon das Obras de John Locke, foi publicado em 1991 sob o título de *Locke on Money*.

7 . *A Third Letter for Toleration, to the Author of the "Third Letter concerning Toleration"* (Londres: Impressa para Awnsham e John Churchill, 1692).

Uma segunda resposta anônima a Proast. Reimpressa na edição de Hollis das "cartas acerca da tolerância" (ver nº1).

8 . *Some Thoughts concerning Education* (Londres: Impresso para A. e J. Churchill, 1693).

Escrito para ajudar seus amigos Mary e Edward Clarke a criar os filhos, as primeiras duas edições foram anônimas. A segunda edição é uma reimpressão linha a linha da primeira e quase indistinguível dela, publicada também em 1693. As edições seguintes, em vida de Locke, foram publicadas em 1695 (chamada a "terceira"), 1699 (a "quarta") e 1705 (a "quinta"). Uma de suas obras mais populares, já tinha sido reimpressa na Inglaterra, Irlanda e Escócia mais 19 vezes até 1800. Uma

---

* Idem, tradução baseada na edição abreviada do *Ensaio* feita por A. Woorley em 1969, com base na 5ª edição da obra (1706) revista pelo autor e publicada postumamente.

tradução holandesa foi publicada em 1698 e em 1753. Uma tradução francesa (por Pierre Coste) teve sua primeira edição em 1695, com revisões e reimpressões 18 vezes. Houve várias traduções alemãs de 1708 a 1787, seis no total; assim como sete edições de diferentes traduções italianas, 1735-92; duas traduções russas (1760 e 1788) e uma edição sueca em 1709. A edição definitiva na Edição Clarendon das Obras de John Locke foi organizada por John W. e Jean S. Yolton e publicada em 1989.

9 . *Short Observations on a Printed Paper, Intituled, For Encouraging the Coining Silver Money in England, and after for Keeping It Here* (Londres: Impresso para A. e J. Churchill, 1695).

Publicado anonimamente. A segunda edição (1696) é usualmente encontrada em *Several Papers Relating to Money, Interest and Trade etc.* (Londres: Impresso para A. e J. Churchill, 1696), incluído na edição italiana de *Some Considerations* (ver nº6).

10 . *The Reasonableness of Christianity, As Delivered in the Scriptures* (Londres: Impresso para Awnsham e John Churchill, 1695).

Publicada anonimamente, esta obra é o resultado dos esforços de Locke para reconciliar as controvérsias que semeiam dissensões entre os cristãos e analisar "no que consiste a fé cristã". Uma segunda edição foi publicada em 1696: *ibid., "To Which Is Added a Vindication of the Same, from Mr. Edwards's Exceptions"*. Uma outra edição foi publicada em 1731 e reimpressa em 1736, ambas com a *Vindication*. Isoladamente, *Reasonableness* foi reimpressa mais quatro vezes no século XVIII. Pierre Coste traduziu *Reasonableness* para o francês em 1696, e organizou um resumo da *Vindication* e da *Second Vindication* (ver nº13) que foi publicado em 1703. A *Reasonableness* francesa e suas *Vindications* foram publicadas de novo em 1715, 1730 (uma edição não autorizada), 1731 e 1740. Houve uma tradução holandesa de *Reasonableness* em 1729; duas traduções alemãs da tradução de Coste de *Reasonableness* e seu resumo das *Vindications* foram publicados em 1733 e 1758-9. John Higgins-Biddle organizou a edição definitiva de *Reasonableness* para a Edição Clarendon das Obras de John Locke.

11 . *Further Considerations concerning Raising the Value of Money: Wherein Mr. Lowdes's Arguments for It in His Late Report concerning "An Essay for the Amendment of the Silver Coins" Are Particularly Examined* (Londres: A. e J. Churchill, 1695).

Um dos "ensaios sobre dinheiro" publicados anonimamente. Lowndes, Secretário do Tesouro, propusera a elevação do valor nominal de moedas. Locke teve que fazer numerosas revisões no texto dessa obra, principalmente cálculos matemáticos, pelo que houve uma *"Segunda Edição"* em 1695, e uma "Segunda Edição" (na realidade a terceira) em 1696. Ambas essas "segundas edições" se encontram na coletânea *Several Papers Relating to Money, Interest and Trade etc.: Writ upon several Occasions and Published at Different Times,* by John Locke, Esq. (Londres: Impresso para A. e J. Churchill, 1696. Cf. nºs 6, 9.)

12 . *A Letter to Edward Ld Bishop of Worcester, concerning Some Passages Relating to Mr. Locke's Essay on Human Understanding: in a Late Discourse of His Lordship's, in Vindication of the Trinity* (Londres: Impresso para A. e J. Churchill, 1697).

A segunda impressão recebeu o título mais adequado de *A Letter to the Right Reverend Edward Ld Bishop of Worcester...* Edward Stillingfleet, Bispo de Worcester, tinha acusado Locke de crenças religiosas não-ortodoxas em seu *A Vindication of the Doctrine of the Trinity* (1966). Esta carta é a primeira das três defesas de Locke do seu *Ensaio.*

13 . *A Second Vindication of the Reasonableness of Christianity etc.* (Londres: Impresso para A. e J. Churchill, 1697).

Publicação anônima de uma nova defesa dos seus pontos de vista religiosos. Para edições francesas e alemãs, ver nº10.

14 . *Mr. Locke's Reply to the Right Reverend the Bishop of Worcester's Answer to His Letter, concerning Some Passages Relating to Mr. Locke's Essay on Human Understanding in a Late Discourse of His Lordship, in Vindication of the Trinity* (Londres: Impresso por H. Clark para A. e J. Churchill e E. Castle, 1697).

Uma nova defesa, escrita em resposta a *The Bishop of Worcester's Answer to Mr. Locke's Letter* (1697), de Stillingfleet. Essa resposta inclui uma resposta a Thomas Burnet *Remarks upon "An Essay concerning Human Understanding"*, também publicada em 1697 (7 pp. no final).

15 . *Mr. Locke's Reply to the Right Reverend the Lord Bishop of Worcester's Answer to His Second Letter: Wherein, besides Other Incident Matters, What His Lordship Has Said... Is Examined* (Londres: Impresso por H. C. para A. e J. Churchill e E. Castle, 1699).

Conhecida como *Mr. Locke's Second Reply.*

Uma resposta a *The Bishop of Worcester's Answer to Mr. Locke's Second Letter* (1698), de Stillingfleet.

16 . *Posthumous Works of Mr. John Locke* (Londres: Impresso por W.B. para A. e J. Churchill, 1706).

Publicada com base nos muitos manuscritos que Locke deixou ao morrer, esta coletânea inclui (1) "Of the Conduct of the Understanding", (2) "An Examination of P. Malebranche's Opinion of Seeing All Things in God", (3) "A Discourse of Miracles", (4) "Part of a Fourth Letter for Toleration", (5) "Memoirs relating to the Life of Anthony First Earl of Shaftesbury", e (6) "His New Method of a Common-Place-Book". "Conduct" foi freqüentemente reimpresso em separado, assim como traduzido para holandês, alemão e italiano. A quarta "carta acerca da tolerância" está incluída na edição Hollis de *Toleration Letters* (ver nº1).

17 . *A Paraphrase and Notes upon the Epistles of St. Paul to the Galatians, I & II Corinthians, Romans [and] Ephesians; to Which Is Prefix'd, An Essay for the Understanding of St. Paul's Epistles, by Consulting St. Paul Himself* (Londres: Impresso por J.H. para Awnsham e John Churchill, 1707).

Primeira publicação póstuma, estas *paráfrases* foram primeiramente editadas em separado: *Galatians* em 1705, *1 Corinthians* e *2 Corinthians* em 1706, *Romans, Ephesians* e o ensaio introdutório em 1707. Houve mais oito edições ou reimpressões da coletânea até 1800. Uma tradução alemã da coletânea foi publicada em 1768 e uma tradução holandesa da sua paráfrase da Epístola aos Romanos foi noticiada em 1768. A edição definitiva das *Paraphrases* foi organizada por Arthur W. Wainwright para a Edição Clarendon das Obras de John Locke (2 vols., Oxford. Clarendon Press, 1987).

18 . *Some Familiar Letters between Mr. Locke and Several of His Friends* (Londres: Impresso por A. e J. Churchill, 1708).

Principalmente a correspondência com William e Thomas Molyneux, e Philipp Limborch, a primeira de muitas edições epistolográficas que serão publicadas até 1959. A edição definitiva da correspondência completa é a coletânea organizada por E.S. de Beer para a Edição Clarendon das Obras de John Locke (*The Correspondence of John Locke,* 8 vols., Oxford: Clarendon Press, 1976-89).

19 . *A Collection of Several Pieces of Mr. John Locke, Never before Printed, or Not Extant in His Works. Published by* [Pierre Desmaizeaux] (Londres: Impresso por J. Bettenham para R. Francklin, 1720).

A coletânea inclui (1) uma tradução de "Eloge de M. Locke", de Pierre Coste (de *Nouvelles de la république des lettres,* fev. de 1705), (2) "The Fundamental Constitutions of Carolina", (3) "A Letter from a Person of Quality, to His Friend in the Country" (que, à semelhança de "Constitutions of Carolina", acredita-se hoje que tenha sido escrita pelo primeiro Conde de Shaftesbury), (4) "Remarks upon Some of Mr. Norris's Books", (5) "Elements of Natural Philosophy", (6) "Some Thoughts concerning Reading and Study for a Gentleman", (7) correspondência com Anthony Collins, Henry Oldenburg e outros, e (8) "Rules of a Society" (para o apoio da religião). Somente os "Remarks" sobre John Norris, os "Elements", "Reading and Study" e algumas das cartas foram escritos por Locke. Os "Elements" tinham sido reimpressos seis vezes em separado até 1800, às vezes com "Reading and Study", e ambos foram traduzidos para o francês em 1757.

20 . *Observations upon the Growth and Culture of Vines and Olives, the Production of Silk, the Preservation of Fruits; Written at the Request of the Earl of Shaftesbury...* (Londres: Impresso para W. Sandby, 1766).

Escrito enquanto Locke estava na França, novembro de 1675 a maio de 1679.

21 . *John Locke: Essays on the Law of Nature: the Latin Text, with a Translation, Introduction and Notes, Together with Transcripts of Locke's Shorthand in His Journal for 1676,* ed. W. von Leyden (Oxford: Clarendon Press, 1954).

Vários manuscritos encontrados na Coleção Lovelace de materiais de Locke na Bodleian Library, Oxford.

22 . *John Locke: Two Tracts on Government,* ed. com uma introdução, notas e tradução por Philip Abrams (Cambridge: Cambridge University Press, 1967).

Tratados escritos em 1660-1: (1) "Question: whether the civil Magistrate..."; (2) "An Magistratus Civilis..."

23 . *The Library of John Locke,* ed. John Harrison e Peter Laslett, 2ªed. (Oxford: Clarendon Press, 1971).

Baseado no exemplar interfoliado de Locke do *Catalogus impressorum librorum Bibliothecae Bodlejanae in Academia Oxoniensi,* compilado por Thomas Hyde (1674), a primeira edição desse registro impresso foi publicada em Oxford Bibliographical Society Publications, nova série 13 (1965). É o registro do próprio Locke dos livros de que era proprietário. Os compiladores identificaram inteiramente cada obra e indicam sua atual localização, se conhecida.

B. OBRAS ANTERIORES AO SÉCULO XIX

O local de publicação, salvo especificação em contrário, é Londres.

Aquino, Tomás de, *Basic Writings,* org. A.C. Pegis (Nova York: Random House, 1945)

Aristóteles, *De Anima,* em *Basic Books,* org. R. McKeon (Nova York: Random House, 1941)

Arnauld, Antoine, *Des vrayes et des fausses idées, contre ce qu'enseigne l'auteur de la Recherche de la verité* (Colônia: N. Schouten, 1683); traduzido como *On True and Fake Ideas,* trad. Stephen Gaukroger (Manchester: Manchester University Press, 1990)

Arnauld, Antoine e Pierre Nicole, *La logique, ou L'art de penser* (Paris: Chez Charles Savreux, 1662); traduzido como *Logic, or The Art of Thinking* (T.B. for H. Sawbridge, 1685) — Martins Fontes

Bayle, Pierre, *Dictionnaire historique et critique,* 2ªed., 3 vols. (Amsterdã: R. Leers, 1702)

Berkeley, George, *An Essay towards a New Theory of Vision* (Dublim: Impresso por A. Rhames para J. Pepyat, 1709)

__________, *A Treatise concerning the Principles of Human Knowledge* (Dublin: Impresso por A. Rhames para J. Pepyat, 1710) — Os Pensadores

__________, *A Discourse concerning the Resurrection of the Same Body; with Two Letters concerning the Necessary Immateriality of Created Thinking Substance* (S. Holt para A. e J. Churchill, 1705)

Bold, Samuel, *Some Considerations on the Principal Objections and Arguments Which Have Been Publish'd against Mr. Lock's Essay* (para A. e J. Churchill, 1699)

Bonnet, Charles, *Essai analytique sur les facultés de l'âme* (Copenhague: Cl. & Ant. Philibert, 1760)

Boulainvilliers, Henri de, *Histoire de l'ancien gouvernement de la France,* 3 vols. (Em Haia e em Amsterdã: À custa da Compagnie, 1727)

Boyle, Robert, *Selected Philosophical Papers,* org. M.A. Stewart (Manchester: Manchester University Press, 1979)

Browne, Peter, *The Procedure, Extent, and Limits of Human Understanding* (W. Innys, 1728)

__________, *Things Divine and Supernatural Conceived by Analogy with Things Natural and Human* (Impresso para William Innys e Richard Manby, 1733)

Buffon, George-Louis Leclerc, conde de, *L'Histoire naturelle, générale et particulière,* 15 vols. (Paris: A l'Imprimerie du Roy, 1749-67)

Campbell, George, *A Dissertation on Miracles: Containing an Examination of the Principles Advanced by David Hume, Esq; in 'An Essay on Miracles'* (Edinburgo: Impresso para A. Kincaid & J. Bell... 1762)

Carpenter, Richard, *The Conscionable Christian: Or, The Indevour of Saint Paul, to Have and Discharge a Good Conscience Always towards God and Men, Laid Open and Applyed in Three Sermons* (F.K. para John Bartlett, 1623)

Carroll, William, *A Dissertation upon the Tenth Chapter of the Fourth Book of Mr. Locke's Essay... Wherein the Author's Endeavours to Establish Spinoza's Atheistical Hypothesis... Are Discover'd and Confuted* (J. Matthews, 1706)

Chambers, Ephraim, *Cyclopaedia, or An Universal Dictionary of Arts and Sciences,* 2 vols. (J. e J. Knapton, 1728)

Chillingworth, William, *The Religion of Protestants, a Safe Way to Salvation* (Oxford: Impresso por Leonard Lichfield, 1638)

Cícero, Marco Túlio, *De Officiis* ('Offices', ou "Dos Deveres Morais"), com tradução inglesa por Walter Miller, Loeb Classical Library (Heinemann, 1921)

Clarke, John, *A Defence of Dr. [Samuel] Clarke's Demonstration of the Being and Attributes of God; Wherein Is Particularly Consider'd the Nature of Space, Duration, and Necessary Existence...* (J. e J. Knapton, 1732)

Clarke, Samuel, *A Collection of Papers Which Passed between the Late Learned Mr. Leibniz and Dr. Clarke, in the Years 1715 and 1716, Relating to the Principles of Natural Philosophy and Religion* (Impresso para J. Knapton, 1717)

Cockburn, Mrs Catharine Trotter, *A Defence of the Essay of Human Understanding... Wherein Its Principles with Reference to Morality, Reveal'd Religion, and the Immortality of the Soul, Are Considered and Justify'd* (Will. Turner, 1702)

Colliber, Samual, *An Impartial Enquiry into the Existence and Nature of God... With an Appendix concerning the Nature of Space and Duration* (Impresso e vendido pelos Livreiros, 1718)

Collins, Anthony, *A Discourse of Free-Thinking, Occasion'd by the Rise and Growth of a Sect Call'd Free-Thinkers* (J.J. & P. Knapton, 1713)

_________, *An Essay concerning the Use of Reason in Propositions, the Evidence Whereof Depends upon Human Testimony* ([s.n.], 1707)

Comenius, Johann Amos, *Naturall Philosophie Reformed by Divine Light, or A Synopsis of Physicks...* (Impresso por Robert e William Leybourn, para Thomas Pierrepont... 1651); tradução de *Physicae ad lumen divinum reformatae synopsis*

Condillac, Étienne Bonnot de, *Essai sur l'origine des connoissances humaines; ouvrage où l'on réduit à un seul principe tout ce qui concerne l'entendement humain* (Amsterdã: P. Mortier, 1746)

Crousaz, Jean-Pierre de, *Système de réflexions qui peuvent contribuer à la netteté et à l'étendue de nos connoissances, ou Nouvel essai de logique,* 2 vols. (Amsterdã: F.L. Honoré, 1712); tradução inglesa: *A New Treatise of the Art of Thinking, or, A compleat System of Reflections, concerning the Conduct and Improvement of the Mind* (Tho. Woodward, 1724)

Cudworth, Ralph, *The True Intellectual System of the Universe. The First Part: Wherein All the Reason and Philosophy of Atheism is Confuted, and Its Impossibility Demonstrated* (R. Royston, 1678)

Culverwel, Nathanael, *An Elegant and Learned Discourse of the Light of Nature, with Several Other Treatises* (T.R. e E.M., 1654)

Descartes, R., *Comments on a Certain Broadsheet,* no seu *The Philosophical Writings,* trad. J. Cottingham et al. (3 vols., Cambridge: Cambridge University Press, 1985-90), vol.1, p.293-311

_________, *Rules for the Direction of the Mind,* no seu *The Philosophical Writings,* vol.1, p.7-78

Duncan, William, *The Elements of Logick* (R. Dodsley, 1748)

Edwards, John, *Socinianism Unmask'd: a Discourse Shewing the Unreasonableness of a Late Writer's Opinion concerning the Necessity of Only One Article of Christian Faith, and of His Other Assertions in His Late Book... The Reasonableness of Christianity* (J. Robinson, 1696)

Filmer, Robert, *Patriarcha, or The Natural Power of Kings* (Ric. Chiswell, 1680)

Fleetwood, William, *An Essay on Miracles* (Charles Harper, 1701)

Grotius, Hugo, *De jure belli ac pacis libri tres: in quibus jus natura & gentium item juris publici praecipua explicantur,* 2ªed. (Amsterdã: Guilielmun Blaeuw, 1631); primeira edição em 1625

Hale, Sir Matthew, *The Primitive Origination of Mankind Considered and Examined According to the Light of Nature* (Wm. Godbib, 1677)

Hartley, David, *Observations on Man: His Frame, His Duty, and His Expectations,* 2 vols. (S. Richardson, 1749)

Herbert, Edward, Baron Herbert of Cherbury, *De veritate, provt distingvitur a revelatione, a verisimili, a possibili et a falso,* [ed. revista] (Per A. Matthaevm, 1633); 1ª ed: Paris, 1624

Hoadly, Benjamin, *A Letter to Mr. Fleetwood* (J. Nutt, 1702)

Hobbes, Thomas, *Leviathan,* org. C.B. Macpherson (Harmondsworth: Penguin Books, 1968) — Os Pensadores

_________, *The English Works,* org. Sir William Molesworth, 11 vols. (Longman, 1845)

Hooke, Robert, *Micrographia, or Some Physiological Descriptions of Minute Bodies Made by Magnifying Glasses, with Observations and Illustrations Thereupon* (Impresso por Jo. Martyn e Jo. Allestry, 1665)

Hume, David, *A Treatise of Human Nature: Being an Attempt to Introduce the Experimental Method of Reasoning into Moral Subjects,* 3 vols. (J. Noon, 1739-40); edição moderna, org. L.A. Selby-Bigge, 2ª ed. revista P.H. Nidditch (Oxford: Clarendon Press, 1978)

_________, *Dialogues concerning Natural Religion,* org. John V. Price (Oxford: Clarendon Press, 1976) — Martins Fontes

Hutcheson, Francis, *An Essay on the Nature and Conduct of the Passions and Affections; with Illustrations on the Moral Sense* (J. Osborn e T. Longman, 1728)

King, William, *De Origine Mali* (Benj. Tooke, 1702); trad. inglesa por Edmund Law: *An Essay concerning the Origin of Evil* (para W. Thurlbourn Bookseller em Cambridge; e vendido por R. Knaplock [et al.] 1731)

Law, Edmund, *An Enquiry into the Ideas of Space, Time, Immensity and Eternity* (Cambridge; W. Fenner e W. Thurlbourn, 1732)

Leibniz, G.W., *Oeuvres philosophiques, latines & françoises...* publicadas por Rud. Eric Raspe (Amsterdã & Leipzig: J. Schreuder, 1765); contém principalmente os seus *Nouveaux Essais sur l'entendement humain* (p.1-496)

__________, 'The Monadology, 1714', em seus *Philosophical Papers and Letters,* org. L.E. Loemker (New York: Humanities Press, 1970), p.643-53

Malebranche, Nicolas, *De la recherche de la verité, où l'on traite de la nature de l'esprit de l'homme & de l'usage qu'il en doit faire pour éviter l'erreur dans les sciences* (Paris, André Pralard, 1674); traduzido como *The Search after Truth,* trad. T.M. Lennon e P.J. Olscamp (Columbus: Ohio State University Press, 1980)

Maupertuis, Pierre-Louis Moreau de, *Oeuvres,* 2 vols. (Berlim: Etienne de Bourdeaux [et al.], 1753)

Mayne, Charles, *An Essay concerning Rational Notions* (W. Innys, 1733)

Mayne, Zachary, *Two Dissertations concerning Sense and the Imagination; with an Essay on Consciousness* (J. Tonson, 1728)

Maynwaring, Everard, *Praxis medicorum antiqua et nova: the Ancient and Modern Practice of Physick Examined, Stated and Compared* (J.M. e para ser vendidos por T. Archer, 1671)

Molyneux, William, *Dioptrica Nova: a Treatise of Dioptricks, in Two Parts* (Benj. Tooke, 1692)

More, Henry, *An Antidote against Atheisme, or An Appeal to the Natural Faculties of the Minde of Man, Whether There Be Not a God* (Roger Daniel, 1653)

Paley, William, *A View of the Evidences of Christianity* (Dublim: J. Pasley para J. Milliken, 1794)

Parker, Samuel, *A Demonstration of the Divine Authority of the Law of Nature, and of the Christian Religion* (M. Flesher, 1681)

Perronet, Vincent, *A Second Vindication of Mr. Locke, Wherein His Sentiments relating to Personal Identity Are Clear'd from Some Mistakes of the Rev. Dr. Butler* (Fletcher Gyles, 1738; reprodução facsimil. por Thoemmes, Bristol, 1991)

__________, *A Vindication of Mr. Locke, from the Charge of Giving Encouragement to Scepticism and Infidelity* (J.J. e P. Knapton, 1736)

Power, Henry, *Experimental Philosophy: in Three Books, Containing New Experiments, Microscopical, Mercurial, Magnetical* (T. Roycroft, para J. Martin e J. Allestry... 1664)

Priestley, Joseph, *Disquisitions Relating to Matter and Spirit; to Which Is Added, The History of the Philosophical Doctrine concerning the Origin of the Soul, and the Nature of Matter* (Impresso por J. Johnson, 1777)

__________, *Hartley's Theory of the Human Mind* (J. Johnson, 1775)

Proast, Jonas, *The Argument of the 'Letter concerning Toleration' Briefly Consider'd and Answer'd* (Oxford: G. West, 1690)

Pufendorf, Samuel, *De jure naturae et gentium libri octo* (Lund: Sumtibus Adami Junghans, imprimebat Vitus Haberegger, 1672)

__________, *De officio hominis et civis, juxta legem naturalem libri duo* (Lund: Sumtibus Adami Junghans, 1673)

Reid, Thomas, *Essays on the Intellectual Powers of Man* (Edinburgo: J. Bell, 1785)

Rousseau, Jean-Jacques, *Du contrat social* (Paris: Chez Marc-Michel Rey, 1762) — Os Pensadores

Sclater, William, *A Key to the Key of Scripture, or An Exposition with Notes, upon the Epistle to the Romans* (Impresso por T.S. para George Norton, 1611)

Selden, John, *Mare clausum, seu De dominio maris libri duo* (W. Stanesbeius, pro R. Meighen, 1635)

Sergeant, John, *Solid Philosophy Asserted, Against the Fancies of the Ideists; or The Method to Science Farther Illustrated* (Roger Clavil, 1697); reimpressão facsimil. por Garland Publishers, Nova York, 1984

__________, *The Method to Science* (W. Redmayne, 1696)

Sherlock, William, 'A Digression concerning Connate Ideas, or Inbred Knowledge', no seu *A Discourse concerning the Happiness of Good Men* (W. Rogers, 1704)

__________, *A Vindication of the Doctrine of the Holy and Ever Blessed Trinity* (W. Rogers, 1690)

Simpson, William, *Hydrologia Chymica, or The Chymical Anatomy of the Scarbrough, and Other Spaws in York-Shire* (W. G. para Richard Chiswell, 1669)

Smith, John, *Select Discourses Treating of the True Way or Method of Attaining to Divine Knowledge* (W. Morden, 1660)

South, Robert, *Animadversions upon Dr. Sherlock's Book, Entituled A Vindication of the Holy and Ever-Blessed Trinity* (Randal Taylor, 1693)

__________, *Tritheism Charged upon Dr. Sherlock's New Notion of the Trinity* (John Whitlock, 1695)

Spinoza, B. *Ethics,* in his *Selections,* ed. John Wild (Nova York: C. Scribner's Sons, 1930), p.94-400

Sprat, Thomas, *The History of the Royal Society for the Improvement of Natural Knowledge* (T.R. para F. Martyn, 1667)

Stillingfleet, Edward, *A Discourse in Vindication of the Doctrine of the Trinity; with an Answer to the Late Socinian Objections Against It from Scripture* (J.H. para Henry Mortlock, 1697)

__________, *Origines Sacræ* (R.W. para H. Mortlock, 1662)

__________, *The Bishop of Worcester's Answer to Mr. Locke's Letter concerning Some Passages Relating to his Essay* (J.H. para Henry Mortlock, 1697)

Suarez, Francisco, *Selections from Three Works: De legibus, ac Deo legislator, 1612; Defensio fidei catholicae et apostolicae adversus anglicanae sectae errores, 1613; De triplici virtute theologica, fide, spe et charitate, 1613,* 2 vols. (Oxford: Clarendon Press, 1944)

Toland, John, *Christianity Not Mysterious, or A Treatise Shewing That There Is Nothing in the Gospel Contrary to Reason, Nor Above it, and That No Christian Doctrine Can Be Properly Call'd a Mystery* ([s.n.] 1696)

Voltaire, F.-M. Arouet de, *Elémens de la philosophie de Neuton, mis à la portée de tout le monde* (Amsterdã: Chez E. Ledet & cie, 1738)

__________. Arouet de, *Letters concerning the English Nation* (C. Davis e A. Lyon, 1733); ed. francesa, *Lettrès écrites de Londres sur les Anglois, et autres sujets* (Basiléia: [s.n.] 1734)

Watts, Isaac, *Logick, or, The Right Use of Reason in the Enquiry after Truth* (J. Clark e R. Hett, 1725)

__________, *Philosophical Essays on Various Subjects, viz. Space, Substance, Body, Spirit, the Operations of the Soul in Union with the Body, Innate Ideas, Perpetual Consciousness, Place and Motion of Spirits, the Departing Soul, the Resurrection of the Body, etc.* (Richard Ford, 1733)

Whitby, Daniel, *A Paraphrase and Commentary upon All the Epistles* (A. & J. Churchill, 1700)

Wilkins, John, *An Essay towards a Real Character, and a Philosophical Language* (S. Gellibrand e J. Martyn, 1668)

Wilkins, John, *Of the Principles and Duties of Natural Religion* (A. Maxwell para T. Basset, 1675)

Wollaston, William, *The Religion of Nature Delineated* (S. Palmer, 1722)

C. FONTES SECUNDÁRIAS

Aarsleff, Hans, 'Leibniz on Locke on Language', *American Philosophical Quarterly,* 1 (1964), 165-88

__________, *The Study of Language in England, 1780-1860* (Princeton: Princeton University Press, 1967)

Ashcraft, Richard, *Revolutionary Politics and Locke's 'Two Treatises of Government'* (Princeton: Princeton University Press, 1986)

Ayers, Michael, *Locke: The Arguments of the Philosophers,* 2 vols. (Londres: Routledge & Kegan Paul, 1991)

Biddle, John C., 'John Locke's Essay on Infallibility: Introduction, Text, and Translation', *Journal of Church and State,* 19 (1977), 317

Bourne, H.R. Fox, *The Life of John Locke,* 2 vols. (Londres: H.S. Knight; Nova York: Harper, 1876)

Burns, J.H. (ed.), *The Cambridge History of Political Thought, 1450-1700* (Cambridge: Cambridge University Press, 1991)

Cohen, Murray, *Sensible Words: Linguistic Practice in England, 1640-1785* (Baltimore e Londres: Johns Hopkins University Press, 1977)

Colman, John, *John Locke's Moral Philosophy* (Edinburgo: Edinburgo University Press, 1983)

Cragg, G.R., *From Puritanism to the Age of Reason: A Study of Changes in Religious Thought within the Church of England, 1660-1700* (Cambridge: Cambridge University Press, 1950)

Cranston, Maurice, *John Locke: A Biography* (Londres: Macmillan Co., 1957)

Davies, Catherine Glyn, *'Conscience' as Consciousness: The Idea of Self-Awareness in French Philosophical Writing from Descartes to Diderot,* Studies on Voltaire and the Eighteenth Century, 272 (Oxford: Voltaire Foundation, 1990)

Dewhurst, Kenneth, *John Locke (1632-1704), Physician and Philosopher: a Medical Biography; with an Edition of the Medical Notes in His Journals* (Londres: Wellcome Historical Medical Library, 1963)

Duchesneau, François, *L'Empirisme de Locke* (Haia: Martinus Nijhoff, 1973)

Dunn, John, *The Political Thought of John Locke: An Historical Account of the Argument of the 'Two Treatises of Government'* (Cambridge: Cambridge University Press, 1969)

Edwards, Paul (org.), *The Encyclopedia of Philosophy* (Londres e Nova York: The Macmillan Co. e a Free Press, 1967)

Franklin, Julian H., *John Locke and the Theory of Sovereignty: Mixed Monarchy and the Right of Resistance in the Political Thought of the English Revolution* (Cambridge: Cambridge University Press, 1978)

Gobetti, Daniela, *Public and Private: Individuals, Households and Body Politic in Locke and Hutcheson* (Londres: Routledge, 1992)

Goyard-Fabre, S., *John Locke et la raison raisonnable* (Paris: Librairie Philosophique J. Vrin, 1986)

Grant, Ruth W., *John Locke's Liberalism* (Chicago e Londres: University of Chicago Press, 1987)

Hacking, Ian, *The Emergence of Probability: A Philosophical Study of Early Ideas about Probability, Induction and Statistical Inference* (Cambridge: Cambridge University Press, 1975)

Hoppen, K. Theodore, *The Common Scientist in the Seventeenth Century: A Study of the Dublin Philosophical Society 1683-1708* (Londres: Routledge & Kegan Paul, 1970)

King, Peter, *The Life of John Locke; with Extracts from His Correspondence, Journals, and Common-Place Books* (Londres: H. Colburn, 1829; 2ªed., 2 vols., Londres: Colburn & Bentley, 1830)

Knowlson, James, *Universal Language Schemes in England and France, 1600-1800* (Toronto: University of Toronto Press, 1975)

Machamer, Peter K. e R.G. Turnbull (orgs.), *Motion and Time, Space and Matter: Interpretations in the History of Philosophy and Science* (Columbus: Ohio State University Press, 1976)

Mackie, J.L., *Problems From Locke* (Oxford: Clarendon Press, 1976)

Nuchelmans, Gabriel, *Judgment and Proposition from Descartes to Kant* (Amsterdã, Oxford, Nova York: North Holland Publishing Co., 1983)

Obertello, Luca, *John Locke e Port-Royal: il problema della probabilità* (Trieste: Istituto di Filosofia, 1964)

Passmore, John, 'Locke and the Ethics of Belief', the Dawes Hicks Lecture for 1978, *Proceedings of the British Academy,* 64 (1978), 185-208

Pastore, Nicholas, *Selective History of Theories of Visual Perception, 1650-1950* (Nova York: Oxford University Press, 1971)

Price, H.H., *Belief,* the Gifford Lectures delivered at the University of Aberdeen in 1960 (Londres: George Allen & Unwin, 1969)

Russell, Bertrand, *Problems of Philosophy* (Londres: Oxford University Press, 1912)

Seliger, M., *The Liberal Politics of John Locke* (Londres: George Allen & Unwin, 1968)

Skinner, Quentin, *The Foundations of Modern Political Thought,* 2 vols. (Cambridge: Cambridge University Press, 1978)

Spellman, W.M., *John Locke and the Problem of Depravity* (Oxford: Clarendon Press, 1988)
Tuck, Richard, *Natural Rights Theories: Their Origin and Development* (Cambridge: Cambridge University Press, 1979)
Tully, James, *A Discourse on Property: John Locke and His Adversaries* (Cambridge: Cambridge University Press, 1980)
Vaughn, Karen Iversen, *John Locke, Economist and Social Scientist* (Chicago e Londres: University of Chicago Press, 1980)
Vienne, Jean-Michel, *Expérience et raison: les fondements de la morale selon Locke* (Paris: Librairie Philosophique J. Vrin, 1991)
Weinberg, Julius R., *Abstraction, Relation and Induction: Three Essays in the History of Thought* (Madison: University of Wisconsin Press, 1965)
Wiener, Philip P. (org.), *Dictionary of the History of Ideas: Studies of Selected Pivotal Ideas,* 4 vols. (Nova York: Charles Scribner's Sons, 1968)
Yolton, Jean S. e John W. Yolton, *John Locke: A Reference Guide* (Boston: G.K. Hall & Co., 1985)
Yolton, John W., *John Locke and the Way of Ideas,* Oxford Classical and Philosophical Monographs (Londres: Oxford University Press, 1956; repr. Oxford: Clarendon Press, 1968)
__________. (org.), *John Locke: Problems and Perspectives; A Collection of New Essays* (Cambridge: Cambridge University Press, 1969)
__________, *Locke and French Materialism* (Oxford: Clarendon Press, 1991)
__________, *Locke, an Introduction* (Oxford: B.H. Blackwell, 1985)
__________, *Locke, and the Compass of Human Understanding: A Selective Commentary on the 'Essay'* (Cambridge: Cambridge University Press, 1970)
__________, *Perceptual Acquaintance from Descartes to Reid* (Mineápolis: University of Minnesota Press; Oxford: Basil Blackwell, 1984)
__________, *Thinking Matter: Materialism in Eighteenth-Century Britain* (Mineápolis, University of Minnesota Press; Oxford: Basil Blackwell, 1984)

Índice remissivo

Nota: Os números em **negrito** referem-se às páginas em que o respectivo assunto é tratado mais extensamente.

Este livro foi composto pela Textos & Formas, em Times New Roman, e impresso pela Folha Carioca, em setembro de 1996.